三教論衡之
儒學新思
龔鵬程 著

編序

人文的感應，友情的見證

陳曉林

編印這套「龔鵬程學、思、俠、遊特輯」，是由我向一些友人倡議，獲得熱烈回應而成事的。故而這一特輯問世之際，鵬程兄要我略綴數語以誌始末，我當然義不容辭。

鵬程兄是我深為敬重的朋友，就年齒言，尚小我數載，但他在人文學術上之造詣與著述，頗有非我所能企及的境域。更遑論他曾是佛光大學、南華大學的創校校長，及諸多民間著名學院、學會、學刊的創始人或主持者。我對鵬程這些與學術領域相關的煌煌履歷倒沒有什麼高山仰止的感覺，但對他於費心辦學與用世的同時，猶能寫出數量如此龐大、內容如此精湛的著作與論述，委實感佩無已。

在人文學術方面，我與鵬程論學脈則各有師承，論哲思亦各有宗主；但他對儒、釋、道三大主流的疏釋，及融貫三教而扼要詮述的創見，在大關大節處之把握，我率多能欣然認同，甚且歡喜讚嘆，至於若干考證或比勘上的細節，看法或有異同，則無關宏旨。總之，我認為鵬程在人文學術上的論述，其價值自有可大可久者在焉。

而我與鵬程能成為莫逆之交，亦非偶然，實因在一特定的時空情境下，他與我皆面對不測的凶險，卻不約而同表現了「臨大節而不可奪也」的氣概。後來發現，我與他皆從小認同俠義精神，並喜愛俠義傳奇，所以事到臨頭，能夠不畏強權、冷對橫逆，實也不足為奇。嗣後，鵬程和我及兩岸某些喜好俠義理念及武俠文學的朋友創辦中華武俠文學學會，推鵬程為會長，我則在主辦的出版社規畫出版古龍、梁羽生、倪匡、溫瑞安等的武俠經典，以迄於今，自也殊非偶然。

這套特輯的編選出自我的心裁，三教新論，是鵬程多年來對儒釋道三脈經典及相關理念的學術論述，海涵地負，自成一家。吟遊、大俠、武藝、食趣，是鵬程從文化與精神層面呈現古今詩人、文士、俠客的特殊風貌。九州心影，則是他遊歷神州大地的人文記錄，其間涵括論學的篇章、文化的光影，固不待言。

事實上，迄耳順之年，鵬程成稿的書籍早已遠逾百冊，由這十書編成的「學、思、俠、遊」特輯，不過只占其十分之一。但於我而言，這些是我在鵬程著作中特別珍視的篇章，充分凸顯了鵬程的深廣學思、俠義心性和淑世情懷；而這些，正是包括我及一些朋友和鵬程最能深心契合的交集所在。

常有關心的友人問我：你曾以文章述學抒懷，給人留下印象，何以多年未見大論述？我輒答以：在文化思想的大關節、大方向上與龔鵬程相近，他既寫下偌多著作，我便偷懶了。這雖或是戲言，卻真切反映了我對鵬程著作的契合和肯定。

此次和我一起出資集印這套特輯的友人，包括張正、黃滈權、吳安安、林鍾朝銓、龔明湘、古凌等位，皆是我引介給鵬程認識的朋友，且皆非人文學界中人（**張正為陽明交大生技學**

院前院長，亦非人文學界）；他們與鵬程一見如故，多年來有機會便相聚暢敘，如平生歡。鵬程雖學養深厚，然為性情中人，與我們這些朋友尤其意氣相投，每聚皆開懷忘憂。他們一聽我有此倡議，皆熱烈回應，認為這套書可作為一個紀念，見證彼此友誼長在，文化價值長存。

自大陸經濟起飛後，常見內地一些具人文情懷的企業家基於對中華文化的認同，熱心拾穗蒐珍，捐資為在台灣漸被遺忘的文史大師們印行全集；而我確信，未來必有識貨之人會隆重編印鵬程的上百冊全集，當成重要文化典籍，垂諸久遠。然而鵬程畢竟是出身台灣的學者，是我們的好友，故此時推出這套特輯，誠然也不無微衷，意在彰示於所謂去中國化的狂潮下，台灣仍有對人文理念和實踐念茲在茲的明眼人也。

寫至此，忽憶起唐朝詩人韋應物的「喜會故人」五律，遂略易數字，藉以表達身邊這些俠氣朋友的情誼：

兩岸曾為客，相逢每醉還。
浮雲一別後，流水數年間。
歡笑情如舊，蕭疏鬢已斑。
何因不歸去？海上望空山。

自序　定光古佛今又來

龔鵬程

一、羊頭燉之已爛，挑燈說劍未央

晚清楊守敬以書名天下，友朋來往，筆札亦多妙趣。如梁鼎芬一短簡云：「燉羊頭已爛，不攜小真書手卷來，不得吃也。」詩人周棄子先生外祖母就是楊氏女兒，故後來看見此柬，不禁感歎「承平文宴，脯醊風流。神往前賢，心傷世變，不止妙墨劫灰之可為太息也！」

周棄公之嘆，當然與他們那一輩師友棄其鄉里、流散入台有關。但當年楊守敬、梁鼎芬等人的詩酒文墨之樂，台灣未必不能繼承。棄公自己在東坡生日時與友人劇談，便曾說：「清班台省夙迴翔，載酒江湖亦敢狂。直以友朋為性命，豈因才略掩文章……」。

當時他們一批輾轉入台的學仕文人，迴翔於故土和島嶼，歌哭於清班和江湖，正如此詩所云。大難之後，友朋尤親。我和陳曉林兄即在此時，因緣際會，輒與作歡，羊頭燉之已爛，挑燈說劍未央。

後來少年子弟江湖老，前輩師友漸漸消散，幸而陪著我們的共樂同袍卻始終不曾離去。

從前孫悟空怕闖禍，連累了師父，所以起誓說「絕不敢提起師父，只說是我自家會的便罷！」希臘赫拉克利特（Heraclitus）也說自己不是誰的學生，辯證法皆出於自己的探討。我非老孫，豈敢說此違心之語？我的本領，都憑師友。早期的，是前文所述周棄公一類人，後來仰賴同行同業則愈來愈多。相信許多人也是如此。

但道遠而歧、術用而紛，靠知識專業或職業維繫下來的友誼，往往經不起消磨，因為人事變遷，知識專業和職業也隨之屢變。所以我還需要另一群非親、非故、非同鄉、非同行、非同業、也無任何利益交換的朋友。

不必噓寒問暖，不必引經據典，也不用家長里短，更不須以國破家亡、新愁舊怨來藉口。我鴻飛冥冥，他們也天南地北，擔簦異路，事業各別，彼此不能長聚。但想到王維形容古遊俠：「新豐美酒斗十千，咸陽遊俠多少年。相逢意氣為君飲，繫馬高樓垂柳邊」，或李白高歌「天生我材必有用，千金散盡還復來。烹羊宰牛且為樂，會須一飲三百杯」時，我馬上就會遇到他們了。

我是靠曉林兄跟他們聚起來的，非儒非墨，蓋近於俠乎？飲於山巔水涯，必以缺一人為憾。

今年我將返台，曉林說疫後久不見矣，應大集慶祝以補憾。乃輯編了我論儒道佛三教、論遊、論俠、論武、論飲食，以及在大陸十年間的遊記，合為十本，諸友贊助，共為紀念。

二、定光古佛今又來

我的感動是不消說的。但在此刻，正猶豫著，欲說感謝之辭還是休說為好呢，忽然想起從前恰好日本有位和尚就叫一休。

一休出身本也高貴，父親是後小松天皇，母親是藤原照子。可惜父母不合，照子逃出宮廷，生下了他。所以一休之名，意思大約同於「也罷」。

也罷之人，行止不免狂亂，狎妓縱酒，無所不為。「夜夜鴛鴦禪榻被，風流私語一身閑」「美人雲雨愛河深，樓子老禪樓上吟」。本應為名教所訶，不料竟暴得大名。晚年自稱「忍辱仙人常不經，菩提果滿已圓成。拔無因果任孤陋，一個盲人引眾盲」，也不知是自詡還是自傷。

我曾看過一休自己寫的「一個盲人引眾盲」書法條幅，拍賣價格三十八萬八。

其實此語是用典，早期丹霞天然、大慧宗杲等禪師都說過這等話。

大慧宗杲尤其是臨濟宗楊岐派高僧，與富季申，張九成等友善，積極參政。秦檜恐其議己，竟褫奪他僧籍，刺配衡陽。不料入城前夕「太守及市民皆夢定光佛入城，明日杲至」。所以百姓赴從者萬餘人，都說是定光佛降世。

一休寫這句詩，雖謙稱自己只是一盲導引眾盲，但心中不會沒有大慧宗杲這段故事，也不會不知道佛教自家的忍辱仙人故事。

我們學者文人，大抵皆如一休，乃時代之棄嬰。或苟全性命於亂世、或詩酒婦人以自晦、或議政干時以賈禍、或膺淡泊寧靜之空名、或蒙盲以導盲之譏誚，誰能僥倖有定光古佛之譽望哉？

詩曰：我亦定光佛，曾燃七寶燈，煮字三千萬，塊然土木僧。感激唯舊友，冰塍曾偕登，又觀雲中道，稽首謝鯤鵬。

三、莽蒼歲月，大海洄瀾

回首當年，我還年輕時，時代倒真是站在我們這邊的。梁啟超《少年中國說》曾經講得豪氣干雲：「今日之責任，不在他人，而全在我少年。少年智則國智，少年富則國富；少年強則國強，少年獨立則國獨立……」。

大概那時民國肇建，少年中國遂給了少年無窮底氣，故歌聲嘹亮若此。隨後毛澤東、方東美、王光祈都參加了的「少年中國學會」顯然即繼其風而起者，五四運動期間的北大「新青年」也是，但少年很快就成青年了。

青年都做了些什麼？壯烈者，如十萬青年十萬軍；陷於盲動者，如學潮不斷，趕老師、趕校長；到台灣以後，馮滬祥雖然還在寫著《青年與國運》，青年其實已對國運無從措手。

不只台灣如此。年輕的美國，才剛剛以年輕氣盛自誇，看不起老大腐朽的中國和英國；卻很快，二十世紀五十年代，青年就成了垮掉的一代（或稱疲憊的一代，Beat Generation）；然後是性解放、搖滾樂、衣衫襤褸、反戰和躺平。青年成了國家的對立面。

台灣不是美國，青年的氣焰張揚不起來，學潮都壓住了，時代也不一樣。一九四九年大批中壯老年學者來台，「新青年」只成為期待，老專家和中壯學者文化人才是主力。

張其昀、錢穆、唐君毅、牟宗三等在辦學；臺靜農、魏建功、洪炎秋、何欣等在台大、國語日報社；林尹、魯實先在師大；故宮、中研院、中央圖書館也是大老雲集。出版界，如王雲五的商務、劉國瑞的學生書局、劉紹唐的《傳記文學》等等更是。台灣及港澳新馬緬越各地不願附從紅旗之青年，乃亦因緣際會，群聚於此。

青年得前輩調護引導，甚或可以詩酒相從，無疑是幸運的。那些年，雖然李敖一直悻悻然喊著老人應該交棒，可實際上老輩愛才、獎掖青年，佳話頗多。

那時，美國流行大師為青年開設大一通識課程，台灣也頗從風。像我大一參加國學營，方東美先生居然親臨授課，大氣磅礡、渾淪浩瀚，令人難忘。

台北以外地區，隱士素儒，教化一方者也不罕見。友人王財貴，於師專畢業後去鄉間實習，聽聞當地有掌牧民先生，常指導鄉人讀書。財貴好奇，也跟著去看看。掌先生一問才知，除教科書外他並沒讀過任何古籍，於是才教他讀經之法。如今財貴在大陸推動兒童讀經，成果斐然，皆掌先生之賜也。

我最近在花蓮，地方人士也常與我談到當年老儒駱香林成立說頑精舍、奇萊吟社，編《洄瀾同人集》的事。花蓮青年受其裁成鼓舞者甚多。近年風氣澆薄，一說起五六十年代，好似白色恐怖之外，這些激揚文運、少長咸集的事都不值一提了。我對此，是深不以為然的。

四、出入三教，以實濟虛

當然，論斷老蔣在台功過，非我小文所能為。但相對於大陸之文化大革命、破四舊，老蔣主推的中華文化復興運動，無論如何，都是裨益千秋的大事，我自己亦深獲其益。首先是潘重規、周何先生等所編語文課本，加上以四書為主的「中國文化基本教材」，對於國人之文化教養，植基甚厚。大陸至今引進、仿擬不斷，便足以見其價值。

我父立逑公，江西吉安（古名廬陵）人。鄉邦素以「文章節義」自許，崇拜歐陽修、文天祥。明正德年間，廬陵知縣王陽明又在當地青原山講學，嘉靖年間且在六祖惠能弟子行思的道場（淨居寺）旁創青原會館，並於附近安福、泰和、永豐、吉水、新建、南城等地廣設書院。一時人才稱勝，故黃宗羲說：「姚江之學，惟江右為得其傳。」

我生長雖在台灣，但廬陵父老很早就教會我歐陽文章、文山節義、陽明心學了。入學後，對於國語文課程植本立基之教自然也就少習若天成。

學校對我很滿意，要不就勸我跳級，不必浪費時間；要不就鼓勵我自學，免得在校淘氣；要不則留著我，派去各種國語文競賽（作文、閱讀、朗誦、演講、書法）得獎。我則樂於以此為保護傘，可以雖在校而嬉遊浪蕩為俠客行。老師輩憫其憨直，看了也只是笑笑。

其實那時已漸入魔道，不只是行為上練武、鬥狠、打架、爭地盤，更是從台灣武術秘笈漸漸搜羅到了香港《當代武壇》之類；從神打，進而講求神術神方如《秘術一千種》、《萬法歸宗》之類江湖術士的奇門道法，續命、起魂、入陰、養鬼、圓光、降神、修禪等等，差點還要去台北南懷瑾的十方叢林。

我家世傳之學，本來瞧不起這類江湖道術。伯父乾升公出身國立中正大學，可算新派知識份子。離開大陸時，與六十三代天師張恩溥大真人在韶關相遇，一時莫逆，竟爾結拜入台。天師後來主持政府冊封之嗣漢天師府，伯父翊贊甚力，而道法本諸易學易圖，從不講怪力亂神。即使後來以風水揚名，所用亦不過江西楊救貧、賴布衣之法。堂兄龔群後來輔佐天師多年，以符法精湛見稱，但大抵也是如此。

所以這時隱然覺得不妙，武人李小龍又猝死了，我則考上了大學，改弦更張，正當其時。乃下定決心由正道上去探微掘隱，闡發儒、道、佛的奧秘。

除了努力聽講，還要氾濫群書，充分利用淡江大學舊藏。其次是擔心遊騎散漫無歸，每年都要自訂功課，寫成稿本。大一是註解《莊子》，大二寫《謝宣城詩研究》，大三是《古學微論》，總說儒、道、名、法、墨、與陰陽，大四又寫了《近代詩家與詩派》。一年義理考據、一年詞章，交替而行。

五十年來，總是如此，縱橫求索，文學史、思想史、文化史、藝術史、社會史，什麼論題都要研究。每年不少於七十萬字，不徐不急，盈科而後進。

思想當然逐年遞有進境，範圍也愈來愈為廣袤，精勤博大，學界少有其比。古人常惋惜才子多半沒學問，因為揮灑其才即足以驚世了。享此才名，就懶得在書卷裡打熬氣力。這是才子的虛名和危險，所以我要下滿堅實工夫，不敢懈怠。

五、遊者不拘墟、百家不通竅

「我用我自己的流浪，換一個在你心裡放馬的地方，像那遊牧的人們一樣，把寂寞憂傷都奔到天上。」

讀書人何嘗不如此？他們雖只在書齋裡坐破蒲團，四體不勤、五穀不分；可總是自以為在書中流浪，尋找適合墾牧的地方。而學者思想流浪之處，也希望能成讀者心裡放馬馳騁的草原。

可是，流浪的歌者並不曉得學者所謂浪跡、放馬只是飾詞。守著地盤的專家哪需博學？田連阡陌，就耕不過來了，更何須草原連天？糊口學林，亦不能如孔子「博學而無所成名」，或如老子之為博大真人，只須簡單扼要、旗幟鮮明，便於品牌行銷即可。

此等專家，莊子就不滿了：「天下大亂，賢聖不明，道德不一。天下多得一察焉以自好。譬如耳目鼻口，皆有所明，不能相通。猶百家眾技也，皆有所長，時有所用。雖然，不該不遍，一曲之士也。判天地之美，析萬物之理，察古人之全。寡能備於天地之美，稱神明之容。是故內聖外王之道，暗而不明，鬱而不發，天下之人各為其所欲焉以自為方。」

我當年既註莊子，自然就不肯再做一曲之士，想要博通載籍，「判天地之美，析萬物之理，察古人之全」。內聖外王，能到不能到，不曉得，但立志當然如此。

我如此博、大、高、遠，迥異於一般學人，源頭雖皆本於孔子；入機，也就是方法和方法論卻無疑來自莊子。我自稱能「以逍遙遊為養生主」，當然也是從莊子那兒學來。

無論莊子孔子，所說道術當然沒能包括後世佛教道教，但論析判查他們的方法，我覺得可與研究古代道術一以貫之，也要通、博、美、備，不受某宗某派某時代之限。像道教，我傳承的是正一，但全真、金丹南北東西中也都講，辦「中華道教學院」時，於符籙、練養、文獻、科儀等更沒少傳授。佛教，我生長台中市，最盛的是李炳南居士的蓮社，但我沒參加，研究佛教仍從般若學六家七宗開始，空有雙輪，加上唯識和禪宗，原原本本。

後來我把這些三教論衡的文章稱為新論、新思、新解。是因為「三教講論」形成制度，是在唐高祖時期。每年祭孔後，邀請儒學祭酒、道教大法師、佛教大和尚一齊商兌義理。可是此等論辯，成果有限，甚至增添了誤解和火氣，原因在於沒一個人真能同時懂三教，所以爭來辯去，不免出主入奴、雞同鴨講，唯我乃期一洗舊觀，再開新局。

換言之，傳統整齊貫通了，自然就能脈絡井井，洞明諸家聚訟之癥結，並打開新思想的空間。

六、遊居四野，以義合天

想這樣，不只須要博極群書，也得遊半天下（這次特輯中《時光倒影》、《龍行於野》、《遊必有方》即是我一部分遊記）。

因爲學與遊不是一般人說「讀萬卷書，行萬里路」的分列關係。《論語》第一句話「學而時習之」就強調學本身就該時時練習熟習。朱子解習字為「鳥數飛也」。可見學本來就有實踐性，人不斷學，猶如鳥不斷飛。《莊子．逍遙遊》開頭大鵬小鳥那一大段，即是從《論語》這兒化出。

遊即是學，學在遊中，故孔子「從心所欲，不踰矩」，就是消遙遊，學與遊是二而一的。學，依文獻、耳目見聞和思慮省查；遊就加上了貼地的人類學、鄉土志工夫，以及遊屐中偶得的機緣。

機緣屬於天，不可能以計劃、調查得之，而要靠我的性氣、人緣，「以人合天」庶幾得之。所謂性氣、人緣等說不清楚的條件，古人常統稱為俠氣。俠，很難從階級屬性、行為類型或是非善惡去辨認，但其共同點是「俠」，其人皆有俠氣，能聚眾。聚眾當然也可憑權、錢、勢，但涉及俠和遊，卻還有個「義」的性質需要考量。

義是什麼？我有次說自己寫書，有點俠義心腸。古詩《獨漉篇》云：「雄劍掛壁，時時龍鳴。不斷犀象，繡澀苔生。」在我看，中國文化現今就彷彿這柄原是神兵利器，可以斬犀斷象的寶劍，無端遭了冷落，瑟縮在牆角裡生苔長蘚。美人落難、明珠蒙塵，皆是世上大不堪之事，我遂深懷出而搭救之心。

這不就是義嗎？見義勇為；義不帝秦；義憤填膺；路見不平、拔刀相助……說的都是這個。而這種義，有美國羅爾斯《正義論》或我國一般政治社會學者如陳喬見《義的譜系：中國古代的正義與公共傳統》之類所不能含括者，即是俠的精神。

俠有不軌於正義者，但正義不彰，俠者恥之，俠又是人間正義的持守者。凡事有可為、當為、不能不為，則俠客出焉，不出不足以為俠。學者的毛病，是書卷氣太重而人氣多半不足，所以要張天義、行俠道以振作之。這次特輯中《吟遊：遊的精神文化史論》、《大俠：俠的精神文化史論》、《武藝：俠的武術功法叢談》，即是例證。

七、集思，也集喜怒哀樂

我如此學、如此思、如此俠遊不已，當然成書數百種、交友無量數。此中是要有真正實踐工夫的，如人飲水。書要寫、酒要喝，一字一思，千折百轉，不是昏沉懵懂即可花開見佛。一人一緣，覿面相親，不是僅有「人類」、「人民」、「同胞」、「民主」等大詞就能歃血心傾。

歷年同學、同事，與我一同闖蕩社會，辦報、辦學、辦雜誌、辦活動之同懷友生，乃因此幾乎人人皆有可憶之處。

其中最特別的，當然是與這套書直接相關的陳曉林、吳安安、黃滈權、龔明湘、古凌、林鍾朝銓、張正諸位。曉林與我，文字骨肉，俠情尤為我所敬重。擅張鐵網之珊瑚，收輯神州欲散之文心；心光無量，又能傳將盡未盡之燈。黑白有集，宗風不替。他和安安、滈權等時日相聚，輒常邀我，或竟與我同其沆瀣。如我遠去新疆特克斯辦周易大會武林大會，他們也鷹揚草原，隨至雪山；明湘號召於台灣東北角觀海嘗鮮，我等亦簇湧而聚……，實踐並體驗著我這特輯中《食趣：飲饌叢談》的趣味。此時，定光佛亦跳牆過來矣！

孔子說詩可以興、可以觀、可以群，可以怨。友道裹人，未嘗不能如詩。故我的學、思、俠、遊，朋友們也最能欣賞。現在大家一起玩玩，把它印出來，也為時代添些光彩罷！

壬寅虎兒年，龔鵬程寫於泰山、倫敦、花蓮旅次

弁言　三教論衡

龔鵬程

儒、道、釋，在中國社會裡被並稱為三教，亦為中國社會與文化之骨幹，這是大家都曉得的事，但很少人能真正深入理解之。三教經傳浩如煙海，歷史又極複雜，理解起來也確乎不易。我因特勝因緣，得以略窺堂奧，漸乃兼通三教，而皆能得益。劉夢溪先生曾說我做學問：「於儒學能得其正，於道家能得其逸，於釋氏能得其無相無住。」這種境界當然是我所嚮往的，能否臻及，卻不敢說。但儒道釋三教既是中國社會與文化之骨幹，不知此或不汲潤於此，焉能得中國文化之精髓？因此鑽研含咀，不敢不勉。頻年積漸，成稿甚多。今承出版社朋友的好意，略輯一些，凡分說儒、論道、解釋三部。

儒家之學，我童而習之，對它感到熟悉、親切，自然不在話下。而與一般人不同的，是我還相信孔子、喜歡孔子。

相信，不是宗教式的感情或信仰；喜歡，不是道德文化使命式的敬愛。同樣地，我對孔子和儒學的理解，也不僅是客觀知識的掌握、考古材料的梳理或理論認知的拼圖。我能知孔子，殆如莊周之知魚於濠上，千古遙契，莫逆於心。我的性氣與處事方式，多幻設、喜遊戲、矜才情；我的學問，雜於道、釋、文、俠之間，皆與孔子貌不相似。然而，正因不求貌襲，所以神似，此則非他人所能知也。

孔子並不容易學，也不容易像。正如儒家之不易知。我自少年時期起，借徑於康有為、章太炎、劉師培、熊十力、馬一浮以及清代諸儒，以上窺周秦學術之大凡，著《古學微論》數十萬言，略中儒道會通之義。後治漢唐經學，撰《孔穎達周易正義研究》等，又數百萬言。更與當代新儒家諸師友摩習切磋數十載，上下其議論。積聞漸博，研練漸精，反覆思維而後知之，足證其難。

但孔子與儒學其實也是不難懂的。童年一晤，握手成歡，那時我事實上就已經懂了。後來的積聞研練，只不過是與那些把孔子和儒學解釋得歪七扭八的各種說法、把孔子和儒學亂批一通的各類反儒言論相糾纏罷了。為了證其誤、訂其譎、明其踳駁糾繚，而費了許多年許多工夫，回想起來，實在頗覺不值。學非所以見道，徒疲精神於辨訛，哀哉！

而這也就是吾人生於這個時代的無奈。在這個時代中，反思儒學之境況、擬測其發展，寫點東西，說明往哲時賢在儒學研究上的毛病，乃是不得已的。倘以儒家成己之學的標準來說，學貴自得，誰耐煩做這些捨己徇人的工作？而從現實上說，做這些事，那些被我指稱為走錯了路、少讀了書的人，當然也不會領情。吾人破費工夫為此吃力不討好之務，能說不無奈嗎？

《儒學新思》所輯，即為此類無奈之篇什。內容大體可分兩部分，一說明歷來儒者如何走錯了路；一為研究儒學的人補習補習，告訴大家儒學還有許多豐富的內涵有待抉發、還有許多面向可供開展。

談儒家的飲饌政治學、星象政治學、曆數政治學、聖典詮釋學、性學，以及儒家與道教之關係，都屬於替大家補習的性質。民國以來，對於這些課題，學界大抵不知道、沒想過，或是在視域中遮蔽、漠視之。開發這些課題出來，才有助於推展儒學之研究。否則學界講來講去，大家都以為已經很懂儒學，儒學也講得爛熟、聽得煩膩了，可是實際上還早著呢！許多材料，研究儒學的人根本沒看過；許多論域，大家根本沒想到。故現有的一些研究成果，也是淺陋不足以語儒學之深美閎約的。

正因儒學內涵豐富，所以過去談儒學或以儒者自居的人不僅所見不廣，瞎子摸象，還有不少人誤入了歧途。本書論以儒學經世的問題、宋明儒學喪失歷史性的危機等，就是要破邪顯正，以定真詮。

除了批評古今研究儒學者的錯誤，開發一些新的論域外，居今之世而論儒學，我當然還希望指出向上一路，提出一個值得努力的方向。

這個方向，乃是企圖順著當代新儒家所說的「生命的學問」，進一步發展，將儒學建立成一種「生活的學問」。我在一九九八年出版的《生活美學》一書中，即曾揭櫫此義，本書賡續發揮，來說明生活的儒學才是這個時代的儒學實踐之路。吾人可以此經世，亦可以此避免儒家喪失歷史性的危機。這個路向，過去幾年，除了理論上的闡明，我也與一些朋友做了不少實踐的嘗試，希望將來可以繼續做下去。

儒家以外，我又喜歡佛道，對各種宗教事務也都感興趣。蓋性喜幽奇，博涉多方，輒於此寄寓遐思也。但並不只是單純的宗教感情導引著我去接近宗教、試圖理解宗教，而是基於對中國文化的總體關懷，使得我必然注意到儒家及儒家以外的宗教狀況。

一九七八年左右，友人林明峪作《禪機》、《媽祖傳說》、《台灣民間禁忌》等書，我曾參與其研究過程，對佛教和民間信仰做了些初步的探討，零零碎碎寫了點文章。其後我又花了一些氣力研究我國的宗廟制度、祖先崇拜、宗族會社等，並試圖通過天命思想去鉤勒中國小說史的嬗變、利用佛家三性說去處理宋代詩學理論及「學詩如參禪」的問題、由儒佛對抗關係上去理解唐代孔穎達所編修的《五經正義》……這些研究，在發表時多少均引起過一些爭議，因為取徑略異於時賢，亦非純宗教之研究，乃是依我對文化史之研究方法和分期的整體看法來的。我的文化史研究，主要是想觀察一個文化體在時間和空間的延展中，如何與自覺的價值意識互相感應，而帶出意義的追求及處理事務時的不同取向。宗教所涉及的，正是一群人的終極信念與存在安頓之問題，由這個地方來審察其意義取向及性質，當然最為真確。因此我較喜歡由此切入，撥開表像，直探意義之核。

一九八九年，我在台灣淡江大學中文研究所籌辦了第一屆中華民族宗教國際學術研討會，其後並襄助道教協會成立中華道教學院。這個學院，在道教界是個創舉，我即擔任其教務長、副院長，並講授「道教文獻選讀」等課。一九九〇年，我又與靈鷲山般若文教基金會合作，創辦國際佛學研究中心。這些事務，使我與宗教界有更廣泛的接觸，也更直接地進行了宗教研究。

我家世原本即與道教有些淵源。家伯父龔乾升先生，在《歷代張天師傳・序》中提到「余與六十三代天師張恩溥真人，自詔關遇合，至浮海入台，時聆妙緒，既上書內政部以維道統，復翊創道教會以振玄風。交契苔岑，誼聯蘭譜」云云，即指其事。我幼年體弱，民間俗習，例須奉繼予僧道，因此我也就拜張真人為義父。義父與伯父、父親交好，常來往燕談。家堂兄龔群先生，則長期在嗣漢天師府任秘書長，且辦有《道教文化》雜誌，弘傳正一法脈。道教之科儀掌故，我因熏習日久，故亦漸有所知。借著辦道教學院的機緣，乃通讀《道藏》，並因往遊大陸之機會，參訪宮觀、檢輯資料，以與昔日所曾思慮者相印發。

我跟佛教的淵源，不如道教這般直接，但人生機緣倒也難說得很。我本來便兼做一點佛學研究，因為研究中國文化，豈能不懂佛學，故於此亦熏習久之。文士說禪，漸且氾濫於筆端。辦了國際佛學研究中心以後，在闡述義理、整齊文獻，積極與世界佛學哲學界對話方面，自然又越來越熟稔。一九九三年起，籌辦佛光大學，先設了南華管理學院，嗣後改制為大學，乃又續辦佛光人文社會學院。替佛教奔走了十幾年，凡所倡議或創立之典章制度、觀念構想，不可勝數。對教界和佛學研究界，當然也有入乎其內的理解。

道教學院或佛光大學，均是佛道教數千年來之新猷，我因歷史之機遇，得以出入其間，自來儒者之福報，豈有過於我者？故我之深知佛道，恐怕也勝於古今諸儒。

但正因入乎其內出乎其外，我之理解和體會，便與教內教外都不相同。或以我為同盟之友，或視我為異端之邪，而我實有取於兩端而不為其所攝也。論佛論道的文章，取名《道教新論》、《佛學新解》，就表明了這種不與人同的意味。此等新論新解是否即為正論正解，唯通人知之耳。

戊子歲暮，風聲淒緊，序於燕京小西天如來藏

三教論衡之
儒學新思

目錄

目錄

目錄

目錄

一　儒家的飲饌政治學

（一）儒家所說的王道王制

據班固說，儒者出於司徒之官（見《漢書・藝文志》）。司徒是幹什麼的呢？依《禮記・王制》所載，乃是修六禮、明七教、齊八政、一道德、養耆老、恤孤獨等事。六禮，謂冠、昏、喪、祭、鄉、相見之禮。七教，指父子、兄弟、夫婦、君臣、長幼、朋友、賓客之倫。八政，是飲食、衣服、事為、異別、度、量、數、制。

在這些工作中，八政以飲食居首。在其他禮教中，飲食也占了極重要的地位。例如鄉，又稱鄉飲酒禮。婚、喪、冠、祭諸禮中也少不了要飲燕食饗一番。至於養耆老、恤孤獨，依《王制》說，主要亦都從飲食上考量：「凡養老，有虞氏以燕禮、夏后氏以饗禮、殷人以食禮、周人脩而兼用之」，「五十異糧，六十宿肉，七十貳膳，八十常珍，九十飲食不離寢，膳飲從於遊可也」，「庶人耆老不徒食」。且這些老者都養於庠序學校中，故學校既為一教育單位，也是供飲膳的機構。這是養老方面的情況。恤孤獨，則《王制》云：孤、獨、矜、寡「此四者，天民之窮而無告者也，皆有常餼。喑、聾、跛、躃、斷者、侏儒，百工各以其器食之」。大抵這也就是《禮運》所說「鰥寡孤獨廢疾者，皆有所養」的意思。

因此，司徒之事業，簡單地說，就是修明飲食之禮以養民。故曰「禮之初，始諸飲食」（《禮運》），其後各種禮也以飲食為其主要內容。所謂政治，八政以飲食為首，亦表明了儒家以禮樂養民的真相。

儒者論「采詩」制度，謂王者觀看各國的詩歌，就知道該國政治好不好，「若政善，詩辭亦善；政惡，詩辭亦惡，觀其詩則知君政善惡。故《天保》詩云『民之質矣，日用飲食』，是其政和；若其政惡，則《十月之交》『徹我牆屋，田卒汙萊』是也」（《王制・賈公彥疏》）①。老百姓能安心吃飯，即代表了政治清明。可見飲食既為政治事務之內容，也是一項主要指標。此理在孟子論王道時最為明顯。他見梁惠王時說：

> 不違農時，穀不可勝食也。數罟不入汙池，魚鱉不可勝食也。斧斤以時入山林，材木不可勝用也。穀與魚鱉不可勝食，材木不可勝用，是使民養生喪死無憾也。養生喪死無憾，王道之始也。五畝之宅，樹之以桑，五十者可以衣帛矣。雞豚狗彘之畜，無失其時，七十者可以食肉矣。百畝之田，勿奪其時，數口之家，可以無饑矣。謹庠序之教，申之以孝悌之義，頒白者不負戴於道路矣。七十者衣帛食肉，黎民不饑不寒，然而不王者，未之有也。（《梁惠王上》）

這番話，後來在他見齊宣王時又講了一次，《盡心上》稱頌文王善於養老時也講了一遍。

孟子辯才無礙，所言甚少重複，僅有這段話例外，可見此確屬其宗旨攸關之語。而其內容，恰好就是《王制》所講的養老興學以明教的那一套。

其他論政治之良窳時，孟老夫子也總是從飲食方面立論。例如他批評虐政，就說是「庖有肥肉，廄有肥馬，民有饑色，野有餓莩」（《梁惠王上》，又見《滕文公下》），「師行而糧食，饑者弗食、勞者弗息，睊睊胥讒，民乃作慝。方命虐民，飲食若流，流連荒亡，為諸侯憂」（《梁惠王下》）。說老百姓歡迎王者，就云「簞食壺漿以迎王師」（《梁惠王下》），「民之憔悴於虐政，未有甚於此時者也。饑者易為食，渴者易為飲。……當今之時，萬乘之國，行仁政。民之悅之，猶解倒懸也」（《公孫丑上》）。這種評論方式，與賈公彥舉《詩經》論飲食語以觀政治之美惡，完全相同。

（二）孟子論飲食口體之養

孟子在許多地方刻意降低或模糊了飲食的重要性。例如《滕文公上》論司徒之職，即把飲食和教育切割開來，說「后稷教民稼穡，樹藝五穀，五穀熟而人民育」。但如此僅僅是「飽食暖衣逸居而無教，則近於禽獸」，所以「契為司徒，教以人倫」。於是在一個「人禽之辨」的架構中，飲食只是禽獸層次的事，彷佛只有人倫關係的講究才是司徒的職分和儒者所應講求的義理。

他論曾子之孝，區分出「養口體」與「養志」之別（《離婁上》）；稱讚禹「惡旨酒而好善言」（《離婁下》）；說「體有大小，養其小者為小人，養其大者為大人。……飲食之人，則人賤之矣，為其養小以失大也」（《告子上》）；又借《詩經・大雅・既醉》「既醉以酒，既飽以德」來發揮「言飽乎仁義也，所以不願人之膏粱之味也」（《告子上》）。這些見解都建立在人禽之辨上，認為人不能只滿足飲食之需求，更應養其大體、養志、飽飫於仁義。

這個立場，導致他論禮時，只強調送死的喪祭之禮，而刻意輕忽養生的冠、昏、鄉射、養老諸禮，曰「養生者不足以當大事，惟送死可以當大事」（《離婁下》）；對於伊尹「以割烹要湯」的故事，他也要進行一番創造性的轉化詮釋：

萬章問曰：「人有言伊尹以割烹要湯，有諸？」孟子曰：「否，不然。伊尹耕於有莘之野，而樂堯、舜之道焉。非其義也，非其道也，祿之以天下，弗顧也，繫馬千駟弗視也。非其義也，非其道也，一介不以與人，一介不以取諸人。湯使人以幣聘之。囂囂然曰：『我何以湯之聘幣為哉？我豈若處畎畝之中，由是以樂堯、舜之道哉？』湯三使往聘之，既而幡然改曰：『與我處畎畝之中，由是以樂堯、舜之道，吾豈若使是君為堯、舜之君哉？吾豈若使是民為堯、舜之民哉？吾豈若吾身親見之哉？天之生此民也，使先知覺後知，使先覺覺後覺也。余天民之先覺者也。余將以斯道覺斯民也，非余覺之而誰耶？』思天下之民，匹夫匹婦有不被堯、舜之澤者，若己推而納之溝中。其自任天下之重如此，故就湯而說之，以伐夏救民。……吾聞其以堯、舜之道要湯，未聞以割烹也。」（《萬章上》）

這一大段，當然是他自己編出來的故事，努力要超越飲食的層次，把伊尹提到堯、舜之道這個層面上來表彰。此與其論人性時強調「口之於味也、目之於色也、耳之於聲也、鼻之於臭也、四肢之於安佚也，性也，有命焉，君子不謂性也」相似。飲食等生物本能，人禽所同，只有人所獨具的仁義禮知才被他稱為「性」（《盡心下》）。

但這恰好表現出他極為重視飲食的問題，否則不會處處構思如何在飲食之上或之外另立君子所應遵循的義理。而事實上孟子也是極喜歡以飲食來論事說理的哲人，像他要說明人人都應能接受堯、舜之道時，便將美好的義理譬喻為美食：「口之於味，有同嗜也。易牙先得我口之所嗜也。如使口之於味也其性與人殊，若犬馬之不與我同類也，則天下何嗜皆從易牙之味耶？……故曰口之於味，有同嗜焉。……至於心，獨無所同然乎？心之所同然者何也？謂理也、義也。聖人先得我心之所同然耳。故理義之悅我心，猶芻豢之悅我口。」（《告子上》）這時，飲食與義理便不是層次或性質上的分別，而是同類的關係了。

這樣的類比，是孟子最常使用的論述方法，如：「魚，我所欲也。熊掌，亦我所欲也，二者不可得兼，舍魚而取熊掌者也。生亦我所欲也，義亦我所欲也，二者不可得兼，舍生而取義者也」（《告子上》），「饑者甘食，渴者就飲，是未得飲食之正也，饑渴害之也。豈惟口腹有饑渴之害？人心亦皆有害。人能無以饑渴之害為心，害則不及人，不為憂矣」，「食而弗愛，豕交也。……君子不以虛拘」（《盡心上》）等等都是如此。著名的仁義內外說亦是如此。

在孟子與告子辯論時，告子說我們愛自己的兄弟，可是不能愛秦楚等遠方別人的兄弟，可見仁愛發自內心；尊敬老人，是因他們老了，所以敬重他，秦楚遠方的老人亦因其老而遂為吾人所禮敬，則此敬長之義，顯然就是外在的了。孟子立刻答道：「嗜秦人之炙無以異於嗜吾炙，夫物則亦有然者也，然則嗜炙亦有外歟？」強調義內。而這個論辯尚有後續發展：

> 孟季子問公都子曰：「何以謂義內也？」曰：「行吾敬故謂之內也。」「鄉人長伯兄一歲則誰敬？」曰：「敬兄。」「酌則誰先？」曰：「先酌鄉人。」「所敬在此，所長在此，果在外，非由內也。」公都子不能答，以告孟子，孟子曰：「敬叔父乎？敬弟乎？彼將曰：『敬叔父。』曰：『弟為尸，則誰敬？』彼將曰：『敬弟。』子曰：『惡在其敬叔父也？』彼將曰：『在位故也。』子亦曰：『在位故也。庸敬在兄，斯須之敬在鄉人。』」季子聞之曰：「敬叔父則敬，敬弟則敬，果在外，非由內也。」公都曰：「冬日則飲湯，夏日則飲水，然則飲食亦在外也？」（《告子上》）

義內或義外這個問題，是孟子學的關鍵。可是辯來辯去，總是夾纏不清，孟子這裡擬測了幾種情況答問，有蘇格拉底的風格，但其實也沒講清楚，只是說平時人都敬兄，僅在飲酒時才暫時敬鄉人。以致孟季子逮著話柄說我們敬人是因外在條件而敬，所以對叔父敬，對於祭祀時擔任「尸」的弟弟也敬，可見敬在外而不在內。幸而公都子用一個喝湯喝水的譬喻才解決了問題。人吃喝，是因為心中想吃想喝，至於吃什麼喝什麼，因地因時制宜，冬即飲湯、夏則飲水，足證仁愛敬想均由內心所發。這個譬喻簡明直截，跟孟子自己用烤肉為喻完全相同。飲食，顯然仍是最能說明孟子學精義的經驗。②

此外，更應注意的，是孟子對於士君子修身之道和王者施政之道，其實有個區分。《梁惠王上》說得好：「無恆產而有恆心者，惟士為能，若民則無恆產因無恆心。」一般民眾和士君子並不相同，士君子立身處世，固應養其大體，勿徒為飲食之人，應志於道而弗恥惡衣惡食，但這並不能要求一般民眾。王者施政，卻是面對一般人民之需要的，不可能期待每個人都是君子，都能養志、無恆產而有恆心。故士道雖重人禽之辨，王道卻以禽獸性的生物需求為著眼點。試看孟子論王道，如見梁惠王而說「使民養生喪死無憾，王道之始也」；見齊宣王而說「明君制民之產，必使仰足以事父母，俯足以畜妻子，樂歲終身飽，凶年免於死亡」；或主張王者養老，應「制其田里，教之以樹畜。五母雞、二母彘，無失其時」，都卑之無甚高論，只在衣食溫飽方面考慮，與《王制》所說司徒「齊八政」時以飲食衣服為先，完全一樣。不幸後世儒者，長於立身修己，而疏於王道治術，極力發揮孟子人禽之辨，講萬物皆備於我、上下與天地同流，在心性問題上辨析毫芒。可是既不能如孟子般在仁義心性之問題上跟飲食經驗關聯起來說，又不能談飲食等王道教化之事，乃自以為可繼武於聖人，豈不謬哉？

（三）飲食與儒家思維傳統

換句話說，僅從心性論的角度去掌握儒學，頗不充分。儒者出於司徒之官，其學重在於禮樂養民，而飲食則是與其禮樂教化整體相關的。循此理解以觀儒家經籍，便可有新的認識。

聞一多先生曾於一九四一年作《周易義證類纂》一種，以社會史之角度，分類錄出《周易》相關文字，並附考辨。計分三大類：經濟事類、社會事類、心靈事類。經濟類包含器用、服飾、車駕、田獵、牧畜、農業、行旅。社會類包括婚姻、家庭、宗族、封建、聘問、爭訟、刑法、征伐、遷邑。心靈類則有妖祥、占候、祭祀、樂舞、道德觀念。體例新穎，迥出古人《易》解之外，足資參考。因為作《易》者是觀象而立卦，但天地之間，物象甚多，可以取象者也甚多，作《易》者為何取此而不取彼、所取又以何種物事為多，都涉及了作《易》時的觀念。故舉其事類，可觀《易》義，聞氏的做法，實有其見地。然椎輪大輅，可以補苴繼武者，固不在少，飲食事類，即其一端。

《易經》中專論飲食之卦甚多，頤卦即為其中之一。卦象艮上震下，是雷出山中，春暖氣和，萬物長養之時，故曰：「頤，貞吉。觀頤，自求口實。彖曰：頤貞吉，養正則吉也。……曰：山下有雷，頤，君子以慎言語、節飲食。……由頤，厲，吉。大有慶也。」頤，是指人的腮幫子，咀嚼食物時腮幫子就會動。頤卦全從飲食處立論，後世有成語云「大快朵頤」，出典即在於此。但孔穎達疏說「朵頤謂朵動之頤以嚼物。喻貪婪以求食也」，「朵是動義，如手之捉物謂之朵也」。可見《易經》並不強調大快朵頤，而是主張自求口實、養之以正，不能為了好吃便不擇手段。

此乃藉飲食事而說義理，故取象於頤。類似者尚有鼎卦。鼎，離上巽下，巽是木，木焚後火焰上騰，即炊煮之象。炊煮用鼎，所以《彖傳》說：「鼎，象也，以木巽火，烹飪也，聖人烹以享上帝，而大烹以養聖賢。」卦象中，九三指「鼎耳革」，謂鼎耳脫落了，象徵「雉膏不食」。九四指鼎折足，象徵打翻了菜餚，弄得湯汁滿地。孔疏云：

烹飪成新，能成新法。然則鼎之為器，且有二義，一有烹飪之用，二有物象之法。……《雜卦》曰「革去故而鼎取新」，明其烹飪有成新之用，此卦明聖人革命，示物法象，惟新法制，有鼎之義。……鼎用之美，烹飪所須，不出二種，一供祭祀、二當賓客，若祭祀則天神為大，賓客則聖賢為重。……享帝直言烹，養人則言大烹者，享帝尚質，特牲而已，故直言烹；聖賢既多，養須飽飫，故烹上加大字。……

俗言「大亨」、「革故鼎新」，都出自這個卦。其義理均由用鼎煮飯吃之中悟出。「大烹以養聖賢」更是後來儒家政治哲學上一個非常重要的觀念（見下文第五節）。

與「鼎」、「頤」有關者為噬嗑卦。此卦震下離上，象徵剛硬的牙齒嚼破食物、柔軟的舌頭去含咀滋味，兩相配合，故噬嗑即是咀嚼。《彖》曰：「頤中有物曰噬嗑，噬嗑而亨，剛柔分，動而明，雷電合而彰，柔得中而上行。」這個卦剛柔相濟，所以大體是吉利的。固然吃東西不免也會有些狀況，可是基本上仍能無咎。例如「六三，噬臘肉，遇毒，小吝，無咎」，是食物中毒。「九四，噬乾胏，得金矢，利艱貞，吉」，是吃肉咬著鐵片，表示雖然有些艱困，終無大礙。「六五，噬乾肉，得黃金，貞厲，無咎」，「六二，噬膚滅鼻，無咎」，與此同義。膚，據《釋文》引馬融注：「柔脆肥美曰膚。」《儀禮・士聘禮》：「膚，鮮魚、鮮豬。」碰到鮮美的食物時，就是拚命吃，吃得把自己鼻子都吃掉了，也不會有什麼問題的。

另外有不少非取象於飲食，而是取義於飲食者，例如豫卦。豫，震上坤下，應是像雷聲震動，萬物破土而出。但《象傳》說：「雷出地奮，豫，先王以作樂崇德，殷薦之上帝，以配祖考。」言聖王見此象，即應法象天地，饗薦祖先及上帝。由飲食論政，甚為明顯。

也論飲食，但與鼎、頤、噬嗑略異者，則有觀、中孚、損等。觀，坤下巽上，這個卦是講觀天文以察時變，觀人文以化成天下的。其卦辭說「盥而不薦，有孚顒若」，《象》曰：「觀天之神道而四時不忒。聖人以神道設教，而天下服矣。」為什麼《彖傳》要從神道設教來解釋觀卦的卦辭呢？原來，觀的本義即是觀宗廟祭祀。盥，就是「灌」，祭祀時用酒灌地以迎神。薦，指獻牲。孔疏說：「可觀之事，莫過宗廟之祭。盥，其禮盛也。薦者，謂既灌之後陳薦籩豆之事，其禮卑也。今所觀宗廟之祭，但觀其盥禮，不觀在後籩豆之事，故云觀盥而不薦也。」以薦為陳薦籩豆之事。我認為是講錯了，但也仍屬於飲食。

中孚，兌下巽上，澤上有風之象，卦辭說：「中孚，豚魚吉，利涉大川，利貞。」王引之云：「豚魚者，士庶人之禮也。《士昏禮》『特豚合升去蹄，魚十有四』，《士喪禮》『豚合升，魚鱄鮒九，朔月奠用特豚魚臘』，《楚語》『士有豚犬之奠，庶人有魚炙之薦』，《王制》『庶人夏薦麥，秋薦黍。麥以魚，黍以豚』。豚魚乃禮之薄者，然苟有中信之德，則人感其誠，而神降之福，故曰豚魚吉。言豚魚之薦亦吉也。」

損，兌下艮上，卦辭：「有孚，元吉，無咎，可貞，利有攸往，曷之用二簋，可用享。」卦為大澤浸減山土之象，故稱為損。卦辭以祭祀用二盒飯為喻，孔疏云：「曷之用二簋，可用享者，明行損之禮貴夫誠信，不在於豐。既行損以言，何用豐為？簋至約，可用亨祭矣。」以上這幾個卦，卦本身雖非飲食之事，亦非取象於飲食，但卦辭皆直接用祭禮等各種禮所涉及的飲食問題來說明卦義。

需卦也值得注意。需卦，需，乾下坎上，是需要的意思。這個卦雖不像「頤」、「鼎」兩卦全從飲食上立論，但許多部分與飲食有關，至少《象傳》認為它主要仍是在講飲食，故《象》曰：「云上於天，需，君子以飲食宴樂。」這是有道理的，因為人的需要固然不僅只是飲食，然而飲食畢竟是人的基本需求。卦辭九五「需于酒食，貞吉」，《象》曰：「酒食貞吉，以中正也。」即指此言。人若能中正而行，自然能獲得酒食；而有酒有肉吃，當然是大吉大利的。

這個卦還有一個有趣的地方：上六說「有不速之客三人來，敬之，終吉」，《象》曰「雖不當位，未大失也」。正飲食宴樂時，客人不請自來，即請他們一道吃。雖不盡合於禮，卻也沒什麼大錯。此亦需義。可見人不能不考慮到別人或許也有不時之需，在自己有得吃時，應隨機供給別人吃，而且要「敬之」，不能是施捨式的「嗟！來食」。

以上這些都是整個卦跟飲食有關的，以下則為局部與飲食相關者。整個卦與飲食有關，可見於卦辭、見於卦象；局部相關，則可見諸爻辭：

△泰卦九三爻辭說：「無平不陂，無往不行，艱貞。無咎。勿恤其孚，于食有福。」

△大有卦九三爻辭說：「公用亨于天子，小人弗克。」

△剝卦上九爻辭云：「碩果不食，君子得輿，小人剝廬。」

△坎卦六四爻辭：「樽酒簋貳。用缶，納約自牖，終無咎。」《象》曰：「樽酒簋貳，剛柔際也。」

△明夷卦初九爻辭：「明夷于飛，垂其翼。君子于行，三日不食。有攸往，主人有言。」《象》曰：「君子于行，義不食也。」

△姤卦九二爻辭：「庖有魚，無咎，不利賓。」《象》曰：「庖有魚，義不及賓也。」九四爻辭：「庖無魚，起凶。」《象》曰：「無魚之凶。遠民也。」

△困卦九二爻辭：「困于酒食，朱紱方來。利用享祀。征，無咎。」《象》曰：「困於酒食，中有慶也。」

△井卦初六爻辭：「井泥不食，舊井無禽。」

△漸卦六二爻辭：「鴻漸於磐，飲食衎衎，吉。」《象》曰：「飲食珩珩，不素飽也。」

△未濟卦上九爻辭：「有孚于飲酒，無咎，濡其首。有孚，失是。」《象》曰：「飲酒濡首，亦不知其節也。」

……

通觀這些爻辭，可見作《易》者在人生諸經驗中，格外重視飲食。有吃有喝，代表有福氣；若庖無魚，則為凶。但飲食不宜過度，故飲酒濡首，喝到腦袋都淹到酒缸裡去便不好了。而且不義之食也不該吃。

此外，大畜卦辭說：「大畜，利貞，不家食，吉，利涉大川。」聞一多《璞堂雜識》認為：「不家食，蓋謂耕而食于田野，《詩》所謂『饁彼南畝』也。」孔疏則說：「已有大畜之資，當須養贍賢人。不使賢人在家自食，如此乃吉也。」推溯《易》象，仍以孔疏為是。因為

《彖傳》已說：「不家食，吉。養賢也。」《彖傳》也說：「天在山中，大畜。」足見所畜者廣，非農耕於野所能涵蓋，且至少在《彖》、《象》兩傳寫成時，此卦即已被如此理解了。

《易經》論飲食事，其實尚不只於此，但排比事類，其義自顯，故亦不煩一一縷述。《易》本以道陰陽，亦即以男女之事為其基本象徵結構，故上經始於乾坤，下經始於咸卦，咸即為男女感悅，娶女大吉之象。然除男女之外，飲食亦為其基本象徵結構，不可不察。要從這個脈絡來觀察，我們也才能理解到孟子那種以飲食來說義理乃至論政事王道的方式，其實是淵源有自的。《易經》的論說風格與取象方法，早已成為儒者思維的傳統與習慣了。

（四）禮樂教化皆主於飲食

從經典上看，儒者除了像《易經》這樣，透過飲食活動來理解人生的存在處境與意義之外，更有直接論及飲食養民的部分。儒家言禮樂，於此可謂殷殷致意。

以《周禮》來說，其中即設有膳夫、庖人、內饔、外饔、亨人、臘人、酒正、酒人、漿人、醢人、醯人、鹽人等，均屬於天官。在春官中也有司尊彝、司几筵的官。設官如此之多，足見對其事甚為重視。

其中天官乃總攝各部門之官，與司徒掌教化、司寇掌法律、司馬掌兵備那種專司某一方面之官不同，膳夫庖人等列入其中，地位實在非常重要，與後世各級政府機關的廚師僕役，地位亦大不相同。故《周禮》開頭第一句話就說：「惟王建國，辨方正位，體國經野，設官分職，以為民極，乃立天官冢宰，使率其屬而掌邦治，以佐王均邦國。」不但如此，鄭玄注說：「膳之言善也，今時美物曰珍膳。」可見膳即是美，飲饌宜美或庖人曰膳夫，俱為美稱。他們在天官中所占分量也極大，人數比例又高（宮正與宮伯總共才九十一人，膳夫卻有一百三十二人。若再加上庖人七十人、內饔外饔各一百二十八人、亨人二十七人等等，比例相當可觀），以至於整個天官冢宰都可以用烹飪來比擬。蓋宰相自古即被視為「調和鼎鼐」的人物，《周禮》賈公彥疏也說：「宰者，調和膳羞之名。」宰相，用今天的話來說，就是大廚師。宰，即庖宰之宰。《周禮》乃王者體國經野、設官分職以治邦國之書，它對烹夫膳人如此重視，且將治國理政類擬於烹飪飲饌，充分體現了「禮之初，始諸飲食」（《禮記・王制》）的思考特點。由此特點，可見對飲食的重視，特別是它在政治學、倫理學上的重要性，儒家恐怕要超越西方的政治學傳統甚多。

以《周禮》論膳夫、庖人、烹人、鱉人、臘人、酒正、酒人、漿人等的情形，來對照亞里斯多德《政治學》，我們便不難發現其間的差異。亞里斯多德論及政府內部之行政機構與職司者，主要在其第四卷第十五章，及第六卷第八章。尤其在後面這個部分，談各政體內「行政諸職司的安排、數目、性質以及在各種政體中諸職司各自應有的作用」，性質恰好與《周官》類似。可是，在亞里斯多德的觀念中，必不可缺的職司，只是市場監理、城市監護、林區監護、司庫、誠信註冊司、典獄、城防與軍事司、財務糾察審計司、祭司、婦女監護、兒童監護、體育訓導、議事司等。其設官分職之原理固然與《周禮》大相徑庭，細部職司分列中也沒有任何一位涉及飲膳事務的官員。

這種不同，並不來自彼此所論政體不同，因為亞里斯多德所設想的，乃是各種政體中必不可少的職官。可是若依編《周禮》的人來看，飲食，不正是任何社會中人都不可少的嗎？民以食為天，設官分職時怎能不予考慮，或不適當地予以反映呢？

以亞里斯多德所設的「祭司」來看，他只談到「專管奉事神明的業務，需要祭司和廟董。廟董負有維護和修葺壇廟並管理有關祭祀事項的一切公產。……除了祭司之外，還有典祀、壇廟守護和祀產經紀」云云。若編《周禮》者見此，一定會問：「那麼，請問先生用什麼樣的人來典祀呢？祭祀活動中最重要的，不是獻奉飲食以致敬於鬼神嗎？既然如此，為何典祀之官中無職司飲食以奉祭者？」《周禮》中內饔負責宗廟祭祠的割烹煎和、外饔負責外祭祀，即為此而設。

又，不僅鬼神要吃，須要定期獻奉飲食以致敬之，人也同樣需要。所以邦國定期要舉行養老、恤孤、饗眾之禮。外饔之官，就是負責辦理此事者。亞里斯多德只想到一堆管理、督察、監護、懲罰的官，而完全不考慮「邦饗孤子耆老」之類事務，依儒家看來，或許要認為這樣的政治學太刻薄寡恩了吧。

不錯，西方的政治學，重點在於統治，故重在管理、監督、懲罰。政治學理論中最主要的部分，則是討論國家（政府）基於何種權力而有權統治、是何種型態之統治、人民為何同意被統治、與統治者之權利義務關係又為何等等。儒家論政，所重卻在於「養」。

孟子謂文王善養老，又云王道在於使民養生喪死而無憾，著眼都在「養」這個字。《周禮》天官冢宰下設疾醫「以五味、五穀、五藥養其病」，設瘍醫「以五氣養之，以五藥療之，以五味節之」，又謂：「凡藥以酸養骨、以辛養筋、以鹹養脈、以苦養氣、以甘養肉、以滑養竅。」地官大司徒則說大司徒「以保息六、養萬民：一曰慈幼，二曰養老，三曰振窮，四曰恤貧，五曰寬疾，六曰安富」，亦均以養為主。

由於論政重養，所以跟飲食會有直接的關聯，口體之養畢竟是所有養的基礎。

至於禮，因為也以養民為宗旨，所以亦以飲食為重，《周禮・春官・大宗伯》云「以飲食之禮，親宗族兄弟。以饗燕之禮，親四方之賓客。以脤膰之禮，親兄弟之國」，推而廣之，每一種禮都以飲食為主，故賈公彥疏說：「案《禮運》云『飲食男女，人之大欲存焉』，此嘉禮有飲食男女之等，皆是人心所善者，故設禮節。」

具體說明各種體制儀節及其與飲食之關係的，是在《儀禮》之中；彰明其義旨者，則《禮記》各篇隨處多有。《經解》曰：「郊社之義，所以仁鬼神也。嘗禘之禮，所以仁昭穆也。饋奠之禮，所以仁死喪也。射鄉之禮，所以仁鄉黨也。食饗之禮，所以仁賓客也。」這些禮，都以飲食為名。鄉飲酒、食饗、饋奠、薦嘗，都是吃。把這套吃的學問弄懂了，政治就搞好了，故子曰：「明乎郊社之義、禘嘗之禮，治國其如指諸掌而已乎！」又曰：「慎聽之，吾語汝：禮，猶有九焉，大饗有四焉，苟知此矣，雖在畎畝之中，事之聖人已！」此外，還有——

△醴酒在室、醍酒在堂、澄酒在下，示不淫也。尸飲三、眾賓飲一，示民有上下也。因其酒肉，聚其宗族，以教民睦也。（《坊記》）

△禮之初，始諸飲食。……以養生送死，以事鬼神上帝。……故玄酒在室、醴醆在戶、粢醍在

堂、澄酒在下。陳其犧牲、備其鼎俎、列其琴瑟管磬鐘鼓、修其祝嘏，以降上神與其先祖，以正君臣，以篤父子，以睦兄弟，以齊上下，夫婦有所，是謂承天之祜。作其祝號玄酒以祭，薦其毛、腥其俎、熟其肴，與其越席，疏布以冪，衣其澣帛，醴醆以獻，薦其燔炙，君與夫人交獻以嘉魂魄，是謂合莫。然後退而合亨，體其犬豕牛羊，實其簠簋籩豆鉶羹，祝以孝告、嘏以慈告，是謂大祥。此禮之大成也。（《禮運》）

像這樣的言論，抄下去，還多得是，所以也不必再引錄了。總之，儒家認為禮始於飲食，亦大成於飲食，殆無疑義。

（五）由飲食觀看儒道政論

儒家的禮論，基本上是繼承來的，經典上的飲食養民說，並非儒家的發明。因此我們看《詩經》，到處都是「我有旨酒，嘉賓式燕以遨」，「我有旨酒，以燕嘉賓之心」（《小雅・鹿鳴》），「君子有酒，旨且多」（《魚麗》），「君子有酒，嘉賓式燕綏之」，「南有嘉魚」，「厭厭夜飲，不醉無歸」（《湛露》），「無非無儀，唯酒食是議」（《斯干》），「彼有旨酒，又有佳餚」（《正月》），「或湛樂飲酒」（《北山》），「獻酬交錯，禮儀卒度」，「既醉既飽，大小稽首」（《楚茨》）……這樣的描述③。人民吃飽喝足了、君王與官員也都有空飲酒作樂，代表政治清明；否則便是衰世。這樣的想法，儒家承襲於經典，其他人讀經典，自然也學得到，因此，老子論政治，便說：「治大國若烹小鮮。」又說：

△聖人之治，虛其心，實其腹。（三章）

△聖人為腹不為目。（十二章）

△眾人熙熙，如享太牢、如春登台……我獨異於人，而貴食母。（二十章）

△樂與餌，過客止，道之出口，淡乎其無味。（三十五章）

△甘其食，美其服，安其居，樂其俗。（八十章）

這裡，顯然典守周朝之禮的老子也同樣採用了以飲食論政的方法。無奈後世注老者於此缺乏理解，於是老子說聖人之治應使人民虛其心實其腹，注者便大發宏論曰「實腹二字，譬如神清氣足，理備道全，聖人腹中，包藏天地，涵養萬物」（宋常星《道德經講義》），「常納氣聚下腹丹田，溫暖真氣，可化陰濁之氣，能通關逆運通竅，轉法輪」（靜宜子《太上道德聖妙尊經》），「腹者能納物者也。能納物，則貴難得之貨矣，貴難得之貨，則民為盜矣」（王安石《老子注》）。凡此等等，詮釋老子均不中竅。可見後世解老者也犯了與儒家後學類似的毛病，對於古人由飲食談道論政之傳統十分陌生。

不過，也不乏能洞達其義趣者，如杜光庭《道德真經廣聖義》卷二八載「樂，音樂也。餌，飲食也。言人家有音樂飲食，則行過之客皆為之留止。如帝王執道以致太平，亦為萬物歸往矣」，「此舉喻也，言人君執大象而天下之人歸往，亦如人家有音樂飲食則行過之客皆為留止」。此說對老子義諦便頗能掌握，且透顯了飲食政論中所蘊含的「徠民觀」。

所謂徠民觀，即是孔子所說「遠人不服，則修文德以來之」的意思，與《易經》「大烹以養聖賢」同義。一個國家如果政治清明，天下人都會歸往該處。孔子所表達的，就是這麼個想法。孟子反覆說王者若推行仁政則民眾將「如水之就下」般地歸往之，也是此意。而人民之所以願意歸往，最重要的判斷指標，是孟子所說的使民眾養生送死無憾，亦即老子此處所云「樂與餌，過客止」。

西方政治學中較少見此種徠民觀，較常見的乃是「屬民觀」。致力於界定何種人屬於國家或政權，何種人有在此政權內享受權力之權，人民與其所屬政權之權利義務關係，等等。中國的政治學，則不這樣談問題，故《詩經・大雅・公劉》讚美公劉始遷於豳，因為能讓大家飲食飽美，所以大家就都歸附他：「篤公劉，於京斯依，蹌蹌濟濟，俾筵俾几。既登乃依，乃造其曹。執豕於牢，酌之用匏。食之飲之，君之宗之。」歌頌飲食徠民，而不強調其體制法度及權利義務之分配與行使問題，中西政治觀之差異，極為明顯。

由這裡看，儒道兩家是相同的。但此處自古以來即有爭議。同樣在杜光庭所引的文獻中，即有人主張「樂以聲聚，餌以味聚，過客少留，非長久也。是以蘧廬不可以久處，仁義覯之而多責。故人君體道清靜，淡然無味，始除察察之政，終化淳淳之人」，「餌以美口，食畢而眾離。雖留止於一時，故難期於永久。唯無為理國，則眾歸而不可離」，並不認為以飲食徠民是最好的辦法。這個觀點，在《莊子》外篇中的《胠篋》便已出現了，它援用《老子》第十章之說而發揮之，說：

> 昔者容成氏、大庭氏、伯皇氏、中央氏、栗陸氏、驪畜氏、軒轅氏、赫胥氏、尊盧氏、祝融氏、伏戲氏、神農氏，當是時也，民結繩而用之，甘其食，美其服，樂其俗，安其居，鄰國相望，雞狗之音相聞，民至老死而不相往來。若此之時則至治矣。今遂致使民延頸舉踵曰某所有賢者，贏糧而趣之，則內棄其親而外去其主之事，足跡接乎諸侯之境，車軌結乎千里之外，則是上好知之過也。④

莊子或其後學之所以如此說，是因為他們有另一套飲食觀，相對於儒家而說。故儒者強調知味、重視飲食甘美，莊子便發揮老子「道之出口，淡乎其無味」之義，說：「古之真人，其食不甘。」（《大宗師》）孟子推崇易牙善於烹調，莊子則舉了齊國另一位善於庖膳的俞兒說：「於味，雖通如俞兒，非吾所謂臧也。」（《駢拇》）孔子食不厭精、膾不厭細、割不正不食，莊子則說列子悟道之後，「歸，三年不出，為其妻爨，食豕如食人」（《應帝王》），不但跟儒家遠庖廚的態度相反，親自下廚替老婆煮飯，且根本不講究美食，吃的跟豬吃的一樣。足證儒家是美食者，莊子則不然，所以《齊物論》先是認為美食之美並無普遍性：「民食芻豢、麋鹿食薦、蝍且甘帶、鴟鴉嗜鼠，四者孰知正味？」然後又在《胠篋》篇主張不必追求美味，只要自甘其食、自安其俗即可。

此種態度，亦可通貫於莊子其他的主張，例如不講究美食，與其推崇隱士是相符的。隱者如許由，說「庖人不治庖，尸祝不越樽俎而代之」（《逍遙遊》），則是自安其味之外，尚要自安其位，此則不可能「以割烹要湯」。再者，儒者也說飲食須有節制，不可縱欲，所以孔子對哀公問，謂君王須「食不二味」（《禮記‧曲禮上》，又見《哀公問》），又在許多典禮的變革中凸顯「太羹玄酒」的地位。太羹玄酒皆淡乎無味，以此為至美之味，正顯示儒者也有「味尚質質」的想法。但是，老、莊畢竟對味更有戒心，故老子云五味令人口爽，秉國者不應提倡，莊子也說「五味濁口，使口厲爽」，為生之害。循此而發展來的政治觀，自然也就是主張不養之養。《在宥》篇載黃帝往見廣成子——

> 曰：「我聞吾子達於至道，敢問至道之精。吾欲取天地之精以佐五穀，以養民人；吾又欲官陰陽以遂群生，為之奈何？」廣成子曰：「爾所問者，物之質也。而所欲官者，物之殘也。自爾治天下，雲氣不待族而雨，草木不待黃而落，日月之光，日以荒矣。」

黃帝主張飲食以養民，廣成子反對，提出不養之養之道，後文更借雲將與鴻蒙的對談，云此乃「心養」。心養者，羅勉道《莊子循本》謂乃「以無為為養」之意，故鴻蒙曰：「心養，汝處無為而物自化。」儒道兩家政治觀的差異，由此對比來看，也是極為明顯的。

同理，莊子主張人民自甘其食，美其俗，老死不相往來，亦與儒家「以酒食合歡」的態度迥異。用詩來說，儒家論政之大旨，在於「飲之食之，教之誨之，命彼後車，謂之載之」（《小雅‧綿蠻》），所謂保民而王。道家則近於鼓腹而遊，唱著「帝力於我何有哉」的擊壤歌。

（六）邁向生活儒學的重建

後世論政，以儒者之說為主流。除儒者本身傳習其學之外，其他各家也不乏雷同其說者。例如《中庸》說：「人莫不飲食也，鮮能知味也，子曰：道其不行矣夫。」謂人不知味故罕能知道。諸子承聲繼響，頗不乏人，《呂氏春秋・本味》最具代表性：

湯得伊尹，祓之於廟。爝以萑葦，爝以爟火，釁以犧猳。明日，設朝而見之。說湯以至味。湯曰：「可得而為乎？」對曰：「君之國小，不足以具之，為天子然後可具。夫三群之蟲，水居者腥，肉玃者臊，草食者羶。臭惡猶美，皆有所以。凡味之本，水最為始。五味三材，九沸九變，火為之紀。時疾時徐，滅腥、去臊、除羶，必以其勝，無失其理。調和之事，必以甘酸苦辛鹹。先後多少，其齊甚微，皆有自起。鼎中之變，精妙微纖，口弗能言、志不能喻。若射御之微、陰陽之化、四時之數。故久而不弊、熟而不爛、甘而不噥、酸而不酷、鹹而不減、辛而不烈、淡而不薄、肥而不腴。肉之美者：猩猩之唇、獾獾之炙、雋燕之翠、述蕩之腕、旄象之約。流沙之西、丹山之南，有鳳之卵，沃民所食。魚之美者，洞庭之鱄、東海之鮞。醴水之魚，名曰朱鱉，六足有珠而碧。雚水之魚，名曰鰩，其狀若鯉而有翼，常從西海夜飛，遊於東海。菜之美者：昆侖之蘋、壽木之華，指姑之東，中容之國，有赤木玄木之葉焉。余瞀之南、南極之崖，有菜名曰嘉樹，其色若碧。陽華之芸、雲夢之芹、具區之菁、浸淵之草，名曰士英。和之美者；陽樸之薑、招搖之桂、駱越之箘、鱣鮪之醢、大夏之鹽、宰揭之露，其色如玉、長澤之卵。飯之美者：玄山之禾、不周之粟、陽山之穄、南海之秬。水之美者：三危之露，其色若紫、崑崙之井、沮江之丘，名曰搖水、白山之水、投淵之上，有百果焉，群帝所食。箕山之東、青鳥之所，有甘櫨焉。江浦之橘、雲夢之柚、漢上石耳。所以致之，非先為天子，不可得而具。天子不可彊為，必先知道。道者，止彼在己。己成而天子成，天子成則至味具。故審近所以知遠也。成己，所以成人也。聖王之道要矣，豈越多越業哉。」

據《呂氏春秋》說，伊尹是由庖人撫養長大的，所以他論政即以烹調為喻，重在水火調劑以及火候手法，並謂唯天子能得天下之至味。看得出是由「伊尹以割烹要湯」的傳說發展來的。以飲食喻政論道，且以美食甘味為宗旨，態度實近於儒而遠於道。《漢書・藝文志》列《伊尹九篇》於道家。其書已佚，不知其內容為何。假若本篇即是《伊尹九篇》之一，或與該書所敘的內容相近，則其書雖論道，主張「知道」，卻實際上是講「知味」的，態度未必與老、莊相同。

也就是說，通過儒道的對比與中西的對比，我們可以明確地看出以儒家為主的政治哲學，具有濃厚的飲食思維。所謂禮教或王道，基本上乃是甘飲美食以養民。這樣一套政治哲學，不是西方政治學的範疇及概念所能理解或掌握的，也非僅從道德實踐、心性修養方面論儒學者所能知。

儒家所說的禮樂教化，當然有其精義，不只在飲食生活這個層次或部分。但所謂「形而上者謂之道，形而下者謂之器」，儒者之學，本來是上下一貫的，故孔子論仁，輒在視聽言動合不合禮之處說。荀子常說禮本於「太一」，而見於飲食衣冠應對進退之間，也是這個意思。但後世儒家越來越強調形而上謂之道的部分，盡在道、仁、心、性上考詮辨析，忽略了視聽言動衣食住行等形而下謂之器的部分。又誤讀孟子「大體」、「小體」、「從其小體為小人」之說，以耳目形色為小體、以心性為大體，不斷強調人應立其大體，更以注重形色小體者為小人。於是儒學遂越來越成為一種高談心性道理，而在生活上無從表現的學問。

其實孟子教人勿僅順從遷就小體，就如孔子說：「士志於道，而恥惡衣惡食者，不足與議也。」是說只懂得衣食享受的人，不能入道，但不是說要入道便得敝衣粗食，更不是說志於道者便不能講究衣食，否則孔子自己怎麼能「食不厭精，膾不厭細」呢？道器一體，大體小體也是合一的。人有其形色、亦有其天性，盡性即是踐形，所以視聽言動合於禮便是仁。「由是言之，則大體固行乎小體之中，而小體不足以為大體之累。特從小體者失其大而成乎小，則所從小而有害於大耳。」（王船山《讀四書大全說》卷十《盡心上之廿》）

踐形，指人在形色上體現實踐出心性修養。因此，養心之效亦即徵見於其形體，養心與養形乃是同一件事。後世儒者偏於論心談性，重在養其大體，剌剌不休，卻於踐形之說頗多忽略，更鄙視小體之養。無怪乎王船山要借著批評佛家來指桑罵槐了：

若教人養其大者，便不養其小者，正是佛氏真贓實據，雙峰於此分別破明，其功偉矣。佛氏說甘食是填饑瘡，悅色是蒸砂作飯，只要敗壞這軀命。乃不知此固天性之形色而有則之物，亦何害於心耶？唯小體不能為大體之害，故養大者不必棄小者。若小體便害大體，則是才有人身，便不能為聖賢矣。所以釋氏說此身為業海，不淨合成，分段生死，到極處只是褊躁忿戾，要滅卻始甘休，則甚矣其劣而狂也。（《讀四書大全說》卷十《告子上之廿四》）

後世儒者不敢談飲饌之道，不敢欣賞「巧笑倩兮、美目盼兮」；空說禮義，而於生活又無法安頓；志於道據於德依於仁，卻不能遊於藝；通經博古，考釋古禮，老而弗倦，乃不能在生活上體現禮樂之美。僵化枯槁的生命，反而使其所謂的禮教，也令人覺得索索無生氣，只是一堆空形式、老規矩；甚至於使人擔心其目的就是要限制「飲食男女，人之大欲」，而不是要養人之欲；更沒有人相信此類禮教也能養人之小體。船山謂此類人「只是褊躁忿戾，其劣而狂也」，確實不錯。明清以來，社會上許多反禮教、反道學的氣氛與言論，均係由此激生出來的。

因此，現今應將「生命的儒學」，轉向「生活的儒學」。擴大儒學的實踐性，由道德實踐而及於生活實踐、社會實踐。除了講德行美之外，還要講生活美、社會人文風俗美。修六禮、齊八政、養耆老而恤孤獨、恢復古儒家治平之學，讓儒學從社會生活中全面活起來，而非僅一二人慎獨於荒齋老屋之間，自盡其心、自知其性而自謂能上達於天也。

而此儒家政教傳統，既與西方政治學在基本關懷、問題意識及方法上全部不同，自不能一概相量。儒家政治哲學重在政，而不在治。「政治」一詞本來就不是傳統的語詞，古多只說政，政者，正也，講的是君子風化教養百姓，以使其安居樂俗的學問，並非探討統治者如何統治人民、人民又為何願接受其統治、統治之型態（政體）如何、彼此權力義務如何等問題的學說。

邇來當代新儒家已開始致力於開發傳統儒學的政治哲思。但私見所及，總覺得仍不免套著西方政治學的框框或概念在說話，或賣力地想鉤合附益之，未能真正理解儒家政治哲學的特殊格局與價值。我以為這是很可惜的事，故述儒者飲饌政論之大凡，以供採擇，或許可以提供給儒學研究者及政治學者一個新的思考角度。⑤

注釋

①采詩采風，是對「風俗美」的一種討論，我另有《風俗美的探討》一文收入《生活美學》，台北：立緒文化公司，一九九八年。

②牟宗三《圓善論》中對孟子這些引飲食為喻之處就都不能有切實之理解。其第一章先是說孟子「嗜秦人之炙無以異於嗜吾炙」之喻不恰當：「孟子此例亦只是依一般常情而論，其實嗜炙既是口味問題，亦不必有同嗜，此同嗜之同並無必然性。又，這只是隨同長舉同嗜為例，方便表明同長不必能表示敬長之義是外。」接著又說公都子「冬日則飲湯，夏日則飲水」之回答「不倫不類。言至此，可謂一團亂絲，糾纏不清，完全迷失」。

③林明德《詩經的酒文化》一文統計，《詩經》中明顯使用酒意象者，約四十九首，占百分之十六。收入《文學典範的反思》，台北：大安出版社，一九九六年。我另有《飲食男女以通大道——中國宗教特質的文化宗教學考察》一文，對《詩經》的飲食文化有些分析，收入《生活美學》。

④此處顯然主張小國寡民，所以反對「以廣招徠」式的徠民觀。但老、莊式的小國寡民，與亞里斯多德所說的城邦政治仍是不同的。亞里斯多德說：「一個城邦的公民，為了要解決權利的糾紛，並按照個人的功能分配行政職司，必須互相熟悉各人的品性。」（《政治學》第七卷第四章）

⑤另詳拙著《生活美學》中《人文美的面向》、《風俗美的探討》兩文。

二　儒家的星象政治學

（一）為政擬喻於北辰

《論語・為政》有句眾所周知的話：「為政以德，譬如北辰，居其所而眾星拱之。」此語，注家多在「為政以德」上發揮，或以「無為」來解釋這種德。如何晏《集解》引包氏曰：「德者，無為。猶北辰之不移。眾星拱之。」後來宋人編《論語正義》也說：「德者，得也，物得以生謂之德。淳德不散，無為化清，則政善矣。……北極謂之北辰，北辰常居其所而不移，故眾星共尊之。以況人君為政以德，無為清靜，亦眾人共尊之也。」

為政以德，是否即表示要無為清靜，當然還大可討論，但本文並不想深談這個問題。①我們想追問的是：孔子論政，特別是論君德，為什麼要用北極星來作譬況。譬喻的使用，大多不是無意義的，儒家詩教本身即說：「不學博依，不能安詩。」博依，就是要廣泛地使用譬喻。詩之比興，主要亦藉助於譬況，孔子是主張「不學詩無以言」的人，對譬喻的使用，自然也會極為重視。此處以北辰比喻君德，應該有其用意。可惜歷來研究者對此，大抵僅解釋說為政以德即是無為、北辰即是北極星就結束了。對於儒者以星喻政之狀況，甚少深究。

可是，要想明白儒家的政治學或其禮樂思想，不知它與星斗的關係，是很危險的。不只孔子曾以北辰論政，荀子論禮亦歸本於太一。太一就是北辰。宋《論語正義》：「《漢書・天文志》曰：中宮天極星，其一明者，太一常居也。旁三星，三公環之；匡衛十二星，藩臣，皆曰紫宮。北斗七星，所謂璇璣玉衡以齊七政，斗為一帝車，運於中央，臨制四海，分陰陽、達四時、均五行、移節度、定諸紀，皆繫於斗，是眾星拱之也。」這中宮天極星，就是指北辰，即北極星。所以《爾雅・釋天》云「北極，謂之北辰」，郭璞注亦云：「北極，天之中，以正四時。」北辰乃太一所居之處，故北辰又名太一。

荀子《禮論》篇論禮，兩度講到太一。一說「貴本之謂文，親用之謂理，兩者合而成文，以歸太一，夫是之謂大隆」；一說「凡禮，始乎梲，成乎文，終乎悅校。故至備，情文俱盡。其次，情文代勝。其下復情以歸太一也」。②後來，《禮記・禮運》也同樣講太一，如「夫禮必本於太一，分而為天地，轉而為陰陽，變而為四時，列而為鬼神，其降曰命，其官於天也」等等。

這些有關太一的文句，歷來注家都感到為難，不知究竟應如何理解。像梁啟雄《荀子簡釋》就乾脆說太一就是「太古之時」，王聘珍《大戴禮記解詁・禮三本篇》也說：「復情以歸太一，謂反本修古不忘其初者也。」但云太一為太古，顯屬誤解；貴本親用合而成文以歸太一，又焉可解為歸於太古太初？凡此等等，皆可見太一北辰之義不明，儒家之禮論政論終究是很難講得透徹的。

（二）以治曆明時論政

何況儒家是講天道的。如《易・乾卦・象傳》所說「天行健，君子以自強不息」之類法天思想，在儒家思維中甚為普遍。像這樣的講法，是要由天行中體會出「健」的意義，再要求人學習其健動不已而自強不怠。作為道德規箴看，此亦如「為政以德，譬如北辰，居其所而眾星拱之」，只要注意它講健、講為政以德，而努力去實踐即可。然而，若要追究其所以如此說之故，那就必須討論儒者對天行、對北辰之理解為何。

「天行」不是「天」，而是指這個天是會行動的，且有其行動的原則，行之不已。清李光地的解釋是：「天道之流行而不已也。以形言之，則日日而周；以氣言之，則歲歲而運；以其命言之，則於穆不已者是也。《傳》取天行之顯為言，則氣與命皆在其中矣。」講氣、講天命流行，都是宋明理學以後的詞語。在《易經》中說，則天行也者，首先應是指歲月之運行。換句話說，天之「行」，是以日月周流來代表的，否則蒼蒼者天，如何能見其為行為動？所謂天道流行，原只是由歲月流行中體會來的。故朱子《易本義》說：「天，一而已。但言天行，則見其一日一周，明日又一周，非至健不能也。」儒家用來描述天道天命的形上學用語，如流行、不已、周流，都是從歲月如流這個道理借喻來的，一如孔子在川上，曰「逝者如斯夫，不舍晝夜」，許多人也認為這句話有讚歎道化流行之意。

晝夜之更迭與日月之周轉，顯然在此已成為儒家思考倫理問題時的基礎。同理，《易・繫辭傳》曰：「法象莫大乎天地，變通莫大乎四時，懸象著明莫大乎日月。」又說：「天地之道，貞觀者也。日月之道，貞明者也。天下之動，貞乎一者也。」天地之道，要由日月四時之變中去體會；聖人觀象，也以觀日月星辰之運轉為最重要，故《易經・革卦・象傳》有云：「澤中有火，君子以治曆明時。」這個革卦，是講君子虎變、革故鼎新的。而變革之義，卻直接關聯於對曆數與歲月星時的掌握，程伊川說得好：

革，變也。君子觀變革之象，推日月星辰之遷，易明四時之序也。夫變易之道，事之至大、理之至明、跡之至著，莫如四時。觀四時而順變革，則與天地合其序矣。（《伊川易傳》）

變易之道，其實是整個《易經》主要想顯示的道理，並不僅僅革卦一卦而已。伊川此處也不僅就這一個卦來說話，而是以觀四時之變作為整個「與天地合其序」的具體方法。這樣的方法或思路，應該就是儒家最常使用的方法或思路。

或許有人要說：《易經》本為闡明天道之書，其因天道以論人事，實不足為奇，但未必可以就此推論說儒家的整個思想路數即是如此，特別是儒者論政治的部分，應該與形上學會有所不同。

這樣的質疑，實亦不難辨明，因為《易經》之外，《尚書》即有多處以「治曆明時」論政。如《堯典》「乃命羲和，欽若昊天，曆象日月星辰，敬授民時」，《舜典》「在琁璣玉衡，以齊七政」，《臯陶謨》「撫於五辰，庶績其凝」，《洪範》「協用五紀（指歲、月、日、星辰、曆數）」、「庶民唯星」。《周禮》中也設有掌歲時之官，《春官・馮相氏》云：「掌十有二歲、十有二月、十有二辰、十日、二十有八星之位，辨其序事以會天位。」凡此，均可以證明：體察天道以為人道，在儒家，是個普遍的思考原則，它有關「秩序」的思考，基本上也都是從對天地秩序的理解而來。故無論是倫理行為抑或政治事務，都強烈要求人們從體察天道入手。而所謂體察，並不只是道德性的默會與密契，更在於實際對天時之運行及星象之分佈狀況要有所掌握。

只有瞭解這個道理，我們才能知道為何「顏淵問為邦」時，孔子的回答居然第一句就是「行夏之時」。

（三）對天行的基本看法

為政要知時，觀天也主要是觀日月星辰之運轉，既如此，則儒家對於天行的具體看法為何？《易・繫辭傳》云：「日月運行，一寒一暑。日往則月來，月往則日來，日月相推而明生焉。寒往則暑來，暑往則寒來，寒暑相推而歲成焉。往者屈也，來者伸也，屈伸相感而利生焉。」四時的變化，是由日月運行而形成的。這個看法，是在以陰陽氣化論四時變遷或以五行推移論四季流轉諸說尚未興起以前，先秦儒家最基本的看法。

但日月運行，是與星宿相配合的。《尚書・洪範》說：「庶民唯星。星有好風，星有好雨。日月之行，則有冬有夏。月之從星，則以風雨。」月亮運行，經過箕星時會起風，經過畢星時則會下雨。這是把日月之行跟星宿聯結在一塊兒講。此處只講月行而未說到日行如何，乃是舉月以賅日，故李光地說：「日行月行，俱徑列宿，而獨雲月之從星，何哉？……不獨謂風雨陰類，月實主之，蓋其行度一日而離一宿。故以二十八日遍閱周天二十八舍。」

所謂周天二十八舍，是指星宿，古人以二十八星宿十二宮之分佈作為一張天空地圖。日月運行，移動到某個星宿處，就代表時間及節氣的變化：

> 凡十二次，日至其初為節，至其中為中。星紀初，斗十二度，大雪；中牽牛，初冬至，終於婺女七度。玄枵初，婺女八度，小寒；中危，初大寒，終於危十五度。娵訾初，危十六度，立春；中勞室十四度，驚蟄，終於奎四度。降婁初，奎五度，雨水；中婁四度，春分，終於胃七度，穀雨；中昴八度，清明，終於畢十一度。實沈初，畢十二度，立夏；中井初，小滿，終於井十五度。鶉首初，井十六度，芒種；中井三十一度，夏至，終於柳八度。鶉火初，柳九度，小暑；中張三度，大暑，終於張七十度。鶉尾初，張十八度，立秋；翼十五度，處暑，終於軫十一度。壽星初，軫十二度，白露；中角十度，秋分，終於氐四度。大火初，氐五度，寒露；中房五度，霜降，終於尾九度。析木初，尾十度，立冬；中箕七度，小雪，終於斗十一度。（《漢書・天文志》）

據秦蕙田《觀象授時》說：「十二次之名，見於《春秋傳》、《爾雅》。蓋周時部分天位之法。列宿相距，廣狹不等，則均分之，而其名恆依星象。」③天，是以星象分佈來劃分其部位的。太陽經過這些星宿的過程，則構成了一年的節氣，上引《漢書・天文志》已把其間的關係講得非常清楚了。

這套「太陽節氣過宮」的想法有幾個重點：一是宮因星而定。《續文獻通考》說：「星紀至析木十二宮，名皆以二十八宿取義，是宮本因星而定也。」南方七宿，朱雀之象，故名其宮為鶉首、鶉火、鶉尾。東方七宿，蒼龍之象，故名其宮為壽星、大火、析木。北方七宿，玄武之象，故名其宮為星紀、玄枵、娵訾。西方七宿為白虎，故名其宮為降婁、大梁、實沈。十二宮之名均依據星象而定。

二、太陽過宮，而宮依星宿而定，可見此法其實是以星宿為主的。秦蕙田《觀象授時》曾引江永之說，謂：「論七政之躔列宿，則列宿又為主，七政又為客。……觀一歲七政，書不能虛紀宮度，必以某宿某度記之。則列宿豈不猶州縣，而七政豈不猶人之行程乎？分列宿之宮，猶分天下之省直也。」說得很對。七政，指日月及金木水火土五星之運行。太陽月亮的躔度推移，是觀察時間流轉最基本的單位，可是不但月之從星，星有好風，星有好雨，日之從星，也會形成各種節氣的變化，故懸象雖莫大於日月，觀時實主於星宿。

第三，太陽運行十二宮，在天文學上會形成一個問題。即周天共三百六十五又四分之一度，分為十二宮，但一年只有三百六十五天。這在現代，不難以置閏法來處理，每四年閏一天，古則稱此為「歲差」，而且認為是分天十二宮與太陽一歲一周天所形成的差異。漢代以後的天文學家，為了凸顯這個問題，於是分出「天周」、「歲周」之不同，主張天自為天、歲自為歲，並改「太陽節氣過宮法」為「中氣法」。如梅文鼎說：

天上有十二宮，宮各六十度，每歲太陽以一中氣一節氣共行三十度，滿二十四氣則十二宮行一周。故術家恆言太陽一歲周天也。然而實考其度，則一歲日躔所行必稍有不足。雖其所欠甚微，積至年深，遂差多度，是為歲差。術家所以有天周歲周之名（天上星辰均分十二宮，共三百六十度，是為天周。每歲太陽十二中氣，共行三百六十度微弱，是為歲周）。漢人未知歲差，誤合為一。……逮晉虞喜等始覺之。……顧是分天自為天（即周天十二次，宮度其度，終古不變）、歲自為歲（即周歲十二歲中氣，日躔所行，天度其度，歲歲微移）。……周天列宿分十二宮，古今之法，各各迥異，要其大端之改易有三：自隋以前，未用歲差，故天之十二宮皆隨氣而定。唐一行始定用歲差，分天自為天、歲自為歲，故冬至漸移而宮度不變。以後術家遵用之。若今西法，未嘗不用歲差，而十二宮又復隨節氣而移。（《梅氏疑問補》）

此即歲差之辨，出現於晉宋隋唐之間，成為曆學上重要的爭論。但在漢代以前，無疑是只講天周的，天行即依天周而定。

第四，由於宮因星宿而定，太陽月亮過宮又是列宿為主、日月為客，因此論天實亦以星為主。稱十二宮為周天，或說天自天歲自歲，都可見天是以星為代表的。此種天的觀念，使得天上最重要的，反而不是日月而是北辰。祖沖之說得好：

臣以為：辰極居中而列曜貞觀，群象殊體而陰陽區別。故介羽咸陳，則水火有位；蒼素齊設，則東西可准。非以日之所在，定其名號……固知天以列宿分方，而不在於四時。景緯環宇，日不獨

守故轍矣。（《宋書・天文志》）

辰極居中而列曜貞觀。天以星宿構成秩序，星宿又以北辰為其中樞以形成秩序，祖沖之這段話，講得再明白不過了。

（四）以北辰為中樞的天官體系

北辰，朱熹《論語集注》云：「北極，天之樞也，居其所，不動也。」北辰為天樞，論者無異辭。但朱子另有一種講法，他認為北辰並不是星，而是天中無星之處。所以《語類》裡又說：「北辰是那中間無星處，這些子不動，是天之樞紐。北辰無星，緣人要取此為樞，不可無個記認，就其旁取一小星謂之極星。這是天之樞紐。問：『極星動不動？』曰：『也動。只是近那辰，雖動不覺。』」

朱子的說法後來獲得陳懋齡、劉寶楠等人的支持，詳見劉氏《論語正義》，但事實上乃是六朝以來一種新說。據《宋史・天文志》載沈括云：「前世皆以極星為天中。自祖暅以璣衡窺考天極不動處，乃在極星之末猶一度有餘。臣考驗極星，更三月而後知天中不動處，遠極星乃三度有餘。」可見這是因當時天文學利用測度而認為天極不動處與極星並不完全一致才引起的新說。在六朝以前，則所有的文獻都是以北辰為星的。④

《尚書・舜典》「在璇璣玉衡，以齊七政」，璇璣就是北辰，所以《說苑・辨物》說：

「璇璣謂北辰。句陳，樞星也。」《春秋繁露．奉本》也說：「星莫大於大辰。」此外，如《隋書．天文志》亦云：「北極五星，句陳六星，皆在紫宮中。北極，辰也。其紐星，天之樞也。天運無窮，三光迭耀，而極星不移，故曰居其所而眾星拱之。賈逵、張衡、蔡邕、王蕃、陸績皆以北極紐星為樞，是不動處也。」可見古人基本上均是以北極星為北辰。⑤北辰為天之中樞，以統眾星，所以《周禮．考工記》說：「考之極星，以定朝夕。」由於它位居中樞，故又名司中，《周官．大宗伯》即規定要以槱燎之禮來祀拜它，足以證明儒家對它的地位是極重視的。

根據這種「中樞」的觀念，儒家把天空諸星劃分成若干宮、若干方位。北辰居中，為中宮，又稱北極紫微宮。其餘東西南北諸宮均依中宮而立。中宮如帝王，如朝廷，如行政中樞，所以各宮即以政府來比喻。於是「天宮」也者，竟成了「天官」，《史記》即有《天官書》一篇，詳論其事。司馬遷曾學天官於唐都。其所說，來源可能甚古，以官喻星，正好跟孔子以北辰喻君王之思路相同。《史記索隱》說：「天文有五官，官者星官也。星座有尊卑，若人之官曹列位，故曰天官。」大抵謂紫微垣為中宮，天市垣與蒼龍七宿為東宮，太微垣與朱雀七宿為南宮，白虎七宿為西宮，玄武七宿為北宮。每一宮統許多星，形成《周官》以外儒家的另一套龐大的設官分職架構。例如《春秋元命苞》載：

△天生大列，為中宮大極星。星一其明者，太一常居。旁兩星巨辰子位，故為北辰，以起節度，亦為紫微宮。紫之言此也。宮之中，天神圓法，陰陽開閉皆在此中。

△北者，高也。極者，藏也。言太一之星，高居深藏，故名北極也。

△立三台以為三公，北斗九星為九卿，二十七大夫內宿部衛之列，八十一紀以為元士，凡百二十官焉，下應十二子。

△三台，主明德宣將也。西奇、文信二星謂上能，為司命，主壽。次二星謂中能，為司中，主宗室。震方二星謂下能，為司祿，主兵武，所以照德塞違也。

《春秋文曜鉤》則說文昌六星為上將、次將、貴相、司祿、司命、司中，斗為天之喉舌，軫南眾星為天庫，即五帝車舍。

《樂葉圖徵》又認為：「天宮，紫微宮，北極天一太一。」「鉤陳，後宮也。大當，正妃也。閣道，北斗輔。天理，貴人牢。文昌宮，天五官會府也。玄戈，招搖也。梗河，天矛也。織女，連營，賤人牢。咸池，五車。天關，參旗伐也。觜觿，天廟也。奎，天豕也。……」

它們對於天官的配置不見得非常一致，後世也各有不同之比配，例如劉基《天文秘略》、戴震《續天文略》、岳熙載《天文精義賦》等之星官配屬，即遠比上引秦漢文獻更為複雜，設官分職更為詳備。⑥

倘有意深入考察儒家對政府組織架構的設計，實應持此與《周禮》相互比對，從政府學的角度來進行研究。本文不便在此岔出去談，所以只能藉此說明儒家如何以北辰為君王，建構了這一大套天官系統。各人或各時代所建構之系統雖不盡相同，但基本原理是一致的。

《隋書・天文志》說：「星官之書，自黃帝始，三國時吳太史令陳卓始列甘氏、石氏、巫咸三家書著於圖錄，並注占驗，總有二百五十四官，一千二百八十三星，並二十八宿及輔官，附涇一百八十二星，總二百八十三官，一千五百六十五星。」可見這個體系實在甚為龐大。⑦

這個體系是以北辰為中樞所構成的，北辰居中不動。但儒家另有一說，卻是以北極為動的，此說出於《周髀算經》及緯書。

《算經》云：「欲知北極樞璇周四極（注：極中不動。璇，璣也，言北極璇璣周旋四至），當以夏至夜半時北極南遊所極（遊在樞南之所至），冬至夜半時北遊所極（遊在樞北之所至），冬至日加酉之時，西遊所極；日加卯之時，東遊所極。此北極璇璣四遊。正北極璇璣之中，正北天之中。」此即北極周遊四至之說，又稱為太一旋宮、太一下行八卦九宮之法。

《易緯乾鑿度》曰：

> 陽動而進，變七之九，象其氣之息也。陰動而退，變八之六，象其氣之消也，故太一取其數以行九宮。四正四維，皆合於十五（鄭注：太一者，北辰之神名也，居其所曰太一，常行於八卦日辰之間，曰天一，或曰太一，出入所游，息於紫宮之內外，其星因以為名焉。故《星經》曰：「天一、太一，主氣之神。」行，猶待也。四正四維，以八卦神所居，故亦名之曰宮。天一下行，猶天子出巡狩，省方嶽之事；每率七則復。太一下行八卦之宮，每四乃還於中央，中央者北神之所居，故因謂之九宮，天數大分，以陽出，以陰入，陽起於子，陰起於午，是乙太一下九宮，從坎宮始。坎，中男，始亦言無適也。自此從於坤宮，坤，母也。又自此而從震宮。震，長男也。又自此而從巽宮。巽，長女也。所以者半矣。還息於中央之宮，既又自此而從乾宮。乾，父也。自此而從兌

宮。兌，少女也。又自此從於艮宮。艮，少男也。又自此從於離宮。離，中女也。行則周矣。上游息於太一天一之宮，而反於紫宮。行從坎宮始，終於離宮。數自太一行之，坎為名耳」。

這個講法，影響非常深遠，例如醫經《靈樞・九宮八風》就完全採用這種講法，唐王希明《太乙金鏡式經》亦本此說。然而，這應當是秦漢之際興起的新說，在孔子時尚未出現。其理論殆如《呂氏春秋・圜道》所云「帝無常處，有處乃無處也」，是將太一帝位予以神聖化與神秘化使然。同時，也是一種混淆，即北極星與北斗七星相混。

北斗星之斗柄，在冬至時指向正北，逐漸隨季節旋轉。經歷東、西、南、北、東南、東北、西南、西北等八個方位，每移動一宮，即代表季節的變化。遊行八宮、八個方位、八卦之後，還歸中宮，故稱太一旋宮或太一下行九宮。因為北斗七星中的天樞、天璇兩星往上延伸五倍距離處即是北極星，而古人總是把北斗星看成是與北極相結合的星組，如《尚書》所講「璇璣玉衡，以齊七政」。所以此處才會逕以北斗之旋轉稱為太一旋宮，其實北極星仍是不動的。

戴震另有一說，謂此非北極與北斗之混淆，而是黃極赤極的混淆。他說：「今人所謂赤極者，即《魯論》之北辰、《周髀》之北極璇璣也。」也就是說，北極樞不動，而北極璇璣周遊四極。此非古說，但也可以顯示清朝人的見解。

不管如何，太一旋宮之說仍然是以北辰為中樞、為帝王所衍生出來的講法。周遊八方，也符合帝王巡行天下的想像。或許是秦漢之際，人們因秦始皇曾經巡視四方而帶出了這類想像吧。

（五）以北辰為元一太極的思想

北辰為中、為樞，且它也是唯一的。北辰是一，眾星是多，這「一與多」且「一統御多」的關係，自然也就成為儒者思考上的一個重點。

《石氏星經》曾說：「北極星，其一明大者，太一之光，含元氣，以斗布常。」又說：「道起於元，一為貴，故太一為北極天帝位。」此經非儒家經典，出現之時代亦可疑，但此類觀念無疑為古人之共識。北辰又名太一，「太」是形容「一」的，北辰就是一。因這個「一」地位極為崇高，其位無上，故又稱為太一。同時這個「一」也是「元」、是「太極」。雷學淇《古經天象考》卷二《天極條》說：

《易・繫辭》曰：「大衍之數五十，其用四十有九。」（馬注云：「北辰居位不動，其餘四十九轉運而用也。」王注曰：「其用四十有九，則其一不用也，不用而用以之通，非數而數以之成，斯易之太極也。」）「天下之動，貞夫一者也。」（虞注云：「一，謂乾元。」）「易有太極。」（虞注云：「太極，太一也。」）

《春秋文曜鉤》曾說：「中宮，大帝，其精北極星，含元出氣，流精生一。」與此處所引的幾段《易經》注家之見解可說是相同的。

儒者一向重視「元」。起碼認定了孔子「志在《春秋》」的那些儒者，都會覺得《春秋》大義首重這個「元」字。因為《春秋》第一句話就是：「元年，春王正月。」元年，在我們一般人看來，只是一個單純的敘述語，指魯隱公元年，標幟其年號而已。但注解《春秋》者可不這麼想，他們多在「元」上大作文章。如何休《公羊解詁》云：「變一為元，元者氣也，無形以起，有形以分。造起天地，天地之始也。」如此，則元年非隱公之元年，而是指天地元始。徐彥《疏》亦本此意，謂：「元者，端也。元為氣之始，如水之有泉，泉流之原，無形以起，有形以分，在地成形也。窺之不見，聽之不聞。……《易經》云：孔子曰：易始於太極，太極分而為二，故生天地，天地有春夏秋冬之節，故生四時也。」公羊家大抵均持此類見解，故又有「以元統天」之說。「元」的意義在他們看來是極為重大的，而且解釋這個「元」時，又都傾向於把它和一、元氣、太極結合起來說，把「元」視為宇宙創生的本源。⑧

為什麼一個簡單的「元年」，儒家解經學卻可以講得這麼複雜、充滿了形上學的意涵呢？倘若不瞭解他們原來是像前面徵引的《易經》注解及《春秋》緯書那樣，已有了一套一即元、即太極、即太一的觀念，豈不要懷疑此類人之頭腦已有問題了嗎？

元，又稱乾元，如虞注「天下之動貞夫一者也」云：「一，謂乾元。」元之所以為乾，乃是因為古人認為北辰乃陽氣所極之處，楊泉《物理論》稱「北極，天之中，陽氣之北極也」，陽氣發動，萬物始萌，故以乾元為始。又《易緯通卦驗》說：「天皇氏之先，與乾曜合德。」乾曜，就是北辰。故該書又說：「太皇之先，與燿合元」，鄭注：「燿者，燿魄寶。北辰，帝名也。此言太微之帝。本與北辰之帝同元。元，天之始也。」北辰又名燿魄寶，亦為乾曜。同樣地，乾又為君，太一北辰則為君象，《易緯辨終備》說「旋出樞乾，機據參」，鄭玄注：「乾正旋樞衡招，皆北星，值乾君之象。旋星出樞之政教，機正機之發動，故其位據參，西方之宿。五事五方為言，猶君出政之言也。」乾元之義，因此也是「大矣哉」的。

不過，此處猶有爭論。雷學淇《古經天象考》卷二說：「古皆以北辰象乾元太極。唯張衡以象兩儀。此即各一太極共一太極之義也：蓋以元氣為太極，則天地為兩儀。以乾元為太樞，則南北極為兩極。以北辰為太極，則日月為兩儀。……取義各殊，理非相悖也。」北辰為一、為元，固然是古來通說，但因太極生兩儀的兩儀到底在星象學上要如何附麗，難以確指，遂出現以上這許多不同的講法，甚至也有張衡那樣的主張。而這些主張，事實上也確實是「理非相悖」的。

此外，乾元、太一既是氣之始，又是象之始，論者亦不免依違於其間。據《易・彖傳》說：「大哉乾元，萬物資始，乃統天。」《集解》引九家注云：「元者，氣之始。」子華子也說：「元者，太初之中氣也，天帝得之，運乎無窮。」這與前面所引述之公羊家諸說相似，均強調乾元健動之義，說它能以氣創生宇宙萬物，而且這種創生的活動是剛健積極、充滿生命力的。必如此，乃能說：「天行健，君子以自強不息。」

可是，北辰太一，若只強調它「居其所而眾星拱之」時，它便只顯君德君象，而無作用力：天何言哉，四時行焉，百物生焉，萬物自生自化，既不再顯乾元創生之義，也不必講以元統天了。這豈不是一種矛盾嗎？

魏晉時代的《論語》注，如包咸、何晏，大抵就凸顯了北辰的居靜立象義，故云：「德者無為，猶北辰之不移。」但漢人解釋北辰，卻偏於健動創生義，不唯前舉各文獻，紛紛以含元布氣、流精生化論太一，解《論語》這一句也仍是主張王者要施行政教的。像蔡邕《明堂月令論》就說北辰居其所，乃人君居明堂之象，又說明堂為政教所由生、變化所從來之處。故君出政教，即類似乾元生化萬物。君靜無為，則為太一居所。這是兩種北辰觀，也是兩種政治哲學。有些人弄不清楚，便不免混為一談，例如清宋翔鳳《論語發微》道：

明堂之始，王中無為以守至正，上法璇璣以肅七政。故曰政者正也。王者上承天之所為，下以正其所為，未有不以德為本。德者，不言之化，自然之治，以無為為之者也。雖有四時天地人之政，而皆本於一德。雖有五官二十八星之名，而皆筦於北辰。為政不出於明堂，而禮樂政刑，四達不悖，德之符也。北辰不離於紫宮，而眾星循環，終古不忒，樞之筦也。

這是王者居靜無為論很好的發揮，但卻不符明堂之義。王者之居明堂，是模仿北辰居紫微宮而設計的，為政教所由生、治化所從來，豈居靜無為而已哉？

但正因為論北辰有重視其居靜無為的這樣一條思路，因此對於太一之乾象，遂也有了另一種解釋。以雷學淇之說為例。雷氏徵引《繫辭傳》「一陰一陽之謂道，成象之謂乾」及《說卦傳》「立天之道，曰陰與陽」，「乾為天」云云，而說它們都是先講陰再講陽，可見理在氣先、陰在陽先、靜在動先，「凡物之生，皆自無而有，由靜而動。一日之氣，始於子半。一歲之氣，基於仲冬。天帝之神，位於北極。《說卦》曰：『乾為寒，為冰。』然則天之為天，亦始於陰，盛於陽矣」（《古經天象考》卷一）。依此說，乾始於陰，與乾元健動之義正好相反。但雷學淇也不反對乾元健動，所以他以「體」「用」分之，說：「乾元者，以其體言之，則一；以其用言之，則九。九九乃純陽之數，故乾元用此以統天。……大圜無象，北辰所居。至健至剛，攝三綱而左旋。」（《古經天象考》卷二）這也算是另一種綜合吧，猶如宋翔鳳想調和明堂論與清靜無為論一般。

（六）北辰之作用在北斗

雷學淇這套體靜動用、體一用九學說，還有一種講法，謂：「北辰居其所而不移，太一之靜象也，體也。北斗運於天而不息，太一之動象也，用也。其在於《易》，北辰即乾之元，北斗即乾之九。於《書》，北辰是璇璣，北斗是玉衡。璇璣即旋機也，其旋無象，寄於玉衡，故北辰以北斗為用。《莊子》曰：『道在太極之先而不為高，維斗得之，終古不忒。』《鶡冠子》曰：『此天之所柄以臨斗。』《石氏星占》曰：『北極星，其一明大者，太一之光。含元氣，以斗布常。』《淮南子》曰：『紫宮執斗而左旋。』皆是此義。」（《古經天象考》卷四）此說是將北辰與北斗結合在一塊講，謂北辰之實際作用均在北斗。

體靜動用、體一用九，雖為雷氏一家之言，但北辰之實際作用在於北斗，則為古來之通說。前文曾論太一行九宮之法，乃將北辰混於北斗使然。而古人不以此為混淆者，則因歷來均將北斗北辰視為一體，屬於同一性質、同一位階、同一作用的星群。或以北辰為君、北斗為相。北斗是協助北辰，以秩定天象最重要的星星。⑨

因此，北斗亦可稱為中，亦可稱為天之樞機，亦可稱為璇璣。如《春秋》文公十四年秋七月，有星孛入於北斗，《公羊傳》曰：「其言入於北斗何？北斗有中也。」何注：「中者，魁中。北斗，天之樞機，玉衡七政所出。」即以魁中當天中之位，代表了北辰的作用。《尚書・舜典》「在璇璣玉衡」，一般都說璇璣為北極星，玉衡指北斗，但《史記・天官書》卻明說：「北斗七星，所謂璇璣玉衡，以齊七政。」認為七政是指北斗七星每一星各主日、月、火、土、水、木、金星之運行。因北斗星可以整齊其運行，故名為璇璣玉衡。

北斗七星正因為有這樣的地位與功能，故《淮南子》說：「帝醲四維，運之以斗，月徙一辰，復反其所。」《白虎通》說：「北斗，主變化者也。」《晉書・天文志》也說：「辰極常居其所，而北斗不與眾星西沒也。」「北斗七星，七政之樞機，陰陽之元本也，故運乎天中。」

北斗七星，第一天樞、第二天璇、第三天璣、第四天權、第五玉衡、第六開陽、第七瑤光，一至四為魁，五至七為杓，合為斗（見《春秋運斗樞》）。考漢代七經緯中，書緯《璇璣鈐》、禮緯《斗威儀》、春秋緯《運斗樞》和《元命苞》均與此北斗信仰有關。易緯《是類謀》雖不以論斗為主，其中也仍有「斗機絕綱，玉衡撥，攝提亡」、「斗機絕繩，玉衡撥，攝提亡」一類話，鄭玄注：「斗者天中之精。天失其平，故斗機絕繩，玉衡撥也。攝提者，斗前之星，為斗施政教，布之八野。今斗失其正，故攝提亦為之亡不見。」可見大家普遍都認為北斗可視為天綱，且為布政施教之星。同樣地，宋均注《春秋說題辭》云「斗居天中而有威儀，王者法而備之」（《太平御覽》卷六一〇引），亦以北斗為王者之星。此外，雜緯中則另有

《春秋璇璣樞》、洛書《斗中圖》之類。

緯書固然是漢代天人感應思想下的產物，但我們不能說這類北斗信仰是由漢人所創造的。因為關於北斗的基本觀念，均成於緯書出現以前。這些緯書，只能說是呈現了北斗信仰的影響罷了。《史記‧天官書》說：「二十八舍，主十二州，斗柄兼之，所從來久矣。」《正義》說：「言北斗所建柄十二辰，兼十二州，二十八宿。自古所用，從來久遠矣。」是一點也不錯的。

但細細考之，我們仍會發現：北斗信仰在漢代有增強的趨勢，其勢甚至常凌駕或取代了北辰。《天官書》以璇璣玉衡為北斗七星，而不再說璇璣為北辰、玉衡為北斗，即為徵象之一。

徵象之二，則是七星規模或擴大為九星，北斗功能日益複雜化。

北斗原本只有七星，所謂九星也者，《素問》「九星懸朗，七曜周旋」，王冰注：「九星謂天蓬、天內、天沖、天輔、天禽、天心、天任、天柱、天英。」《星經》：「玉衡謂斗九星也。」《春秋運斗樞》：「遵七政之紀，九星之法。」劉向《九歎》「訊九魁與六神」，王逸注：「九魁謂北斗九星。」這九星，究竟是在北斗七星之外加了什麼星，各家講法不一。有人說是加輔弼二星，有人說第八星名玄弋，為矛頭，第九星名招遙，為盾。也有人說二顆乃是陰星，看不見的。故洪亮吉《毛詩天文考》說：「諸家言九星者不同，未知誰是。」確實，此無從質正之是非也。只能說這是漢人想擴大北斗之作用而發展出來的一種講法。

我推測：北斗地位之所以日趨重要，是由於漢儒的政治觀強調君王施政的主動性。正如漢儒注解《春秋》時，一再申言「大一統」、「禮樂政刑由天子出」。他們對於天地秩序，也主張以元統天、以天統君，而君亦以大一統之治為依歸，形成一個以君主為核心的政治秩序：

「日不逾辰，月宿其列，當名服事，星守弗去。弦望朔晦，終始相巡，逾年累歲，用不縵縵。此天之所柄以臨斗也。中參成伍，四氣為政，前張後極，左角右鉞，九文循理，以省官眾，小大畢舉。」（《鶡冠子》）

這樣的政治秩序，同時也就是天地秩序。其秩序，乃是以北斗來構成的。斗建所指，四時節令隨之移轉，因此北斗象君，其斗柄，即具有「權柄」的意涵。

《春秋》文公十四年秋七月，有星孛入於北斗，《公羊傳》何注說：「北斗，天之樞機，玉衡七政所出。是時桓、文跡息，王都不能統政。自是之後，齊晉並爭、吳楚更謀，競行天子之事；齊宋莒魯弒其君而立之應。」就很明顯是主張禮樂征伐均應由天子出，政應統於王，而以北斗施政為說。故有星孛入於北斗，就代表王者的權威受到侵犯了，政治秩序隨之動搖。

「眾星布列，一居中央，謂之北斗，動變挺占，實司王命」（張衡《靈憲》），北斗代表帝王。而這位帝王又不是只居其所由眾星拱之即可的帝王，必須施政布教。因北斗比北辰更能體現這種政治觀，故其地位不斷上升，毋寧說是極為自然的。群經緯書中，以斗論王者施政者，不勝枚舉，例如：

△《易緯通卦驗》：遂皇始出，握機矩，表計宜。（注：遂皇，謂燧人。在伏羲前，始王天下，但持斗機運之法，指天以施教令）

△《易緯是類謀》：甄機立功者堯。放德之名者虞，於同射放，赤黃配樞，乾坤合斗，七以分治。（注：堯繼璇璣玉衡，以其齊七政……堯、舜祖乾水，而行合北斗，天地數而以治）

△《春秋運斗樞》：北斗七星，所謂璇璣玉衡，以齊七政。杓攜龍角，衡殷南斗，魁枕參首，是謂帝車。運乎中央，臨制四鄉，分陰陽，建四時、均五行、移節度、定諸紀，皆繫於斗。

△《春秋元命苞》：斗為帝令，出號布政，授度四方，故置輔星以佐功。斗為人君之象，而號令之主也。

△《詩緯含神霧》：聖人受命，必順斗。

△《論語陰嬉讖》：聖人用極之數，順七寶。（注：七寶，北斗七星）

△《禮緯斗威儀》：宮主君、商主臣、角主父、徵主子、羽主夫、少宮主婦、少商主政，是法北斗而為七政。……君乘土而王，其政太平，則官星黃大，其餘六星，輝光四起。（注：官，北斗魁星也）

若依《春秋文曜鉤》的看法，北辰才是中宮大帝，它「含元氣，以斗布常」。斗只是帝的屬下，或者說「斗者，天之喉舌」。但因斗能布常，故被另一些人看成是王者施政布教的象徵，才會形成這裡所引諸文獻之各種講法。

（七）斗建時節以正綱紀

北辰本天之中樞，北斗地位漸高之後，便也具有這個中樞的地位。何況其星第一顆就名為天樞，更容易代替北辰，成為真正的中樞。試看以下幾則文獻：

△在璇璣玉衡，以齊七政。璇璣未中而星中，是急。急則日過其度，不及其宿。璇璣玉衡中而星未中，是舒。舒則日不及其度，夜月過其宿。璇璣中而星中，是調。調，則風雨時，風雨時則草木蕃盛，而百穀熟。（《周髀》注引《尚書考靈曜》）

△璇璣斗魁四星，玉衡拘橫三星，合七，齊四時五威。五威者，五行也。五威在人為五命，七星在人為七瑞。北斗居天之中，當崑崙之上，運轉所指，隨二十四氣，正十二辰，建十二月。又州國分野年命，莫不政之，故為七政。（《漢書．五行志》引《尚書緯》）

不但強調北斗居天之中，而且以北斗為準衡。北斗未中而星中，則急；北斗中而星未中，則舒。二者都不好，必須星都能與北斗配合，才能稱為「時」。此儒家時中之義，表現於政治層面者也。

孔子曾被稱為「聖之時者」。這個「時」，一般研究儒家的人都僅理解為他是個懂得時機的人，進退能因時制宜，卻往往忽略了孔、孟論政均極重時義。孔子常說要「使民以時」，孟子亦云「斧斤以時入山林」、「不違農時」。這種強調施政應與天時相配合的想法，在《夏小正》中表露無遺。與西方政治學相比，儒家這種重天時的態度，實在是非常強烈的。

月令之學，因常涉及農事，或許會被懷疑只是農業社會的思想反映或生活慣例，使得儒者特別強調時令節氣之重要性。可是，難道早期西方不從事農耕嗎？希臘政治哲學為何不強調此類時中月令之學？何況，《易．革卦．象傳》既說「君子以治曆明時」，則治曆明時便已被視為君子之一種修養以及應該遵循的行為。《尚書．堯典》論堯之治世，一開頭就講他如何治曆明時，所謂「乃命羲和。欽若昊天，曆象日月星辰，敬授民時」，更體現了「觀象授時」在中國政治思考中的特殊地位。此民時，本於天時，亦不只用於農政。《大戴禮．誥志》記載了一段孔子與魯哀公的對話：

> 子曰：「以禮會時。夫民見其禮，則上下援，援則樂，樂其無憂，以此省怨而亂不作也。夫禮，會其四時、四孟、四季、五牲、五穀，順至必時其節也，丘未知其可以為遠災也。」
>
> 公曰：「然則為此何以？」
>
> 子曰：「知仁和則天地成，天地成則庶物時，庶物時則民財敬。民財敬以時作，時作則節事。節事以動眾，動眾則有極，有極以使民則勸，勸則有功。……丘聞周太史：『政不率天，下不由人，則凡事易壞而難成。』虞史伯夷曰：『明，孟也。幽，幼也。明幽雌雄迭興，而順至正之統也。』日歸於西，起明於東；月歸於東，起明於西。虞夏之曆，正建于孟春，於冰津，發蟄，百草權輿，瑞雉無釋，物乃歲俱生於東，以順四時，卒於冬分。……天生物，地養物，物備興而時用常節曰聖人。……」

據孔子說，「文王以治俟時」，「堯貴以樂治時」，故本篇實乃以時論政的重要文獻。由此處所說，可以通貫地理解為何《禮器》說「禮，時為大」，「禮也者，合於天時」，《禮運》說「禮必本於太一」，《左傳》說「時以作事」（文公六年）、「時順而物成」（成公十六年），以及孔子說為邦之道首重「行夏之時」等等。

儒者講「春王正月，大一統也」，人間王國之統，必須率天時、順日月曆數至正之統，其政治方能為天下之正統。堯曾命令羲和，欽若昊天，敬授人時，又是儒家政治觀中的模範帝王，他以樂治時，其曆則以建寅為正，謂之孟春，與殷周魯曆以建子為正月者不同。故孔子論時，亦主張用虞夏之曆，認為若能達到這些「時」的目標，天下自然會像堯、舜時代那樣大治；反之，若逆時，政治就敗壞了：

殀替天道，逆亂四時，禮樂不行，而幼風是御，曆失制，攝提失方，孟鄒大無紀，不告朔于諸侯，玉瑞不行諸侯，力政不朝於天子，六蠻四夷交伐於中國。（《大戴禮・用兵》）

這個理論，在歷史事例方面，儒家在《尚書》中舉出有扈氏來作為榜樣，說他「怠棄三正、威侮五行」以致滅亡，鄭注：「五行四時，盛德所行之政也，威侮，暴逆也。」可見這也是逆亂四時的結果。

然而，時正或時逆，依什麼來判斷呢？那當然仍得依據北辰或北斗，例如「禮，時為大」，故禮本於太一則合時，若不能本於太一則必失時。至於北斗，王聘珍《解詁》「盧注云：『攝格，左右六星與斗應相值，恆指中氣。』《天官書》云『攝提者，直斗杓所指，以建時節，故曰攝提格。』孟康云：『攝提，星名，隨斗杓所指，建十二月。若曆誤，春三月當指辰，而乃指巳，為失方也』……曆既失制，則閏餘乖次，斗建月氣並不能與正歲相值也」云云，都可以顯示北斗七星在判斷「合時」或「失時」時的作用。北斗作為天之中樞的地位，是不容置疑的。

北斗不僅為天樞，又為天綱。《漢書・律曆志》：「玉衡杓建，天之綱也。」《五行志》：「北斗者，天之三辰綱紀星也。」這是說北斗為天上日月星之綱紀。或謂日月斗為三辰，或謂北辰、大辰、星辰為三辰，均屬誤說。⑩《周禮・保章氏》說要掌天星以志星辰日月之變動，即是此意。後來唐一行《大衍曆議》說「北斗自乾攜巽為天綱」，亦本於此。因北斗有綱之義，後儒遂將它與三綱說結合起來講，三綱五常，合以三統五氣：

《大戴禮記》謂黃帝治五氣，曆離日月星辰。據《素問》，五氣即五天之氣，是為五運，一曰五常，此乃乾元冬至夜半之象。其時參宿之初度，正在子中，斗魁枕之。即《大衍曆議》所謂北斗自乾攜巽為天綱者也。故《素問》曰：「黃帝坐明堂。始正天綱，臨觀八極，考建五常。」王冰注云：「五常謂五氣行天地之中者。」……今考其象：天起翼，終婁，故參在正北子中，此即三正，中天統初建之象。……考定星曆，以北斗之魁、衡、杓三星為綱，著人世授曆之法為三統。三正皆於冬至之夜半視之，魁枕子中為天正、衡建子中為人正、杓攜子中為地正。天綱天統即天正也。在天謂之正，在斗謂之綱，在人謂之統。（雷學淇《古經天象考》卷二）

漢劉歆三統曆，原本就強調日合天統、月合地統、斗合人統。公羊家則說：「周人以日至為正，殷人以日至三十日為正，夏以日至六十日為止。」（隱公元年疏）是為三正三統。因此而有三綱三正三統以及五氣五行五常之比配，亦是順勢而成的發展。其後如《後漢書補注》引《月令章句》：「大撓探五行之精，占斗綱所建。」《晉書・天文志》云：「軒轅紀三綱而闡書契。」或《抱朴子・遐覽》所載，古有《步三罡六紀經》云云，都屬於這類思想之流衍，藉以表達「璇璣者，天之元化，所以統攝萬象者也；玉衡者，天之元宰，所以綱紀萬象者也。曆數即天之三統三綱，所以正百官正萬民，使皆及時興作，無不各得其所」（雷學淇《古經天象考》卷四）的想法。其說凸顯黃帝，又說三綱三統，當然是東漢以降的思想，雖非儒者論政古義，但脈絡仍是一貫的，斗合人統之說，尤其值得注意。

（八）序天之道以立人極

《大戴禮・千乘》云：「司徒典春，以教民之不則時、不若、不令。」意思是說老百姓有不知時、不順、不善的情況，司徒就得教教他。據《漢書・藝文志》說儒者出於司徒之官，因此，教民知時當為其職責，亦為其基本知識素養。難怪儒家論政，會處處扣住星象歲時來立說了。

星象甚為複雜繁頤。但天行有常，且統之有宗、會之有元，掌握天時亦並不困難。所謂天行有常，天行就是天道。「道」與「行」本是同義字，行路之謂道。儒家對於天道的理解，其實即本於他們對天體運行的看法，這個情形，只要看《大戴禮》之所以有《天圓》

篇就可知曉了。

從天道講下來，天命之謂性，於是天圓地方、陽施陰化，遂為「品物之本也，而禮樂仁義之祖也，而善否治亂所興作也」，人道之根原在於天道，禮本於太一。這樣的說法，在現代可能會被批評是宇宙論式的外在道德觀，並非自律道德，故仁義禮智不根於心，不能建立道德的主體性。但就原始儒家來說，人是要參贊天地的，天道人道不一不二，因此不能從自律他律這樣的分判來理解。《天圓》篇在說「是故聖人為天地主，為山川主，為鬼神主，為宗廟主」之後，立刻接著講「聖人慎守日月之數，以察星辰之行，以序四時之順逆，謂之曆」，就表明了人為天地之主宰，不妨礙他必須察星辰之行、序四時之順逆；而也唯有能掌握天時、瞭解天行，才能智仁合、天地成、庶物時、民財敬、以時作，而達到天下太平的境地。

想掌握天時、瞭解天行，須知其常，亦須得其樞。所謂「樞始得其環中，可以應乎無窮」，北辰太一即其樞。辰極居中而列曜貞觀，其重要性尚且在日月之上，整個天體，就是以北辰為中樞所形成的一套秩序。

天本無象，對這個天象的描述，當然是描述者自己觀念的反射，所以東西方之星象學絕對不會一樣。我國以北辰為中樞，形成的那一大套二十八宿、十二宮以及龐大之天官體系，正代表了儒家的世界觀與政治觀。

星官之職事極為複雜，與《周官》實甚類似。其所立名命義，殆如呂調陽《釋天》所說：各星各官，「皆因時揆象，以命以占，有一定之理，無一定之象」，只有「中宮之星，本諸始元，天體所加，太陽所躔，定象定位，而命之者，則萬世不易焉」。所有的星官名義及其位置關係，可說都是依據它們與北辰間的關係來界定的。

另有一種天象秩序，是依北斗來定的，即「分野說」。天官，是把天上的星星比喻為帝王與其臣僚的關係；分野，則是將天上的星辰分佈狀況和地面上的行政州域分佈作個類擬。《周禮》說保章氏「以星土辨九州之地，所封封域皆有分星以觀妖祥」。據說古時是有經典的，後來亡了，僅存一部分。《疏》說它是「論北斗及二十八星所主九州及諸國封域之妖祥所在之事」，可見也是來源古老的。

分野說論天下九州土地與天上星星的關係，當然涉及的是整個星象。但分星辨土，主要是依北斗，故《周禮・保章氏・疏》說：「辨九州之地者，據北斗而言。」《史記・天官書》兼記分野，亦謂：「北斗七星，所謂璇璣玉衡，以齊七政，杓自華以西南。衡殷中州，河濟之間。魁，海岱以東北也。」此外，《左傳》文公十四年秋七月，星孛入北斗，周內史叔服曰：「不出七年，宋齊晉之君皆將亂死。」依《周禮》鄭司農注，齊屬玄枵，晉屬實沈，宋屬大火，依《淮南子・天文》，氐房心宋，虛危齊，胃昴畢魏，觜巂參趙，均不直接屬於斗。但有星孛入於北斗，卻可以占諸分國之妖祥。這才是分野說之精髓所在。否則僅是依十二次或二十八宿作機械式的劃分，有何玄奧可說？⑪

當然，在北辰與北斗之外，儒家經典中也不是沒有其他講法的，例如心房的地位，就被《公羊傳・疏》特別看重。徐彥《疏》固然仍本舊說，以北辰為帝，但他稱北辰為皇天大帝，北辰之外，另有五帝，也具有相當的威靈：「皇天大帝在北辰之中，主總領天地五帝群臣也。其五方之帝，東方青帝，威靈仰之屬」，「此五帝者，即威靈仰之屬，言在太微宮內迭王天下，即《威精符》云『蒼帝之始，二十八世，滅蒼者翼也』，彼注云：『堯，翼之星精，在南方，其色赤。』『滅翼者斗』，注云：『舜，斗之星精，在中央，其色黃。』『滅斗者參』，注云：『禹，參之星精，在西方，其色白。』『滅參者虛』，注云：『湯，虛之星精，在北方，其色黑。』『滅虛者房』，注云：『文王房星之精，在東方，其色青。』」（宣公三年）在這裡，已在北辰之外，另外抬出了五個星來，而又在講五帝時，特別強調了東方青帝。青帝為房星，莊公七年《疏》曰：

房為天子明堂。《文曜鈎》云：「房心為中央火星，天王位。若相對言之，則房為明堂，心為天王矣。既有天王，復有明堂，布政之象也。……有王事者。房心見也。」

心與北辰，在《公羊傳》昭公十六年中都曾被稱為「大辰」，所以徐彥認為它們應該都可視為王者。且哀公十三年《疏》又曰：「房心，天子明堂布政之庭，出堪輿，《星經》亦云也。」可見其說另有來源，而為徐彥所吸收之。

雖然如此，基本天象秩序仍是不變的。而且，對於這種天象天行，他們都為之立君立王。這個天上至尊之君王（太一）的意義，與西方之「上帝」到底一不一樣呢？在西方，從宇宙秩序證成神的存在，是一條很普遍的思路，柏拉圖或亞里斯多德均曾如此說。亞里斯多德《論哲學》一書中，曾這樣推論：

若有人坐在靠近特爾雅城的意納山上，看見希臘軍隊以良好的秩序與整齊的步伐向平原前進，必定會聯想到士兵們是服從在一位英明軍官的指揮下。……同樣地，人們觀察天空，欣賞太陽從日出到日落，順著不變的軌道運轉，及星星井然有序的移動，就必須尋找一位產生這種良好秩序的設計師。由於這種秩序絕非偶然，而是更高層次及永恆者的傑作，它就是神。

後來神學中稱此為「設計者論證」，以天象之有秩序，論證必有設計者。亞里斯多德在《物性學》中又闡發了另一種論證法，謂「潛能」與「實現」不同，凡能動者要實現為動，須有一動力因，須被他物所動。故動者，均為他物所動。如太陽在動，是因為有東西在推動它，推動它的東西又被其他東西所推動，如此不斷推論下去，最後那個不被動的首動者（first unmoved mover）就是神。

這是亞里斯多德由天行天秩獲得的神有論證。儒家講北辰為皇天大帝，似乎並不如此。因為儒家之說，乃是取譬或取象，如云「為政以德，譬如北辰」，倒過來說，則是北辰象君，居其所而眾星拱之。其餘各星，如井為天罇，柳主草木，軫為車，昴為胡星，畢為邊兵，昴畢之間為天街等等，均屬於擬象，類似《易經》之卦象，故後人亦持以為占驗。謂北辰為皇天大帝，未必說宇宙間真有一位「永恆者」、「自有者」的神。

其次，北辰為一、為乾元，是強調氣化。宇宙以一氣成化，亦與亞里斯多德所說那種「設計者」、「不動的首動者」的「神」不是同一回事。日月之動，更非北辰動之，乃是日月自動。所謂北辰居其所而眾星拱之，眾星既非北辰所造；天運有常，亦非北辰運而動之。至於以心房為帝王明堂，更是擬天象人，以人心視天心了。因此總體看來，儒家講北辰、太一，固然具有形上學的意義，故乙太一為禮之本、以北辰為天地之元始；但其目的並不在證成此「一」或說明「一」之作用，而是要以此確定政治的原理原則。所以它終究屬於政治學的範疇。⑫

（九）在政治與宗教之間

然而，這個分際有時候是會滑動的。以董仲舒《春秋繁露》來說，他在《官制象天》篇及《爵國》篇中，都曾以天象來秩定地面王國的官爵，例如「時三月而成，大辰三而成象」，所以天子的佐臣有三公、九卿、二十七大夫、八十一元士、二百四十三下士，都是三的三倍。又說：「天子分左右五等，三百六十三人，法天一歲之數，五時色之象也，通佐十上卿與下卿，而二百二十八，天庭之象也。」假如說《史記‧天官書》是將星辰擬喻為人間的官爵，這兩篇剛好是以天象秩序來規劃人間的官制，符合董仲舒在《立元神》篇中所說的「天序日月星辰以自光，聖人序爵祿以自明」。他在《奉本》篇又說：

禮者，繼天地、體陰陽，而慎主客、序尊卑、貴賤、大小之位，而差外內、遠近、新故之級者也，以德多為象。萬物以廣博眾多歷年久者為象。其在天而象天者，莫大日月，繼天地之光明莫不照也。星莫大於大辰。北斗常星，部星三百，衛星三千，大火二十六星，伐十三星，北斗七星，常星九辭，二十八宿，多者宿二十八九，其猶著百莖而共一本。

星數雖多，皆本於北辰，所以禮數雖多，亦本於太一。人間的禮制官制，均要依我們對天行天數的理解來制定，所以他又有《天地之行》篇，教人：「序列星，所以相承也」，「為人君者，其法取象於天。天不可以不剛，主不可以不堅。天不剛，則列星亂其行，主不堅，則邪臣亂其官，星亂亡其天，臣亂亡其君」。總之，象天為治、法天施政，理路是非常清楚的。

請看他《立元神》篇。此篇在「聖人序爵祿以自明」之下，接著說：「天道務盛其精，聖人務眾其賢。盛其精而一其陽，眾其賢而同其心。一其陽，然後可以致其神；同其心，然後可以致其功。」這就提出了「神」這個詞，神又是「一其陽」才能致的，所以此神又可稱為「陽神」。這個神，依儒家傳統，當然是以形容詞作名詞用的，亦即如「精義入神」之「神」。但對這個神化境界的形容，如：

> 為人君者，其要貴神。神者，不可得而視也、不可得而聽也，是故視而不見其形，聽而不聞其聲。聲之不聞，故莫得其響；不見其形，故莫得其影。莫得其影，則無以曲直也；莫得其響，則無以清濁也。無以曲直，則其功不可得而敗；無以清濁，則其名不可得而度也。

以及對主政者尊神的重要性之強調，如：

> 體國之道，在於尊神。尊者，所以奉其政也，神者，所以就其化也。故不尊不畏，不神不化。

夫欲為尊者，在於任賢；欲為神者，在於同心；賢者備股肱，則君尊嚴而國安；同心相承，則變化若神；莫見其所為，而功德成，是謂尊神也。

卻很難不被人誤以為是對人格神的崇拜。實則其本意不過謂君為國之元，君若能法天崇本，則其化若神罷了。但後世卻將「元神」視為一個神秘性語詞，道教中甚至有修煉元神出竅之類功法。

整個儒家星象政治學幾乎都遭遇到同樣的質疑。他們說為政必須順天時，若悖逆天行，必然會使國家衰亂。於是人們見星孛入於北斗、星隕如雨、列星亂其行，則以此占知其國必將衰亂，星象政治學乃成為占驗祥之術。他們說要分星辨土、論九州分野，也同樣成了妖祥占驗。他們說為政以德，譬如北辰，說北辰為帝君，含元出氣，以斗布常，人們便坐實太一為帝君、北斗為星君，成為可崇拜的神祇。

太一，在漢武帝時即已正式成為王朝禮拜的主神。道教出現以後，依循這個傳統，亦奉太一為天地之元宰。《道藏》中收有《太一八門入式秘訣》、《太一八門順逆生死訣》，皆托之於黃帝；《上清太一金闕玉璽金真記》、《太一帝君太丹隱書解胞十二結節圖訣》則為上清法；洞真者，有《太一救苦護身妙君太月隱書洞真玄經》。此外，尚有《天皇太一神律避穢經》、《太一救苦護身妙經》、《太乙元真保命長生經》、《太乙火府奏告神禳儀》、《太一救苦天尊說拔度血湖寶懺》等等，太一信仰顯然已成為道教各派共同的信仰。唐人小說描寫「紅線盜盒」故事，紅線束裝上路時，在額上「書太乙神名」，就屬於這類信仰。

太一乃北極星，北極又為帝位，因此太一衍生的另一信仰，即北極帝君的崇拜。《道藏》所收，如《北帝伏魔神咒妙經》、《北帝伏魔經法建壇儀》、《北帝紫微神咒妙經》、《北極天心正法》、《北極伏魔神咒殺鬼籙》等等，都屬於此種崇拜。北帝居紫微宮，顯然即指北辰而言，故北極即為天心，其帝能降妖伏魔，具無上神通。這個北帝，並不是五方帝的那種帝，道教中其他方位之帝君也不具有這樣的地位。

不過，因「北帝」的名稱很容易與「北方真武」混淆，北帝信仰便又影響到五方帝中的北方真武的神格。北方真武原本與東青龍、西白虎、南朱雀並列為四靈方位信仰中的一員，但因北極正好是北辰太一帝位，故居北方的真武遂也被視為類同於北帝的神祇。《北方真武妙經》、《北極真武佑聖真君禮文》、《北極真武普慈度世法懺》，都可以證明這種「神祇類化」的現象。

但是《北帝說豁落七元經》、《北帝七元紫庭延生秘訣》、《北帝天蓬護命消災神咒妙經》之類，則是指北斗。北斗信仰，自張道陵《北斗本命延生真經》以降，即為道教之核心崇拜，相關經典，如《太上玄靈北斗本命延生真經》、《玉清無上靈寶自然北斗本生真經》、《太上玄靈北斗本命長生真經》、《北斗本命延生燈儀》、《北斗七元金玄羽章》、《北斗九皇隱諱經》、《北斗治法武威經》、《太上紫微中天七元真經》、《太上北斗二十八章經》等，不勝枚舉。北斗又稱元君，凡祈命者皆拜北斗。舉行齋醮也都要禮斗拜斗。⑬

因北斗為天綱，綱又作罡，《抱朴子・遐覽》云古有《步三罡六紀經》的罡，就是依北斗信仰而來的。道教亦依此而有所謂「步罡踏斗」的科儀。禮斗時，法師則穿「罡衣」，這都是淵源於其北斗信仰而來的。⑭

此外，道教中的元始天尊崇拜，我疑心也是由北辰信仰變化出來的。北辰含元出氣、流精生一，為天地之元始，無形以起、有形以分，如《易》之太極。至魏晉以後，遂因此而形成了元始天尊的信仰，謂元始天尊具有天地宇宙開闢者的地位，此亦是北辰太一從政治擬喻轉向神祇崇拜的一種發展。

蔡氏《書集傳》曾對北辰的政治擬喻性質作了個說明，謂：

人有政耳。天豈有政乎？曰：此但譬喻之辭，猶曰五星之五緯，星豈有緯乎？以其變動異於經星，故謂之緯。北斗謂之天樞，天豈有樞乎？以其持造化之綱，故謂之樞。日月五星司天之政，亦猶人之有政也，故以政言之耳。

《書》云璇璣玉衡，以齊七政，天之「政」，原本即是人以政治觀點對天行秩序的一種擬喻。而喻與所喻之間，儒者又認為它們彼此間應存在著相互關聯的關係，所以說：「日月五星有吉凶之象，因其變動為占，得失由政，故稱政也。」可見這是一種政治上的關聯，且是因政治有得失，天象才會顯示出來。

神祇崇拜性質的星政關係卻不是這樣的。首先，星辰被看成是人格神型態的天帝，而不僅是以帝王擬象星辰。這人格神的天帝，則具有福禍人的力量，故人可以祈求它、禮拜它，而獲得延命、護生、保國、伏魔的結果，並不是自己在政治上力求有德、居所、慎守日月之數、順序天地之節，以得到太平。

這樣的轉變，即是儒家星象政治學向宗教神學滑動的結果。從《尚書》、《論語》到西漢拜太一、東漢禮北斗、魏晉說元始天尊，似乎就顯露著這樣一條思想史的脈絡。

當然，也許另有一種可能，事情或許是倒過來的：在古代，中國人可能原本也有過對日月星辰的神祇信仰，例如相信有日神、月神、星斗神。這些神，與早期各民族神話中的神一樣，都有其喜怒哀樂且能降福或降災給人們。星辰的分佈，如今日所見各種占象術一樣，也往往是與人的命運福禍相關聯的。因此，禮拜神明，可以獲得福佑；占驗星曆，可以明白禨祥。這種情況或許也有可能出現得更早，在孔子之前，論星辰者可能多是如此。據《楚辭》所載，楚地也早就流傳著太一信仰，《九歌・東皇太一》可為明證，《史記・封禪書》更認為古代天子有在春秋二季祭太一於東南郊之禮。

轉變的時代，或許就在老子、孔子那個時代。

據莊子《天下》篇說，老子之學「建之以常無有，主之乙太一」。建之以常無有，不必再多解釋，主之乙太一，則正與我們此處所討論的問題有關。⑮

案：《老子》第十章「天之道也，載營魄抱一」，廿二章：「聖人抱一，為天下式」，三九章「昔之得一者，天得一以清、地得一以寧、神得一以靈、穀得一以盈、萬物得一以生、侯王得一以為天下正」。此即所謂一。老子所強調的這個「一」，經由莊子的提示，可讓我們知道它是從「太一」的意義發展來的，所以他說：「天之道也，載營魄抱一。」營魄，《楚辭・遠遊》有「載營魄而登遐兮」之句，《太玄・元圖》有「日月畛營」之說，《考工記》則云

「營室玄式宿與東壁連體而四星」，《淮南子・天文》篇也說：「營室東壁一名承委。」營，從宮，熒省聲。凡形聲字，聲義多相通，熒本身就是指火星，故《呂覽・明理》曰：「熒惑五星之一，火之精也。」凡此皆可知營魄是指星營月魄。而能載營魄而抱一者，不正是北辰嗎？因此，老子可能就是首先將天文意義的太一，轉而用以談「聖人抱一為天下式」、「侯王得一以為天下正」的人。所以莊子特以此為說。⑯

孔子的做法，亦類似老子，云「為政以德，譬如北辰，居其所而眾星拱之」，亦猶老子所謂侯王得一以為天下正也。後來注解孔子這段話的人，大抵都從清靜無為這方面去解說君德，正是因為體會到它與老子「得一以為天下正」、「清靜以為天下正」之間可能具有思想的血緣關係。而他們共同的傾向，則均是擺脫了機祥占驗的講法，而以天行論政。

到底是《尚書》、《論語》以星論政的傳統，至周末逐漸朝機祥占驗發展，乃至逐漸宗教化，太一北辰之星，先是譬象君位君德，再則視同天尊，造化萬有，抑或早期神話性的神靈崇拜，至春秋時期逐漸去其神秘化，轉而成為存有論的「一」、「元」，再以之作為政治禮度之本源？書缺有間，太古難徵，我也無法斷言。但無論如何，儒家星象政治學之複雜內涵，是不宜再漠視下去了。⑰

注釋

① 《論語・述而》：「子曰：志於道，據於德，依於仁，游於藝。」，《正義》也解釋說：「道者，虛通無、擁自然之謂也。王弼曰：道者無之稱也，無不通也，無不由也，況之曰道，寂然無體，不可為

象。……寂然至無，則謂之道。」依此解，孔子所講的，與老子無異了，其論政主於清靜無為，自然也與老子相同。這或許是魏晉玄學化的《論語》學之解釋，宋人編《正義》時，依循了這個觀點。但也有可能孔子、老子對於政道的看法原本就有其相通甚或相同之處。到底應如何理解這個問題，仍須有更多的研究。

②《史記》曾引此文，司馬貞注云：「隆，盛也。得禮文理歸太一，是禮之盛也。」

③呂調陽《釋天》曾解釋十二次與二十八宿之名如何依星訂立，並說：「《祭法》曰：『帝嚳序星以著眾。』顓頊曆即帝嚳所序者也。序者歲既久，躔次既移，因其舊而更定之，俾時與星皆順其序也。」（《十二次二十八星名》）

④朱子又說：「向來人說北極便是北辰，皆只說北極不動。至本朝人方去推得是北極只在北辰邊頭，而極星依舊動。」（《朱子語類》）可見他誤以為這是宋朝人的創見。其實是六朝以來的見解，至宋代方確定且成為普遍被接受的講法。

⑤璇璣指北辰，乃古代之通說。但東漢以後因發明了渾天儀，可以用來觀測天象，所以也有不少人把璇璣玉衡解釋成是指這種觀測儀。

⑥漢張衡《周天大象賦》、梁陸雲公《星賦》、北魏張淵《觀象賦》、唐楊炯《渾天賦》、唐李程《眾星拱北賦》、唐趙蕃《眾星環北極賦》、宋吳淑《星賦》、元汪克寬《紫微垣賦》、《古今圖書集成》曆象彙編乾象典第五十七星辰部《天星總說》也都可以參考。

⑦天官之配置，各家講法不盡相同，另詳吳肅公《天官考異》。

⑧儒者解《洪範》所說的「皇極」，也有一派是以太極、且與北極北辰相關聯來解釋的。《尚書考靈曜》宋均注：「建用皇極。建，立也。皇，太。極，天也。」就是把皇極解為太極。呂調陽所著觀象廬叢書中《志學編八種》的《洪範》也說：「皇極之敷言，是彝是訓，於帝其訓。彝，大。經訓大教。於，曰也。五於天象北辰，故曰帝。王道皆天道，故曰帝訓。」

⑨古人有並北辰與北斗中一部分星星，合為「北極五星」者，但說法互異。《觀象玩占》說五極五星，一主月，太子也；二主日，帝王也，即太乙；三主五行，庶子；四主后；五為天樞。《乾永新書》謂一帝、二后、三妃、四太子、五庶子。《曆學會通》與《觀象玩占》同，但說第五為天柱，張衡則說

第四、五星均屬后宮。另詳《古今圖書集成》乾象典卷四四。

⑩雷學淇說：「辰之名義，語者莫同，曰北辰，曰大辰，曰星辰，曰三辰，曰五辰，曰十二辰，解釋者各異其說。即在經傳，言亦各殊。《左傳》士文伯專以日月所會為辰，襄公二十七年《傳》又以斗綱所指為辰。二說固可相通。而於北極之為辰、水星之為辰則不協。《虞書》之日月星辰作會，所謂辰者即日月星。《左傳》之三辰，旂旗是也。……此於三大辰之說亦不協。」（《古經天象考》卷二）因此雷氏採取一種綜合性的說法，謂：以居其位言之時，三辰指日月星；以星之綱紀言時，三辰指日月年；以象言之，則三辰為北極、心星、參星。我覺得不能說得如此含混，《五行志》此處只解為日月星即可。

⑪星象分野說，有好多派。有為北斗說者，以為九星主九州；有為五行說者；亦有以十二次分屬九州者。又或謂只有分星而無分野。《古今圖書集成》乾象典卷五七《分星》、《分野辨》，卷五九收婁敬《河內星野魏分與衛分考》，可以參看。我是主張以北斗分的，原因非常簡單：以五行分是較晚出的講法；以十二次二十八宿分，則仍屬於以北斗分之另一種說法。

⑫若從政治學上比較儒家和亞里斯多德，則似乎也可以說二者有方向上的不同。亞里斯多德《政治學》是從公民、政體入手去討論政治的。儒家則較集中在「管理眾人之事者」的身上。郭璞《星圖贊》云：「茫茫地理，燦爛天文，四靈垂象，萬類群分，眇觀六沴，咎徵唯君。」政治的好壞，關鍵似乎不在什麼政體、什麼樣的「眾人」，而在於那「管理眾人之事」的人。論星象，亦是咎徵唯君的一種表現。星中特別重視君星，星政視同帝政，均來自這種政治觀。故《尚書考靈曜》說：「歲星為規，熒惑為矩，鎮星為繩，太白為衡，辰星為權，權、衡、規、矩、繩，並皆有所起，周而復始。故政失於春，歲星滿偃，不居其常。政失於夏，鎮星失度。政失於秋，太白失行，出入不當。政失於冬，辰星不效其鄉。五政俱失，五星不明。春政不失，五穀孳。夏政不失，甘雨時。季夏政不失，時無災。秋政不失，人民昌。冬政不失，少疾喪。五政不失，日月光明。此則日月五星共為七政之道。」

⑬但學術界對於道教星斗的信仰是有懷疑的。例如張心澂就認為據白雲霽《道藏目錄》所載，正一祖師張道陵所著《太上玄靈北斗本命延生真經》等書都不可能是張道陵寫的，應為後世道流所依託。這個見解，我們也同意。但他之所以如此說，卻是由於他不相信漢朝時有拜斗延生的思想，所以他在《偽書通考》中說：「時無所謂北斗延生之說，則（其書）晉以後道家偽託。」到了陳寅恪，則不但說此

類講法起於晉後，更說它源於天竺，見其《天師道與濱海地域之關係》一文。另外，正一天師與五斗米道關係複雜，「五斗米道」也者，古代文獻記錄都說是因信教者出米五斗供道而得名，至清末沈曾植《海日樓札叢》才推測五斗之「斗」可能是指星斗，五斗指北斗等東西南北中的五斗大星。而因五斗米道與氐羌巴有密切的淵源，所以又有人不接受沈氏的說法，而認為五斗名義與星斗無關，乃是西南夷的族別稱呼，猶如五擔、五都、五茶都是西南夷的族別名。至明朝時川南都蠻仍以五斗團為名，所居為五斗壩。見王家祐《張陵五斗米道與西南民族》。換言之，他們認為五斗米道未必有星斗信仰，縱或有之，此信仰之源亦可能與西南夷有關。

這些講法可能都沒有注意到我國（特別是儒家）的星辰信仰，以及道教與儒家星斗信仰間的關聯。

⑭ 步罡踏斗，又稱步天綱、步綱躡紀。傳說張道陵曾作《太上三五正一盟威步星綱籙》。《雲笈七籤》卷二十則收有《太上飛步九晨玉經》等，與步罡踏斗之術相關者，有步豁落斗法、躡地紀飛天綱法、步三台七星斗法、步三攝綱法、步綱敕水殺鬼都官法等幾十種。

⑮ 莊子另在《徐無鬼》篇中也說過要「知太一、知太陰」，「太一通之，大陰解之」，可見莊子也是重視太一的。太一，郭象《注》與成玄英《疏》均解為道，郭云「太一，道也」，成云「言大道曠蕩，無不制圍，括囊萬有，通而為一，故謂之太一」，陸西星則說「太一，渾淪未判。太陰，至靜無成」，「太一即有始也。老子曰：天下有始，以為天下母。在《易》，則謂之太極」。鍾泰《莊子發微》又認為太指道，即「萬物歸焉而不為主，可名為大」之大，一指「抱一以為天下式」之一。案：太始，若依《列子．天瑞》說，乃形之始。倘為形之始，則非氣之始；既非太初，亦非太極，更不是渾淪未判之時。可見陸氏說自相矛盾。至於其他人泛解太一為道，當然不錯，但如此解釋，與無解釋有何差別？

⑯ 《老子》各版本，第十章多以「載營魄抱一」起。唐玄宗注則以「天之道也哉」屬上文第九章，「營魄抱一」為第十章。我認為應讀成「天之道也，載營魄抱一」。「載營魄」一詞見於《楚辭．遠遊》，不宜拆開。「載營魄而登遐」，也不應如某些經家的解釋，謂其為載形魄而登遐。「營魄」一的解釋見正文。

⑰ 我在一九七五年曾寫《太一考》刊於《淡江文學》七期，但僅論及北辰的問題，也沒能從政治學的角度去探討。本文算是對舊作的一種補充。可惜為學艱難，中間竟然耗費了三十餘年，思之憮然。

三　儒家的曆數政治學

（一）推算即位年數

世傳《推背圖》，或云唐李淳風所作，預言國政帝位之變，頗動流俗觀聽，至今仍有不小的影響力。但「推背」之稱，不知所云。有人說這是因為其書中繪有一幅一人背上寫著字畫著圖，一人據而推測的圖樣，所以名為推背圖。其說悠謬，未可信憑。若真有這樣的圖，恐怕也是由書名附會猜想而來的。又有人說這是因為李淳風預知唐有武后之亂，而往下不斷推算，直到被袁天罡推了一下後背，要他不要再算了才停止。此亦齊東野人之語，同樣難以令人採信。

我認為《推背圖》與《易經》關係密切，它每一幅圖都繫列卦象，例如第一圖是：「第一象，甲子，乾為天。」第二圖是：「第二象，乙丑，天風姤。」故此圖應為《易》學之流衍，而推背之「背」，亦當是依《易經》艮卦立義的。

艮卦卦辭云：「艮其背，不獲其身，行其庭，不見其人，無咎。」《彖傳》說：「艮，止也。時止則止，時行則行，動靜不失其時，其道光明。艮其背，止其所也。上下敵應，不相與也，是以不獲其身。」《象傳》則說：「兼山，艮，君子以思不出其位。」艮卦初六與六四為兩陰爻，六二與六五為兩陰爻，九三與上九為兩陽爻，都是同位之爻相對立之象，所以說上下敵對相應，不相與。在這個時候，君子應該要懂得知時知機、退隱、思不出其位、停止、休息，方能無咎。背，即背離、背反之背，指爻象相背，亦象徵人不應再進取，而應該轉身，應該靜止。

此即《易經》艮背之意，教人動靜不失其時。而人對於艮背的體認，是基於對於「時」的理解而來。何時應行，何時可以得位，何時則應「思不出其位」呢？這就需要有一些推敲時運的工夫了。

《易經》之學，便因此而發展出許多這類推算之術。如《易緯乾鑿度》卷下即載有孔子所談「推即位之數」。其法，是先認定天下無永遠的政權，天命是會轉移的，故歷來王者「錄圖受命，易姓三十二紀」。每一個朝代雖然都很想永遠保持其政權，但「極至德之世，不過此乾之十二世消，坤二十六世消」，終究是天數有終，是要歸於消亡的。既然如此，王者即位，其世數秉之於天，也應當可以推斷得出來。

如何推算呢？它說：「以爻正月為享國數。」又說：「享國之法，陽得位以九七，九七者四九四七也。陰得位以六八，六八者四六四八也。陽失位三十六，陰失位二十四。」據鄭玄解釋：「四九為三十六，四七為二十八，合得六十四。四六為二十四，四八為三十二，合得五十六。此文王推爻為一世，凡七百二十歲，歲軌是其居位年數也，得位者兼象變而已，有德者重也，故軌七百二十歲也。」得位的年數依據爻數，但依其道德狀況仍會產生變化，德大者可以重卦，德不足則有消息，故孔子又說：「復，十八世，消以三六。臨，十二世，消以二六也。泰，三十世，消以二九二六也……」

此種推即位享國世數之法，又見於《易緯稽覽圖》。其書以「易姓四十二，消息三十六」推世數積年。演算法非常複雜，有「軌數」、有「折數」。軌數是陽爻九七，各以四時乘之，得五十六；再乘以二，為一一二，以次類推。折數為陽爻一爻三十六，陰爻一爻二十四。算即位之數時，就是把這些數各乘三二，再乘軌折之數。然後世屬陽卦者以九除，以三乘，得到一個數字後再除一半。「世屬陰卦者，以六除之，以二乘之，所得因而半之，則得即位期也。」此又稱為卦軌之義。軌，指一種規律，鄭玄注說：「帝王享年國，其軌相承，各有定年。」就是這個意思。又稱為世軌，又名推軌之術。推軌，即推背也。

今本《易緯稽覽圖》並載南北朝以迄隋唐術士依推軌之術，推算至唐代受命年數的資料甚詳，可見此類算年世之法皆本於《易》。

但，請注意，這類推算，並不是要印證歷史上已經存在過的朝代，更重要的，是想推算未來帝王即位的年世。在這方面，《易緯稽覽圖》不但有數學式的推斷，還有對推算出未來政權興革的一些預言說明，與後世《推背圖》的形式簡直一模一樣。

例如其書上卷有一部分，題名「於中錄，於七經」。名義不可曉，而其內容則全屬於這類預言，如：

△乾，十一月，小君，賢臣佐上。天下有作，謀九錄之文。天下風雨，挋禾威政復，聖人自西

北立。

△坤，六月，有女子任政。一年，傳為復。五月，有真人從東北來立，大起土邑，西北地動，星墜陽衛。

△既濟，九月，年大水，地臨三年不絕，六世多血。

△未濟，有故都破，水國來兵。四年九月有分國，陽殊邑。

這樣的預言有六十四卦，皆是讖語，也是啞謎，文義頗難索解。清人編入《四庫全書》時曾說它「語多艱深不可曉，而訛脫尤甚」。然而，這也可能不全屬訛脫造成的問題。預語讖言，原本就多迷離恍惝之韻致，才能有言談微中、令人鑽研索隱的趣味。《易緯稽覽圖》這種預言的風格，正是後世《推背圖》之先聲哩！

(二)由天命到定數

推算時命，以知國祚短長，並為個人出處進退找個依據。其術，漢以後不見容於當權之王朝，亦不為主流儒者所重，故僅傳流於術士之間。張惶悠渺，難以究詰，以致越來越遭強調理性化的知識份子所漠視，甚或鄙視。其實，不論其推算是否精當、預言是否準確，講究推算之數，本身在思想史上就是件值得注意的事。

為什麼呢？因為這是古天命說的發展，由講「天命」到講「天數」。

天命說，是《尚書》、《詩經》以來的老說法。《詩・周頌・清廟之什・維天之命》云：「維天之命，於穆不已。於乎丕顯，文王之德之純。」天命，指上天降予周朝的國運。因周文王有德，所以上天降賜給他的天命也就非常昌大了。此天命降授有德者之說也，是天命說的第一個重點。第二點，則是指此天命為定命、成命。同上，《昊天有成命》云：「昊天有成命，三后安之，成王不敢康，夙夜基命宥密。」即指此言。《書・召誥》也說：「王厥有成命。」《洛誥》則云：「王如弗敢及天基命定命。」對於上天降下的這種成命定命，人應敬謹奉受。至於如何能知道上天賦予他這樣的天命呢？這就是第三點：上天降命，都是有徵象的，這個徵象就是一些祥瑞。例如殷商受命，乃是「天命玄鳥，降而生商」（見《商頌・玄鳥》）。文王受命，也是有符應的。《易緯乾鑿度》說：「昌以西伯受命，入戊午三十九年伐崇侯，作靈台、改正朔、布王號於天下，受籙，應河圖。」即指其事。

這套說法，自殷周以迄秦漢，是社會上共信共守的思想，也是王權存在的依據，但其說實有理論上的疑問。其一，天命既是成命、定命，則其成其定為何，人如何能知「昊天有成命」？此為知命之問題。其二，殷原本也有天命，後來天命轉降於周了，為何會有這樣的轉變呢？此即天命轉移之問題。

這兩個問題，可以從兩條不同的路線去索解。由接受者這一主觀面說，天命既是降授予有德者，因此有德者便可以獲得天命，德衰則天命轉移，上天不再眷顧，道理非常簡單。而也因為如此，所謂天命定命，其實乃是「性成命定」的。德性成就到什麼地步，天命就降授到那個地步。天之成命定命，實即人德性之成之定。

但從另一方面來說，天命也可以不是性成而命定的，它有它的客觀性。例如孔子說：「命矣夫！斯人也而有斯疾也。」「君子有三畏，畏天命……」或孟子說：「天將降大任於斯人也。」「行止非人所能也，吾之不遇魯侯，天也。」「莫非命也，順受其正。」命都是指人所不能自我掌握的條件或限制。對於這些條件，君子要敬畏它，不要自以為了不起。命定命限是不能超越的，所以君子又應知命。

客觀存在的天命，如何得知呢？秦漢間流行的五德終始說，即是對天命轉移的一種說明，它將「天命降授予有德者」的「德」字解釋成為物之屬性，亦即物德性德，而非人之道德。物德可以歸納為金木水火土五德，一德終則另一德始，木絕火生，五行相勝。掌握了這個道理，就可以知天命了。

當時知天之法，不只此一端。儒者只要聯想到孔子「五十而知天命」與「假我數年，五十以學《易》」之間的關聯，即不難由《易經》發展出知命之術。

「《易》以明天道」，這是大家都知道的。但早期講天道，主要是靠卜筮之術，並由理上推闡之。出現於漢代的一批《易緯》卻傾向於從數上講，其理論是說：「象成數生。」《乾鑿度》上云：

> 易起無，從無入有，有理若形，形及於變而象，象而後數。聖人鑿開虛無，畎流大道，萬匯滋溢，陰陽成數。（「象成數生」條）

數分為天數（一、九、二五、三九七五　五），地數（二、六、三〇、八六四二　〇），卦數（三八四　〇），爻數（三八四通二二八二四），衍天地合和數（合一、二得三，合九、六，合二五及三　〇），生天數（天本一而立，一為數源。地配生六，成天地之數。合而成水，性天三地八木，天七地二火，天與地十土，天九地四金）。

這些數，都是推衍出來的，原本只說：「易一陰一陽，合而為十五之謂道。陽變七之九，陰變八之六，亦合於十五。……五音六律七變亦由此而作焉，故大衍之數五十，所以成變化而行鬼神也。」（《乾鑿度》上）但一加推衍，就可以講成這樣：「陽析九，陰析六，陰陽之析各一九二，以四時乘之，八而周，三二而大周，三八四爻，一一五二〇析也。」（《乾鑿度》下）這就是「成變化而行鬼神」。此類數字，若再配合紀、歲、年、月、辰、時，便可以推算到浩博無涯的地步。

或許這本是古天官算積年、推曆數的方法，而為論《易》者所借用。或許天官掌《易》卜，原本就有這套方法。但從文獻上看，我們看到古代所說的那種只能憑人之體驗去感受的天命，現在已經有一套可以計量、可以測度的方法來推知了。天之定命，現在已經變成「定數」，可以被計算出來。

於是，「姬昌有命」，到這裡便從曆數來說了，《乾鑿度》下：「建紀者，謂《大易》爻六七八九之數，此道成于文王。……《易》猶象也，孔子以曆說《易》，名曰象也。」曆，指孔子以曆算說《易》。

以曆說《易》，不但能推易代、即位，還可以推算出水旱災厄之年：「欲求水旱之厄，以應入軌年數除軌筭，盡則厄所遭也。甲乙為饑、丙丁為旱、戊己為中興、庚辛為兵、壬癸為水。臥算為年，立算為日。」

這些可以被推算出來的未來之水旱兵刀災厄年數，後來佛教傳入後，與「劫」的觀念相結合，稱為「劫數」，廣泛流傳在中國社會中。與未來某某年聖人即將出世即位、改朝換代的傳說一樣，均為可由數推求而得知之定命定數。用《乾鑿度》下的話來說，就是：「自然之讖。推引相拘沮，思愈知命。」

《易緯是類謀》則說：「知命者與神嬉。……樞推音算律如以度知且（**鄭玄注：其人能知曆數，樞機之事有能推五音韻清濁、算律之長短，以知將來之事也**）。」

（三）推曆數以知命

《通卦驗》也談到知命的問題，說：「知命卜符于名人。」鄭注云：「此符謂天子之命祿也。以堯、舜遭之，以位相禪。夏滅絕而授湯，則知天命卜符以有所與者。」此所謂知命之法，乃是以數推之。故天命也者，具體來說，只是天數。

但定數雖為定數，其數畢竟難知。推算者各據其法以推算之，實仍只是一筆糊塗賬。為什麼呢？

據我的觀察，原因之一，是《易緯》及其注解脫訛太甚，且其中頗有後人依附竄入的文字，故難以覆核其是非。後世解釋其書，亦往往可因其訛脫而以自己的意思改定字句。例知前文曾引《乾鑿度》載孔子曰「以爻正月為享國數」，鄭注認為「正月」二字是錯誤的，應改成「以爻一軌為享國數也」。但鄭注本身在解「孔子曰：復，十八世消，以三六也。臨，十二世消，以二六也。泰，三十世消，以二九、二六也……」時，卻仍說「皆以爻正為世數也」，可見「爻正月」的「月」字縱使有誤，「爻正為世數」仍是鄭玄所認可的。既然如此，有什麼理由要改成「一軌」呢？「正月」與「一軌」，形、音、義都不相同，遽云改之，實在難以令讀者信服。清張惠言《易緯略義》則又說鄭注這段話恐怕也有脫誤，應當改成「一軌為享國之法」，原文漏掉了「為享」兩字。這也不知何所見而云然。又，《稽覽圖》所敘述的六十四卦軌術、坤軌六百七十二，張惠言認為應是六六二，其子張成孫則仍主張是六七二。諸如此類，均難以究詰。

其次，是各緯書所據以推算之法原本就不相同，彼此甚至可能相互矛盾。例如推算年數，其基準在於立元，但緯書中有依甲寅立元紀年的，如《命曆序》、《考靈曜》；也有依庚申立元的，知《元命苞》、《乾鑿度》。前者接近殷曆的系統，後者接近漢代三統曆四分曆的系統。這些曆因為立元不同，推算方法也不同，具體推算之年數當然更不一樣。殷曆以西元前一五六七年為曆元，名為甲寅歲，當殷太甲元年，所以殷世為四百五十八歲，比依三統曆推算者少一七〇歲。

如此，故在《稽覽圖》中附有推軌之術三家，所推均不相同。其中一為北周人所推，以天元甲寅往下算，二為唐元和間人所推，亦以天元甲寅起算，三為唐開元時人所算，先天元年為丁未。至於《春秋元命苞》說天地開闢至魯哀公獲麟之歲，凡三百二十六萬七千年。《命曆序》說是二百六十七萬六千年。《乾鑿度》說是二百七十六萬年。《列子・楊朱篇》說自伏羲至黃帝三十餘萬歲。《帝王世紀》說自天地開闢人皇以來，至魏咸熙二年，凡二百七十六萬七百四十五年。這些年數，有的是數字抄傳失誤，有的就是因演算法不同而形成的差異。

不但如此，今日通行之《乾鑿度》與《後漢書・律曆志》所引用的《乾鑿度》即已不相同，後學者看這些彼此乖舛之材料，何由質正？據以推算，互有參差，又何足怪？

但我們不能否認這種推曆數以知國命的想法和做法，確實是一般傳統中國讀書人廣泛採用或相信的。從漢代盛行的圖讖，到民間流傳不衰的《推背圖》之類，隨處均可見其蹤影；「氣數已盡」、「劫數難逃」之類成語，也常掛在人口邊。而正式揭示曆數與政權之關係的，更是孔子。《論語・堯曰》一開頭就說：「堯曰：咨，爾舜，天之曆數在爾躬。允執其中，四海困窮，天祿永終。」似乎正是基於這樣的理解與信念，故縱使天數難知，大家也無論如何總要推算它一番。

（四）孔子以曆論政

《論語・堯曰》是篇非常奇怪的文獻。

它篇幅最短，共只三章，而且被認為是一篇獨立的、與其他各篇不相秩序的文獻。但是宋《論語正義》說：「此篇記二帝三王及孔子之語，明天命政化之美，皆是聖人之道，可以垂訓將來，故殿諸篇，非所次也。」也就是說本篇是因為太重要而壓軸，並非因不重要才排在最後面。

可是《論語》哪一篇不是「聖人之道，可以垂訓將來」的呢？若說本篇特言政化之美，則它第一、二章固然是論政的，第三章卻不是。而且第一章整段都不是孔子及其門弟子所說，與《論語》其他篇章之體例大異。為何錄此一大段？這一段與結尾那一章孔子論「不知命，無以為君子」有什麼關係？為何古人又會認為這最短的一篇卻最為重要，可以壓軸？

古人也許亦曾對此動疑，因此漢代《魯論》無最後一章。而據說在孔子舊宅牆壁間發現的《古論》，則是把其中第二章「子張問政於孔子」及第三章別出，形成它的版本有兩篇《子張》的狀況。但若此二章別出，《堯曰》便只剩第一章了。《堯曰》的結構是這樣的，第一章說：

> 堯曰：「咨，爾舜，天之曆數在爾躬，允執其中。四海困窮，天祿永終。」舜亦以命禹，曰「予小子履，敢用玄牡，敢昭告於皇皇后帝」，「有罪不敢赦，帝臣不蔽，簡在帝心，朕躬有罪，無以萬方。萬方有罪，罪在朕躬」，「周有大賚，善人是富。雖有周親，不如仁人，百姓有過，在余一人」。謹權量、審法度、修廢官，四方之政行焉。興滅國、繼絕世、舉逸民，天下之民歸心焉。所重：民食、喪祭。寬則得眾，信則民任焉，敏則有功，公則悅。

此章先舉堯、舜、禹、湯、周武王伐紂諸語，再予以總結，論為政之道。接著第二章說：「子張問政於孔子，曰：『何如斯可以從政矣？』」孔子教他要「尊五美，屏四惡」。然後是第三章：「孔子曰：不知命，無以為君子也。不知禮，無以立也。不知言，無以知人也。」

此篇結構如此，故不主張拆開的人，應該是認為一、二章皆論為政之道者，義理正相連貫，所以可以合在一塊兒。將第二、三章別出的人，則大概是覺得全篇開頭談「天之曆數在爾躬，允執其中。四海困窮，天祿永終」，跟下文未必有直接關係。

究竟此篇應如何分章，其實非此處我們所欲追問者，我們有興趣的是：一、孔子是個「罕言命」的人，但此篇僅有的三章卻在兩處談論到天命、天祿及天之曆數。二、孔子論天命，在《論語》中大多就個人之際遇說，因此《正義》疏解孔子「不知命無以為君子也」這句話時才會說：「命謂窮達之分。言天之賦命，窮達有時，當待時而動。」可是此篇裡，孔子談天之曆數云云，其實是就王朝與帝王的命運說，比較接近周初文獻對天命的講法，關係到的不是個人的窮達，而是王朝的盛衰。三、天之曆數云云，就文義來看，與天命的含義是十分近似的，但稱為「曆數」卻非常特殊，因此它可能是最早以曆數論天命之文獻，所以也格外值得重視。

翟灝《論語考異》曾認為「堯曰」這一大段是《論語》的後序，所以此篇只有這一章。劉寶楠《論語正義》也主張此篇只有一章，把「子張問」等並於此篇中，乃是漢代齊魯學者幹的事，並不符合孔門編輯《論語》時的原貌。

此類見解，均可顯示儒者對此章之重視。但早期注解對於「曆數」的認知其實頗有分歧：依何晏注，「曆數」只解釋為「列次」，亦即帝位經歷之次序。堯對舜說：上天所賜予的帝位，一個個數下來，從上古傳到我，現在又到了你身上，你要好好把握呀。這是一種講法，而鄭玄注卻不然。鄭云：「曆數在汝身，謂有圖籙之名。」解為曆數，並與圖籙關聯起來說，則明顯是說王者承受天命，有符瑞圖籙之徵。因此，繼承這一思路的人，無論是否同意類似漢人那種圖讖符籙之說，都會把曆數解為曆數，例如劉寶楠《正義》云：

《書・堯典》云：「乃命羲和，欽若昊天，曆象日月星辰，敬授民時。」「曆象」、「曆數」詞意並同。《洪範》：「五紀：一曰歲，二曰月，三曰日，四曰星辰，五曰曆數。」「曆數」是歲、月、日、星辰運行之法。《曾子・天圓篇》：「聖人慎守日月之數，以察星辰之行，以序四時之順逆，謂之曆。」《中論・曆數篇》：「昔者聖王之造曆數也，察紀律之行，觀運機之動，原星辰之迭中，寤晷景之長短，於是營儀以准之，立表以測之，下漏以考之，布算以追之，然後元首齊乎上，中朔正乎下，寒暑順序，四時不忒。夫曆數者，先王以憲殺生之萌而詔作事之節也，使萬國不失其業者也。」此曆數之義也。《史記・曆書》言：「黃帝考定星曆，建立五行，起消息，正閏餘，於是有天地神祇物類之官。」又言：「堯復遂重黎之後，立義和之官。明時正度。年耆禪舜，申戒文祖云：『天之曆數在爾躬。』舜亦以命禹。由是觀之，王者所重也。」據《史記》之文，則「咨舜」云云，乃堯禪位語。舜不陟帝位，故當堯之世，但攝政也。王者，天之子，當法天而行，故堯以天之曆數責之於舜。《春秋繁露・郊語》篇引此文釋之云：「言察身以知天也。」此董以「在」訓察、「躬」訓身也。

此即曆數之說。朱熹注云：「曆數，帝王相繼之次第，猶歲時節氣之先後也。」其實亦是採用了這個意思。由歷史上看，似乎此說較早存在；像何晏那樣，將曆數解為歷次，排除堯曰此語與曆算之間的關係，反而才是魏晉以後出現的新說哩。

（五）政治的曆數學

知堯曰「天之曆數在爾躬」云云是就曆數說，才能瞭解何謂「允執其中」。這句話被宋明理學家朝道德意義上詮釋了九百年，所言不能說都是錯的，但起碼是割裂了它與曆數的關係而單獨發揮「中」義，不知「允執其中」的「其」字，正指曆數而言。曆數如何執中呢？揚雄《法言・問道》：

或問：「八荒之禮，禮也，樂也，孰是？」曰：「殷之以中國。」或曰：「孰為中國？」曰：「五政之所加，七賦之所養，中於天地者為中國。過此而往者，人也哉！」

李軌注：「中於天地者，土圭測景晷度均也。」汪榮寶疏：「《周禮・大司徒》：『以土圭之法測土深、正日景，以求地中。日南則景短多暑，日北則景長多寒，日東則景夕多風，日西則景朝多陰。日至之景，尺有五寸，謂之地中，天地之所合也，四時之所交也，風雨之所會也，陰陽之所和也。然則百物阜安，乃建王國焉。』」「盛氏百二《尚書釋天》云：地中之名義不一。有一定之中，有無定之中，有有定而仍無定之中……」這兩段注解，對於理解「允執其中」很有幫助。從曆法上說，曆法要正確，須有精密的測量。以土圭測日景，以求晷度之均，乃是曆算之基礎，所以堯告誡舜要允執其中。這句話當然可以引申出道德義，但其由來，無疑是與曆數立中有直接關係的。

然而，進一步說，曆數云云，與一般人所說的曆法曆算並不相同。曆數，據劉寶楠說，「是歲、月、日、星辰運行之法」。這也是論天文曆法之學的通義，一般人所瞭解的曆法曆算，即指此而言。但孔子所說的「天之曆數」云云，並不止於這層意思，為什麼呢？

請看《尚書・洪範》。該篇說：「五紀：一曰歲、二曰月、三曰日、四曰星辰、五曰曆數。」如果曆數就是年月日星之運行，則只能說四紀，因為四紀合起來就是曆數。此其一。

其二，眾所周知，所謂黃帝、顓頊、夏、殷、周、魯等「古六曆」，實均為春秋戰國時代的產物。堯、舜時代大約僅僅是「觀象授時」而已，其所謂「曆象日月星辰」，並非已有詳備之曆法。這種情形，包括《夏小正》所敘述者皆然。故陳夢家《尚書通論》即據《堯典》描述堯「協時月正日」，而懷疑這根本就是秦朝施用顓頊曆於天下之後所添加的文字，今本《堯典》則為秦博士之官藏本。可見若我們想像堯時已有曆法，便反而不能不如陳夢家一般，懷疑今本《堯典》之相關記載均屬後人篡偽。只有老老實實承認堯、舜乃至夏殷時代的天文曆法尚不完備，才能免於這種尷尬。既然如此，堯曰「天之曆數在爾躬」的曆數便不能僅作天文學意義的曆法講。

這話或許應該倒過來說：若我們腦海中，對於「曆數」二字，是採用現今天文學意義上一般所瞭解的「曆數」之意，那麼便不容易明白《洪範》、《堯曰》中所說的曆數是什麼意思。這些早期文獻中談到的曆數，與現今天文學意義的曆數曆法至少有兩點非常不同。

其一是立元與推上元積年。天文學上講曆數，主要是觀測年、月、日、星之運行。但古人講曆數，卻要先定曆元，亦即確定推算的起點。通常是以甲子、夜半、朔旦、冬至日為曆元。不但如此，還要再推到發生「日月合璧、五星聯珠」的時候，稱為上元。從上元往下算，算至修曆的年數，稱為上元積年。每個曆的上元都推算不同，故其積年亦不一。據唐《開元占經》所載，至開元二年甲寅（西元七一四年），各曆之積年分別為：黃帝曆，上元辛卯，二七六〇八六三。顓頊曆，上元乙卯，二七六一〇一九。夏曆，上元乙丑，二七六〇五八九。殷曆，上元甲寅，二七六一〇八〇。周曆，上元丁巳，二七六一一三七。魯曆，上元庚子，二七六一三三四。

上元，是曆之始，亦即天地開闢、歷史發生之始。曆始，亦歷史之始也。然而此實非天文學之概念，而是史學或哲學之概念。日月合璧、五星聯珠，在天象上說，也是不存在的。因此，從天文學上看，推算上元積年並無必要。元郭守敬《授時曆》以後，事實上也廢止了有關上元積年的推算。

可是，在此之前，定曆元、推上元積年卻是我國曆數之學最重要的部分。以曆元來說，像劉歆《三統曆》，其法係以十九年為一章，八十一章為一統，三統為一元。亦即經過一統（一五三九年），朔旦、冬至又在同一天夜半。經過三統（四六一七年），甲子、朔旦、夜半、冬至又在同一天。這樣，若曆元為甲子，一統之後為甲辰，二統之後為甲申，三統之後又再是甲子。而這樣的曆數則是配合其哲學或政治學而說的，《漢書．律曆志》云：「三代各據一統，明三統常合，而迭為首。」三統依次循環，王朝即隨之更迭。劉歆以此曆為王莽之繼漢張目；後世推世變、談王朝變遷者，也因此而廣為流傳著「三元甲子」之說。清朝劉鶚《老殘遊記》中談及「北拳南革」（北方有義和拳之亂，南方有革命黨之亂）時即曾引述此等說法。此即所謂曆數之學，與現代天文學的意涵迥然不同。

在上元積年方面，《易緯地靈圖》已說：「至德之萌，五星若連珠，日月如合璧，天精起，斗口有位，雞鳴斗運，行復始，莫敢當之。」上元本來就是個理想的狀況。日月合璧、五星聯珠，代表至德之世，因此後世製曆也常要尋找新的至德已萌之世。如《易緯乾鑿度》等都認為自開闢至獲麟，二百七十六萬歲，故東漢順帝漢安二年，太史令虞恭等謂魯哀公十四年庚申獲麟，則其前二百七十六萬年的庚申是上元。若以文帝後元三年庚辰為曆元，則其年在上元庚申之後三七六〇三二〇年，此即為後漢四分曆，又名「庚申元曆」。此曆推上元，固然出於懸測、本於緯書，非由實際觀察與運算而來，其立元亦有其政治意義。故虞恭說：「建曆之本，必先立元，元正然後定日法，法定而後度周天以定分至。」熹平四年馮光地等說：「曆元不正，故妖民叛寇益州，盜賊相繼為害。」

換言之，立元及推上元積年，是超出自然的、科學的天文學上所說測算歲月日星運行之曆法範圍的，但它卻構成我國各種曆法之基礎，且呈現出政治上的意義。

其二，第二個傳統曆數學與現代天文曆法不同的地方，在於推未來之數。立元和推上元積年，是朝向歷史面的，年曆通往遙遠的往古，直到天地開闢的那一年。推未來之年數，則完全是對未來的預測。王朝何時興滅、帝王即位可以有幾年，如前文所述各種推軌之術，均屬此類。此時，曆數是與帝王興嬗及王朝盛衰相關聯的。

瞭解了這些，才能懂得孔子傳述「堯曰：咨，爾舜，天之曆數在爾躬」的意思。在這句話中，若曆數只是指歲月日星之運行，說上天的歲月運行在你身上，不僅毫無義理，更且費解。即使如劉寶楠說這是因為黃帝與堯之施政皆注重考定曆數、明時正度，所以也以此咨舜，仍不能解釋堯為何要說「天之曆數在爾躬」。因為那只能說「天之曆數爾慎之」一類話，不能說曆數即在你身上。天之曆數，如前所述，乃是關聯著王朝繼嬗、政權更迭而說的。曆數在爾躬，即指天運之命數業已降臨到你身上了，你將繼世而為帝王；希望你能像製曆者執中以均晷度那樣，好好掌握這個命數。

（六）由卦推衍曆數

春秋中晚期，是我國曆數之學大有發展之時期。孔子傳述的堯用以命舜之語，正代表著殷周時代之天命觀，到了這個時代已有了新的內容。孔子固然仍講天命，但以曆數論天命之降授，卻打開了新的論域。

關於如何通過數而知天命降授轉移之故，孔子雖未多談，但孔子既贊《易》，又說五十而知天命、五十以學《易》可以無大過，後儒便也很自然地會從《易》數中去推衍曆數。這種推衍的現象，我們在上文第一、二節中已有描述，其流行約在東西漢之間，《法言・問神》曾比較《易經》與《尚書》，云：「或曰：『《易》損其一也，雖蠢知缺焉。至《書》之不備過半矣，而習者不知，惜乎《書》序之不如《易》也。』曰：『彼數也，可數焉故也。如《書》序，雖孔子未如之何矣。』」可見時人對《易》是很看重其言數的，將曆與《易》數結合來說，則為當時之顯學。其道多方，最著名的是卦氣說。

其法以坎、震、離、兌主二十四氣。其餘六十卦，起自中孚。卦有六爻，爻主一日，凡三百六十日，剩下五又四分之一日，每日分成八十分，平均到六十卦中，每卦可得六日七分。又於六十卦中，以復、臨、泰、大壯、夬、乾、姤、遁、否、觀、剝、坤十二卦為「辟卦」，每爻各主一候，即七十二候。自復至乾為「息」，謂陽氣漸長，陰氣漸息；自姤至坤為「消」，謂陽氣漸消。以消息論吉凶及人之出處進退。如履，時間繫於大暑，陰進陽退，有賓主之禮。旅，繫於立夏，微陰將升，陽氣若處乎旅。同時，這十二卦還可與公、辟、侯、大夫、卿比配。兩卦一組，共六爻，前兩爻為公，其餘每一爻配一個爵位。

卦氣之氣，實即天地之氣。而卦與月、辰、日、候、節氣之比配關係，則為漢代論曆數者最普遍的通說。由這個基本講法可發展出許多不同的推算方式，京房、魏伯陽、焦延壽等各不相同，是當時講曆數之大宗。其次當注意者，則為《乾鑿度》。黃宗羲《易學象數論》卷四說《乾鑿度》之術有五：

一、求所直部歲。置積筭，以元歲除之，餘不滿部首歲，即為天元。滿部首歲除之為地元。再滿部首歲除之為人元。不盡，以紀歲約之，即所入部之年也。以部上之干支，次其不滿紀歲之年，則得歲次矣。二、求主歲之卦。置部首以來歲數，以三十二除之，餘不足者，從乾坤始二卦而當一歲。末筭，即主歲之卦。三、求世軌置積筭。以大週三萬一千九百二十除之，除以七百六十而一，為一軌。不滿軌者，即入軌之年也。一軌消息一卦，大周，迎奇起復，逢偶起姤。四十二軌，消息卦三周有半；八十四軌，消息卦七周。所謂八十四戒也。四、求厄數軌意。置大周以來年數（周文王世軌，太週三萬二百四十），別用消息卦除之，每一除為一厄

（此屬過去）。周而復始，除至當下而止，視其所直之年，甲乙為饑、丙丁為旱、戊己為中興、庚辛為兵、壬癸為水。五、求五德終始。置積筭，以一千五百二十歲除之，除以二百四歲約之，木金火水土相次為轉移之歲。五德日數，置部首以來積日，以一百八十除之，餘以三十六約之，甲庚丙壬戊五子相次，是其日也。

論《乾鑿度》之術，以此最為詳晰。

【補記】：

本文並未寫畢，但因事稽遷之，亦無法續足。剩義仍多，未遑補論，茲略述二點：一、《推背圖》僅是中國民間流行預言書之一，其餘《燒餅歌》、《馬前課》、《藏頭詩》、《乾坤萬年歌》、《梅花詩》等，大多也與《易》卦有關。但《推背圖》年代最早，《宋史・藝文志》中已著錄，歸入子部五行類。作者不詳，相傳為李淳風、袁天罡作，亦無確證。但《唐書・天文志》載有二人合著之《太白會運逆兆通代記圖》，大概是性質類似之書。不過，今本當然是後世不斷附益而成的，不會是唐宋時的原本。二、推年運厄數，宋人柴望、洪邁另有強調丙丁年都會有厄運之說。託名洪邁所作《隨筆兆》也說：「丙丁之歲，中國遇此輒有變故。非禍生於內，則夷狄外侮。」為什麼會這樣？《續丙丁高抬貴手・序》說：「嘗叩之陰陽家者云：丙丁屬火，遇年未盛，故陰陽必戰，亢而有悔也。」我則認為這是《乾鑿度》「丙丁為旱」說的推衍。

四　儒家的聖典詮釋學

漢代因解釋《春秋》而形成的公羊學派，受到古文學派的挑戰而逐漸沒落，遺說存世甚少。目前除了漢代一些文獻外，徐彥《公羊義疏》是僅存的公羊學派詮釋《春秋》之材料。這部書後來被收入《十三經注疏》中，也可說是《春秋公羊傳》最重要的疏解。不幸，千餘年來，徐彥這位作者固然身世成謎，此書是否為徐彥所作，也還有許多疑問。此書之精神意趣、解經方法、具體觀點，更是罕見有人予以說明。

本文仍依舊說，暫定徐彥為唐朝人。一由其書概推唐代今文學的一般狀況（例如它與隋唐北宋今文家《孝經》學的關係）；二由徐彥解釋《春秋》的方法，說明它具有「聖典解經學」的性質，與「歷史解經學」頗為不同；三則分析它對《春秋》文字的解讀，如何形成一種屬辭比事的詞例之學；四再討論公羊家所理解之「春秋大義」究竟為何，對孔子的治國理想到底有何闡述。

公羊夙稱絕學。其所以幾乎滅絕，是因為其政治主張頗與專制王權相枘鑿，也由於它的解經觀點與方法不易被理解。漢代以後，公羊學之發展更未受到關注。徐彥《公羊義疏》只是一個例子罷了。本文粗發其凡，聊以見其大略。

（一）今文家遺說

《孝經》今存十八章，《古孝經》據說有廿二章，但那大抵只是分章方式所造成的不同，經文基本上是一樣的。這些經文都以孔子和弟子曾參的對話來進行對孝道的闡發。但歷來對於這種形式卻有截然不同的理解。

一派認為此書乃因曾參雖然天性淳孝，但尚未能洞達孝德之本，故孔子趁曾子侍坐時開導他。曾子不斷發問，孔子隨之作答，輯錄起來便成為這本《孝經》。

另一派不承認上述看法，謂此書乃孔子自己所作，假借曾子之言，形成對話之體，而並不是曾子真有這些問話。唐代玄宗的御注《孝經》及收入《十三經注疏》的北宋邢昺《疏》，都持此種見解。邢疏且謂此即寓言體之濫觴：「莊周之斥笑鵬、罔兩問影，屈原之漁父鼓枻，大卜拂龜，馬卿之烏有、無是，揚雄之翰林、子墨，寧非師祖製作，以為楷模乎！」似乎我國假託寓言的文體傳統均可由此建立其統緒了。

若再進一步分析，則以上所說這兩派對《孝經》性質的不同認定，其實也就代表了經學中今文古文兩大學派的差異。《孝經》在漢代有鄭玄、孔安國的注。但這兩家注在唐宋之間都受到嚴重的批評。北朝入隋的大儒劉炫即強調：「孔子自作《孝經》，非為曾參請業而對也。」其後邢昺《孝經注疏序》亦謂當時有「劉子玄辨鄭注有十謬七惑、司馬堅斥孔注多鄙俚不經」。鄭玄、孔安國等人都是漢代古文經學的代表性人物，然彼主張《孝經》乃孔子、曾參實際問答之紀錄，則非唐宋這些經學家所能接受，故邢疏云：「孔子曰：吾志在《春秋》，行在《孝經》。斯則修《春秋》、撰《孝經》，孔子之志行也。……故假曾子之言，以為對揚之體，乃非曾子實有問也。……若依鄭注，實居講堂，則廣延生徒，侍坐非一，夫子豈凌人侮眾，獨與參言耶？」由邢昺之說，即可知道唐宋這些經學家之所以如此看待《孝經》，正是因為他們把《孝經》和《春秋》關聯起來說的緣故。而他們對於《春秋》的見解，則又是以公羊家的詮釋為依歸的。①

公羊學在唐代並不昌顯。唐初修《五經正義》時，《春秋》係以《左傳》為主，故一般均認為公羊學在隋唐間業已衰微。但由上舉這個例子看，今文學家以《公羊傳》為主所形成的觀點，其實早已延伸到對其他經籍的解釋上去了，在某些經典（例如《孝經》）的詮釋上，甚至已成為主流意見。因此它的地位絕對不能忽視。漢代以迄隋唐，今文經學之授受傳承雖多暗晦，著作亦甚少，但今存唐人徐彥《春秋公羊傳疏》仍可讓我們略窺唐代今文學之概況。

（二）神秘的作者

《四庫全書總目提要》對徐彥疏曾有段評論說：

彥疏，《唐志》不載。《崇文總目》始著錄，稱不著撰人名氏，或云徐彥。董逌《廣州藏書志》亦稱世傳徐彥，不知時代，意其在貞元、長慶之後。考疏中殺之戰一條，猶及見孫炎《爾雅注》完本，知在宋以前。又葬桓王一條，全襲用楊士勛《穀梁傳疏》，知在貞觀以後。中多自設問答，文繁語複，與丘光庭《兼明書》相近，亦唐末之文體，董逌所云，不為無理。故今從逌之說，定為唐人焉。

徐彥，是此疏傳說中的作者，其生平爵履及學術宗趣，皆不可知。究竟是否即為此疏之作者，亦難確指。其年代，據他們所考，殆在唐末，理由是它的體例「多自設問答，文繁語複」。這個證據並不充分。因為徐疏這種體例，其實正是漢人講經之體，所謂「執經問難」。師說經旨，弟子執經問難之；師則針對問題，一一回答。弟子每就其所回答者繼續難問。徐疏在標題「春秋公羊傳解詁隱公第一」底下，設十九問，一問一答，反覆釋說，正是這種體例，非唐人才有，更不是唐末人才開始有這種體裁。而且題下十九問，凡四千五百字，亦是六朝以來義疏「開題」之通例。文繁語複，恰好是這種解經體的特色，怎能以此反而「證明」它出於唐末呢？

抑且，公羊之學，本為解《春秋》而設，因此它原本出自一種解釋經文的情境中。不但徐疏如此，《公羊傳》本身就是如此的。自設問答，文繁語複，乃其傳統。例如《公羊傳》開頭第一句就是：「元年春王正月。元年者何？君之始年也。」接著說：「春者何？歲之始也。王者孰謂？謂文王也。曷為先言王而後言正月？王正月也。何言乎王正月？大一統也……」元年、春、王、正月，以及語序上先講王再講正月，或者「王正月」能否連起來當一個詞來理解，它都必須一一釋說，而且全書都是如此。

換言之，公羊學本為「解經學」。其文繁語複，是因為一方面必須針對經文逐字逐句講；另一方面又要串解，要依著文義，把前後文通貫起來講；三則還得和其他的解釋者相互駁難，故其文不得不繁、其語不得不複。以「元年者何」這一句來說：

〔何注〕：諸據疑問所不知，故曰「者何」。

〔徐疏〕：謂諸據有理而問，所不知者曰何。即僖五年秋「鄭伯逃歸不盟」之下，《傳》云：「不盟者何？」何注云：「據上言諸侯，鄭伯在其中。弟子疑，故執不知問。」成十五年「仲嬰齊卒」之下，《傳》云：「仲嬰者何？」何注云：「疑仲遂後，故問之。」是也。若據彼難此，即或言曷為、或言何以、或單言何。即下《傳》云：「曷為先言王而後言正月？」注云：「據下，秋七月天王，先言月而後言王。」「公何以不言即位？」注云：「據文公言即位也。」「何成乎公之意？」注云：「據刺欲救紀而後不能。」是也。而舊解云「案：《春秋》上下，但言『曷為』，與『何』皆有所據，故何氏云諸據疑者皆無所據。故云問所不知，故曰『者何』也」者，非。

看這段注疏，我們就可以體會出解經者是處在一種解經家「各有依據與理解的各類解釋」情境中，來進行自己的解釋的。首先，何休說讀經文的各種人都是「諸據疑，問所不知」，依據他們的疑惑而發問，疑者，據某種理由而懷疑，持之有故。答者亦須據理而談，乃能言之成理。因此《公羊》的注者與疏者都常談到「據」這個字，也喜歡徵引經典文句來作為「證據」。這種行文風格與術語，乃是古文學派所罕見的。其次，解釋者亦各有其依據，故他們是處在彼此辯詰、爭論誰才最能獲知正確義理的辯論場中，「據彼難此」，要不斷駁詰論難。新解與舊解，相互競爭。

這種情形，在《公羊傳》中已然如此了，何休注亦不例外。故何休注《序》云：「傳《春秋》者非一。……說者疑惑，至有背經任意、反傳違戾者。其勢維問，不得不廣，是以講誦師言，至於百萬，猶有不解。」解經者已多疑惑，所以亂解一通，什麼怪說法都有。以致讀者也滿頭霧水，勢不能不問。而講解者只好詳加解說，文繁語複，多達百萬言。今文家向來重口說，重師授，這也是一大原因。因為此種說解其實較適合在講堂上，老師帶著學生，把經文和各種注解攤開來，逐字逐句，反覆對勘、查字義、考句讀、順詞理、照應前後、比論是非。一旦寫成文章，便顯得瑣細繁複。唐人啖助批評公羊「隨文解釋」，以致「辭辯」，且「繁碎甚于左氏」，是一點也不錯的。但因今文學家認為唯有如此，方能正確掌握經義，故反而批評「治古學，貴文章者，謂之俗儒」（何休注《序》）。可見文繁語複、自設問答，正是今文經學的傳統，徐彥疏只是繼承這個傳統罷了，不得因此遂謂其書出於晚唐。

相反地，皮錫瑞《經學通論》卷四「論公羊左氏相攻最甚，何鄭二家分左右袒，皆未盡得二傳之旨」條云：

> 自漢以後，治公羊者如晉之王接、王愆期，已不多見。……《唐志》《公羊疏》無撰人名氏，《崇文總目》或云徐彥。……王應麟《小學紺珠》謂《公羊疏》徐彥撰，《宋志》直云徐彥《公羊

疏》三十卷。嚴可均曰：「不知何據，即徐彥亦不知何代人。東晉有徐彥與徐眾同時，見《通典》九十五。又九十九有武昌太守徐彥與征西桓溫箋。而疏中引及劉宋庾蔚之，則非東晉人。今世皆云唐徐彥，尤無所據，蓋涉徐彥伯而誤耳。疏先設問答，與蔡邕《月令章句》相似。唐疏無此體例。所引書百二十許種，最晚者，郭璞、庾蔚之，餘皆先秦漢魏。開卷疏司空掾云：若今三府掾是也。齊梁陳隋唐，無此官制。唯北齊有之，則此疏北齊人撰也。」洪頤煊、姚範之說略同。……若以葬桓王一條同於楊士勛《穀梁疏》，謂徐襲楊疏，又安知楊士勛非襲徐疏乎？

此以徐彥疏的問答體與漢代說經類似，而認為此書年代應往前挪。配合其他各項證據，推斷其書大約出現在北朝末期。這可能又矯枉過正，推得太早了。義疏之體，原本類似講義，其中不乏直接引述前賢與他人見解者，不能因某句話非唐朝語，遂疑全書均在唐朝以前。何況，徐彥疏云傳都是後學著於竹帛，非左丘明、公羊高、穀梁赤等人所作。漢魏南北朝間並無此種說法，到中唐啖助的《三傳得失議》才有類似的推論。故徐彥是否即為這本義疏的作者，固然不能確定，此書大抵仍可視為唐代之物，唯時間亦不必遲至晚唐。②

（三）特殊的觀點

唐初修《五經正義》時，《春秋》獨取《左氏》。不唯三傳中以《左氏》為正解，更是以《左氏》代替了《春秋》經的地位。其後劉知幾《史通》中有《惑經》、《申左》兩篇，即由此發展而來，《左氏》的地位逐漸高於《春秋》。因此中唐啖助說：「今《公羊》、《穀梁》二傳殆絕，習《左氏》者皆遺經存傳，談其事蹟，玩其文采，如覽史籍，不復知有《春秋》微旨。」開元八年，司業李元瓘上書云「《公羊》、《穀梁》殆絕」，十六年，楊瑒為國子祭酒，奏云：「今明經習《左氏》者十無二三，《公羊》、《穀梁》殆絕。」其說亦均與啖助相似，顯示了公羊學在唐代官學體系中的窘境。

放在這個環境中看，則徐彥疏恰好可以視為官方《春秋》學的一個對立面，代表了今文學在唐代的發展情況。儘管政府官學並不講這套學問，但解經自有傳統，矩矱猶存，彌足珍貴，其情形一如李鼎祚的《周易集解》。

對《周易》的解釋，唐初編《五經正義》時是以王弼注為主的。王弼注以反對漢代易學聞名，唐初作《周易義疏》雖亦旁采象數，不廢漢人之說，但畢竟自我宣稱：「義理可詮，先以輔嗣為本。」因此唐初官方易學，可以說是一種以王弼注為其基底或義理規模的學問。李鼎祚卻反於這個趨勢，以承繼漢人易學為主。因漢代易學著作亡佚甚多，故今日我們能瞭解漢代易學的梗概，其實多虧了李鼎祚這部《集解》。同理，漢代公羊今文之學，文獻也很少，徐彥疏一方面令我們得窺唐代今文學之面貌，一方面也使我們可以瞭解漢代今文學的見解。若無此二書發明舊義，漢人《公羊》與《周易》之學勢必難以昌明於後世。此二書之所以大有功於思想史也。

公羊家認為孔子非「依魯史，修之以為《春秋》」，而是根據百二十國之寶書，取其義理，作為《春秋》，所以它不是史而是經；不是對舊時事蹟的記錄，而是對未來世界提供一套準則（**也就是漢朝人所常說的：孔子是為即將代替周朝而興起的漢代在「創制」、「立法」**）。這兩項基本原則，徐彥疏當然都保留，前者稱為「據周文立新經」，後者稱為「作《春秋》以改亂制」。

這兩項原則，影響到了整個解釋體系。它與《左氏》的解釋不同，也是由於這個解釋基點不同所致。猶如我們看基督教的《聖經》，若將舊約看做一種歷史記載，一定會與將它視為神諭聖典者迥異。視其書為神諭聖典者，認為解經必須要理解到「《聖經》源自神」這個原理。由於《聖經》源自神，因此是「無誤的」，是「前後一致」的，是「奧秘」的。同樣的道理，《春秋》為孔子所作，這個原理也規範了經典的意義。一切經典的意義都要從這一點來體會，而且為了凸顯孔子作《春秋》的神聖意涵，徐疏強調孔子是在「獲麟」及「端門受命」，得到上天的啟示和天命之後才動筆創作這本書的：「聖人不空生，受命而製作，所以生斯民覺後生也。西狩獲麟，知天命去周，赤帝方起，麟為周亡之異、漢興之瑞。故孔子曰：我欲托諸空言，不如載諸行事。又聞端門之命，有製作之狀，乃遣子夏等求周史記，得百二十國寶書，修為《春秋》……為漢帝制法。」（卷一）

《春秋》既是孔子秉承其特殊歷史使命而作的，其中就必然蘊藏著特殊的意義，故何休《序》說：「《春秋》本據亂而作，其中多非常、異義、可怪之論。」這些特殊的意義，簡單說，就是教人如何撥亂反正，使世界由亂世亂制逐漸邁向升平。對於現實世界，定是批判的，所以它要「退天子，貶諸侯，譏世卿，討大夫」，譴責不義，讚美道德，以確定未來社會應循的方向。《春秋》褒貶之義，即在於此。

但孔子為何不直接把其意見講出來，教人如何從亂世進入升平，卻要大弄狡獪，「據周史立新經」，借著講說史事來寓存其褒貶呢？公羊家認為這正是孔子體認到「托諸空言，不如載之行事」的緣故。空言，就是抽象性、概念性的理論。例如人的倫理行為，如何才能稱為善或道德；在群體生活中，權利義務如何規範；人與國家的關係，或國家與國家、民族與民族的關係又將如何界定。這些，都可以理論化地說明之，形成一套倫理哲學。但如此抽象性、概念性地「討論」道德與倫理問題，孔子認為（或公羊家認為孔子如此認為）效果恐怕不如從具體的倫理情境上讓人「理解」這些問題。討論，可以使人知道，啟人思辨，卻無法令人體會，也較難因而產生認同。因此，公羊家強調孔子作《春秋》是採取一種「藉事明義」的方法。

這種方法當然具有上述那些好處。但藉事明義乃是以具體之事例使人獲得普遍道德原則的體會與理解，其弊則是讀者往往陷落在這個具體之事例中，無法推類，也無法將之普遍化。大家都知道讀歷史可以由其中學到許多「教訓」，但事實卻是：往往知道了一個個歷史故事，而很少學到什麼普遍意義的教訓。

為了矯正或避免這種毛病，公羊家發展出許多「條例」。條例也者，猶如幾何學裡的定理定律，一方面用以說明經典文義是前後一致的，有其原理規則可循，凡某某情況均有某義或皆可作某某解；一方面也利用這些條例去幫助人們推概。何休注即曾說他「略依胡毋生條例」，他又自作《文謚例》，見徐疏所引。此條例之學，夙為公羊家所重，皮錫瑞說得好：

△《禮記・經解》引孔子曰：「屬辭比事，《春秋》教也。」古無例字，屬辭比事即比例。

《漢書・刑法志》師古曰：「比，以例相比況也。」《後漢書・陳寵傳》注：「比，例也。」《春秋》文簡義繁，若無比例以通貫之，必至人各異說而大亂不能理。（《經學通論》「論春秋必有例」條）

△洪興祖曰：「《春秋》本無例，學者因行事之跡以為例。猶天本無度，治曆者因周天之數以為度。」錫瑞案：洪氏此說，比例正合。聖人作《春秋》，當時嘗自定例與否，誠不可知，而學者觀聖人之書，信如觀天，仁者見仁、智者見智，各成義例，皆有可通。（《經學通論》「論三傳以後說春秋者亦多言例」條）

條例是讀經解經的人發展出來的，其目的在於藉此以掌握解經的原則，一如治曆者以周天度數測說天行；其次則是為了便於讀者推類，可以以例相比況。且又因有條例可以通貫地解釋文、句、事、義的相類相關現象，也有助於對經文統一的解釋，不至於支離破碎，人各異說。雖然如此，經典仍然是難懂的，因為孔子作這部書原本就有其特殊目的，欲批判濁世、激揚正理，其批判褒貶之標準何在，他並未明白揭示，只能由讀者在他褒貶予奪的事例中推想體會而得。

同時，其說既是批判的，勢必不贊同世俗的或既存的價值觀；對於仍身處在這套現世既存價值觀中的讀者來說，這自然就會形成理解的困難。此即何休所云：「其中多非常異義可怪之論，說者疑惑。」

不但如此，寫作者本人，雖不贊成現世的價值觀，要批判當代人物之言行，斷其是非，他本人卻仍活在現世環境中。指斥時王、議評時政，落筆自須矜慎，遣辭用字，往往不便說得太明白太徑直。姑且不說這是明哲保身的考量，就是讀者也無法接受對當代太過強烈的批評。畢竟對於這個生存的時代與人物，人們是有其感情的。這就使得《春秋》的表達方式不得不有許多「微辭」。徐疏卷四載桓公元年三月公會齊侯、陳侯、鄭伯于稷，以成宋亂，成宋亂是不好的，但何注云：「所見之世，臣子恩其君父尤厚，故多微辭。」所以《春秋》敘述這件事就有替桓公隱諱些的寫法，如徐疏所說：「若言公為三國所以遂行其意，而成宋亂，非公本意。」故不寫「成宋亂」，而寫作「會齊侯、陳侯、鄭伯于稷，以成宋亂」。此即所謂微辭。《公羊》定公元年云「定、哀多微辭」，微辭，乃是一種隱微深曲的評論。一部著作倘若存在許多這樣的微辭，當然也就更難懂了。③

據此，公羊家認為解經者有責任設法替孔子說明其批判褒貶的標準，重建其法制之大體架構，章明其「大義」，並指明其「微辭」。如何休所說的「三科九旨」即屬於他們所認識的《春秋》大義，這是《春秋》公羊學的基本思路。徐彥的義疏，在漢人相關著作多已殘缺的情況下，恐怕已是最能全幅展開這套思路，供人瞭解公羊家解經之方法與觀點的著作了。

（四）聖典解經學

依徐彥的看法，《春秋》乃是孔子依據周朝歷史，借事明義，以講他自己那一套治國平天下道理的著作。因此，歷史在此處只具有工具性或例示性的作用，讀者不可執著於其舉例之史事，更不可得魚忘筌。

為了能更強化說明《春秋》的非歷史性，徐彥還談到兩個觀念：其一，《春秋》是「據周史，作新經」，而非據魯史。卷一開題即說：

問曰：若《左氏》，以為夫子魯哀公十一年自衛返魯，至十二年告老。見周禮盡在魯，魯史法最備，故依魯史記修之以為《春秋》。《公羊》之意，據何文作《春秋》乎？

答曰：案：閔因序云：「昔孔子受端門之命，制《春秋》之義，使子夏等十四人求周史記，得百二十國寶書。九月經立。」《感精符》、《考異郵》、《說題辭》具有其文。以此言之，夫子修《春秋》，祖述堯、舜，下包文、武，又為大漢用之訓世，不應專據魯史堪為王者法也。故言據百二十國寶書也。周史而言寶書者，寶者保也，以其可世世傳保以為戒，故云寶書也。④

這段話也有兩個重點，一是不承認《春秋》係因魯史而作，謂孔子乃廣采百二十國史籍，觀其可以垂訓於後世者，制為《春秋》之義。二是把百二十國史書稱為寶書。史書，顧名思義，自然是有關史事的記載。稱為寶書，便重在史事所顯示或提供的「教訓」，亦即歷史的意義層面。所謂「其事則齊桓、晉文，其義則丘竊取之矣」，對於所采輯收錄的史書，孔子也並不以史視之，而是視之為一些可供垂訓保誡的倫理證例。換言之，孔子所作的《春秋》固然是經非史，他所依據的材料，也是經（具有可世代傳保以為戒的經常之道）而非史。⑤

其二，則是不承認《春秋》是依魯國十二公之史事予以編年紀述的。

《春秋》始於魯隱公元年，歷經桓公、莊公、閔公、僖公、文公、宣公、成公、襄公、昭公、定公、哀公，共十二公，逐年紀事，其體例屬於編年史，是許多史學家公認的。但公羊家既不承認《春秋》為史，遂連它是用魯史，甚或用魯公之年號名位也一概不予承認。

這種講法較迂曲，大意是說：《春秋》記事用魯隱公、桓公、閔公等等，所指並非真正歷史上存在過的那些魯國國君，只是假借魯國國君的名號，來假託王者受命改制的事罷了。隱公、桓公、閔公等等，只是一個代號，猶如數學中的XYZ之類。此稱為「藉位於魯，以托王義」。⑥徐疏在經文開頭第一句話「元年春王正月」底下便對此有所解釋，云：「若《左氏》之義，不問天子諸侯皆得稱元年。若《公羊》之義，唯天子乃得稱元年，諸侯不得稱元年。此魯隱公，諸侯也，而得稱元年者，《春秋》托王於魯，以隱公為受命之王，故得稱元年矣。」接著又說：「唯王者然後改元立號。《春秋》托新王受命於魯，故因以錄即位，明王者當繼天奉元，養成萬物。」這些話都可證明他根本不認為「隱公元年」這句話是真指魯國歷史上那位隱公，而只認為這是在說《春秋》理想中的一位奉受天命的王者。這位王者，乃是繼周而興的一位新王。

所謂繼周而興，是公羊家之通說，或稱存三統，或稱一科三旨，徐疏引何休《文謚例》說：「三科九旨者，新周、故宋、以《春秋》當新王。此一科三旨也。」此乃公羊學最重要的理論之一，認為孔子見周朝已衰，知其即將滅亡，故作《春秋》，把他治平的想法寓存其中，以供新王繼起，能依之以創制立法，替世界重開太平。這位未來王，在《春秋》中即以魯隱公為代表，故「新周、故宋、以《春秋》當新王」，有時也被稱為「新周、故宋、王魯」。

但這是有爭論的。隱公之德，殊不符人們對未來新王之期待；周天子尚在，孔子即斷言周將滅亡，且以諸侯為新王，似亦頗違孔子對君臣關係的看法。徐彥亦曾對此有所辯解，卷一云：

問曰：《公羊》以魯隱公為受命王，黜周為二王後。案《長義》云：「名不正則言不順，言不順則事不成。今隱公人臣而虛稱以王，周天子見在而黜公侯，是非正名而言順也。如此何以笑子路為率爾？何以為忠信？何以為事上？何以誨人？何以為法？何以全身？如此若為通乎？」答曰：《孝經說》云：「孔子曰：《春秋》屬商，《孝經》屬參。」然則其微似之語，獨傳子夏，子夏傳與公羊氏，五世乃至漢，胡毋生、董仲舒推演其文，然後世人乃聞此言矣。孔子卒後三百歲，何不全身之有？又，《春秋》藉位於魯，以托王義。隱公之爵，不進稱王；周王之號，不退為公，何以為不正名？何以為不順言乎？又，奉天命而製作，何不謙讓之有？

在君王時代，講王朝即將覆滅，世將出現新王，本來就是很危險的革命思想，會有殺身之禍，所以問者疑《公羊》此說非全身之道。事實上，公羊家本來就是主張革命說的，故鞏固君臣關係的那一套思維頗與之枘鑿不相應。但徐彥所處的時代，並不容許他公然提倡革命，故由兩方面來辯解，一方面說隱公雖被視為新王，卻仍只稱公，故並未僭號；周雖欲黜，亦未徑去其王號，所以並未違背君臣上下之名分。另一方面則說孔子的話含義非常隱微，當時並未廣為傳佈，後世才漸得闡明，故亦不違全身之道。

不管如何，「托新王受命於魯」、「藉位於魯，以托王義」云云，都顯示了徐彥的非史學立場。這個立場，使得徐彥對《春秋》的解釋迥異於把《春秋》視為「春秋那個時代之歷史」的那些人。

他們之間的區別，且讓我以《聖經》的解經傳統來作個類比性的說明。

在基督教中，「耶穌的性質」是個有歧義的問題。若說耶穌生於西元前四年羅馬帝國統治區內，後來在羅馬總督比拉多任內被判了死刑，這講的就是歷史的耶穌（Jesus of history）。但若肯定這位耶穌就是基督、是聖子，死後三日復活升天、坐在天父的右邊，那就是信仰了，稱為信仰的基督（Christ of faith）。耶穌既是歷史上的人物，他的言行自然可以利用歷史研究之方法予以研究；但他同時又是信仰的對象，因此，那些不可能合乎歷史研究法則的一些事蹟，例如死後復活、乃其母童貞所生等等，卻在信仰之中獲得承認。[7]

孔子在中國的地位頗類於此。他是歷史上的人物，其言行自有文獻足徵。但孔子也有非歷史研究法則所能解釋或認同的一些相關記載，例如公羊家說孔子為黑龍之精、為素王、端門受命而作《春秋》之類，都屬於信仰的範圍。徐疏卷一：「丘，水精，治法為赤制功」，「黑龍生為赤，必告云象使知命」，「經有十四年春，西狩獲麟，赤受命，倉失權，周滅火起，薪采得麟」云云，均繼承了漢代緯書中「信仰的孔子」的描述。這些描述，正是史學性格濃厚的一些學者或學派所期期以為不可的。

在西方，也同樣曾經興起研究「歷史的耶穌」的風潮，否定耶穌的奇蹟與復活、拆除信仰的基督，希望將耶穌回歸到人的身分，將《聖經》視為史料或史籍。依據這些歷史學家之見，《聖經》中，《舊約》是美索不達米亞初期文化的史料，歷經多次結集與增刪整理，約在西元前二至二世紀逐漸定型。所謂《新約》，則是一些關於耶穌歷史的史料，教會在流傳的上百種類似作品中選了廿七個，便稱為《新約》。

對於這些史料，歷史學家致力於由此還原歷史，例如可以利用《舊約》重建古猶太史，一如我國的史學家利用《春秋》來還原戰國之前的那一段歷史。亦可以考證得知各部分史料之來源、篇章組合關係、增刪整理經過，如我國史學家研究出《詩經》、《尚書》之編纂流傳狀況或分析魯史記與《春秋》間繼承與變動之痕跡那樣。此外，對於不同福音書的作者究竟為誰、寫作目的為何、寫於何時何地、其所寫是否全為史實、是否有所謂偽作等內在考證（**internal criticism**）或文獻與當時社會文化語言環境相關性的外在考證，也與我國歷史學家以所謂「樸學」方法治經類似。

相對於這種歷史性的文獻分析法，神學解經學便大異其趣了。

神學解經學在歷史上有許多學派，例如寓意法學派、字義法學派、靈修學派、自由派、新正法派、救恩歷史學派、更正教派等等。他們的解經法雖然彼此分歧甚大，但在根源處均與歷史學家不同。他們與歷史學家同樣面對那些用古代文字寫成，帶有當時文化背景，且流傳自古代的文獻；都必須面對版本問題、語文問題、譯讀問題以及如何用現代觀念把古人意思講清楚的問題。然而，歷史學家或許也會認為這些檔案很有價值，甚或很表佩服、也很喜歡，卻終究不會認為這些文獻是神所默示的。

神學解經學者則相反，他們相信那不是一般性的「史料」或「史籍」，而是神所默示的，是對人類有重大意義、足以讓人獲得新生命的啟示語言。因為他們相信這一點，所以其解經學便具有一個新的層面，這個層面，據蘭姆（Bernard Ramm）《基督教釋經學》以更正教的解經體系所作的分析，包含下列特徵：

一、擁有屬靈的或道德的因素。歷史學家視研究古代文獻為客觀之分析，無須具備什麼屬靈或道德的條件。

二、擁有超自然的因素。歷史學者所懷疑的事，在宗教解釋中卻是極為嚴肅、極為真實的事。

三、擁有啟示的因素。《聖經》中大部分的字雖與當時通用的字無異，但卻具有更深的含義，足以啟人深省，如信、愛、憐憫、救贖、天堂、審判等。

四、解經的目的，不是在於對客觀歷史之瞭解，而是「造就」：促使讀者身心產生變化，靈命豐盛。⑧

以這幾點來觀察，公羊學家解經便有不少地方與之相類。公羊家不承認《春秋》是史，謂其為經，乃孔子秉持特殊之天命，為後世垂範立教之經世大法，如徐疏云：「聖人不空生，受命而製作，所以生斯民、覺後生也。」以至在史學觀點之外，另開了一個解經的面向。這個面向也強調對讀經者的「造就」，以及解經時應具有道德的因素，故徐疏云：「有國者不可不知《春秋》，為人臣者不可不知《春秋》。為人君父而不通於《春秋》之義者，必蒙首惡之名。為人臣子而不通於《春秋》之義者，必陷簒弒之誅。」同時，公羊家信緯，相信「丘攬史記，援引古圖，推集天變，為漢帝制法」，相信獲麟，相信孔子有天授之神秘使命，也均屬於解經中超自然的因素。還有，依公羊家說，許多字詞也都具有特殊深刻的含義，故胡安國《春秋傳》云「《公羊》辭辨而義精」，一字一句都可能含有褒貶之深意。

也就是說，徐彥《公羊疏》代表了一種非歷史性的解經法，既不視《春秋》為史料或史籍，也不采歷史性的文獻分析法來解讀經典。

（五）神聖的寓意

《春秋》既為經而非史，則其史事記錄便成為一個龐大的寄託寓意系統。寄託寓意者，言在此而意在彼也。假借甲事，托寄乙意；假借史實，寓存微旨。故其釋經，首重假託：

△《春秋》藉位於魯，以托王義。（卷一《解題》）

△孔子方陳新王受命制正月之事，故假取文王創始受命制正朔者，將來以為法，其實為漢矣。（卷一《春王正月解》）

△《春秋》之道，亦通于三王，非主假周以為漢制而已。（卷四《桓公三年正月公會齊侯于嬴解》）

△據百二十國寶書以為《春秋》，非獨魯也，而言內者，托王於魯，故言內。猶言內其國外諸夏之義也。（卷六《莊公元年內諱奔謂之孫解》）

△杞是王者之後，實為公。但《春秋》之義，假魯為王，新周、故宋、黜杞為伯。是以莊二十七年冬杞伯來朝，注云：杞，夏後。不稱公者，《春秋》黜杞新周而故宋，以《春秋》當新王。（卷廿一《襄公二十九年杞子來盟解》）

劉炫《孝經述義》說：「孔子自作《孝經》，本非曾參請業而對也。……假曾子之言以為對揚之體，乃非曾子實有問也。」與徐彥這裡的講法是一致的，強調「假」、「托」。⑨類似的用語，還有「當」字，例如說魯實際上並非代周而起之新王，但《春秋》假裝它是新王，以討論新王之創制的情況來討論它，就稱為「以魯當新王」。同理，何休說：「定、哀之間，文致太平。」徐疏就解釋道：「當爾之時，實非太平。但《春秋》之義，若治之太平於昭、定、哀也。猶如文、宣、成、襄之世，實非升平，但《春秋》之義而見治之升平然。」（卷一）當，也是假託，都屬於公羊學的特殊術語。

早在董仲舒時就已經非常強調這一點了。《春秋繁露‧符瑞》云：「西狩獲麟，受命之符是也。然後托乎《春秋》正不正之間，而明改制之義。」又《俞序》云：「孔子曰：吾因其行事，而加乎王心焉。……吾因行事，加吾王心焉。假其位號，以正人倫；因其成敗，以明順逆。」《奉本》云：「今《春秋》緣魯以言王義，殺隱、桓以為遠祖，宗定、哀以為考妣。」均指孔子作《春秋》是借用一段史事來講自己所說為王者應有的道理，希望達成「正人倫、明順逆」的作用。康有為《春秋董氏學》卷二曾釋其義說：

> 托於魯以立文字，即如隱、桓，不過托為王者之遠祖；定、哀為王者之考妣；齊、宋但為大國之譬；知婁、滕侯亦不過為小國先朝之影。所謂其義則丘竊取之也。自偽《左》出，後人乃以事說經，於是周、魯、隱、桓、定、哀、邾、滕皆用考據求之。癡人說夢，轉增疑惑，知有事而不知

有義。……《公羊》傳《春秋》托王于魯，何注頻發此義。人或疑之，不知董子亦大發之。蓋《春秋》之作，在義不在事，故一切皆托。不獨魯為托，即夏商周之三統，亦皆托也。

由康有為的闡釋，可見把《春秋》視為一個寓意系統乃是公羊家之通說，始於漢儒，而為徐彥所繼承發揚。

對於這種假託寄寓說，以《春秋》為史事記錄者當然會覺得難以接受。但寓意解經法本來就是極重要的一種解經方式。持此見解者相信在經文可見的字面意義之下，還有另一層真正的意義。有些人認為寓意（Allegory）乃是隱喻的擴大，如班揚（Bunyan）《天路歷程》就是用寓意法寫成的，把要講的意思寓存於歷史外形中。《聖經》也有一部分被認為是用這種方法寫成。可是，在西方，整個寓言解釋傳統並不起於《聖經》，它的兩大源頭，一是希臘的寓言故事，二是《荷馬史詩》。

寓言故事慣於言在此而意在彼，解釋時絕對不能執著於其所寄託假言的事例上，是一項基本閱讀規則。《荷馬史詩》則較為複雜。它被視為「史詩」，自然是認為其中吟唱的乃是一段歷史事蹟。但那當中又包含了太多怪異、荒誕、神奇或不道德的東西。這些東西，即使視之為神話，其神怪荒謬也仍須要一套解釋，讓人覺得這些久遭傳誦的詩人遺產確有其意義。因此，解釋者往往不按字面意思來解讀它，而謂其字義之中尚含有秘密的、真正的含義。

這種解釋法，後來傳給了猶太人，猶太人再影響基督徒，遂成為其後一千五百年間最重要的解經注。一般認為《聖經》中若有對神不敬的話或與經文相牴觸或難以索解之言，例如文法上有其特殊之處，或經文格式上具有某些狀況（如同義詞、重複、標點符號及單字排列特殊之類），或有象徵的記號時，都應該考慮使用寓意法去解釋。但這些都還只是局部性的解釋。基督教寓意法解經家最重要的見解，在於他們常認為經文本身就是以寓言法寫成的。⑩

中國寓言解釋的傳統也可上推於寓言，以及對《詩經》的解釋。前者，在《孝經疏》中即曾明白指出。謂莊子、屈原、司馬相如、揚雄等人那種虛構杜撰故事以表陳自己見解的做法，均與公羊家所說孔子假託史事以申明王義之法屬於同一性質（見本文第一節）。後者，則是漢人說《詩》之慣技。

漢人說《詩》者四家，齊魯韓為今文，《毛詩》為古文，然皆主於美刺，以詩為譎諫，強調詩人之意並不只在表面的事義。例如《關雎》表面上看是講窈窕淑女、君子好逑，但《魯詩》說認為這是諷刺王者淫於女色，《齊詩》謂此為后妃而作。這都是就其寓意說，文字本身是看不出這個意思來的。

公羊家全面採用這一解經觀點，故以《春秋》為一大寓意系統，表面語言講齊桓、晉文及魯國諸公之史事，其實含義另有所指。

「指」，是由此而發展出來的另一術語。《春秋繁露・竹林》：「不義之中有義，義之中有不義，辭不能及，皆在於指。非精心達思者，其孰能知之？《詩》云：『棠棣之華，偏其反而。豈不爾思，室是遠而。』孔子曰：『未之思也，何遠之有？』由是觀之，見其指者，不任其辭。不任其辭，然後可與適道矣。」

辭，謂字或詞。凡文辭均有其指涉及意涵，如荀子所說：「辭也者，兼異實之名，以論一意也。」（《正名》篇）所以理論上應該是辭為能指，其辭意所涵即為所指。但董仲舒在這裡卻顯然取了另一種語言觀，即能指與所指之關係鬆動時，有可能言在此而意在彼，其辭如此，其所指及意涵卻未必如此。然後進一步宣稱閱讀者應該得意忘言，見其指不任其辭。同時，由於事務複雜，人在面對不同情況之曲折幽微處時，文字是有其局限的，也必須採用「見其指不任其辭」的方法才能掌握，所以說：「不義之中有義，義之中有不義，辭不能及，皆在於指。」相對於循文字以見指意之方法，此種超越文辭，獨得其文外之旨者，似乎更具有優越性。

董仲舒這種觀點與他解《詩》的經驗有關，看他引《詩》為說便可知道了。另外，此理或許也與解《易經》者類似。《易》取象、《詩》譎諫、《春秋》托寄，都顯示了言在此而意在彼的特點，讀者也都被教導要採行寓意式的解讀法，否則不能明白其蘊涵。

由於能指與所指是鬆動的，究竟文辭所指之意為何，恐怕就不易確定。《春秋繁露・精華》說：「《詩》無達詁、《易》無達占、《春秋》無達辭。從變從義，而一以奉天。」《春秋》本身在處理不同情境中各種不同狀況時，其辭或從變或從義，本來就會有許多不同的變化，讀者讀其書也必須體會到這些不同，才能得其意指。⑪

但《詩》雖無達詁，卻也不是可以隨便亂解釋的，《春秋》本身既為一大寓意系統，則其細部文辭指意，其實都受到整個大的寓意範圍所限定。猶如解釋《聖經》的比喻時，一定要謹記它們全與神的國度有關。《春秋》教人見其指不任其辭，並不是說可以不顧文辭，隨意說其意指。《春秋》的意指是有固定方向、範圍或性質的。董仲舒曾寫了《十指篇》，講明它有十大宗旨，何休則提出「三科九旨」之說，都是對《春秋》旨意的發明。徐彥疏主要採取何休說，但兼蓄宋均等人之見，略謂：

三科九旨，謂三個科段之內，有此九種之意。……新周、故宋、以《春秋》當新王，此一科三旨也。……所見異辭、所聞異辭、所傳聞異辭，二科六旨也。又，內其國而外諸夏、內諸夏而外夷狄，是三科九旨也。問曰：「案：宋氏之注《春秋》，說三科者，一曰張三世、二曰存三統、三曰異內外。是三科也。九旨者，一曰時、二曰月、三曰日、四曰王、五曰天王、六曰天子、七曰譏、八曰貶、九曰絕。時與日月，詳略之旨也。王與天王天子，是錄遠近親疏之旨也。譏與貶絕，則輕重之旨也。」……《春秋》之內，具斯二種理，故宋氏又有此說，賢者擇之。（卷一《解題》）

除此之外，據徐疏所載，公羊家還發展出了「五始」、「六輔」、「二類」、「七等」諸義，均屬於同一性質之物，欲人因齊桓、晉文之事，考《春秋》之文辭，而得此類寓意焉。

（六）文字的解讀

但是，《春秋》又是屬辭比事之學。孔子在發揮其微言大義時，必須考慮到如何比事如何屬辭的問題。其「筆削」，便有筆力上的工夫值得後人揣摩探討；其褒貶亦皆須透過文辭來表現。因此，與前述重指不重辭的情況相反，公羊學要說明孔子「如何表現」其指意時，就必須集中氣力去討論辭的問題。

在西方解經學傳統中也有所謂字義學派，它們與寓意注解經學不同，集中力量在文字的解讀上，訂立了許多原則，如希列（Hlillel）七條、以實瑪利（Ishmael）十三條、以利亞薩（Eliezar）三十二條之類，包括：每個字應依它在句中的意思來瞭解，每個句子則應依據上下文來認知；遇到主題相關的經文，應相互比較對照；凡同一主題的文字，含義清楚的經文應比含義不明的更具解釋力，等等。在文法方面，除確定字及詞彙的意思（字源、用法、近義詞、反義詞等）外，也要注意字詞的形態、字詞的功用（詞類）、字的關聯（句法）等。

《公羊傳》本身對《春秋》的解釋就不乏此種色彩，請看下列數例：

△《春秋》宣公八年：十月己丑，葬我小君頃熊。雨，不克葬。庚寅，日中而克葬。

《公羊傳》：而者何？難也。乃者何？難也。曷為或言而，或言乃？乃難乎而也。

△《春秋》定公二年：夏五月，壬辰，雉門及兩觀災。

《公羊傳》：言雉門及兩觀災何？兩觀微也。然則曷為不言雉門災兩觀？主災者兩觀也。主災者兩觀，則曷為後言之？不以微及大也。

△《春秋》，成公元年：秋，王師敗績於貿戎。

《公羊傳》：孰敗之？或曰：貿戎敗之。然則何為不言晉敗之？王者無敵，莫敢當也。

第一例是說因下雨故來不及葬小君，到次日日中才葬，用「而」字而不用「乃」字，表示語氣較為舒緩，時間還不太匆促。第二例講兩觀起火，延及雉門，但敘述時卻先講雉門再說兩觀，是由於門較觀重要。⑫同樣的道理，第三例則實際上是說周天子軍隊被打敗了，但為了顧及倫理關係，敘述時就不說誰打敗它，只記錄王師敗了。

第一例是純粹語氣及虛詞用法的分析，用以說明孔子作《春秋》遣辭用字俱不苟且。第二、三例則涉及對於《春秋》大義，即其「指」之理解。依《漢書・五行志》的講法：「《春秋》曰：王師敗績於貿戎。不言敗之者，以自敗為文，尊尊之意也。」徐彥疏則見解不同。他先就《公羊傳》所說「蓋晉敗之，或曰貿戎敗之」的疑似之詞，考證確定是晉侯不臣，周天子討晉而為晉所敗；再就「王者無敵」的問題解釋說：「《春秋》之義，托魯為王，而使舊王無敵者，見任為王，寧可會奪？正可時時內魯見義而已。」如此，其解便不同於《公羊》，也不同於《漢書》了。據《漢書》之意，《春秋》的寫法，是因為要尊王，故其辭例如此。依徐彥說，則重點不在尊王而在新周內魯。這樣的解釋，充分說明瞭公羊家的字義解釋是從屬於其意指掌握之下的。而其字義解釋則包含了語氣、虛詞、語序、主動被動等的分析，包羅甚廣。而且從《公羊傳》到何休注、徐彥疏，這種態度是一貫的，雖然其具體解釋可能不同，但屬辭比事實為公羊家普遍重視之學。徐彥疏在有關字義、詞序之解釋上，又比前此各家更為豐富。

如第一句「元年，春王正月」，《公羊傳》的解釋是：「元年者何？君之始年也。」何休注說：「諸據疑問所不知，故曰者何。」這是解釋「元年者何」的「者何」，對疑問句的句型進行解釋，在現今一般注釋文獻者來看，已經是極不尋常的了。但徐彥卻在此進一步發揮說：「曰者何，即僖五年秋鄭伯逃歸不盟之下，傳云：『不盟者何？』，注云：『據上言諸侯鄭伯在其中，弟子疑，故執不告問。』十五年仲嬰齊卒之下，傳云：『仲嬰齊者何？』注云：『疑仲遂後，故問之。』是也。若據彼難此，即或言曷為，或言何以，或單言何。即下傳云：『曷為先言王而後言正月？』注云：『據下秋七月天王，先言月而後言王。』『何以不言即位？』注云：『據文公言即位也。』『何成乎公之意？』注云：『據剌欲救紀而後不能。』是也。而舊解云『案《春秋》上下但言曷為與何，皆有所據，故何氏云：諸據疑者皆無所據，故不問所不知，故曰者何』也者，非。」

疑問句，可以用「何以」、「曷為」、「何」來構成，也可以用「者何」來興問，但據徐彥之見，它們是不同的。說「何以」、「何」、「曷為」時，是經文中有相反的文例。某處如此說，而此處不如此說，才會講「何」、「何以」、「曷為」。說什麼事「者何」，則是因為對於經文中如此處理文辭不瞭解，而問：像這樣的狀況是為什麼呢？

何以、何、曷為、者何，都是疑問詞。疑問詞依其功能，在語法學上有各個不同的分類，如盧以緯《助語辭》說：「何則、何者、何也、是何也、是何、何哉、何以、何如、如之何，此皆文中自問之辭，所以引起下文來。」這就是全都視之為自問之詞了。但疑問詞也可能為發問詞，如丁存守《四書虛字講義》說：「將毋、毋乃皆發問之辭。」何，也有視為發問詞的，而且發問詞還可以有「助」，如王引之《經傳釋詞》云：「其，音姬，問詞之助也。《書・微子》曰：『余顛躋，若之何其。』鄭注曰：『其，語助也。』」何其，就是何的意思。另外，發問之辭也可以有所指。如《辨字訣》說：「者耶，有所指而疑問之辭。」者耶，與者何亦同意。又，何，亦可視為詰問詞，王夫之《說文廣義》云：「句首之焉，與豈、何通為詰問之詞。言既如此焉，而豈復如彼也。」《助字辨略》云：「《論語》：『何哉爾所謂達者？』何者，詰難之辭。」

對於疑問詞作這些不同的分類，是清代語言學家的重要研究成果。但在徐彥疏中顯然已經進行了這樣的分析，而且辨析甚為精微。由此辨析而發展出來的，就是一種「詞例」之學。通過對前後經文及注語的比對，尋找到文詞使用的規律。⑬

文詞的規律，又稱為「凡」。徐彥疏發凡之處甚多，如：

△凡天子諸侯同得稱君，但天子不得稱公。……今據魯而言，不言公之始年而言君之始年者，見諸侯不得稱元。會假魯為王乃得稱元。

△凡十二公即位皆在正月，是以不問有事無事皆書王正月，所以重人君即位之年矣。若非即位之年、正月無事之時，或有二月王，或有三月王矣。但定公即位在六月，正月復無事，故書三月王也。

△凡書正月，為公即位出也。以元年有正月，即公實行即位禮，而孔子去「即位」，知其成公讓意者非。

△凡《春秋》上下公與外大夫盟，皆諱不言公。故莊二十二年秋七月丙申「及齊高傒盟於防」，傳云「公則曷為不言公?諱與大夫盟也」之屬也。今此不沒「公」，故知是君矣。其莊九年「公及齊大夫盟于暨」之屬，不沒公者，皆傳注分明，不煩逆說。（以上卷一）

△凡不托始之義有四：一則見其經而不托始，即上二年彼注云「據戰伐不言托始，納幣不托始」之類是也，二則其大惡不可托始，即五年「初獻六羽之下」傳云：「始僭諸公昉於此乎前

此矣，前此則曷為始於此？僭諸公猶可言，僭天子不可言。」彼注云：「傳云：爾者，解不托始也。」三則省文不假託始，即此是也。四則無可托始，即桓七年「焚鹹丘之下」注云：「傳不托始者，前此未有，無有所托。」是也。（卷二⑭）

△繼弒君者無即位之文。今此書其即位，直是桓弒，但不顯道其弒，故曰直而不顯也。言諱而不盈者，桓之弒隱，是為內諱，而書其即位以見弒，不盈滿其諱文，故曰諱而不盈也。

△《春秋》之內，當國不氏者無知、州吁之屬是也。今宋督實戴公之孫而不言公孫者，正欲起其取國與馮故也。

△《春秋》始錄內，小惡書內，離會略外，小惡不書外離會。至所聞之世，著治升平，內諸夏而詳錄之，乃書外離會，嫌外離會，常書，故變文見意，以別嫌而明疑。（以上卷四）

△凡言「來」者，向內之辭。今經言來，故知其近邑也。而僖四年楚屈完來盟於師，是時在召陵而言來者，據師道楚，故得言來。

△凡內大夫不書氏，有二義：若未命大夫亦無氏，而此與俠是也；貶者亦無氏，即無駭與翬之屬是也。故此注云：「無氏，嫌貶也。」（以上卷五）

△凡為文實者，皆初以常事為罪而貶之，然後計功除過。是以僖元年經云：「齊師宋師曹師次於聶北救邢。」傳云：「曷為先言次而後言救？君也。君則其稱師何？不與諸侯專封也？曷為不與？實與而文不與。文曷為不與？諸侯之義不得專封也。諸侯之義不得專封，則其曰實與之何？上無天子、下無方伯，天下諸侯有相滅亡者，力能救之，則救之可也者，是文實之義耳。」今此若作文實，經宜言齊師滅紀，或言齊人滅紀。傳曰：「孰滅之，襄公滅之。曷不後襄公滅之？不與諸侯

擅滅。」曷為不與?實與而文不與。曷為不與,諸侯之義不得擅滅。則其曰實與之何?上無天子下無方伯,緣恩疾者可。若其如此,即經不免貶惡。襄公若貶惡,襄公則不名為之諱,是以不得作文實之義矣。而後桓公得作文實者,桓公非滅人,其罪惡輕也。(以上卷六⑮)

△凡出師之禮,皆有祠兵之事,而此特書,故執不知問。(卷七。案:此即指「常事不書」之凡。)

△凡朝聘例時加錄,謂書月是也。即成十三年三月公如京師,彼注云:「月者,善公尊天子者。」是其朝京師有加錄之文矣。襄二十一年春王正月公如晉,彼注云:「月者,溴梁之盟,後中國方乖離,善公獨能與大國者。」是朝大國有加錄之文矣。(卷八)

△凡滅,例月,即莊十年冬十月齊師滅譚之屬是。而此書日也。⑯

△凡誅有兩種:一、是誅責之誅,若齒路馬有誅于子與何誅之類;一是誅絕之誅,似武王誅紂,誅君之子不立之類。然上言有誅無絕,聖人子孫但當誅責而已,不合絕去。此言但絕不誅者,謂所傳聞之世,責小國略。今此不書其名,但欲絕去一身不聽為君,不合誅滅其國。……蓋以絕亦有兩種,一是絕去其身,一是絕滅其國。蔡侯獻舞大國之君,不能死難,為楚所獲。《春秋》之義,不與夷狄得志諸夏,是以不得書獲,故名蔡侯起其當合絕滅矣。郝妻正當所見之世,為魯所獲。《春秋》之義,內獲人皆諱不書,故名郝妻子以起不死難當滅絕矣。今此隗子,既是微國,復當傳聞之世,若其書名,恐如二君,亦合絕滅,故不名,見責之略也。但合一身絕去而已。(以上卷十二)

這些都是「凡」。發凡是為了起例，所以凡與例往往不甚區別。只是一般經學上講凡例，都參考杜預《春秋經傳集解．序》的講法，謂「其發凡以言例，皆經國之常制」，「傳之義例，總歸之凡，推變例以正褒貶」。也就是說例較瑣細，凡則為綱領，且均涉及大經大法的義理大原則，故例又稱「義例」。諸例則總攝於凡，如杜預立五十凡以概括《春秋》大義之類。其實凡與例基本上是就文辭說，亦即討論屬辭比事的問題。如上面所摘引的文獻第五、十、十五條，是說明經文中書或不書，同一種文辭處理中，其實還有許多不同的情況，像「誅」有兩種狀況，內大夫不書氏也有兩種不同的緣故，不托始則有四種情形。其次則是說明經文在某些字辭使用上，有特別的用法，如對「君」、「公」、「即位」、「正月」、「來」等的辨析。還有一些，如第三、四、十三、十四條，是講經過歸納研究後發現的一些「書法」規律：滅國都會記載月份，朝聘也會注明月份，或借著一些書寫的方法來表達作者的褒貶與奪。凡此等等，概視之為經國之常制，未免推揚過甚；謂凡為總綱、例必明義，亦不確當。

據徐彥所說，例與凡實無太大區別，如卷一云：「《公羊》之例，若其奔喪會葬，不問來之早晚及事不及事，皆言來矣。……所以如此，作例者以奔喪會葬所以通哀序志，必有所費，容其事，不必稽留，不必苛責其及時也。其今赗襚之等，皆是死者所須，若其來晚則無及於事，故須作文見其早晚。」這個例，講「來」字的用法，與前引文獻第九條論「來」，都是就「作文」的情況說，並無綱領或細目之分。而且這種討論，也不限於凡與例，如同卷疏解何休注一段話時，徐彥就曾說：「為下作文勢也。」卷六又有一段說：「一者省文，二者達其異義矣。其異義者，圍盛不稱公者，諱其滅同姓，溺會齊師，伐衛不稱氏者，見未命大夫故也。若不省文無以見此義，故曰所以省文達其異義矣。」像這樣討論文勢或文辭之減省問題，都應屬於屬辭比事之學。⑰

（七）《春秋》之義例

研究《春秋》之屬辭比事者，欲因文而見指、由辭而知義也。成公十五年秋，疏曰：「孔子曰：書之重、辭之複，嗚呼其中必有美者焉，不可不察。」（卷十八）卷廿五定公四年處也講了一遍同樣的話。蓋其美刺，均可由書、不書、重書、省文以及如何書等「書法」中觀察得知。

既然如此，觀察它的文例，也就可以推斷《春秋》義理上的宗旨了。例如解經者認為：「凡書盟者，惡之也。」此即《春秋》之義。反對結盟，故凡經文上寫明了誰與誰結盟的，都表示孔子對他們有所批評。雖然孔子為何反對定盟，解經者各有不同之解釋（何注云：「為其約誓太甚，朋黨深背之生患禍重。……君大夫盟，例曰：惡不信也。」徐疏：「古者不盟，結言而退。」），但對於諸侯不應結盟的意見是一致的。也就是說他們大體認為諸侯不結盟乃孔子制法立義之一端。

類似這樣的「《春秋》之義」甚多，舉其要者，如「譏世卿」即為其一。因為世襲卿士，則未必皆賢，而孔子是主張選賢舉能的，故隱公三年傳：「譏世卿，世卿非禮也。」何注：「禮，公卿大夫士皆選賢而用之。卿大夫任重職大，不當世為。」徐疏則舉文例為說，云：「宣十年齊崔氏出奔衛，傳云：崔氏者何？齊大夫也。其稱崔氏何？貶。曷為貶？譏世卿。世卿非禮也。」正因卿士大夫皆賢人，故君王不可隨便殺士大夫：「《春秋》之義，君殺無罪大夫，例不書其葬，見其合絕之。」（成公十年疏）「《春秋》之例，君殺無罪大夫皆去其『葬』。即成十年晉侯孺卒，注云：不書葬者，殺大夫趙同等是。」（桓公十一年疏）

同理，譏不用賢而任用私人，莊公二年疏：「慶父之年，宜十二三，故云幼少將兵矣。不書月以譏之者，正以不言弟，意亦起之。何者？元年注云：『不稱王子者，時天子諸侯不務求賢而專貴親親，故尤其在位子弟，刺其早任以權也。』」又，反對其篡弒，莊公三年疏：「《春秋》之例，篡不明者，皆貶去其葬以見篡。」

在諸侯之間，主張彼此有相救之義，同上疏：「《春秋》善齊襄復讎，不書其滅，而刺魯侯不救紀者，以諸侯本有相救之道，所以抑強消亂，是以刺不相救也。」提倡文德，不尚武力，莊公十三年疏：「《春秋》為賢者諱，而不諱者，正以不任文德而尚武力故也。」又謂諸侯不可輕啟戰事，非義不戰。桓公十三年疏：「凡書兵者，正得奉王命伐無禮乃有戰事，故言非義不戰。」什麼才是義呢？如前所說諸侯相救，或繼絕存亡就是義。如能為義而戰，則功勞甚大，其他行為上的許多小過失也就可以不計較了，這就叫做「《春秋》為賢者諱」。像對齊桓公、晉文公之類人即是如此，莊公廿一年疏：「文公重耳，亦無篡文，而僖三十年經書葬晉文公者，正以文公功蓋天下，《春秋》賢者諱，故書其葬，若不篡然。」閔二年疏：「僖十七年夏，滅項，傳云：『孰滅之？齊滅之。曷為不言齊滅之？為桓公諱也。《春秋》為賢者諱，桓以嘗有繼絕存亡之功，故君子為之諱。』」滅國是大事，故又曰：「《春秋》之義，滅國例月。」（僖公廿一年疏）

所謂「例月」，是說《春秋》在記事時，會依所記事之大小輕重，用時、月、日來表示。大事一定會記載季節，其次記載月份，較不重要則書日即可，此稱為時月日例。說始於《公羊傳》，何休《公羊解詁》論之尤詳，清劉逢祿曾撰《公羊何氏釋例》三十篇發明其義。徐彥疏亦論時月日例，如云：「《春秋》之例，若尊者之盟，則大信時、小信月、不信日，見其責也。若其微者，不問信與不信皆書時，悉作信文以略之。」「《春秋》王魯，是以王臣來奔魯者悉與外諸侯之臣來奔同書時。」（隱公元年）「大國篡，例月。……其小國時。」（隱公四年）「《春秋》之義，內女卒例日。」（莊公四年）「內女歸，例月。外女不月者，聖人探人情以制恩，實不如魯女。然則內女之歸皆書月者，悉為恩錄故也。」（莊公十二年）「《春秋》之例，大國之遷例月，小國書時。」（閔公二年）「朝聘例時。」（僖公三三年）

通觀其說，時、月、日分別用以表示其事之重輕，是非常明顯的。但皮錫瑞《經學通論‧論日月時正變例》卻說：

> 大事日，小事時，一定之例也，亦記事之體應如是也。至於輕事而重之，則變時而日月焉。重事而輕之，則變日而月時焉。事以大小為準，例以時日為正，一望而知者也。而月在時日中為消息焉，凡月皆變例。（卷四）

皮錫瑞只承認時日例，認為書月都是變例；而且說大事書日、小事書時。這都恰好講反了。以此見解來看徐疏，是講不通的。案：莊廿三年疏云：「經廿四年三月，刻桓宮桷而書月者，以其功重故也。……若其祭祀失禮者，則書日，是以隱五年『初獻六羽』之下何氏云：『失禮鬼神例日。』是也」，失禮於宗朝較為嚴重，所以例書時；祭祀時失禮則其罪較輕微，故僅記日。故皮氏云「大事日，小事時」，顯然錯誤。至於月，失禮宗朝例時，因齊桓公功勞大，所以只記月，這是為賢者諱而非變例。因為記月仍然重於記日，故「內女歸例月」，「大信時、小信月、不信日」，「大國篡例月」，月何嘗為變例？⑱

時月日例，是公羊學上極複雜的問題，此處無法多談。但不論如何，據徐彥之意，《春秋》之例即所以顯示《春秋》之義，是甚為明顯的。在討論這些文例及義例時，徐彥基本上當然是依循著何休的注解來發揮。然其所錄之何休注，其實頗有刪削，並非何休《公羊解詁》全本；他對於文例、義例之解釋更與何休不盡一致。這是歷來讀何、徐二氏之書者所未嘗發現的。

徐彥論文例、義例，會區分出「《春秋》之例」和「《公羊》之例」，這是與何休整體解釋架構的不同。如隱公元年秋七月「天王使宰咺來歸惠公仲子之賵」，傳說：「其言來何？不及事也。」何注也只就不及事發揮，云：「此於去來，為不及事。時以葬事畢，無所復施故云爾。」但徐疏說：「《公羊》之例，若其奔喪會葬，不問來之早晚、及事不及事皆言來矣。……所以如此作例者，以奔喪會葬所以通哀序志，必有所費容其事，故稽留不必苛責其及時也。其含賵襚之等，皆是死者所須，若其來晚則無及於事，故須作文見其早晚矣。」此所謂《公羊》之例，乃是徐彥自己的體會，其實與《公羊傳》不同，也與何休注不同。

同樣地，隱公四年二月「戊申，衛州吁弒其君完。曷以國氏？當國也。」何注：「日，從外赴辭，以賊聞例。」意思是說這段記載之所以寫上日期，是依據訃告來的。可是徐疏卻說：

「《公羊》之例，合書則書，不待赴告而言。」其義又見於卷廿四昭公廿三年，何注：「名者，從赴辭也。」徐疏：「《公羊》之義，合書則書，不待赴告。」又，襄公元年辛酉天王崩，底下敘述了四國來朝聘，疏云：「天王崩，赴未至，皆未聞喪，故各得行朝聘之禮是也。若然，則四國行朝聘之時，王之赴告未至。……《公羊》之義，據百二十國寶書，案而為經，雖四國未知，何妨先書乎？」

這些「《公羊》之例」，乃是何休所不及論的。而且由其論例，亦可見徐彥與何休頗有不同。文公十年注：「自宣、成以往，弒君二十八，亡國四十。」疏：「案：今《春秋》之經，自宣、成以下，訖於哀十四年，只有弒君二十，亡國二十四，則知此注誤也。宜云弒君二十也，八是衍字。亡國二十四也，作四十者錯也。」明顯地指出了何注的錯誤。昭公五年，何注說秦伯名嬰，徐疏也考證道：「文十八年春，秦伯罃卒。宣四年，春秦伯稻卒。是也。然則文十八年經作罃字，今此嬰字者，誤也。」類似者尚有哀公十二年冬，何注：「天下大亂，莫能相禁，宋國以亡，齊并於陳氏，晉分為六卿」，疏也論析云：「考諸舊本，宋是宗字。然則宗國猶大國，言天不能殺、地不能理，天下大亂，莫能相禁，是其紀綱之國滅亡之象。」凡此皆明言何注之誤。

而定公十四年有一段更有意思，該年記孔子冬天離開魯國，但無冬字，何休解釋說是：「無冬者，坐受女樂，令聖人去。冬，陰臣象也。」徐疏則說：「孔子自書《春秋》而貶去冬，失謙遜之心、違避害之義。蓋不修《春秋》已無冬字，孔子因之，遂存不改。以為王者之法，宜用聖臣，故曰如有用我者朞月則可，三年乃有成是也。又《春秋》之說，口授相傳，達於漢時乃著竹帛，去一冬字，何傷之有？」孔子去魯，是因魯君接受了齊國贈送的女樂，「既有淫佚之惡，去冬以見之」，本是合乎公羊家所說的《春秋》義例的，故何休即以此解之，且以陰陽為說。⑲但徐疏不如此認為，他嫌如此恐失聖人謙遜之旨，所以另外提了兩種講法，一是說《公羊》在由口說流傳到錄於竹帛之間，漏掉了一個冬字。二是說尚未經孔子修過的《春秋》，亦即史官原先記事時便已下了褒貶，不寫冬字，孔子只是依據魯史照抄罷了。

這樣解釋，不但與何休不同，更帶出了一個「史官舊例」與「孔子新例」的問題。《公羊傳》、何休都主張孔子作《春秋》，故文例義例皆孔子所定，以此見褒貶。但《左傳》家說凡例，卻認為古史官記事即已有其史例，孔子因史官舊例而有增損，如杜預《春秋經傳集解・序》云：「仲尼因魯史策書成文。……其教之所存，文之所害，則刊而正之，以示勸戒，其餘則皆即用舊史。」「其發凡以言例，皆經國之常制，周公之垂法，史書之舊章，仲尼從而修之。」徐彥雖也主張孔子是據周史作新經，但似乎受了這種說法的影響，也承認在孔子之前，「不修春秋」中已經有史官的褒貶書法存在了。⑳只不過，他不會把這種史官舊例視為周公之制法罷了。

（八）《春秋》之政略

依徐彥看，孔子一切書法文例及其中蘊含之大義，都是批判或反對周禮，而企圖替新王朝立下規矩的。故曰「以《春秋》當新王」，又稱為「撥亂反正」。

然則，其所撥之亂、所反之正為何？

卷一開題解《春秋》名義時，徐疏就說：「問曰：『《春秋說》云：《春秋》書有七缺，七缺之義如何？』答曰：『七缺者，惠公匹妃不正，隱、桓之禍生，是為夫之道缺也。文姜淫而害夫，為婦之道缺也。大夫無罪而致戮，為君之道缺也。臣而害上，為臣之道缺也。僖五年，晉侯殺其世子申生；襄廿六年，宋公殺其世子痤，殘虐枉殺其子，是為父之道缺也。文元年，楚世子商臣弒其君髡；襄三十年，蔡世子般弒其君，是為子之道缺也。桓八年正月乙卯烝，桓十四年八月乙亥嘗，僖三十一年夏四月四卜郊不從乃免牲，猶三望，六祀不修，周公之禮缺。是為七缺也矣。』」也就是說，春秋時代是個禮崩樂廢、人倫敗壞的時代，君臣夫婦父子之道無不有所殘缺。

面對這個時代，徐彥所理解的孔子，將如何來撥亂反正呢？《春秋》既要為未來之盛世立法創制，其制度又為何？

這個問題是很難回答的，因為很複雜，卷十六宣公十五年疏曰：「《春秋》經與傳，數萬之字，論其科指，意義實無窮。然其上下經例相須而舉，其上下意義相待而成，以此言之，則非一言可盡。」講的就是這個意思。其中有些比較主要的科指，公羊家曾歸納為「三科九旨」。但公羊家對三科九旨之說，本身即有不同的解釋，徐彥對於何休與宋均之說兼收並蓄，其實也代表了他並不拘泥於此三科與九旨之中，所以才會說《春秋》科旨之意義無窮。

除了這三科九旨之外，徐疏比較著重的一些科旨，尚有文質、三統、封建、井田諸義。

文質說，實為黜周王魯的另一面，欲變周之文而從殷之質。但文與質不是從整體社會文化表現上說，而是以親親為質之內涵，以尊尊為文之內涵，以至涉及了政治制度上的許多變革。例如承嗣制度，嫡子有孫而死，親親者先立弟，尊尊者先立孫。祀時，質家右宗廟尚親親，文家右社稷尚尊尊。分封時，「春秋變周之文，從殷之質，質家親親，先封同姓」（隱公十一年疏）。爵位制度，亦從殷，「春秋變周之文，從殷之質，合伯子男為一。則殷爵三等者，公侯伯也」（隱公五年疏）。

依此，徐彥所理解之孔子創制，仍是一種封建制度，且是先封同姓，以家天下為主的封建制度。封建的權力，則掌握在天子手上，諸侯不得專封，亦不得擅滅。凡專封擅滅者，《春秋》都會貶斥它。反之，若能續絕存亡，或「一法度，尊天子」者，《春秋》則會稱美之。其理想，乃是「王者繼天奉元，養成萬物」，公侯伯等則「皆上奉王者之政教禮法，統理一國，修身絜行」（隱公元年疏），形成一個有禮樂有秩序的世界。

這與董仲舒說《春秋》之義在於「退天子，貶諸侯」似乎有些距離。但封建之制的精神，可能在於它體現了，或徐彥希望它能體現一種君臣共治天下的態度。禮樂征伐固然均應由王者出，但諸侯與天子之間，並不純然為一種隸屬性的上下尊卑君臣關係。因此，它說：「天子見諸侯與己分職，俱南面而治，有不純臣之義，故尊敬之而使歸賵。故曰尊敬諸侯之意也。」（隱西公年疏），諸侯尊王，王亦應尊敬諸侯，他們彼此是同事的分職關係，而不純屬君臣上下關係。

另一方面，它還要說君臣也是一種朋友的關係，定公四年疏：「散宜生等受學於太公，太公除師學之禮，酌酒切肺，約為朋友。然則太公為為師而言朋者……除師學之禮，以友朋之道待之也。云君臣言朋友者云云，即《詩》云朋友攸攝，攝以威儀，注云：朋友謂群臣與成王同志好者。義亦通於此。……闔廬、子胥相與益友。蓋以闔廬為諒，何者？謂一許為之興師終不變悔是也。蓋以子胥為直與多聞。」以吳王闔廬與伍子胥為例，說明君臣也可以成為同志朋友。

再者，它更指出君臣是道義的結合，若傷了義，君臣關係是會斷絕的，襄公廿六年疏：「《春秋》之例，君殺無罪大夫及枉殺世子者，皆不書葬，以其合絕。」㉑又，莊公廿四年注說：「所謂大臣者，以道仕君，不可則止。諫必三者，取月生三日而成魄，臣道就也。不從得去者，仕為行道，道不行，義不可以素餐，所以申賢者之志、孤惡君也。」《疏》也發揮其義，云：「三諫不從則逃之。蓋士不待放。」莊公十年疏又說：「臣子之法，宜行君父之義，順君父之美。若見君父之惡，當正而救之。」這些，都與君主集權制度下提倡的上下尊卑關係以及臣子順從君父的倫理觀不同。

這種君臣共治的態度，不僅訴諸道德性的勉勵與要求，也要體現在制度上。例如天子雖統有天下，實際上負責治國的卻是三公，僖公三十年疏云：「宰，猶治也。三公之職號，尊名也，以加『宰』，知其職大尊重；當與天子參聽萬機，而下為諸侯所會。」可見三公負責實際治國之工作，職大尊重，介於天子和諸侯之間，是國家的實質經理人，類似近代政治體制中的總理，㉒也就是中國政治學上「王權」與「相權」之分中相權的代表人。這是制度，其次則是儀式。

借著一些儀式行為來表現君王對其臣民的尊重，如桓公四年注說：「王者以父事三老，兄事五更，食之於辟雍，天子親袒而割牲，執醬而饋，執爵而酳，冕而總幹，率民之至也。先王之所以治天下者有五：貴有德，為其近於道也；貴臣，為其近於君也；貴老，為其近於父也。敬長，為其近於兄也。慈幼，為其近於子弟也。禮，君於臣而不名者有五：諸父兄不名……上大夫不名……盛德之士不名……老臣不名。」這些禮敬的行為與儀式，均是為了體現君王對臣民的尊重而設。故若說《春秋》尊王，那麼同樣地也可說它尊民尊人，希望創造一種彼此相互尊重的政局。同時，如此「尊王」可能也仍是與「退天子」有關聯的。王者位尊，故不宜與民爭利，若王者竟然喜歡聚斂，那就與匹夫無異了。隱公五年注：「去南面之位，下與百姓爭利，匹夫無異。」桓公十五年注：「王者千里，畿內租稅足以共費，四方各以其職來貢，足以尊榮。當以至廉無為率先天下，不當求，求則諸侯貪、士庶盜竊。」凡此皆《春秋》所譏刺者，天子如此，自應退貶。徐彥的看法與何休是一致的。但此處提到王者租稅的問題。對於國家之租稅乃至經濟制度，公羊家是講井田制的，宣公十五年何注：

聖人制井田之法而口分之，一夫一婦受田百畝，以養父母妻子。五口為一家，外田十畝，即所謂十一而稅也。廬舍二畝半，凡為田一頃十二畝半，八家而九頃，共為一井。故曰井田。廬舍在內，貴人也。公田次之，重公也。私田在外，賤私也。井田之義，一曰無泄地氣、二曰無費一家、三曰同風俗、四曰合巧拙、五曰通財貨。因井田以為市，政治語曰市井。種穀不得種一穀以備災害。田中不得有樹以妨五穀。環廬舍要種桑荻、雜菜、畜五母雞、兩母豕，瓜果種疆畔，女上蠶織，老者得衣帛焉，得食肉焉，死者得葬焉。多於五口，名曰餘夫。餘夫以率受田二十五畝。十井出兵車一乘。司空謹別田之高下善惡，分為三品。上田一歲一墾、中田二歲一墾、下田三歲一墾。

肥饒不得獨樂，磽埆不得獨苦。故三年一換。主易居，財均力平，兵車素定，是謂均民力、強國家。在田曰廬，在邑曰里，一里八十戶，八家共一巷。中里為校室。選其耆老有高德者，名曰父老。其有辯護伉健者為里正，皆受倍田，得乘馬。父老此三者孝弟，官屬墾正，比庶人在官吏。民春夏出田，秋冬入何，城郭田作之時，春，父老及里正且開門坐塾上，晏出後時者，不得出，莫不持。樵者不得入，五穀畢入。民皆居宅里，正趨緝績。……十月事訖，父老教於校室。八歲者學小學；十五者學大學，其胝秀者，移於鄉學。鄉學之秀者，移於庠。庠之秀者，移於國學，學於小學。諸侯歲責小學之秀者於天子，學於大學。其有秀者命曰進士。行同而能偶，別之以射，然後爵之。士以才能進取，君以考功授官。

公羊家理想的王道政治藍圖，大抵具見於此，與孟子論王道類似。徐彥認同這套理想，並補充云：「云井田之義，一曰無泄地氣者，謂其冬前相助犁。云二曰無費一家者，謂其田器相通。云三曰同風俗者，謂其同耕而相習。云四曰合巧拙者，謂共治耒耜。云五曰通財貨者，謂井地相交，遂生恩義，貨財有無可以相通。」又哀公十二年疏曰：「《家語．政論篇》云季康子欲以一井田出賦法焉。又《魯語》下篇云：孔子謂冉求曰：田一井出稯禾秉芻缶米，不是過也。案彼二文皆論此經用田賦之事，而言一井。」「云軍賦十井不過一乘者，何氏以為公侯方百里。案：諸典籍每有千乘之義。若不十井為一乘，則不合。鄭氏云：公侯方百里，井十則賦出革車一乘者，義並通於此。」對何注更有所匡正，但基本上仍是主張井田制的。而且他們觀念中的井田，並不只是經濟問題，乃是經濟、軍事、教育、選士、任官合為一體的，是彼此相關聯的一套制度。

在這種封建井田制度下，卻有另一個奇特的主張，那就是：反對世襲卿士的體制。徐彥曾引《王制》說：「《王制》云：『凡官民材必先論之，論辨然後使之任事，然後爵之。位定然後祿之，爵人於朝，與士共之。』是擇人之法也：當春秋之時，不問賢與不肖，悉皆世位，故言此。」（隱公元年）此即所謂譏世卿。公羊家都講譏世卿，但立意並不盡相同，如何休說世卿制度不應維持，是擔憂它尾大不掉，危及王權：「卿士大夫任重職大，不當世。為其秉政久，恩德廣大，小人居之，必奪君之威權。」（隱公三年）徐彥則不由此處考慮，而是主張卿士大夫應選賢舉能。

為什麼一方面主張家天下式的封建政體，一方面又反對士卿世襲呢？可能的解釋，是徐彥把所有權和經理權分離了。君主代表政權，卿士大夫代表治權，政權歸於天子，但治權卻應由賢能之士來處理，不能任其世襲。

對於這些王者選擢來協助其治理邦國的卿士大夫，徐彥又建構了一套官僚體制，桓公八年疏云：「《春秋說》云：立三台以為三公。北斗九星為九卿。二十七大夫，內宿部衛之列。八十一紀以為元士。凡百二十官焉，下應十二子。宋氏云十二次上為星，下為山川也，此言天子立百二十官者，非直上紀星數，亦下應十二辰。」案：此處引用的《春秋緯》，是《春秋元命苞》，該書以天象星斗來喻擬國家政治。三台，指文昌附近的星群：「西近文昌二星曰上台，為司命，主壽。次二星中台，為司中，主宗室。東二星曰下台，為司祿，主兵。」「三台，主明德宣將也。西奇、文信二星謂上能，為司命，主壽。次二星，謂中能，為司中，主宗室。震方二星謂下能，為司祿，主兵武，所以照德塞違也。」故以此為三公。

整個構想，是把天子擬喻為太一北辰，居紫微宮；三台、北斗諸星則象徵群臣。這是漢代流行的一種政制擬喻，也表現了儒家的星斗信仰。但何休注並未引用這套講法，到徐彥才徵引《春秋》緯書的一些觀念來發揮。正如莊公十年有一段，何注只說《春秋》有利用不稱爵而稱國氏人名字以見褒貶的情況，徐疏就說此類七等進退之法，「以北斗七星主賞罰示法，《春秋》者，賞罰之書，故則之。故《說題辭》曰：『北斗七星有政，《春秋》亦以七等宣化。』《運斗樞》曰：『《春秋》設七等之文以貶絕錄行，應斗屈伸。』是也」。這也是擬仿星象以論政的例子，與其論官制正相呼應㉓。

徐彥一再說孔子黜周禮，要為後世創制立法，其所創立之國政大體，大略如此。

注釋

①案：襄公廿九年徐彥疏，討論古今刑制之變遷，結語云：「說備在《孝經疏》。」；昭公十五年比較何休、鄭稱、鄭玄論事父與事君之道的關係，結尾也說：「說在《孝經疏》。」可見徐彥疏解《公羊傳》之外，另有《孝經疏》，可惜失傳了。但我們不能不注意這兩部注解間的關係。

②阮元《春秋公羊傳注疏校勘記》說：「王鳴盛云即《北史》之徐遵明。不為無見也。蓋其文章似六朝人，不似唐人所為者。」此說近人不乏附和者。或謂不一定是徐遵明，但應是北朝一巨儒所作。這些都是推測，並無實據，未足以遽然否定徐彥的著作權。第一，所謂文章似六朝而不似唐人云云，與《四庫全書總目提要》說其文體乃唐末之文體一樣，也都只是風格上的臆斷，而且互相枘鑿，難以質正。第三，唐人義疏中，許多材料原本就是採用舊疏，如孔穎達《尚書正義・序》說其疏解「非敢臆說，必據舊聞」，幾乎完全採錄了劉炫、劉焯的舊疏，削繁增簡而已。與《禮記正義・序》所說「據

皇氏以為本，其有不備，以熊氏補焉，剪其繁蕪，撮其機要」，《毛詩正義·序》所說「焯、炫所作，特為殊絕，今奉敕刪定，故據以為本，削其所煩，增其所簡」等等相似。劉毓崧《左傳舊疏考正》亦謂孔疏僅有駁劉炫說百餘條，其他均為劉氏舊疏。可見這乃是唐人義疏常見的情況，故縱使其中有六朝人語、有北朝舊疏，也根本不成為問題。因此，在無積極證據的情形下，我們仍應相信徐彥此書是唐朝的作品。但此書體例，每段文字開頭處，都以「解云」開端，因此我懷疑它原先可能名為《公羊傳某某解》。

③徐氏論微辭，另有三義，值得注意：一、定公元年疏云：「讀其微辭，言指難明，雖問解詁，亦未知己之有罪。」可見微辭之微，乃是隱微深曲之意。今以對某人某事有意見為有微辭，與徐彥之意不同。二、微辭未必全屬譏刺，如「經與傳直作無即位故無正月之義，其定公當絕之文沒而不見，故微辭」，固然是譏，可是哀公十四年獲麟，「不言為漢獲之者，微辭也。故《春秋說》云：不言姓名為虛主。宋氏云：劉帝未至，故云虛主；若書姓名，時王惡之。……畏時遠害，假為微辭，非其本心」，則非譏刺之語。三、微辭只限於定、哀之世，故曰：「定、哀二君，微辭有五，故謂之多，不謂餘處更有所對。若然，昭與定、哀同是太平之世，所以特言定、哀者，昭公之篇無微辭之事，寧可強言之乎？」

④莊公元年疏又說：「據百二十國寶書以為《春秋》，非獨魯也。」但《春秋》畢竟又托王於魯，所以接著說：「而言內者，托王于魯，故言內，猶言內其國外諸夏之義。」

⑤襄公元年，「九月辛酉，天王崩。婁子來朝，冬，衛侯使公孫剽來聘」，疏：「四國行朝聘之時，王之訃告未至。于魯經書天王崩，得在朝聘之上者，《公羊》之義，據百二十國寶書，按而為經，雖四國未知，何妨先書乎？」從史的角度說，當時四國尚不知王崩。但從經的角度看，四國未知，何妨先書？經史之分，徐彥是很堅持的。

⑥另參康有為《春秋董氏學》卷一《作經總旨》、卷二《王魯》和《詭名詭實避文》。

⑦池鳳桐：《基督信仰探源》第二部《歷史的基督》及第三部《信仰的基督》，台北：恒毅月刊社，一九八九年。

⑧蘭姆：《基督教釋經學》，詹正義譯，美國活泉出版社，一九八九年。此處所引見第三、四、五章。

⑨徐彥也以假託說來解釋何休的注，例如定公元年「主人習其讀而問其傳，則未知己之有罪焉爾」，何注：「此假設而言之，主人謂定、哀也。假使定、哀習某經而讀之，問其傳解訓詁，則不知己之有罪。」疏：「當爾之時，未有《春秋》，故知主人習其經而讀之者，假設而言之也。」哀公十四年疏又說：「何氏以為公取十二，則年之數。……假託云道我記高祖以來事。」均以假託為說。

⑩詳見蘇克：《基礎解經法》第九章，台北：宣道出版社，一九九六年。

⑪《詩》、《易》、《春秋》與象徵語言的關係，請參考龔鵬程《詩史本色與妙悟》第二章第八節，台北學生書局，一九八六年。

⑫徐疏解此，與《公羊傳》及何注不同。二者都說雉門與兩觀雖皆為天子之制，但門為主、觀為飾，徐疏則不談兩者誰主誰微，只強調諸侯不應僭越體制，模仿天子之制建雉與兩觀：「雉門及兩觀皆天子之訓也。若然，昭二十五年子家駒不言雉門為僭者，正以天子諸侯皆有雉門，但形制殊耳。若然，雉門為僭，於辭為負矣。寧知非是主災兩觀，因及雉門而已？故子家駒不數雉門為僭。」

⑬隱公元年《公羊傳》：「夏五月，鄭伯克段于鄢。克之者何？」何注：「加『之』者，問訓詁，並問施於之為。」疏：「訓詁者，即不言殺而言克是也。所以不直言克者何，而並言之者，並直問其變殺為克，並欲問其施于鄢之所為矣。」這個例子，可以說明公羊學家論詞例，是除了討論訓詁（即字詞解釋）之外，還要探討事實的。

⑭另詳卷三隱公五年疏。

⑮另詳卷十一僖公十八年疏、卷廿二昭公十一年疏。

⑯僖公十九年疏：「《春秋》之義，滅國例月。」

⑰屬辭「比事」者，類比其事、排比其事而論文也。在凡例方面亦可比例，如定公元年疏：「《春秋》上下，更無大夫相執之義，即是無其比例，不在常書之限。今而書之，又書其目，詳錄之與諸侯相執同例者，善為天子執故也。」

⑱宣公十二年疏：「春秋之義，滅例書月，即莊十年冬十月齊師滅譚之屬是。今乃書日，故解之也。……王者之道宜存人矜患，今反滅人，為過深矣。是故書日，變於常例，故曰責之深耳。」明明

以書月為常，書日為變。

⑲何注以陰陽解時日月例，如桓公十七年何注：「（五月丙午，及齊師戰于奚）夏者，陽也。月者，陰也。去『夏』者，明乎人不繫於公也。」昭公二十五年《解詁》：「（秋七月上辛，大雩。季辛，又雩）一月不當再舉雩，言又雩者，起非雩也。昭公依託上雩生事聚眾，欲以逐季氏……但舉日不舉辰者，辰不同，不可相為上下。又日為君，辰為臣，去辰則逐季氏明矣。」

⑳昭公十二年疏：「莊七年『星殞如雨』之下，傳云：《不修春秋》曰『雨星不及地而復』，君子修之曰：『星殞如雨。』何氏云：明其狀似雨，不當言雨星。不及尺者，殞則為異，不以尺寸錄之。然孔子修《春秋》，大有改之處，而特此文不改者，欲示後人重其舊事，似劉公即君為不下禮之類也。故曰夫子欲為後人法，不欲人妄臆措也。」顯然認為孔子對於舊有《春秋》是既有改削，亦不乏因仍的。

㉑另詳襄公三十年疏。

㉒又見桓公八年疏。

㉓另詳本書《儒家的星象政治學》一文。

五　儒家的性學與心性之學

（一）比德男女

性學與心性之學，這個題目，乍看之下好像故意在開玩笑，其實不然。它是理解儒學的重要進路，而且早在孔門中即已罊言之矣。

《論語》第一篇《學而》就載子夏之言曰：「賢賢易色；事父母能竭其力；事君能致其身；與朋友交，言而有信，雖曰未學，吾必謂之學也。」這裡論四件事，均為賢賢易色之表現，故孔注云：「以好色之心好賢則善。」這是推廣之意，謂人若能像好色那樣好賢就太好了。孔子也說過同樣的話，《子罕》篇載：「子曰：吾未見好德如好色者。」可見孔門之學，目的之一，就在於讓人能如好色那樣好德。

賢賢易色的「易」字，當然還可有另外一解，解為改易改換之易，如邢昺疏說：「女有姿色，男子悅之。人多好色不好賢者，能改易好色之心如好賢則善矣。」從這方面看，好色之心是須轉換改易的，教人以好德替代好色。①

前者乃推拓類比，以人皆好色，推而廣之，令人亦能好德如好色；後者則有貶抑好色、教人改而好德之意。在先秦兩漢，儒學蓋以前者為主。

如《大學》說：「《詩》云：桃之夭夭，其葉蓁蓁，之子于歸，宜其家人。宜其家人，而後可以教國人。」《中庸》說：「君子之道，譬如行遠必自邇，譬如登高必自卑。《詩》曰：妻子好合，如鼓瑟琴。兄弟既翕，和樂且耽。宜爾室家，樂而妻孥。」都是說男女好合，家室之樂，推而廣之，即可和樂於天下的。男女之道不但不是罪惡，不須懺悔，更應發揚，予以推廣。此所以《孟子》載：

齊宣王曰：「寡人有疾，寡人好色。」對曰：「昔者，太王好色，愛厥妃。《詩》云：『古公亶父，來朝走馬，率西水滸，至於岐下。爰及姜女，聿來胥宇。』當是時也，內無怨女，外無曠夫。王如好色，與百姓同之，於王何有？」（《梁惠王下》）

好色乃人情之常，人莫不好色，所以也不必以此為「疾」。可是重點是要能推廣，讓天下人都能滿足其色欲，內無怨女，外無曠夫。儒家論王道，本來就很強調應滿足老百姓食色之需，故《禮記・禮運》說大同之世：「男有分、女有歸。」孟子說：「明君制民之產，必使仰足以事父母，俯足以畜妻子。」（《梁惠王下》）此處孟子對齊宣王問，也以推廣為說。

由這裡，才能理解子夏所說賢賢易色那一段。他說：「賢賢易色；事父母能竭其力；事君能致其身；與朋友交，言而有信。雖曰未學，吾必謂之學矣。」事父母之孝、事君之忠、與朋友交之信，都是由男女夫婦好合這一點推類出來的，所以分敘在「賢賢易色」之後。這種思考方式，與《中庸》類似。夫婦之道，乃是儒家考慮整個人倫關係的基點。

所謂「人倫肇端於夫婦」，推夫婦之理以及於宇宙人生、國家社會。最明顯的例證，當然是《周易》。

《易》以道陰陽，男女雌雄，交感變化，為其內容。故其中之性意象至為豐富。例如《繫辭傳》說乾之靜也專，動也直，坤之靜也閉，動也辟，故能大生廣生。又說：「天地緼，萬物化醇，男女媾精，萬物化生。」「乾坤，其《易》之門耶！乾，陽物也，坤，陰物也。陰陽合德，而剛柔有體。」《說卦》云：「乾，天也，故稱乎父。坤，地也，故稱乎母。震，一索而得男，故謂之長男。巽，一索而得女，故謂之長女。坎，再索而得男，故謂之中男。離，再索而得女，故謂之中女。艮，三索而得男，故謂之少男。兌，三索而得女，故謂之少女。」《序卦》說：「有男女然後有夫婦，有夫婦而後有父子，有父子而後有君臣，有君臣而後有上下，有上下然後禮義有所錯。夫婦之道，不可不久也……」

整部《周易》，被儒家理解為依男女媾精之原理而建構的體系。乾，取象於男根，故靜垂動直。所謂其靜也專，專即團，案《後漢書‧張衡傳注》「團，圓垂貌」、《文選‧思玄賦注》「摶摶，垂貌」均可證。坤則取象於牝戶，故靜翕動辟。八卦，就是依男女媾精而生男育女，設想為父母與子女們。一索再索，八卦遂為八索，索，即古「九丘八索」之索。索，馬融注云：「索，數也。」這是以數蓍草為說，不確。《說文》：「索，草有莖葉可作繩索。」有延續的意思。男女交合，生化後代，一索再索三索，乃成家庭，有父子矣。諸家庭再合而為社會，乃有君臣上下，所以說人倫造端於夫婦。

《易》卦，又以龍象乾。飛龍在天，「雲行雨施，天下平也」。此亦性意象。後世謂男女交合為雲雨，謂男子施精為灑雨露，均本於此。卦象又以牝馬象坤；以婚媾說屯卦，因男女始交，女子難產，故可以形容屯邅之狀。泰卦，六五卦辭則云：「帝乙歸妹，以祉，元吉。」陰陽交泰交感，所以用嫁娶來比喻。剝卦六五更以帝王臨幸為說，云：「貫魚以宮人寵，無不利。」反之，大過卦九五譏老妻少夫：「枯楊生花，老婦得其士夫，無咎無譽。」本無貶義，但《象傳》說：「枯楊生花，何可久也？老婦士夫，亦可醜也。」咸卦，卻是男女感悅之卦，以男女交感，說「天地感而萬物化生」。大壯卦，以陽盛為壯。睽，說「二女同居，其志不同行」，必須男與女，才能「男女睽而其志通」。姤，上乾下巽，亦陰陽交媾之象。革，又說：「二女同居，其志不相得。」漸卦，亦云「女歸，吉」，若「夫征不復、婦孕不育，凶」，丈夫出去不回來，婦女懷孕不育，都是未能化生，故不吉。歸妹之象又曰：「歸妹，天地之大義也。天地不交，而萬物不興。歸妹，人之終始也。」②

這些卦爻辭及彖象傳，莫不鼓勵並讚美婚媾，且以男女交媾的原理推類及於天地萬物。也許這是上古生殖崇拜遺留或轉換的遺跡，被保留在這部古老的典籍裡，或許這根本就是儒家有意選擇並保存這類文獻。而且在《十翼》的說解中，處處坐實了男女之事的解釋，可以證明它是有意如此解說，而其說義方式亦正與《中庸》、《大學》相符。

朱熹注《孟子》時，對於孟子與齊宣王論好色那一段，說：「鐘鼓苑囿遊觀之樂，與夫好勇好貨好色之心，皆天理之所有，而人情之所不能無者。」又說：「孟子與人君言，皆所以擴充其善心。」「是大王好色而能推己之心以及於民也。」此不以好色之心為罪惡、不以為人能無好色之心、謂好色之心亦為天理，又主張擴充之觀點，在社會理論方面，使人人能遂其食色之需，無曠男怨女，以成王道；在存有論及倫理學方面，以男女交感、夫婦和合為一切秩序之基礎，由此以講禮義、講治國平天下。無一不與佛教基督教相反，自成一獨特的義理形態。

（二）樂而不淫

說儒家學說獨特，是說它立基於男女性事上，由此展開整套存有學、倫理觀及政治理論。男女媾精、陰陽施化、一索得男、天地交泰，這些語詞與觀念，明著於聖典，舉以為教，傳習諷誦之。這在其他幾大文明中是不常見的。在我們亞洲儒家文化圈中，或以此為相沿已久之傳統，不免習以為常。但與佛教基督教相比，即可見此事之不尋常。起碼從今天的情況來設想：中國古代人自童蒙時代讀這些經典，就整天在諷誦男女媾精，陰陽交感；觀象玩辭，也整天在想著如何夫婦匹配、一索得男。不也還是會覺得很怪嗎？③

或許我們會說「《易》以道陰陽」，其性質本來如此，不能以之概括整個儒學。但若如此，則我們不妨來看看《詩經》。

《詩》三百之本來面目，或許是本之風謠，或許是朝廟樂章；但是，在儒家的解釋系統中，它非常清楚地，是以男女情欲問題為基點，推拓以言王道教化的。猶如《易》本為卜辭，而儒家解釋系統卻以男女交媾、萬物蘊育論人文化成。

何以見得？《詩經》以國風《周南》、《召南》開端，是所謂「《詩》始二《南》」，其重要性可知。但《周南》十一篇，據漢儒之說，其中倒有八篇在談后妃之事。剩下三篇，《麟趾》言《關雎》之化，仍是講后妃；《漢廣》、《汝墳》亦說文王教化，令男女夫婦相得者。總之都是在談這檔子事。④而《周南》始於《關雎》，《召南》始於《鵲巢》，也是說后妃的，其餘則略如《周南》。依《儀禮・鄉飲酒禮》鄭玄注，此又均為房中樂。為何夫子返魯，雅頌各得其所，而《詩經》編次，乃以房中樂冠首？且以《關雎》、《鵲巢》為始？漢儒解釋道：

△子夏問曰：「《關雎》何以為國風始也？」孔子曰：「《關雎》至矣乎！夫《關雎》之人，仰則天，俯則地。幽幽冥冥，道之所藏；紛紛准准，道之所行；如神龍變化，斐斐文章。大哉《關雎》之道也！萬物之所繫，群生之所懸命也。河洛出圖書，麟鳳翔乎郊；不由《關雎》之道，則《關雎》之事將奚由至矣哉？夫六經之策，皆歸論汲汲，蓋取之乎《關雎》。《關雎》之事大矣哉！馮馮翊翊，自東自西，自南自北，無思不服。子其勉強之，思服之！天地之間，生民之屬，王道之原，不外乎此矣。」子夏喟然歎曰：「大哉《關雎》！乃天地之基也。《詩》曰：鐘鼓樂之。」（《韓詩外傳》卷五）

△夫男女之盛，合之以禮，則父子生焉、君臣成焉，故為萬物始。（《列女傳・魏曲沃婦》）

△《易》基乾坤，《詩》首《關雎》，夫婦之際，人道之大倫也。（《漢書・外戚傳》）

△后妃之制，天壽治亂存亡之端也。是以佩玉晏鳴，《關雎》歎之。知好色之伐性短年，離制

度之生無厭，天下將蒙化陵夷而成俗也。（《漢書・杜欽傳》）

△家室之道修，則天下之理得，故《詩》始國風，《禮》本冠昏。始乎國風，原性情而明人倫也；本乎冠昏，正基兆而防未然也。福之興，莫不本乎室家；道之衰，莫不始乎閫內；故聖人必慎后妃之際，別適長之位。又曰：臣聞之師曰：匹配之際，生民之始，萬福之原。昏姻之禮正，然後品物遂而天命全。孔子論《詩》，以《關雎》為始，言太上者民之父母，后夫人之德不侔乎天地，則無以奉神靈之統，而理萬物之宜。故《詩》曰：「窈窕淑女，君子好逑。」言能致其貞淑，不貳其操。情欲之感，無介乎容儀；宴私之意，不形乎動靜；夫然後可以配至尊而為宗廟主。此綱紀之首，王教之端也。（《漢書・匡衡傳》）

△夫婦之道，參配陰陽，通達神明，天地之宏義、人倫之大節也。是以《禮》責男女之際，《詩》著《關雎》之義。（《班昭・女誡》）

△夫婦，人倫之始，王化之端。陽尊陰卑，蓋乃天性。且《詩》初篇，實首《關雎》；《禮》始冠婚，先正夫婦。（《後漢書・荀爽傳》）

男女情欲性交，非但不是見不得人的事，反而是極偉大極重要的，為萬物化生的本原。這情欲與性交是否能適當地處理，合體合宜，則是一切秩序是否合宜的基礎，所以漢儒講得如此鄭重。在他們具體論《詩》時，對情欲處理得宜者，讚美歌頌之；對其處理不宜者，則譏之刺之。此即稱為「美刺說」，是漢儒解經的主要方法與內容。

《韓詩外傳》卷一：「精氣填溢，而後傷時不可過也。不見道端，乃陳情欲，以歌道義，

《詩》曰：靜女其姝，俟我乎城隅。愛而不見，搔首踟躕。」《說苑・辨物篇》也有同樣的講法。謂男子長大以後，精囊中精液填盈，自然就會想去找女人。此時王者教化，即應注意讓他匹配及時，否則就會「失時」，令男子怨望。像此詩就是人在看不見王道之端時自陳情欲的怨詩。男子如此，女人也一樣，《易林》師之同人說：「季姬踟躕，結衿待時，終日至暮，百兩不來。」此即所謂「少女懷春」。男找不到女，搔首踟躕，女找不到男亦然。這樣就會成為曠男怨女。王者之政，則必須要能消除曠男怨女。能辦得到，詩家美之；辦不到，詩家刺之。

美詩，如毛《序》云：「《桃夭》，男女以正，婚姻以時，國無鰥民。」「《摽有梅》，男女及時也，召南之國被文王之化，男女得以及時也。」蔡邕《協和婚賦》：「《葛覃》恐其失時，《摽梅》求其庶士。唯休和之盛代，男女得乎年齒。」這是讚美及時的。

反之，毛《序》云：「《有狐》，刺時也。衛之男女失時，喪其妃耦。古者國有凶荒，則殺禮而多婚。」「《野有蔓草》，思遇時也，君之澤不下流，民窮於兵革，男女失時。」「《綢繆》，刺晉亂也，國亂則婚姻不得其時焉。」「《東門之楊》，刺時也。婚姻失時，男女多違。」「《雄雉》，刺衛宣公也。淫亂不恤國事，軍旅數起，大夫久役，男女怨曠，國人患之。」這些都是刺，批評因荒凶、兵革、亂政等種種原因造成的男女失時怨曠現象。

在年荒、戰亂、政治混亂的時代，男女之事不但容易失時，更常見其淫亂失禮。故毛《序》云：「《野有死麕》，惡無禮也。天下大亂，強暴相陵，遂成淫風。」「《匏有苦葉》，刺衛宣公也，公與夫人並為淫亂。」「《桑中》，刺奔也，衛之公室淫亂，男女相奔。至於世族在位，相竊妻妾，期於幽遠。政散民流，而不可止。」「《氓》，刺時也，宣公之時，禮義消亡，淫風大行，男女無別，遂相奔誘。花落色衰，復相棄背。或乃因而自悔，喪其妃耦。故序其事以風焉，美反正，刺淫佚也。」「《東門之墠》，刺亂也，男女有不待禮而相奔者也。」「《出其東門》，憫亂也。公子互爭，兵革不息，男女相棄。」（論《溱洧》亦同）「《東方之日》，刺衰也。君臣失道，男女淫奔，不能以禮化也。」

這些淫佚現象，或因主政者自己就亂七八糟，如《毛傳》說衛國公室在宣、惠之世，相竊妻妾。這樣，社會上的風俗當然也就不堪聞問了。有時，則是由於主政者不注意，或時代衰亂不暇顧及，男女之事也會淫亂。⑤

亂不亂，是以合不合禮義來判斷的。例如女子私奔、「少女懷春，吉士誘之」的誘姦、做母親的家裡有七個小孩還出去跟男人幽會、做國君的與臣子的老婆私通、王妃又與別國國君通姦、淫自己妹妹等都是。儒家是主張滿足人之情欲的；但應「樂而不淫」，要「發乎情，止乎禮義」，所以又批判淫亂之風。

《毛傳》論《竹竿》說：「舟楫相配，得水而行。男女相配，得禮而備。」很能表明儒家的想法。禮，是「因人之情而為之節文」（《禮記・坊記》），它是順人之情而制定的，為的是滿足情之需求，故它與情的關係是相配合以使其圓滿。若男女相愛，又能舉行婚禮以成全並保障兩個人的關係，不是比較圓滿嗎？這時禮既順應了情的需求，又對情有所調節。因為既已婚配，男女之性欲便不能不受這婚姻之禮的節制，有所約束。所以禮有兩面性，既成就性欲，也節制了性欲，《韓詩外傳》卷二載：

孔子曰：口欲味、心欲佚，教之以仁。心欲安、身惡勞，教之以恭。好辯而畏懼，教之以勇。目好色、耳好聲，教之以義。《易》曰：「艮其限，列其寅，危熏心。」《詩》曰：「吁嗟女兮，無與士耽。」皆防邪禁佚，調和心志。

孔子講的就是禮對欲望的調和節制。此稱為調節，又稱為調濟。《後漢書・荀爽傳》云：「陽性純而能施，陰體順而能化，以禮濟樂，節宣其氣，故能豐子孫之祥，致老壽之福。」講得最好。男女交歡之樂，以禮濟之，節宣其氣，才不會樂而淫佚、樂極生悲，此即為調節、調濟。就個人說，如此才可養生壽考；就社會說，如此方能風俗和樂、政治清明。

（三）中和性學

毛《序》曾說：「《月出》，刺也。在位不好德而悅美色也。」又說：「《女曰雞鳴》，刺不悅德也。陳古義以刺今，不悅德而好色也。」這都是發揮「賢賢易色」之說，鼓勵人勿耽溺於色，而應重視賢德之士。然而，據詩旨，樂而不淫，即是禮義之化、即是德；樂而淫，則只是好色。如《漢書》載匡衡上奏云：「周南召南，被聖賢之化深，故篤於行而廉於色。」從對男女之事的處理上，也可說儒家是教人好德不好色的。但此時所謂「德」，並非色之外的另一物事，而就是指人對其性欲之態度。在子夏論賢賢易色時，他是教人重視賢人、盡力事奉父母君臣、交朋友要守信等。孟子說人除了慕少艾、慕妻子之外，更應慕父母。這些，都是色以外的，並非即色言德。故我們可以說，漢時已經從「比類德色」，發展到「即色言德」、「德色一如」的形態了。

而且這種態度，由於講調節、講調濟，所以強調情欲的適當化，希望能求得情禮之中，所以又提倡中和，以中和為德。這兩點，都是先秦賢賢易色論的發展，而有超越孔、孟所說之處。

主張「致中和」，且以男女性事論中和之養，是儒家性論的特點。董仲舒《春秋繁露・循天之道篇》可為代表：

△中者，天地之所終始也，而和者，天地之所生成也。夫德莫大於和，而道莫正於中。中者，天地之美達理也，聖人之所保守也，《詩》云：「不剛不柔，布政優優。」此非中和之謂歟！是故能以中和理天下者，其德大盛，能以中和養其身者，其壽極命。男女之法，法陰與陽。陽氣起於北方，至南方而盛，盛極而合乎陰；陰氣起乎中夏，至中冬而盛，盛極而合乎陽；不盛不合。是故十月而壹俱盛，終歲而乃再合，天地久節，以此為常，是故先法之內矣，養身以全。使男子不堅牡，不家室；陰不極盛，不相接。是故身精明難衰而堅固，壽考無忒，此天地之道也。天氣先盛牡而後施精，故其精固；地氣盛牝而後化，故其化良。

△天地之制也，兼和與不和、中與不中，而時用之，盡以為功。是故時無不時者，天地之道也。順天之道，節者、天之制也，陽者、天之寬也，陰者、天之急也，中者、天之用也，和者、天之功也。舉天地之道，而美於和，是故物生皆貴氣而迎養之，孟子曰：「我善養吾浩然之氣者

也。」謂行必終禮，而心自喜，常以陽得生其意也。公孫之養氣曰：「裡藏泰實則氣不通，泰虛則氣不足，熱勝則氣□，寒勝則氣□，泰勞則氣不入，泰佚則氣宛至，怒則氣高，喜則氣散，憂則氣狂，懼則氣懾。凡此十者，氣之害也，而皆生於不中和。故君子怒則反中，而自說以和；喜則反中，而收之以正；憂則反中，而舒之以意；懼則反中，而實之以精。」夫中和之不可不反如此。△天之道，向秋冬而陰來，向春夏而陰去，是故古之人霜降而迎女，冰泮而殺內，與陰俱近，與陽俱遠也。天地之氣，不致盛滿，不交陰陽；是故君子甚愛氣而游于房，以體天也。氣不傷于以盛通，而傷於不時天並。不與陰陽俱往來，謂之不時；恣其欲而不顧天數，謂之天並。君子治身不敢違天，是故新牡十日而一游于房，中年者倍新牡，始衰者倍中年，中衰者倍始衰，大衰者以月當新牡之日，而上與天地同節矣。此其大略也。然而其要皆期於不極盛不相遇，疏春而曠夏，謂不遠天地之數。

董《春秋繁露》以論《春秋》為主，並以其所理解之《春秋》微言大義申論王道治化。據他在《賢良對策》中言：「孔子作《春秋》，上揆之天道，下質諸人情。」顯然他是很注意情的。故《俞序》篇說：「《春秋》，緣人情，赦小過。」《天道施》篇又說：「禮，體情而防亂者也。民之情不能制其欲，使之度禮，目視正色、耳聽正聲、日食正味、身行正道，非奪之情也，所以安其情也。」他所理解的禮，乃緣情而制，且以使人安其情的，所以他所談的王道治化也即是從人的情欲生活出發，講如何能夠使此情欲得到安頓。

安頓之方法與目標就是中和。中和，他從天道陰陽及人事男女兩方面講，當然張惶悠謬，難以驟曉。但基本原理實亦僅是教人樂而不淫、哀而不傷、喜怒哀樂得其中，不要過分縱欲罷了。因此他說：「君子怒則返中，而自說以和；喜則返中，而收之以正。」這種收攝、返中，以達到和正境界的工夫，須要有點修養，是以又教人要養氣。此即其工夫論。

男女交合，當然更須秉持此中和之道。不過，陰陽中和，固應剛柔相濟，所謂「不剛不柔，布政優優」，但不偏於剛也不偏於柔、不陰盛也不陽盛，其方法卻應是陰陽都要在最旺盛的時候才交合，不極盛時就不交接。

漢代解《詩經》者常談到「及時」、「失時」的問題。熟悉儒家學說的人都會瞭解：時的問題，在儒家義理中是非常重要的。孔子是聖之時者、說使民以時、說談話應時然後言、孟子說斧斤以時入山林……故論男女，漢儒強調時義，毋乃是非常正常的。可是「時」若依陳奐疏所云「男子自二十至三十、女子自十五至二十，皆為婚娶之正時。至三十、二十謂之及時，逾三十、二十謂之失時」，則此「時」便為固定之一段時間，亦即俗稱的適婚年齡。可是若依董仲舒此處所說，只要與陰陽相配合就可稱為時，否則即為不時。這就是動態的及時觀了。依此說，不只青年適婚者要注意時的問題，已婚之各個年齡人也有時的問題。例如中年人廿日行房一次、始衰者倍中年、大衰者十月才可以行房一次，這便達到了調節的效果，不會縱欲傷生。

此乃儒家的房中術。

今云房中術，世均謂其出於道家，其實《漢書・藝文志》所載當時流傳之房中術書凡八家，而班固記載這些典籍，其觀點卻純是儒家式的。他說：「房中者，性情之極，至道之際，是以聖王制外樂以禁內情，而為之節文。傳曰：『先王之作樂，所以節百事也。』樂而有節，則和平壽考。及迷者弗顧，以生疾而殞性命。」可見他所登錄的這些房中術書，縱使原本不是儒者著述，也仍是被他納入一個儒家的性觀中去看待的。故吾人若將之全部視為儒家之性論房中術，亦無不可。至少，也可說此類典籍並不悖於儒家的性觀。

再者，班固所記錄之房中術典籍中，即有《堯、舜陰道》廿三卷、《湯盤庚陰道》二十卷。這些當然都是依託之作，但不托之於黃帝、素女而托之於儒家的聖王，很符合漢儒「祖述堯、舜」的習慣，這類經典，必為儒家之述論無疑。其內容今雖不可見，然而從馬王堆所出簡帛書中未嘗不可得其端倪。

馬王堆出土竹簡中，有一份被整理小組標名為《十問》，全以古人問答之形式討論十個保健之問題。如黃帝問天師、大成、曹熬、容成，王子巧父問彭祖，禹問師癸，齊威王問文摯等等。其中即有盤庚問耆老、堯問舜，並暢談房中術者。這可能就是抄自《堯、舜陰道》一類書。堯問舜這一段，是這樣記載的：

堯問於舜曰：「天下孰最貴？」舜曰：「生最貴。」堯曰：「治生奈何？」舜曰：「審夫陰陽。」堯曰：「人有九竅十二節，皆設而居。何故而陰與人俱生而先身去？」舜曰：「飲食弗以，謀慮弗使，諱其名而匿其體，其使甚多而無寬禮，故與身俱生而先身死。」堯曰：「治之奈何？」舜曰：「必愛而喜之、教而謀之、飲而食之、使其題禎堅強而緩事之。必止之而勿予，必樂矣而勿泄。材將積，氣將儲，行年百歲，賢於往者。」——舜之接陰治氣之道。

「陰」指男子的陰莖。男人生下來就具有這個器官，但往往很早就「死」了，沒有能力或作用了。堯問：為什麼？怎麼辦？舜教以強盛之法，並提到止而勿予、樂而勿泄。這正是「樂而不淫」觀念之發揮。又說要避免太過勞使，以去除「其使甚多而無寬禮」的毛病，更不必諱其名而匿其體。

這是非常健康的性觀，提到「禮」尤其值得注意。勞而無節或性無能，大概就被認為是失禮了。措辭與另一簡書《天下至道談》類似。該書說：「猝而暴用，不待其壯，不忍兩熱，是故亟傷。諱其名，匿其體，至多暴事而無禮，是故與身俱生而獨先死也。」這本書說男人應待陽壯才交接，又教人治氣之法，與董仲舒相似；論性交之禮，則與《十問》中堯、舜問答相同。其為儒家之說，可無疑義。裡面還有一段談到學的問題：

人產而所不學者二，一曰息，二曰食。非此二者，無非學與服。而貳生者食也，損生者色也，是以聖人合男女必有則也。

食色雖皆為本能，但色畢竟不同於飲食與呼吸，它仍有待於學習。而且色若不善處理，是會損生的，所以此處才會討論其法則。這樣，不但就性言禮，抑且以學論性，儒家好色之義，至此乃完備而成一套學問了。

若問這套儒家性學有何特色，那就在於它講中和。陰陽調和，得其中節，所謂保合太和，以正性命。這與講「還精補腦」、「采陰補陽」那些既不享受性交之樂，又損人以益己之類說法迴異。其次，它又是禮學，而道流之談房中者，亦不自以為是禮學也。

後世有顧亭林者，嘗引證於此，曰：「董子曰：『君子甚愛氣而謹游于房……而上與天地同節矣。』炎武年五十九，未有繼嗣，在太原遇傅青主，浼之診脈，云尚可得子，勸令置妾，遂於靜樂買之。不一二年而眾疾交侵，始思董子之言而瞿然自悔。……嘗與張稷若言：『青主為人，大雅君子也。』稷若曰：『豈有勸六十老人娶妾而可以為君子者乎？』愚無以應也。」（《文集》卷六《規友人納妾書》。又見《蔣山傭殘稿》卷一。此友人即王山史。）傅青主是道士，教顧亭林買妾，或因診其脈，覺得顧氏體氣尚壯，可以娶妾求嗣；但更可能是依道教性學，認為娶妾有助於補益。可是儒家不如此認為。《易經》說老婦少夫，乃「枯楊生花，何可久也」；反之，亦然。顧亭林自己以老牡遊於壯牝之房，疲勞失禮，故深悔之。乃返歸於董仲舒性學之陣營，並以此號召朋儕。

此類大儒佚事，過去論思想史者大抵是不知道的，就是知道了也皆不注意。其實此乃有絕大關係之文字，可以見儒家性學之流衍，且足以徵儒家性學與道教性學之異。

（四）重德抑色

然而，賢賢易色，另有改易好色之心為好德之意。孔子也說：「君子有三戒：少之時，血氣未定，戒之在色。」（《季氏》篇）他在魯國做官時，「齊人歸女樂，季桓子受之，三日不朝，孔子行」（《微子》篇），對主政者好色而不好德，頗不能忍受。這豈不又顯示了孔門論德色關係，尚有重德之義嗎？依此見解，即可能會對於好色之心，主張戒之，或對之頗有貶意。色與德並不是平等的。為學的工夫，則在於如何將原本好色之心轉換改易到好德的境地去。

這個態度，在《孟子》中得到了進一步的發揮。

《孟子・萬章上》說：「人少則慕父母，知好色則慕少艾，有妻子則慕妻子……大孝終身慕父母。五十而慕者，余於大舜見之。」這段話是在恭維舜，說舜非常人所能及：「好色，人之所欲，妻帝之二女，而不足以解憂。……唯順於父母可以解憂。」舜與一般人不同，不好色而好孝順父母。故孟子歌頌他，以他為典型，希望人能以之為榜樣，其實也正是賢賢易色之意，不但想教人能如慕少艾慕妻子一樣慕父母，更想要人改易好色之心以孝順父母。

這不也是孟子心性論的立場嗎？《告子上》載告子說：「食、色，性也。仁內也，非外也。義外也，非內也。」依告子之見，人之甘食悅色，乃人之本性，故仁由內出。謀食色之滿足而合不合乎義，例如用不正當的手段去謀食劫色，這合不合宜的判斷標準是外在的，故他說義在外。孟子反對這種說法。兩人辯來辯去，細細分析起來，頭緒甚繁，但簡單說，則是孟子所言之性與告子並不相同。

告子主張「生之謂性」。故其所謂性，近乎生物本能，此所以「食色性也」。孟子卻認為如此言性，「則犬之性猶牛之性，牛之性猶人之性」；他要說的是人不同於生物本能，人之所以為人的那個部分，他稱此為人性。而這種人性，就是惻隱、羞惡、恭敬、禮讓之心。所以仁義禮智都內在於人。

換言之，食色之性，君子不以為性，他要談的是仁義禮智之德性。這是將「賢賢易色」之立場顯現於理論內涵。

這樣的理論，當然所重在德不在色、在心性不在色性，故《告子下》載：「任人有問屋廬子：『色與禮孰重？』曰：『禮重。』曰：『親迎則不得妻，不親迎則得妻，必親迎乎？』屋廬子不能對。明日之鄒，以告孟子。孟子曰：『逾東家牆而摟其處子，則得妻；不摟則不得妻，將摟之乎？』」

在面臨禮與色的衝突時，寧願不滿足食色，也不能做出亂禮傷義的事。這就是不食嗟來之食，或後來宋代理學家所說「餓死事小，失節事大」的態度。

相應於這種態度，修養工夫，消極的是寡欲，《盡心下》云：「養心莫善於寡欲。」降低此類欲求；積極的則要從其大體、修其天爵處著手，《告子上》云：「從其大體為大人，從其小體為小人。……先立乎其大者，則其小者不能奪也，此為大人而已矣。」「仁義忠信，樂善不倦，此天爵也。……古之人，修其天爵而人爵從之。」「《詩》云：『既醉以酒，既飽以德。』言飽乎仁義也。所以不願人之膏粱之味也。令聞廣譽施於身，所以不願人之文繡也。」

總之，這個思路，是在明知人皆好色的情況下，指出向上一路，要人勿僅為食色之人，而應修其心性、飽之以德。與食色相關的概念，包括才、性、情、欲、小體等；與心性相關者，則為仁、義、禮、心、善、天、天爵、大體、德等。對於前者，要戒之、寡之、易之、小之。不唯不能太重視，更應克制、減少、轉移。對於後者，要修、要養、要學。而所謂學，具體之內涵與蘄向，亦正在此。

（五）禁欲愛主

儒家這個態度，當然有貶抑性而揭揚心性之意，表面上與基督教頗為類似，但其實並不一樣。基督教也講「賢賢易色」，教人轉移男女之愛而愛上帝。但在這個目標之下，它對男女之愛和人與上帝之愛，卻有軒輕之分：男女之愛是塵俗的、汙穢的、罪惡的、肉體的、欲望的；與上帝的愛，則是神聖的、純潔的、善美的、精神的、靈魂的。在這種對比架構中，它肯定、崇拜、追求後者，而鄙棄前者。

以奧古斯丁《懺悔錄》為例。該書表明他陳述往事，「回顧過去的汙穢和我靈魂的縱情肉欲，並非意存留戀，而是為了愛你，我的天主」。他年輕時，渴望愛與被愛，但分不清什麼是晴朗的愛、什麼是陰沉的情欲，所以「從我糞土般的肉欲中，從我勃發的青春中，吹起了陣陣濃霧，籠罩並蒙蔽了我的心。把我軟弱的青年時代，拖到私欲的懸崖，推進罪惡的深淵」（卷二）。後來逐漸分清楚了，終於賢賢易色，揚棄男女之愛，轉向天主。本書即為這一歷程之紀錄。因該歷程係悟今是而昨非，故以《懺悔錄》名之。

奧古斯丁很懊惱年輕時沒注意聽上帝的話。上帝說「這等人肉身必受苦難，但我願意你們避免這些苦難」（《新約．哥林多前書》七章廿八節），「不接觸女性是好事」（同上，一節），「沒有妻室的人能專心事主。惟求取悅於主；有妻室的人則注意世上的事，想取悅於妻子」（同上，卅二節）。奧古斯丁說：「如果我比較留心一些，一定能聽到這些聲音、能『為

天國而自闔』、能更榮幸地等待你的擁抱。」（卷二）

因為他如此「不幸」，所以他縱情作樂，愛女人、也被女人愛。而且，「愛與被愛，若能進而享受所愛者的肉體，那對我更是甜蜜了」。既然這樣，他當然就常會有豔遇，「遇上了所羅門箴言中那個『坐在自家門口的懵懂無恥的婦人，她說，快快吃這些神秘的餅、喝那杯偷來的甘液』。她看見我在外浪蕩，在細嚼著我肉眼找來吞食的東西，便把我迷住了」（均見卷三）。

後來他與一位女子同居。他認為同居與結婚不同，同居是肉欲衝動的結合，結婚則更是為了子嗣（卷四）。可是，他終究為了要結婚而強迫那個女子離開，只把兩人的私生子留在身邊。而在尚未結婚，那女人又已離開了的情況下，「受肉情的驅使」，他竟又去找了一位情婦，以「保持、延長或增加我靈魂的疾疚」（卷六）。

最終，奧古斯丁當然做了神父並擔任主教，真誠地愛著上帝，不再為男女之愛縈懷。但這個轉變過程是極艱苦的，因為他一直「陷在肉情的膠漆中」，「貪求情欲的滿足，情欲俘虜我、折磨我」（卷六）。這種肉體欲望的滿足，及其帶來之樂趣，只有飲食可相比擬。

為了不被飲啖之樂俘虜，他努力「和它作戰，每天用齋戒與之作戰。鞭撻我的軀體，使它馴服」。上帝教誨他飲食僅如服藥，但口腹之欲與樂卻不斷誘惑他。「我被圍於誘惑之中，每天和口腹之欲交戰。這種食欲和淫欲不同，我無法毅然與之決絕，如斷絕淫欲一般。」（卷十）

食、色，性也。依他看，要禁遏食欲尤難於禁絕色欲，所以他僅能為神父，還不能成為辟穀的道士。但無論如何，他告訴了我們：基督教是禁欲的，主張不接觸女性，希望人能為天國而自閹。要以此禁欲工夫以及悔改的方式，變塵俗肉欲之愛為與上帝的精神之愛。

對於那些不能完全禁欲的人，基督教也容許婚姻，但它對婚姻有幾個看法：一、要愛上帝，頂好是禁欲不結婚；若不能不結婚，亦應知「婚姻的光榮，在乎夫婦和諧與養育子女的責任」（卷六），並非肉欲之滿足；三、結婚後，也不能以夫婦之愛來取代與上帝的愛，「有妻室的則注意到世上的事，想取悅於妻子」是要被批評的。

在這裡，二元對立，色欲是「罪惡」，是因「腐朽的肉體重重壓著靈魂」、拖著把人往下拉，才使人不能與上帝之神性契合。一人即使「衷心喜悅天主的法律，可是在他肢體之中，另有一種律法，和他內心的律法對抗，把他囚禁於肢體的罪惡法律中」（卷七，引《羅馬書》七章廿一與廿三節）。

如此論賢賢易色，與儒家迴異。儒家雖教人勿好色而應好賢，但對食色等生之本能是承認也尊重的，不以為它本身就是罪或惡。只有沉湎於此，才會被認為是小人。故對此生之本能，儒家指出向上一路，要人勿僅只知食色，更應重視飲德食和；但食與色並不是要揚棄的。所以儒家不辟穀、不忌口、不茹素、也不禁男女之欲。其修養工夫，只是寡欲，而非禁欲。只有少年血氣方剛時，才特別說此時戒之在色。「戒」亦非禁止之意，只是說要注意，勿放縱。只有在德與色衝突時，才在價值上選擇德。

正因如此，故儒家不用「肉體／精神」、「神性／欲望」之類二元截然對立的架構來處理德與色的關係。例如孔子說他希望人「好德如好色」，孟子說人應「從其大體，先立乎大者」，以類擬或主從關係來談德與色，德與色即成為較複雜的動態的關係。

儒家「賢賢易色」的賢，也不是上帝，只是聖賢。他可能是聖之清者、聖之和者、聖之時者，卻都不是超絕在人之上的上帝，故聖賢亦仍有食色之需。人對賢者，則只是以類如好色的那種思慕、親近之心去思慕他，並不是「愛」。所以，孟子用慕來說人少時慕父母，長則慕少艾，有妻則慕妻。對父母、少艾、妻子或其他賢者都可以起思慕之情。這種思慕，乃是精神性的，不像男女之愛，含有肉體之欲；但也與精神性的人與上帝之愛不同。為什麼呢？人與上帝之愛，其實與男女愛戀之精神狀態非常一致，人成為他所愛對象精神上的俘虜，對方佔據在他的心中，自我消失或卑屈下來了，可以為愛的對象生、為愛的對象死，把自己視為對方的僕人。一旦獲得對方愛的回應，即喜不自勝，認為生命得到了解救，靈魂可以安頓。在愛之中，也是容不下第三者的，人不可能既愛其愛人又愛上帝，或既愛上帝又愛他世俗上的愛人。愛具有排他性。所以，假若人真想事奉上帝，便得禁絕男女之愛，自閹以進入天國。儒家完全沒有這種上帝觀和愛觀。

（六）過欲窮理

借著與基督教這樣的對比，應該可以釐清一些誤解，讓人明白儒家對性實有較為寬容之態度。但是，相對於「好德如好色」那一路思想來說，主張人應重德不重色者，畢竟對色仍是較為貶抑的。前面那好德如好色的思路，逐漸發展成即色言德、德色一如，乃至「性即禮」之型態，昭見於《周易》、《詩經》、《禮記》、《春秋》等經典及秦漢儒學之中；後面這個思路則透過孟子學，在宋明理學中得到了發揚。⑥

董仲舒論心性，本來就與孟子不同。他以「生之自然之質」為性，這個天生受天地之氣而生的自然之性，談不上善或惡。但天有陰陽，人既受氣而生，生命中也有陰陽、有仁貪。長大以後，發揚它好的一面，則顯現為善；發展其不好的一面，則為惡，故「善，人所繼天而成於外，非在天所為之內也」。善惡，是表現於人事上的價值判斷。所以善雖由性出，性本身卻不能稱為善。

其次，他又談到情的問題。他說：「性情相與為一瞑。情亦性也。謂性已善，奈其情何？故聖人莫謂性善。」認為情的作用使性如人昏瞑一般，而性與情又不可分，所以性不能說其已善。

據此可見，孟子論性，是由四端說善，因人有此善端，而講人禽之辨。但董仲舒說人固然有此善端，卻亦有為惡的可能（**其可能性來自：一、生命氣稟中的陰性部分，即那與仁並存之貪；二、情的作用**），唯有靠著外在的教化和心的克制，才能使人逐漸成就為善。故曰：「性有善端，動之愛父母，善於禽獸，則謂之善，此孟子之善。循三綱五紀，通八端之理，忠信而博愛，敦厚而好禮，乃可謂善，此聖人之善也。……吾質之命性者，異孟子。孟子下質於禽獸之所為，故曰性已善。吾上質於聖人之所為，故曰性未善。」（《深察名號》篇）

也就是說，孟子講「人皆可以為堯、舜」，是就人皆可以為堯、舜的那個善的超越根據說性善。董仲舒則強調人皆可以為堯、舜，但畢竟人多尚未成為堯、舜，故應以其成善處為標準，說性尚未善。

這樣的不同，使得孟子論性並不太討論天生自然動物性的部分，而較重視與自然動物性不同的善端。但因善端乃是天生本然已具，非從外面學來，所以他同時也以性善說才情皆善，如

《告子上》：「乃若其情，則可以為善，乃所謂善也。若夫為不善，非才之罪也……不能盡其才者也。」《盡心上》又說：「形色，天性也。」

因形色即是天性，才情又都是善，因此食色之養，孟子並不貶抑。但是過分強調那人禽之辨的天性善性，卻使得宋代道學家區分出「天理」、「人欲」的分別來。⑦

以朱熹《集注》來看，朱子完全否定了生之謂性的層面，認為這個部分，是氣稟使然、人禽所同：「生者，人之所得於天之氣，人物之生，莫不有是氣。然以氣言之，則知覺運動，人與物若不異也。」告子所談，僅在這個層面，「生之謂性，食色性也之說，近世蘇氏、胡氏之說蓋如此」。此皆為知生不知性。性是「人之所得於天之理」，故「性即天理，未有不善者也」（《告子上》）。這個部分，非其他禽獸所有。是以儒者所應講求者，在性不在生。既然如此，食色等屬於生之事，便非儒者所應縈懷了，談食色性也者，都被斥為外道異端。

又因孟子論性善，係就四端說。此若依漢人之講法，便是著重在喜怒哀樂之未發處說，而非據其發而中節處說。宋代理學家闡述其說，亦輒喜觀喜怒未發時之氣象。談好德好色之問題，也是在發端處辨其是非。《梁惠王下》朱注：「好勇好貨好色之心，皆天理之所有，而人情之所不能無者。然天理人欲，同行異情。循理而公於天下者，聖人之所以盡其性也。縱欲而私於一己者，眾人之所以滅其天也。二者之間不能以發，而其是非得失之歸，相去遠矣。」發心之處，本於天理與徇乎人欲，截然不同，故他主張「遏人欲而存天理」。⑧

天理人欲，同行異情，本胡五峰語。若依朱子此處所說，好色並非即是人欲，也可能是天理。但好色之心若不能循理而公於天下，就會成為人欲。此說有三個問題：

一、好色究竟是天理還是人欲，要從發心上論斷，其實是非常困難的。論事者莫不因其事蹟以推測其心理動機，此類「誅心之論」固然深刻，然推測終難有定論，疑似之詞、意氣之談遂比比皆是。朱子劾唐仲友，何嘗不是認為「仲友自到任以來，寵愛弟妓，遂與諸子更相逾濫。行首嚴蕊稍以色稱，仲友與之媟狎，雖在公筵，全無顧忌」（《朱文公文集》卷十八《按唐仲友第三狀第廿一款》），說唐氏是屬於縱欲而私於一己者。但物論不服，《齊東野語》、《說郛》、《林下偶談》、《四朝聞見錄》等書對此事均有不同之見解，當時人且或視為：「此秀才爭閒氣耳。」《二刻拍案驚奇》卷十二甚至還有《硬勘案大儒爭閒氣，甘受刑俠女著芳名》一篇小說論其事，把朱熹著實嘲笑了一番。可見食色之事，要從動機上說它是天理抑或人欲，實甚困難，連朱熹就具體事例作出的判斷，都可能不饜眾望。

二、孟子對談，所面對的是國君，故其說好貨好色，可有公於天下的一面；但一般士庶，好色之心發於己，色欲的滿足乃是極個人化極私密的，如何循理而公於天下？

三、因為男女之事難以論斷其究為天理抑或人欲，又大抵本無循理而公於天下之道，因此這個天理人欲之辨，到最後就變成以食色為人欲了。朱子本人就是如此。高宗朝，胡銓上劾秦檜，被貶海南島，直聲震動天下。後來放還歸來，因在島上納了一個妾，朱熹竟作詩諷之，謂：「世上無如人欲險，幾人到此誤平生。」面對梨渦，不免有情，居然概斥之為人欲，連以往正直的形象都抹煞了。後人見之，寧無浩歎？

（七）不見可欲

然而，不幸的是：原本只是擔心人沉溺於食色以致人欲橫流，發展到索性將食色視為人欲，卻成為程朱理學之一大特點。

順著儒學的傳統，理學家當然極為重視食色，韓國朱子學家李滉《答李宏仲》云：「以飲食男女為切要。飲食男女，至理所寓，而大欲存焉。君子之勝人欲而復天理由此，小人之滅天理而窮人欲亦由此。故治心修身，以是為切要也。」（《增補退溪全書》第二冊）足以體現他們重視食色的情況。

然而，正因為他們極重視食色，對於食色之可能滅天理而窮人欲就越在意。

由於太過憂慮好色會令人溺於欲望之中，使他們形成了一種儘量勿與美色接觸的態度。例如《近思錄》卷十三引朱子曰：「學者於釋氏之說，直須知淫聲美色以遠之，不爾，則駸駸然入其中矣。」（《遺書》卷二）把佛學視如美色，教人要遠離、避開，以免被它誘惑了。這，其實是老子「不見可欲，使心不亂」的辦法，並非先秦儒家「窈窕淑女，君子好逑」，「巧笑倩兮、美目盼兮，素以為絢兮」的方式。五經教人要成就此好色之欲，發乎情、止乎禮。程朱理學家則擔心大家止不住，如奇明彥言：「程子論七情，以為情既熾而益蕩，其性鑿矣。」（《增補退溪全書》附奇氏《四端七情後說》）所以乾脆勸人少接近美色，以免為其誘陷。

此中即含有一種對女色的戒懼之情。如朱子云：「禹之言曰：『何畏乎巧言令色？』巧言令色，直消言畏？只是須著如此戒慎，猶恐不免。」（同上，引遺書）伊川云：「雖舜之聖，且畏巧言令色，說之惑人易入而可懼也如此。」（《程氏易傳》卷四《兌卦》）巧言令色之戒，是《尚書・皋陶謨》裡的話，被他們用來發揮說美好的顏色太容易動人，故應戒懼、畏慎。這樣，把女性美色視為可畏之物，使得道學家的性觀念、性態度都拘謹起來了，等閒不敢觀賞令色、不敢討論男女。古云君子遠庖廚，現在則是遠離美色，既不敢褻玩，亦不敢遠觀了。

對於美色既是如此，以屏絕勿近來保護人不陷溺於其中，則夫婦相處就困難了。夫妻之間，怎能屏絕疏遠之呢？理學家對此，乃強調夫妻應相敬或倡隨之理，而貶抑或降低夫妻生活中情欲的部分。如伊川云：「男女有尊卑之序，夫婦有倡隨之理，此常理也。若徇情肆欲，唯悅是動，男牽欲而失其剛，婦狃悅而忘其順，則凶而無所利矣。」（《程氏易傳・歸妹・象》，又收入《近思錄》卷十二）夫妻本應是兩情相悅的結合，陰陽合和，化生子女，亦為其應有之義。此乃夫妻之道的根本，閨房之樂，有甚於畫眉者。但理學家卻擔心如此使會縱欲，故要求夫婦之間也不可以徇情，而應遵理。

伊川認為這樣才是常理，才是夫妻相處之常道，反而批評一般人都做得不對：「歸妹，九二守其幽貞。未失夫婦常正之道。世人以媟狎為常，故以貞靜為變常。不知乃常久之道也。」（同上，又收入《近思錄》卷六）

此即以夫妻之間亦應「主敬」、「循理」。這種態度，可能與其宴息觀很有關係，李滉《答申啟叔》云：

「向晦入宴息」。……非怠惰以為安，乃亦以敬而安也。……蓋怠惰則欲熾情流而不宴不息，惟能敬則心清氣定，而可以安養調息。故人能知宴息，亦以敬，而非以怠惰，則可與論敬之理矣。此南軒之語意也。君子晝居於外，則終日乾乾，自強不息。夜處於內，則惕厲不欺，寢亦不失，無時而不敬也。……南塘《夜氣箴》既說：「必齋其心，必肅其躬，不敢弛然自放於床第之上，使慢易非僻，不敢賊吾之衷。」（《增補退溪全書》第二冊）

「向晦入宴息」，語出《易・隨・象傳》，向來都解釋為：天色向晚，人應回去睡覺休息了。但宋儒反對休息說，認為人應仍要持敬，即使是晚上睡覺也須「振拔精明，齋心斂足」。這是誤讀《孟子》「養其夜氣」之說而形成的一種過分緊張的生活態度。在這種宴息觀中，床第之上，夫婦媟狎戲樂，當然就更違反了「必齋其心，必肅其躬」的原則。縱或不得不有性交活動，也只能視為不得已的，並非常道而只是變例。夫妻之間，仍須以「守其幽貞」為常。

努力屏遠美色、反對夫妻悅愛肆情，必然使得理學家比「子罕言命」更罕言性。對於男女性事，略如漢儒所批評，是諱其名而匿其體，故僅能暢論心性而罕能論性矣。

這種態度，對社會形成了許多具體影響。例如要避免人愛美色的引誘，女人就要儘量不被人看見，即使看見也須包裹得嚴密些，以達「不見可欲，使人心不亂」的效果。夫妻親密狎悅的動作，也不宜出現。這些，在宋代以後中國社會上是非常普遍的狀況。

可是，理學家這種性態度又是被譏笑被批評的。《肉蒲團》第三回《道學翁錯配風流婿，端莊友情移薄情郎》就寫道：某道學先生生養了一位「天下無雙，人間第一」的玉香小姐。這位小姐自幼受其父道學先生之教誨，也道學起來。不料後來嫁給風流丈夫未央生，他先生對她之性壓抑卻大呼吃不消，「對她說一句調情的話就滿面通紅，走了開去」，「日間幹事……就高聲大喊，卻像強姦她的一般。夜間幹事，雖也委曲承當，都是無可奈何的光景，但見其苦，不覺其樂」。性交姿態如有所變更，也不同意，說背交「犯了背夫之嫌」；女上男下，則「倒了夫綱之體」。「就喚她幾聲心肝乖肉也像啞婦一樣，不肯答應」。於是丈夫「給她起了個混號，名叫女道學」，「猶如泥塑木雕，睡在身邊，有何樂趣」？這位女道學，所體現的正是道學家的夫妻性愛態度，欲相待以禮，而排斥相悅以狎。

這種態度，在明清庶民文化，例如小說或笑話書中，是廣受譏嘲的。清人所編《笑林廣記》有一則說：「道學先生嫁女出門，至半夜尚在廳前徘徊踱索，僕云：『相公，夜深，請睡罷！』先生頓足曰：『你不曉得，小畜生此時正在那裡放肆了！』」即活脫刻畫出這類道學先生之面目。

（八）如好好色

道學家的性態度不僅不受民間支持，在儒學內部，其實也同樣有著反省的聲音，陽明學即其中一支。《傳習錄》卷上：

徐愛問知行合一之說，曰：「人有知父當孝、兄當悌者，卻不能孝、不能悌，是知與行分明是兩件。」曰：「此已被私意隔斷，不是知行的本體了。聖賢教人知行，正是要復那本體。《大學》說：『如好好色。』見好色屬知、好好色屬行。只見那好色時，已自好了。不是見了後，別立個心去好。」

程、朱教人勿好色、遠離美色。陽明則重新回到《大學》，講好色，再從人之好色來闡發知行合一之旨。後世論陽明學者，大約只注意到陽明之論知行合一，而未發現陽明如此說，正與程朱異路。其間的差別，須看李退溪的《傳習錄論辯》才較易明白。退溪說：

此段雖極細辯說，言愈巧而意愈遠，何也？其以見好色、聞惡臭屬知；好好色、惡惡臭屬行。謂見聞時已自好惡了，不是見了後又立個心去好。……以此為知行合一之證者似矣。然而，陽明信以為人之見善而好之，果能如見好色自能好之之誠乎？……孔子曰：「我未見好德如好色者。」又曰：「我未見惡不仁者。」蓋人之心，發於形氣者，則不學而自知、不勉而自能。好惡所在，表裡如一，故才見好色即知其好，而心誠好之。……雖曰行寓於知可也。至於義理，則不然也。不學則不知，不勉則不能，其行於外也，未必誠於內。……故《大學》借彼表裡如一之好惡，以勸學者之勿自欺則可。陽明乃欲引彼形氣之所為，以明此義理知行之說，則大可不必。（《增補退溪全書》第二冊）

形氣與義理，依程朱學，是分開來說的。性理而情氣，二者不能混為一談。陽明則不從理氣之分上說，只說致良知。好色與惻隱辭讓之心，俱為人之良知良能。故好好色即可以說明知行之合一，惡惡臭，也可以說明羞惡之心。這是孟子「形色，天性」之說的發揮。

順著陽明學而發展的晚明思想界，即有一部分頗與此有關。如李卓吾《焚書・答鄧明府》、《李氏文集・明燈道古錄・卷下》都從好貨好色說人性，且以此即良知。李氏會被彈劾說他「肆行不簡，與無良輩遊於庵，接妓女白晝同浴」或「宣淫」，這固然都是謗誣。然而陽明後學在性態度上確實與程朱學者頗為不同，故為程朱道學家所嫉視，謂其助長了淫風。

晚明之淫風，也的確有部分附麗於陽明學。如凌濛初《拍案驚奇》卷廿九《通閨闥堅心燈火，鬧囹圄捷報旗鈴》、卷三四《聞人生野戰翠浮庵，靜觀尼晝錦黃沙弄》，都讚美戀愛，且結合性與愛來描寫，與《牡丹亭》類似。湯顯祖此劇講杜麗娘思春，慕色而死，卻在冥間與柳夢梅相會，後來竟又「一點色情難壞」，而再還魂為人，滿足了情欲。研究晚明思潮者輒推其思想淵源本於王學。

不過，晚明清初情色書刊之大行其道，全部推源於王學並不恰當。因為像《肉蒲團》講人肉蒲團可以徹悟，淫人妻女者人亦淫之的果報思想，《綠野仙蹤》講棄家訪道，《燈草和尚傳》說循環報應等，均與儒家無關，更與王學無關，乃受佛道思想之影響使然。其中描述性事，則往往採用道教「還精補腦」、「陰陽采戰」之類說法，而少關涉於心性論。

另有一批較與儒家相關之言論，卻是上溯於經學「好好色」以及「如好好色」的推廣之義者，例如《情史・序》云「情始於男女」，而「流注於君臣、父子、兄弟、朋友之間」，故「《易》尊夫婦、《詩》首關雎、《書》序嬪虞之文、《禮》謹聘奔之別、《春秋》于姬姜之際詳然言之」，《恨史・序》云：「天下唯閨房兒女之事，敘之簡策，人爭傳誦，千載不滅。何為乎？情也。蓋世界以有情而合，以無情而離。……蓋忠臣孝子未必盡是真情，而兒女切切，十無一假。則《浪史》風月，正使無情者見之，還為有情。情先篤於閨房，擴而充之，為真忠臣、為真孝子，未始不在是。」《宜春香質・風集》云：「有情而可以為善，無情而可以為不善。降而為蕩情，則可以為善，可以為不善矣。世無情，吾欲其有情；舉世溺情，吾更慮其蕩情。……情至於蕩，斯害世矣。蕩屬於情，並害情矣。情既受害，始也世有其受、終焉身任其咎……」等。

這些文獻都具有三個重點：一、正面肯定人之好色。對美色之愛好，被視為是最真誠的表現，所謂「好好色」。故對美色不必避忌屏絕，也不以為好色之心是應該遏抑之人欲。二、強調男女性事為一切倫理之基點，故應擴充此好色之心，所謂「如好好色」。三、情欲倫理學並不鼓吹縱欲，仍是克己復禮式的，反對蕩情，主張情要能發而中節。因此它反而與漢人的講法頗為接近。不過，漢代儒者論性，偏於陰陽交接理論的說明，成為房中性學。明末這些文獻則比較偏於以具體事例來藉事顯理，敘男女交合房中之事，以申情欲倫理學之要，故常藉小說戲曲來表達。

還有一類，則是從氣、從情上說，此可以王船山為代表。

船山詩頗肆言情，如「泛愛惜流光，含情撫逝水，天涯鳴，繁英怨遊子」，「昔我游漢水，遙與神女期，琅玕非所歡，玉佩空相貽」（《五十自定稿・雜詩》），「佳人阻采若，含情虛握椒，行邁匪康塗，中心寫長謠」（《春日書情》）、「悅彼情所含，矜茲芳有成」，「被以纏綿情，指彼佳期妙」，「美人去我遙，思之若晨昏，莞簟有餘清，肅肅警宵寤」，

「涉洛想宓妃，游楚夢高唐」（《感遇》），「巫山不高瞿塘高，鐵錨不牢火杖牢。妾意似水滴凍，即心如月月生毛」，「楊柳灣頭艤舸開，楊花飛雪逐船來，郎愛楊花隨舵轉，儂憐楊柳倒根栽」（《竹枝詞》）。

這些詩中所講的都是男女愛情，而且含有性意象。巫山雲雨，女憐楊柳倒根栽、男傷莞簟有餘清。此均宋代理學家所不肯道、不敢道之語也。《感遇》十一首，亦非歷來詠士人感遇之懷，而是真的指曾與一女子相遇，感念其事，故其中有「容成置象外，羲和輟紛綸」語。容成是著名的房中術大師，此處用他的典故，也不可能有別的解釋。足證船山此類歌事實涉性事，所謂「羅襪惜已微，中心良有故」，自非虛語。

船山五十以後，年歲漸老，此類豔情自然漸漸銷絕，但詩中綺想，未必斷絕，如《七十自定稿》中即有《詠風・戲作豔體》之類詩。且寄情於花卉，詠花之作極多。甚至還有正落花、續落花、廣落花、補落花、落花諢體達九十九首，詠梅花則多達百首。至於詞，尤其能顯現此老風情，如《水龍吟・蓮子》序云：

> 余既作《蓮子詞》二闋，夢有投素札者，披覽之云：「公不棄予小子，補為酬詞，良厚。乃我本無愁，而以公之愁為我愁，屈左徒之愉東皇、雲中不爾也。且公所詠者，荻絮蓼花曲金風玉露，皆余少年事。假以公弱冠時文酒輕狂，今日為公道，公其能不赬見於色乎？敗荷秋藕，吾已去之如籜，自別有風味在。公雖苦吟，非吾情也。世人皆以我為樸質，公當為豔語破之，幸甚！」曉起，因更賦此，不復以豔為諱。

這序文極有趣，分明是曲言以賦閒情，詞中如「蘭湯初浴，絳羅輕解，雞頭剝乳，膩粉肌豐，苞香乍破，芳心暗吐」，可謂香豔已極。船山有此一面，故又作《摸魚兒・自述》講自己這一段難忘的風流情事：「入佳境……娟娟蛺蝶花間戲，不怕黃鶯絮罵。」此亦不以豔情豔語為諱之意。

其曲作《鼓棹二集》中另有一首《薄幸》副題為「午睡覺問渠」，云：「當年是你，兜攬下個儂來此。更不與分明道，只竟如何安置。但隨流蕩漾雲痕，歸鴻水底成人字。便利齒空嚼、金睛出火，都則不關渠事。」仿女子口吻，責郎薄幸。殆船山自道其情事如此。絳羅輕解，雞頭剝乳，少年文酒，頗涉其事，非泛詠擬構者也。⑨

且其如此言情，不徒本諸實際經驗，亦與其心性論有關。船山《尚書引義》曾有一段話說：

形者，性之凝。色者，才之撰也。故曰：湯、武身之也。謂即身而道在也。道惡乎察？察於天地。性惡乎著？著於形色。有形斯以謂之身，形無有不善，身無有不善，故湯、武身之而以聖。

程、朱之學是「理／氣」、「心性／形色」兩分的，船山則說形色即是天性，因形色亦受命於天，「此卻與程子所論氣稟之性有不善者大別，但是人之受命則無有不善也」（《讀四書大全說》卷十）。在這裡，他與程、朱相同之處，在於仍以形色為氣、以性為理；與程、朱不同，則不以氣稟為不善，因為他認為「氣亦善也。其所以善者，氣亦天也」（同上，卷八）。⑩

形色、氣稟既然都是善的，人因形色之需而形成的過惡，便非形色本身的問題，而是形色在與物相交際時，處理不當所致：「氣稟亦何不善之有哉？然而不善之所從來，必有所自起，則在氣稟與物相授受之交也。」「故好貨好色不足以為不善。貨、色進前，目淫不審而欲獵之，斯不善也。」（同上）

這是從氣上說形色之善，認為好色並不是不好的。

接著他又從情上說。孟子論才、情，均以善說；程、朱則謂情有善有不善，因性之發用則為情，既發便有善有不善。船山論情近於程、朱，但首先，他不採性靜情動說，不認為性感物而動即成為情，而認為性有實質，情卻沒有自質，只是指人與物相交際時的那種情狀，所以說：「非性之生情，亦非性之感物而動則化為情也。」「性有自質、情無自質，故釋氏以『蕉心倚蘆』喻之。無自質者無恒體。」「蓋吾心之動幾，與物相取，物欲之足以相引者，與吾之動幾交，而情以生。然則情者，不純在外、不純在內，或往或來，一來一往。吾之動幾與天地之動幾相合而成者也」（同上，卷十）這明顯採用了佛教「無自性」、「因緣」等觀念。

其次，他說「性自行於情之中」，「性以行於情才之中」，情不是性，但性行於情之中，情之重要可知，不同於程、朱較偏於性之講法。

再次，「情之始有者，則甘食悅色，到後來蕃變流轉，則有喜怒哀樂愛惡欲之種種」，這就有善有惡。程、朱偏於惡這一面，教人如何克服情所造成的障蔽，恢復性理。船山則比較強調：「不善雖情之罪，而為善則非情不為功。蓋道心唯微，須藉此以流行充暢也。情雖不生於性，而亦兩間自有之幾，發於不容已。唯其然，則亦但將可以為善獎之，而不須以可為不善責之。」「功罪一歸之情，則見性後亦須在情上用功。《大學》誠意章言好惡，正是此理。」「人苟無情，則不能為惡，亦且不能為善。」（同上）不僅偏於從情可為善這一面說，而且一切工夫都著在情上，心性論事實上成了情論。

在這種理論之下，我們才會看到船山對情極為重視的詩論、極力言情的歌詠，乃至公然好好色，不以豔語為諱的表現。宋明理學發展中，情色與心性論，有此一格，亦不可不注意。

（九）新的思路

綜上所述，可知儒家是從男女關係上建立起它整套存有論、倫理觀及政治學說的。存有論上說天地以陰陽成化，倫理學上說人倫肇端於夫婦，政治上說后妃之制為夭壽治亂存亡之端，而在道德哲學上也是如此。

這又可大約區分成兩種型態或進路，一是好德如好色，推拓好色之心以好德；二是好德不好色，改好色之心以好德。先秦兩漢儒學偏於前者，宋代程朱理學偏於後者。

前者將好德與好色相類比，對色不但不貶抑，更從比類德色發展到即色言德，例如《大學》以「好好色」論誠，或就色之處理上講德，凡好色而能中和者即為有德等都是如此。至於如何才能中和呢？漢儒從禮、從房中調養等方面予以說明。

後者，從孟子「食色之性，君子不以為性」發展出食色等生之性與仁義禮智德性的區分，重德不重色，強調人應克制人欲，以復其性理。所以對好色有較不寬容的態度，希望人能儘量遠離美色的誘惑，減少狎昵情愛之生活，提倡「主敬」之修養工夫。

這種態度後來受到不少批評與反省，故有上溯漢代經學，講男女閨幃為人倫之始者；有受王陽明影響，以知行合一、現成良知講好好色的；也有循宋儒之說而別從氣與情上論形色天性的。

到近代，這個思路當然仍有新的進展，但主要是從社會或兩性關係上立論，例如談社會變動、家庭結構變遷、婚姻型態改變、女性地位調整、女權運動、性解放等等，思想資源大抵採摭於西方，不再具有心性論之意涵。對中國古代如何處理德色問題，更因缺乏理解，而頗多惡意的批評。

事實上，二十世紀，在西方也是性解放的世紀，其批評或反抗之對象，乃是基督教文化傳統。基督教以禁欲愛主為教，性的禁忌從思想層面下貫於社會。這個思想體系，到十九世紀末佛洛伊德性心理學出現，才大受挑戰。同時，因社會變動而興起的各種女權運動、性解放運動，亦逐步撼動此一文化傳統。

在這個思想脈絡下，近人討論中國古代狀況時，不免常以基督教文化傳統來擬想古代儒家社會，以為儒家思想為主幹的古代社會，大概也像基督教一樣，對情色均採貶抑之態度，視男女愛欲為罪惡。

實則儒家對男女性愛情欲，態度與基督教有根本之差異，其理論內部又極為複雜。而縱使是最講遏欲窮理之思路，也仍與基督教不同。本文之用意，即在鋪展儒家情色理論的大致輪廓，以說明其中諸多複雜的面貌與內涵，並區分出儒學與基督教的差別。

正由於儒學與基督教文化，在這個問題上頗有差異，所以與現代因反對基督教而生成的一些性倫理學或欲望倫理學，亦有可以對觀之處。

誠如李幼蒸所描述的，西方倫理學主要探討人己關係及社會正義、個人生存意義和目標，但對於主體道德實踐之根據卻未及探究。真正的主體倫理學要從康德才開始。而從佛洛伊德到拉康，則又走上一條顛覆主體倫理學之路，開展出一種欲望倫理學，注重無意識欲望之性質與目標之研究。⑪

當代新儒學曾經借助於康德的哲學，重新把儒家，特別是孟子學中講主體道德實踐之根據（**也就是心性**）的部分，發揚光大。可是關於儒家對於欲望、情、氣、才、好色的思想，卻囿於宋明理學及康德的格局，而未予正視，亦缺乏相應之理解，以致無法開展出一個足以與西方尼采、佛洛伊德以後思潮相對觀的思路。邇來，透過諸如孟子「形色，天性」等說法，儒家身體形色或形氣觀，已漸被注意。但儒者好色之意卻仍討論甚少，好色與誠意修德之間的關係，論者尤罕言及。儒者祖述堯、舜，而堯、舜乃有房中術傳世，董仲舒教人循天而動，亦以房中為說，凡此等等，當代儒者，大概根本聽都沒聽說過。

可是，若我們再仔細看看這一面，就可能會有一些不同的理解。如《傳習錄》說：「聖賢教人知行，正是要復那本體。故《大學》指個真知行與人看，說如好好色。」這不分明是以好色的心為本體嗎？這個心，從其受之於天說，固然可以說它是超越的本心，卻也同時是指欲望。可是這個欲望發乎自然，故它即是天理，即是誠。弟子問：「如好好色、如惡惡臭，則如何？」陽明答：「此正是一循於理。是天理合如此，本無私意作好作惡。」弟子又問：「如好好色、如惡惡臭，安得非意？」陽明答：「卻是誠意，不是私意。誠意只是循天理。雖是循天理，亦著不得一分意。故有所忿懥、好樂，則不得真正。須是廓然大公，方是心之本體。如此，則知未發之中。」其意蓋謂人見美色則好之，聞惡臭則厭之，是非常自然的事，是循天理而動。但若在色臭上起私意妄計、執著之念，而生忿嫉好樂，便成人欲。

如此論欲望，便有二層。同樣地，好好色也有二層：誠意之好好色是心之本體、是良知、是知行合一、是循天理；但「好色則一心在好色上，好貨則一心在好貨上，可以為一乎？是所謂逐物」，「飲酒便一心在飲酒上，好色便一心在好色上，卻是逐物，成甚居敬工夫」？這便是私利人欲，因為它已有所偏倚，「偏倚是有所染著，如著在好色好利好名等項上，乃見得偏倚」（均見卷上）。

佛洛伊德曾將心靈合為三層：「本我」指本能、無意識、性能力之源；「自我」指意識；「超我」指道德良心、理想等。而其中超我又與本我貼近。若我們不細談其實際說解內涵，只從型態上論，陽明所謂本心良知，所指略如超我之層次；謂人能好好色，略如本我之層次；私意染著，則略如意識之作用。至於他將本心良知和好色本能聯結在一塊講，也有佛洛伊德「說超我永遠貼近本我，並可作為它相對於自我之代表」之味道。

這樣比附，當然為論陽明學者所不許。因為陽明講好好色之誠，重在發明本心良知，故：「先生嘗謂：人但得好善如好好色、惡惡如惡惡臭，便是聖人。」（卷下）佛洛伊德把超我與本我貼合起來說，卻重在講本我無意識，對超我實少發揮，兩者方向宗旨都不相同。

這些不同，吾人不可能不知。但作為理論上的對觀，恰好不必求同。陽明之處理，適足以與近代西方倫理學之發展相對話，是顯然無疑的。

同樣地，拉康認為人的欲望存在於人際環境中，人所尋求的乃是被他人承認的欲望。因此，所謂主體，那種形上學式的先驗主體，或統一的、綜合的自我理性並不存在，自我乃是一種主體間現象。同時，自我的主要功能不是理性認知而是欲望。這與船山之論情，不也可以作很有趣的對比嗎？我們講過，船山論性情，以性行於情中，故情才是更重要的。而船山所說的情，又是無自性的，無其自體，只存在於心之動幾與物相接之間。這種思路不也值得再進一步分析嗎？

注釋

①還有一種解釋，把「賢賢易色」解釋為：見到賢人應改變我們的態度顏色。但朱熹曾批評此說太淺：「變易顏色，有偽為之者。不若從上蔡說，易其好色之心，方見其誠也。」「易色，須作好德如好色說。若作變易顏色，恐裡面欠了字多。」（《語類》卷廿一）今亦不採此說。

②胡樸安《周易古史觀》認為賁卦是男女會聚，結為夫婦之事；咸卦是男女正式婚姻之事；恒卦是夫婦正居之事；睽卦是一夫多妻之家庭乖睽之事；姤卦是婚媾往來之事；歸妹卦是殷貴族之女，歸於男家之事。（見其自序一）與我此處所釋頗不相同，讀者互參。

③胡樸安《周易古史觀・自序一》提到他十三、四歲讀書時，問塾師道：「男女媾精，萬物化生，豈非聖經之言乎？精究竟是何物？如何媾法？既媾之後，何以能化生萬物？」塾師氣極不言。這個故事，正好顯示了冬烘先生道學家在面對儒家典籍時的尷尬處境。

④《近思錄》卷六：「人『不為《周南》、《召南》，其猶正牆面而立』，常深思此言誠是。不從此行，甚隔著事。向前推不去。蓋至親至近，莫甚於此，故須從此始。」《朱子語類》卷四七：「亞夫

問：『不為《周南》、《召南》，其猶正牆面而立。』朱子曰：『不知所以修身齊家，則不待出門，便已動不得了。所以謂之正牆面者。謂其至近之地，亦行不得故也。』」均認為《周南》、《召南》談的是婚姻男女齊家之事，且對此事極為注重。

⑤《禮記．婚禮》：「禮之大體，所以成男女之別，而立夫婦之義也。男女有別，而後夫婦有義。夫婦有義，而後父子有親。父子有親，而後君臣有正。故曰婚禮者，禮之本也。」也強調這個道理。

⑥此亦僅是大體言之。孟子學很複雜，宋儒又只發揮了其中一部分，而漢儒中也並不是沒有像宋儒那樣主張遠離美色的（如《禮記．坊記》曰：「子云：好德如好色。諸侯不下漁色，故君子遠色以為民記。」），因此我們只能說儒家講「賢賢易色」、「好德如好色」有此兩大類型，漢宋各偏於其一罷了。

⑦朱子論才與情都與孟子不同，故《語類》卷五九：「孟子言才，不為不善。蓋其意謂善，性也，只發出來者是才。若夫就氣質上言，才如何無善惡？」又云：「孟子言才與程子異。……孟子言才，正如言性，不曾說得殺，故引出荀、揚來。到程、張說出氣字，然後說殺了。」又：「孟子論才，是本然者，不如程子之備。」這都是本於程伊川之說，而與孟子論才不同者。謂才乃人之氣稟，故有善惡，與性不同。朱子論情，大抵亦本程伊川，而異於孟子。他認為：「性如水，情如水流，情既發，則有善有不善。」（同上）故不同於孟子以情為善。

⑧這一段，在朱子學中，其實是不好處理的，《語類》卷五一載，「問：『孟子語好貨好色事，使孔子肯如此答否？』曰：『孔子不如此答，但不知作如何答。』問：『孟子答梁王問利，直掃除之，此處又卻如此引導之？』曰：『此處亦自分義利，特人不察耳。』」顯然，朱子門人並不贊成也不能理解孟子為何如此說，很有抱怨。朱子也答得勉強。畢竟，在好色上分義利、分天理人欲，只是勉強為說罷了。

⑨舊作《極樂庵詩話論考》，對船山詩的解釋，提供了另兩種進路，可參考。見《一九九七龔鵬程年度學思報告》，（嘉義：南華管理學院，一九九八年）。但該文認為船山集中之綺語可能並無本事，今已修正如本文所述。

⑩船山論孟子形色天性，楊儒賓《儒家身體觀》（中研院文哲所，一九九七年）。第三章第節頗有討

論，可參看。

⑪見李幼蒸：《欲望倫理學：佛洛伊德和拉康》，（嘉義：南華管理學院，一九九八年）。

六　儒家對法治社會的反省

論政事者，均謂我國傳統政治之流弊，在於主張人治而不重法治，因此，建立法治社會，乃是現代化建設中極重要之工作。但法治真是一個值得追求的目標嗎？依我看，恐怕中國先賢並不如此認為。也就是說，中國人未發展出法治型社會，有其政治哲學與法理學上的理由。今人持西方法治之說以抨擊古人，以彼所不屑而棄去者驕乎往哲，以為古人見不及我，既誣古以自矜，又忽略了其中可能涵有足以反省現代法治觀念及法治社會之流弊的一些重要想法，實在是非常可惜的事。

古代哲人對法治的質疑，甚為普遍，而以明末清初一些思想家對此問題之討論最為集中。因此本文擬以王夫之為主要線索，鉤稽整理當時人對「法治」的反省狀況，並說明此種思省對法理學及政治學有何意義。

（一）法治

王船山《讀通鑑論》卷十第廿三條曾對比人治與法治之說，謂：「任人任法，皆言治也，而言治者曰：『任法不如任人。』雖然，任人而廢法，則下以合離為毀譽，上以好惡為取捨，廢職業、徇虛名、逞私意，皆其弊也。於是任法者起而摘之曰：『是治道之蠹也，非法而何以齊之？』故申、韓之說與王道而爭勝。」

他認為歷史上一直有兩種思路，一種主張人治，一種主張法治。主人治者為王道，主法治者為申、韓。一般說來，大多數人都認為法治不如人治，但申、韓學說之所以仍能獲得廣泛的支持及採用，原因之一，在於任人而廢法必將出現極大之弊端。這種對人治之弊的憂慮，以及因此而提倡實施法治之情況，與近代人之主張法治，道理是相同的。船山對此表示理解，甚至也支援此一主張，所以他舉隋朝裴政所定的律法為例，說：

今之律，其大略皆隋裴政之所定也。政之澤遠矣。千餘年間，非無暴君酷吏，而不能逞其淫虐，法定故也。古肉刑之不復用，漢文之仁也。然漢之刑，多為之制，故五胡以來，獸之食人也得恣其忿慘。至於拓拔、宇文、高氏之世，定死刑以五：曰磬、絞、斬、梟、磔，又有門房之誅焉，皆漢法之不定啟之也。政為隋定律，制死刑以二：曰絞、曰斬，改鞭為杖，改杖為笞，非謀反大逆無族刑，垂至於今，所承用者，皆政之制也。若於絞、斬之外，加以凌遲，則政之所除，女真、蒙

古之所設也。（卷十九第三條）①

法若不定，則「上以好惡為取捨」，所造成的流弊極大。以死刑犯來說，帝王往往將之殺了尚不足以洩憤，於是還要凌遲、梟之、磔之、轘之，以「惡惡之甚而欲快其怒」，「以逞其扼腕齧齦之忿而怖人」。這有什麼意義呢？既「無裨於風化，而只令腥聞上徹於天」。但若法律對死刑犯之處理俱有規範，則無論帝王、有司或仇讎便都不能在這裡妄逞私意，對死刑犯恣情羞辱酷毒。故立法不但可保障刑罰處理的一致性，也具有道德價值。

船山此處所說的定法，不僅是「以法為治」（rule by law）的意思，也具有「法治」之性質。所謂以法為治，是說統治者以制度、法律體系來達成其統治之目的，故法律為其治國工具。此稱為「形式主義法治」，只關注到國家對法律的執行，又稱為法制。相對於法制的法治，則是實質性法治（the rule of law）。它指國家一切權力都應根源於法，主政者不可「以言代法」。所以法律不是政府統治人民的工具，而是政府與人民都應遵循的最高規範。《管子・法法》說：「明君置法以自治，立儀以自正也。……禁勝於身，則令行於民。不為君欲變其令，令尊於君。」即為此意。在這種情況下，政府及執法者之權力才不會被濫用，也才不會發生過度的刑事處罰，專斷、特權及寬泛的自由裁量之弊較不易發生，人民的自由與權利亦較能獲得保障。王船山所說，顯然即指這個層面，所以他認為裴政之定法，「足以與於先王之德政」。②

換言之，船山對於法治是重視的，也完全具有現代自由主義法學者所說的「實質性法治」之觀念。故他曾感慨：「嗚呼！治道之裂，壞於無法。……無法者，惟其私也。」（卷十七廿

六條）

治國，當然不能無法。但，船山卻要更進一步說「徒法不足以自行」，只有法，畢竟還是不夠的。

（二）法不足以治

《讀通鑑論》卷二第十一條說：「使天下而可徒以法治而術制焉，裁其車服而風俗即壹、修其文辭而廉恥即敦、削奪諸侯而政即咸統於上，則夏、商法在，而桀、紂又何以亡？」這一問，正是思維之一大轉關。治天下不可以無法，但只憑法律、制度，就足以為治嗎？這就是對法治之反省。一般宣揚法治之學者，大都缺乏這樣的反省。

1. 法未必善

天下不可徒以法治的原因很多，其中之一，是法本身即未必良善。正如亞里斯多德在《政治》篇中指出的，法治有兩重含意：法律獲得普遍服從，和大家服從之法律本身應制定得好。前者意謂法律至上，後者強調法律正當。一般談法治時，只涉及法律至上之觀念，所以常說「惡法亦法」，以致所謂法治，並不意味著良法為治（the rule of good law）。

可是，法事實上有善有不善。若照法家的看法，「法雖不善，猶愈於無法」（《慎子・威德》），船山可不這麼認為。他覺得：依循良法或許足以治世，若遵循惡法或劣法，雖亦為法治，國其實不治。③以《周禮》之法與後世督責考課之術相較，就會發現法本身好不好是差別很大的。

《讀通鑑論》卷十第廿三條說：「乃以法言之，《周官》之法亦密矣，然皆使服其官者習其事，未嘗懸黜陟以擬其後。……考課以黜陟之，即其得，而多得之於勤慎以墮其清。況其所謂勤者非勤，而慎者非慎乎？是所謂孳孳為利，（盜）蹠之徒矣。……不能行焉，必也。雖不能行，而後世功利刑名之徒，猶師其說。張居正之毒，所以延及百年而不息也。」卷十七第廿七條又說：

法雖善，久而必有罅漏矣。就其罅漏而彌縫之，仍一備善之法也。即聽其罅漏，而失者小，全者大，於國民未傷也。妄言者，指其罅漏以譏成法，則必滅裂成法而大反之，歆之以斯須之小利，亦洋洋乎其可聽矣。不知百弊乘之，蠹國殃民而壞風俗，此流毒於天下而失民心之券也。賢者之周旋視履而無過者亦鮮矣，剛柔之偏倚、博大謹嚴之異志，皆有過也。食廉之分，判於雲泥，似必不相涉矣，而欲求介士之纖微，則非夷、惠之清和，必有可求之瑕釁。君天下者，因其材，養其恥，勸進於善，固有所覆蓋而不章，以全國體、存士節，非不審也。乃小人日伺其隙，而糾之於細微，言之者亦鑿鑿矣。士且側足求全而不逸於罪罟，則人且塗飾細行以免咎，曲徇宵小以求容，而鍥刻之怨，獨歸於上，此流毒於薦紳而失士心之券也。民心離，士心不附，上有餘怨，下有溢怒，國家必隨之以傾。

法律過於苛細煩密，把人民像賊一樣防，或偵糾其行為之細節，動輒以刀斧升黜待民，他都認為是惡法。惡法不足以治國，而實足以禍國。善法則雖有缺漏之處，對國家的傷害也不及惡法。

法本身未必良善，乃法治不可恃的原因之一。但前文說「夏、商法在，而桀、紂又何以亡」，指的卻不是惡法，而是善法。依善法為治，國家為何也仍可能不治呢？

2. 法之困局

法的原則，在於明確、普遍化和公開化，不以特定的人或人群為實施對象，所以盧梭《社會契約論》中強調：「法律的對象永遠是普遍的……絕不考慮個別的人以及個別的行為。」海耶克也說：法律是一種指向任何非特定人的一勞永逸（once-and-for-all）之命令。

然而這個原則，據船山看，也正是它的困境所在。原因很多，例如他說：「夫法之立也有限，而人之犯也無方。以有限之法，盡無方之慝，是誠有所不能賅矣。於是而律外有例，例外有奏准之命，皆求以盡無方之慝，而勝天下之殘。於是律之旁出也日增，而猶患其未備。」（卷四第四條）法的抽象化和普遍化，與現實世界之具體化和個別化，其實並不能對應。④有限的法律條文，永遠不可能窮盡人事無窮之變化，也無法察及無限的弊端，以致法律表面上不針對個別的人或行為，實際上卻必須為個別的人或行為考量，以個別狀況形成判例。然後再以此個例來類推，遇類似之事況時即援例處理。例有時而窮、類無法盡推，則又再以行政命令來處理個別事務。所以它第一個困境是：法、律、例、令必然不斷孳乳繁衍，法令越來越龐雜煩密，而仍不足以窮盡一切人事狀況（等法令龐雜煩密到一般人都不能完全瞭解時，人們也就無法可守了。法令亦遂成為法曹、政吏及律師等專業人士操弄之物⑤）。第二個困境，則是法之普遍化原則事實上處在自我矛盾中。號稱抽象化普遍化的法，實際運作實多本於具體個別之「例」。

若要維持法的普遍性，勢必犧牲具體的個別狀況差異，形成實質上的不公不義；但若斟酌個別情況量刑施法，法又將成為任意遊移之物，不再能作為法了。這個進退兩難的處境，也就是法的第三種困局。《讀通鑑論》卷六第二九條說：

高帝初入關，約法三章，「殺人者死」，無待察其情，而壹之以上刑。……王嘉當元、哀之世，輕殊死刑百一十五事，其四十二事，手殺人者減死一等。建武中，梁統惡其輕，請如舊章。甚矣，刑之難言也！殺人一也，而所由殺之者異。有積忿深毒，懷貪競勢，乘便利而殺之者；有兩相為敵，一彼一此，非我殺彼，則彼殺我，偶勝而殺之者；有一朝之忿，雖無殺心，拳勇有餘，要害偶中，後遂成乎殺者。斯三者，原情定罪，豈可概之而無殊乎？然而為之法曰：察其所自殺而輕重之。則猾民伏其巧辯，訟魁曲為證佐，賕吏援以游程，而法大亂。故王嘉、梁統之論各得其一，而皆有未允。甚矣，法之難言也。

同樣是殺人，但動機、脈絡各不相同，量刑似亦應有差異。⑥可是一旦如此，弊端又出現了。所以從法的角度說，船山雖認為：「夫法一而已矣，一故不可干也，以齊天下而使欽畏者也。故殺人者死，斷乎不可詞費而啟奸也。」卻也覺得如此在事實及人情上是講不通的，所以說：「甚矣，法之難言也。」

與此相關的第四個困境，則是：普遍性的法是以一個標準來處理所有事物。它不普遍化，不能成為法；但以一個普遍化的標準來規範這個原本極具差異性的世界，也必形成極大的流弊。「立理以限事」尚且不可，何況是執一法以衡萬事呢？《讀通鑑論》卷十六第四條說：

夫一切之法不可齊天下，雖聖人復起，不能易吾說也。地有肥瘠、民有淳頑，而為之長者亦異矣。……黠者因公私斂，拙者奔走不遑，民之困於斯極矣。非商鞅其孰忍為此哉？……要而論之，天下之大，田賦之多，人民之眾，固不可以一切之法治之也。有王者起，酌腹裡邊方、山澤肥瘠、民人眾寡、風俗淳頑，因其故俗之便，便民自陳之，邑之賢士大夫酌之，良有司裁之，公卿決之，天子制之，可以行之數百年而不敝。而不可合南北、齊山澤、均剛柔、一利鈍，一概強天下以同而自謂均平。蓋一切之法者，大利於此，則大害於彼者也。如之何其可行也？

立一法以要求天下人共運共守共行之，大利在此，大害亦生於此。⑦卷十第廿三條云：「法誠立矣，服其官，任其事，不容廢矣。而有過於法之所期者焉，有過於其法之所期者焉，有不及乎法之所期者焉。才之有偏勝也、時之有盈詘也、事之有緩急也、九州之風土各有利病也。等天下而理之、均難易而責之、齊險易豐凶而限之，可為也而憚於為，不可為也而強為塗飾以應上之所求，天下之不亂也幾何矣！」講的也是這個道理。

第五個困局，是由法之穩定性來的。法是公開的、穩定的，不可任情抑揚，也不能任意更改。《韓非子・解老》說：「凡法令更則利害易，利害易則民務變。……是以有道之君貴靜，不重變法。」《管子・任法》說：「法者不可不恒也。」都是講這個原理。但時移世易，法勢必不能盡時世之變，亦不能應人事之需，所以必須不斷修訂。如《呂氏春秋・察今》所云：「國無法則亂，守法而弗變則悖，悖亂不可持國。世易時移，變法宜矣。」韓非子自己也說：「性異則事異，事異則備變。」（《五蠹》篇）可見變法乃是必要之舉。而且法在實施之後，「上有政策，下有對策」，日久玩生，不斷會有新狀況出現，也絕不能聽任成法而不修。所以法恒處於又穩定但卻又不穩定之狀態，形成另一種矛盾。《宋論》裡有幾條，講的就是這種法律永遠在不斷修訂的情況：

△國家當創業之始，由亂而治，則必有所興革，以為一代之規。……乃傳之數世而弊且生矣。弊之所生，皆依法而起，則歸咎於法也，不患無辭。其為弊也，吏玩而不理，士靡而亡實，民驕而不均，共弛而不振；非其破法而行私，抑沿法而巧匿其奸也。有志者憤之，而求治之情，迫動於上，言治之術，競起於下。聽其言，推其心，皆當時所可厭苦之情事，而釐正之於旦夕，有餘快焉。（仁宗，第二條）

△政之善者，一再傳而弊生，其不善者，亦可知矣。政之善者，期以利民，而其弊也，必至於厲民。立法之始，上昭明之，下敬守之，國受其益，人受其賜。已而奉行者非人，假其所寬以便其弛，假其所嚴以售其苛，則弊生於其間，而民且困矣。（徽宗，第二條）

法事實上不斷在修、不斷在變，因此實無穩定性可言。而更令人絕望的，是第六個困局：無論如何修，都不足以治世。為什麼呢？船山分析道：

△始之立法者，悉取上下相需、大小常變之條緒而詳之，乃以定為畫一，而示民以簡，則允易從矣。若其後法敝而上令無恒，民以大困，乃苟且以救一時之弊。舍其本，而即其末流之弊政，約略而簡之；苟且之政，上與民亦暫便之矣。上利其取給之能捷，下利其期會之有定，稍以戢墨吏、猾胥、豪民之假借，民雖殫力以應，而亦倖免於紛擾。於是天下翕然奉之，而創法者遂自謂立法之善，又惡知後之氾濫而愈趨於苛刻哉！（《讀通鑑論》卷二四第四條）

△法敝且乘之而生者，自然之數也。……即以成周治教之隆，至於穆、昭之世，蝟蠹亦生於簡策，固不足以為文、武、周、召病也。法之必敝矣，非鼎革之時，愈改之，則弊愈叢生。苟循其故常，吏雖貪冒，無改法之可乘，不能託名逾分以巧為吹索。士雖浮靡，無意指之可窺，不能逢迎揣摩以利其詭遇。民雖彊可凌弱，無以啟之，則無訐訟之興以兩俱受斃，俾富者貧而貧者死。兵雖名在實亡，無以亂之，則無遊惰之民以梟張而起，進則為兵而退則為盜。唯求治者汲汲而憂之，言治者嘖嘖而爭之，誦一先生之言，古今異勢，而欲施之當時，且其所施者抑非先王之精意；見一鄉保之利，風土殊理，而欲行之九州。且其所行者，抑非一邑之樂從。神宗君臣所夜思晝作，聚訟盈廷，飛符遍野，以使下無法守，開章惇、蔡京爚亂以亡之漸者，其風已自仁宗始矣。（《宋論・仁宗》第二條）

△即有不善之政，亦不能操之數十年而民無隙之可避。由此言之，不善之政，未能以久賊天

下；而唯以不善故，為君子所爭，乃進小人以成其事，則小人乘之以播惡，而其禍乃延。……政無善惡，統不足以持久。吏自有其相沿之習、民自有其圖全之計。士大夫冒譴以爭訟於庭而不足，里胥編戶協比以遁於法而有餘。故周公制大官，敘《大典》，纖悉周詳，規天下於指掌，勒為成書，而終不以之治周。非不可行也，行之而或遁之、或乘之，德不永而弊且長也。（《宋論・徽宗》第二條）

法久自然生弊，善法會生弊、惡法也會生弊。惡法因為生弊，其惡遂不太甚。但既為惡法，當然會有人要修正它。然而一旦修法，就是投機者的機會、利益的爭端。善法也會生弊，既有弊，當然也會有人想要修改之。而一旦修改以救弊，就同時也是投機者的機會與利益者的爭端。同時，又因為是為了救弊，不免在補塞救漏之際，未考慮到長遠的利害，而可能造成了更大的毛病。

由此觀之，法治之法未必善，惡法固然不足以為治，善法亦不能不敝，敝而不能不修，修亦不能不形成更大的流弊，此亦法治之困境也。

（三）法制之弊

這些都是法治本質上必然形成的困境。在這多重的困境中，依船山看，法治當然是不可恃的。法治之下的另一個層面——法制，自然也不可依賴。《讀通鑑論》卷二第十一條批評賈誼說：「賈生之言曰：『使為治，勞志慮，苦身體，乏鐘鼓之樂，勿為可也。樂與今同，而欲立經陳紀，為萬世法。』斯其為言，去李斯之言也無幾。何也？以法術制天下，而怙以恬嬉，則其法雖異於秦之法，而無本以立威於末，勞天下而以自豫，其能以是一朝居乎！」他認為依賈誼之說，政府不再需要勞神費心為老百姓服務、替老百姓解決問題，只消以法律制度管理人民就好了。所以人主逸而天下勞，這不是值得稱許的做法。

同樣地，卷一論秦二世第二條也說：「任法，則人主安而天下困；任道，則天下逸而人主勞。無一切之術以自恣睢，雖非求治之主，不能高居徜徉於萬民之上，固矣。以孔明之淡泊而盡瘁也，以介甫之土木其形而好學深思也，然且樂奉名法者，何也？儉以耳目、勤以耳目，而心思從其康逸也。賢者且然，況令狐綯、張居正之挾權勢者哉！」另外，《莊子解・天道篇》又說該篇提倡主逸臣勞之術，非莊子所作：「其意以兵刑、法度、禮樂委之於下，而按分守、執名法以原省其功過。此形名家之言，而胡亥督責之術因師此意，要非莊子之旨。」

法制之法，事實上是政府控制屬下及老百姓的工具，因此法制越嚴密，君主權力就越大也越集中，形成「人主安而天下困」之局面。這個道理，顧炎武《日知錄》卷十一「法制」條也曾慨乎言之：

宋葉適言：「國家因唐五代之弊，收斂藩鎮之權，盡歸於上。一兵之籍、一財之源、一地之守，皆人主自為之也。欲專大利，而無受其大害，遂廢人而用法、廢官而用吏。禁防纖悉，特與古異，而威柄最為不分。雖然，豈有是哉！故人才衰乏，外削中弱，以天下之大而畏人，是一代之法度，又有以使之矣。」又曰：「今內外上下，一事之小、一罪之微，當先有法以待之。極一世之人，志慮之所周浹，忽得一智，自以為甚奇，而法固已備之矣。是法之密也，然而人之才不獲盡、人之志不獲伸，昏然俯首，一聽於法度，而事功日隳，風俗日壞，貧民愈無告，奸人愈得志。此上下之所同患，而臣不敢誣也。」又曰：「萬里之遠，呻動息，上皆知之。雖然，無所寄任，天下泛泛焉而已。百年之憂、一朝之患，皆上所獨當，而群臣不與也。夫萬裡之遠，皆上所制命，則上誠利矣。百年之憂、一朝之患，皆上所獨當，而其害如之何？此夷狄所以憑陵而莫禦，讎恥所以最甚而莫報也。」

論法治者輒言治國應依法不依人，依人則可能形成極權專制。殊不知主政者以法為治，更可能成為專制。葉適、顧炎武、王船山所批評的，就是這種狀況。

明末另一位思想家黃宗羲，在其《明夷待訪錄》中特闢《原法》一篇，主張：「有治法而後有治人。」論者咸謂此乃近世提倡法治、反對人治之先聲，殊不知其大謬也。黃宗羲之說與王船山、顧炎武並無二致，只不過他把歷代以法制治國之狀況稱為「非法之法」罷了。

據黃宗羲看，法有兩種：一種是為天下人而設的，旨在謀天下人之福利；另一種則是為了統治者自己而構建的，「人主既得天下，唯恐其祚命之不長也、子孫之不能保有也，思防患於未然」，所以訂了一大堆旨在維護其政權、遂行其統治的法。這兩種法，一稱為「天下之法」，一稱為「一家之法」；一出於公，一出於私；一是法，一則其實不足以稱為法，卻被歷代統治者用以為法，所以又稱為「非法之法」。

依黃氏這種分判，他所謂的法，只是他的理想，實際上並不存在，或只存在於他所擬想的上古三代聖世而已。這種理想盛世之法，其實也就是「無法之法」。後世一切法，實際發生於歷史中者，則都屬於非法之法。他說應有治法而後有治人，意思就是希望我們能放棄非法之法，改行真正的法治：無法之法。《原法》篇云：

三代之法……所謂無法之法也。後世之法，藏天下於筐篋者也。利不欲其遺於下，福必欲其效於上；用一人焉則疑其自私，而又用一人以制其私；行一事焉則慮其可欺，而又設一事以防其欺。天下之人共知其筐篋之所在，吾亦鰓鰓然日唯筐篋之是虞。故其法不得不密，法愈密而天下之亂即生於法之中，所謂非法之法也。

黃宗羲這種理想當然不可能實現，因為法律無論如何總會是與統治權結合在一塊的。法律學者區分「法治」與「法制」，認為法制是法律作為主政者的統治工具，法治則是法律至上，政府也必須遵守法律。可是這種形式化的概念區分固然在理論上是存在的，實際運作卻不是這麼回事。「法律至上」之法律，大抵即由統治者所訂立。⑧所以在個別事例上雖主政者必須受法律之節制，不能任情抑揚、恣意胡來，但整個法律之精神與性質，卻是以鞏固統治、維護既得利益為主軸的。國家之一切權力根源於法，而此法實即是「藏天下於筐篋」之物。以黃宗羲之見，蓋均為非法之法也。故王船山、顧炎武對法制之批判，經與黃宗羲這番話相對勘，更能顯出它的深刻含義，讓人進一步明白法制固然可能形成「權集於上，臣民昏然俯首，一聽於法度」的結果，即使是法治，也仍不免於此弊。

這樣的結果，又必然使得法律越來越繁密。因為它本是為了防嫌百姓而設，慮人為非，故禁察不得不密。但嚴密周備的法網真能讓國家安治嗎？船山他們想到了底下幾個問題：

第一個問題是法只是一堆規則，這堆規則必須有一群操作者。所以所謂法治，實乃這群人操作著法律體系來統治社會。這群人是誰呢？官僚、胥吏、訟師、法曹。由他們掌握、解釋並執行法律。故任法則權集於上也者，同時也即是權移於下，集中在這批人身上：

△治之敝也，任法而不任人。夫法者，豈天子一人能持之以遍察臣工乎？勢且仍委之人而使之操法。於是舍大臣而任小臣，舍舊臣而任新進，舍敦厚寬恕之士而任儌倖樂禍之小人。其言非無征也，其於法不患不相傳致也，於是而國事大亂。（《讀通鑑論》卷六第廿條）

△謝肇淛曰：從來仕官法網之密，無如本朝者。上自宰輔，下至驛遞倉巡，莫不以虛文相酬應。而京官猶可，外吏則愈甚矣。大抵官不留意政事，一切付之胥曹，而胥曹之所奉行者，不過以往之舊牘、歷年之成規，不敢分毫逾越。而上之人，既以是責下，則下之人，亦不得不以故事虛文應之。一有不應，則上之胥曹又乘隙而繩以法矣。故郡縣之吏，宵旦竭蹶，惟日不足，而吏治率以不振者，職此之由也。（《日知錄》卷十一「吏胥」條）

△律令繁，而獄吏得所緣飾以文其濫，雖天子日清問之，而民固受罔以死。律之設也多門，於彼於此而皆可坐，意為重輕，賄為出入，堅執其一說而固不可奪。於是吏與有司爭法、有司與廷尉爭法、廷尉與天子爭法，辨莫能折、威莫能制也。巧而強者持之，天子雖明，廷尉雖慎，卒無以勝

一獄吏之奸，而脫無辜於阱。即令遣使歲省而欽恤之，抑惟大凶巨猾因緣請屬以逃於法，於貧弱之冤民無益也。（《讀通鑑論》卷四第四條）

這幾條文獻，一說官僚，一指胥吏，一指法曹獄吏。他們都是操持法律的人，相對於老百姓來說，他們都屬於統治者。但他們彼此之間又並不一致，有各自的屬性與利益，因此也必然會各擁法條，相互鬥法，以致老百姓固然遭殃，朝事亦因此而日益敗壞。

第二個問題是法律反而提供了人們巧偽欺飾、足以玩法的工具與環境：

△夫人情亦惟其不相欺耳，苟其相欺，無往而不欺；法之密也，尤欺之所藉也。漢靈之世，以州郡相黨，制婚姻之家及兩州人士不得對相監臨，立三互之禁，選用艱勒，而州郡之貪暴益無所忌。司馬溫公述叔向之言，「國將亡，必多制」。若夫開國之始，立密法以防欺，未即亡焉，而天下之害積矣。（《讀通鑑論》卷八第四條）

△秦始皇之治，天下之事，無大小皆決於上。上至以衡石量書，日夜有呈，不中呈不得休息，而秦遂以亡。太史公曰：「昔天下之網嘗密矣，然奸偽萌起，其極也上下相遁，至於不振。」然則法禁之多，乃所以為趣亡之具，而愚暗之君，猶以為未至也。杜子美詩曰：「舜舉十六相，身尊道何高。秦時任商鞅，法令如牛毛。」又曰：「君看燈燭張，轉使飛蛾密。」其切中近朝之事乎（《日知錄》卷十一，《法制》條）！

△叔向與子產書曰：「國將亡，必多制。」夫法制繁，則巧猾之徒皆得以法為市。而雖有賢

者，不能自用，此國事之所以日非也（《日如錄》卷十一，「法治」條）。

△國朝立法太嚴，如戶部官，不許蘇松浙江人為之，以其地多賦稅，恐飛詭為奸。然弊孔蠹竇，皆由吏胥。堂司官遷轉不常，何知之有？今戶部十三司，胥吏皆紹興人，可謂目察秋毫而不見其睫者矣。（《日如錄》卷十一，「吏胥」條）

老子曾說法令滋彰則盜賊也相應地會增多。船山說「防之嚴，適以長欺」，亦即老子之意。法令多如牛毛，而民無所措手足矣。欲求生存，即不能不設法逃法，趨避鑽隙於法網之中，黠者與有力者則又利用這繁密之法以售其巧偽奸詐，此即所謂「欺之所藉」、「以法為市」、「上下相遁」，或利用法律以獲取自己的利益，或憑之以凌人罔民。⑨

而法制體系幾乎又總是在朝複雜化繁密化發展。這種發展，從樂觀的角度看，代表了法制日益完備、法律體系日漸周延，所以舊法若實施中發現有了弊端，也會不斷修正，以臻於完善。但依王船山、顧炎武看，卻絕非如此，《日知錄》卷十一云：

前人立法之初，不能詳究事勢，豫為變通之地，後人承其已弊，拘于舊章，不能更革，而復立一法以救之，於是法愈繁而弊愈多。天下之事，日至於叢脞。其究也眊而不行（語出《漢書・董仲舒傳》，師古曰：眊不明也），上下相蒙，以為無失祖制而已。此莫甚於有明之世，如勾軍、行鈔二事，立法以救法，而終不善者也。

立法以救法，如以水濟水、以火救火，法越繁而弊越甚。其說與船山論修法之弊正相呼應。此可說是法制日繁所引起的第三個問題。法制更嚴重的問題，在於它導引人們的思維方式及處事態度，讓人形成刻薄寡恩、察察為明的心理。因為法律的思維原本就是假定人都是會犯錯的，故立法禁以為之秩序。以致執法者視民為賊，輒自以為客觀執法，明察秋毫，洞悉隱慝，既捍衛了法律，又實現了正義。而其結果，則可能是更大的災難。船山說：

△明帝之過於明察也，非法外而加虔劉，如胡亥之為也，盡法而無欽恤之心耳。其法是，其情則過。（《讀通鑑論》卷七第二條）

△法嚴而任寬仁之吏，則民重犯法，而多所矜全。法寬而任走鷙鷹擊之吏，則民輕犯法，而無辜者卒罹而不可活。（《讀通鑑論》卷三第五條）

法律體系縱使非常寬和、非常良善，執法者以一種察察為明的態度來操作它，對民眾一樣會形成傷害。而不幸掌握法律權力的人往往自以為是，持著法律的尺去察糾別人的過愆，以為除惡務盡，不能慎於所止，故反而荼毒了人民。船山有兩段話，對此講得非常痛切：

△《旅》之象曰：「先王以明慎用刑而不留獄。」離，明也；艮，止也。明而慎，可以止矣，而必求明於無已，則留獄經歲，動天下而其害烈矣。漢武帝任杜周為廷尉，一章之獄，連逮證佐數百人。小者數十人、遠者數千里，奔走會獄，所逮問者幾千餘萬人。嗚呼！民之憔悴，亦至此哉！

緣其始，因欲求明慎也。……且夫證佐不具，而有失出失入之弊，不能保也。雖然，其失出也，則罪疑而可輕者也；即其失入也，亦必非矜慎自好者之無纖過而陷大刑者也。若夫賕吏豪民之殃民也，民既受其殃矣，朝廷苟有以暴明其罪，心已皎矣，奚必廷指之而後快？其所朘削於弱民者，已失而固無望其復得；安居休息，而凋殘之余，尚可以蘇。復驅之千里之勞、延之歲月之久、迫之追呼之擾、困之旅食之艱，甚則拘之於犴獄，施之以五木；是飲堇幸生而又食之以附萴，哀我憚人，何不幸而遇此明慎之執法邪？故台諫之任，風聞奏劾；巡察之任，訪逮豪猾；事狀明而不煩證佐，其得「無留」之旨歟！法密而天下受其荼毒，明慎而不知止，不如其不明而不慎也。（《讀通鑑論》卷三第廿四條）

△言治道者，至於法而難言之矣。有宋諸大儒疾敗類之貪殘、念民生之困瘁，率尚威嚴，糾虔吏治。其持論既然，而臨官馭吏，亦以扶貧弱、鋤豪猾為己任。甚則醉飽之愆、簾幃之失、書箑之饋，無所不用其舉劾，用快輿論之心。……於法之中，字櫛而句比之；於法之外，言吹而行索之。酒漿婢妾之失，陷以終身。當世之有全人者，其能幾耶？惡非眾惡，害未及人，咎其已往，億其將來，其人雖受罰而不服，公議亦或然而或否，欲堅持以必行而抑自詘矣。徒為繁密之深文，終以沮撓而不決，一往惡惡之銳氣，亦何濟於懲奸，而祇以辱朝廷羞當世之士耶？（《讀通鑑論》卷廿三，玄宗第一條）

執法者競相以法察奸，士大夫既贊成法治，故在主持輿論或擔任公職時也不免刻薄寡恩，「毛舉瘢求，察人於隱曲」。前者是為酷吏，後者流為申、韓，而且此非偶然之偏失，乃一般之常態，「後世之為君子者，十九而為申、韓」（《讀通鑑論》卷廿三，玄宗第一條）。船山這樣的批評，放在歷史上看，一點也不過分。

（四）法治之思考

以上這些對法治的批評與反省，足以顯示明清之際知識份子的思想傾向。他們基本上認為法是必要的，但並非治國之充分條件。而且徒法不足以自行，主導法的仍是人的因素。故制法者應以百姓心為心、謀天下人之福利，勿立一家之法。執法者，應寬仁、不忍、哀矜，勿以刻察為得意。對於民眾，除了以法律督察糾課以外，更應注意的是教育，如《讀通鑑論》卷四第四條說：「先王之將納民於軌物而弭其無方之奸頑者，尤自有教化以先之，愛養以成之，而不專恃乎此（按：指法律）也。」

這些見解，在法理學上可資玩繹探索者極多。例如法治之法可能並不良善的問題，英國法學家拉茲（Joseph Raz）在《法的權威性》（The Authority of Law：Essays on Law and morality，New York :Oxford University Press，一九七九）中說：法律事實上只是一套政府預先宣佈它將在什麼情況下使用其強制力之規則，故法治未必即是良法為治。一個國家，即使不尊重人權、種族隔離、男女不平等、迫害宗教，它仍然有可能在原則上比許多當代西方民主國家更符合法治的要件。因此他建議我們不能以為實施法治就同時實現了正義、平等、人權、尊嚴等等。

正因為法治之法可能是惡法，所以一九七〇年代以來美國法學家傅勒（Lon Fuller）又提出了

「合法性原則」的概念來補充，認為法若不合乎內在具體道德原則，即不能達成法之所以為法的先天目的性，這樣的法就不能期望人民守了，因為它並不具有合法性。

傅勒《法的道德性》（The Morality of Law）其實是將自然法的概念引入實定法，但只將符合程式正義視為符合了法律的內在道德。因此，在這方面，黃宗羲對合法之法與非法之法的分判，或船山對於法應本於道的說明，其實都比當代法學還有更廣闊的思考空間。船山《讀通鑑論》卷十七第二條云：「法先王者以道，法其法，有拂道者矣；法其名，並非其法矣。道者因天，法者因人，名者因物。道者生於心，法者生於事，名者生於言。……以道法先王而略其法，未足以治；以法法先王而無其道，適足以亂；以名法先王而並失其法，必足以亡。」道若無法，固然無從治國，但法若無道，則法實非法，適足以招亂致亡。此亦法之合法性原則，然而並不同於傅勒所謂訂立規則、公佈規則、規則不溯及既往、規則須明白易懂、規則不自相牴觸、規則不強人所難、規則不隨便改易、規則與實際執行不應有所出入等等。因為合乎此類形式性原則之法，依然不能擔保它是否合乎正義與道德。

德沃金（Ronald Dworkin）《法律帝國》（Law's Empire）第三章論「邪惡的法律」，質問：「納粹有法律嗎？」談的也是這個問題。他說某些人會基於自然法的立場批判「在一些國家和某些情況下，不存在法律。儘管存在諸如立法機關、法院等法律機構，但這些機構為非作歹，不配這個稱號」。因為，「自然法理論主張政治組織的規則必須符合正義的某種最低標準，方能形成一種法律制度」。而另有一些人指摘「納粹法不是真正的法，或是變質的法，或是不太完整的法」，則是由於「納粹法缺乏使法律制度健全成立的基本特徵，未讓法律制度的規則與程式為強制力提供正當理由」。黃宗羲、王船山在這種區分中，似乎具有自然法之傾向，但對非法之法的批判，無疑在當代法理學上深具意義。⑩

而由他們含有自然法傾向這一方面說，泰格與利維《法律與資本主義的興起》一書曾徵引瑞涅・大衛（Rene Darid）之說，謂：「實定法對於中國人，從來不曾顯得是一個良序社會的必要條件，甚至也不是正常條件。相反地，實定法乃是社會有欠完美的跡象，而且實定法與高壓統治這些觀念之間還有著某種聯繫。」（**第二十章：法律意識型態的發展**）實則中國人認為由國家機構制定的法律體系（**即實定法，Positive Law**），雖不足以為治國之充分條件，但除了少數思想家之外，大抵仍承認它是必要條件與正常條件。所以這話前半段並不準確。可是它後半段卻講對了，黃宗羲、顧炎武、王船山等人，都有將實定法與高壓統治關聯起來說的性質。不過，如此討論實定法，也未必即表示他們主張自然法。他們所說的法，在大部分情況下仍指實定法，並認為這些法令規章及據以建立之原則，實際上只是統治集團企望之表達。這個觀念，在國家法律意識形態之研究上，實具有前導之開拓性意義。

泰格與利維說：「各種法律規章體制，作為法律意識形態的表述，並非僅僅是對國家權力（**亦即有組織的暴力**）將會如何使用的預告，它自身即帶有為行使那種權力的合法性而作的辯護。」⑪正因為如此，法律越嚴密，統治也越嚴密。而又因「企求國家權力的各個團體，都曾通過法律規章和原則的體系，來制定獲權之方案」，故法律體系輒成為各爭奪權力者的鬥爭之場，互爭立法、執法、釋法權。

法律在表面上看來是客觀的，這也是近代法學的基本信念。但法律詮釋學的發展，卻讓我們明白法律的實施完全依賴於解釋，所以根本不是客觀的。一切法律規定都必須一般而廣泛，才可以適用於各種狀況，故法律不可能窮盡所有細節。且因法令有限、人事無窮，法律的一般規定無法預見所有的具體狀況，是以法律規定無法自動適用到特定的案例，其中一定有個解釋和應用的問題。這些解釋，依解構學派的看法，章句解釋必定要依賴脈絡情境，所以也不可能客觀，甚至也不能確定。表達與領會之間，更是一個無窮盡的程式。傳統將法律視為客觀的外在實體，遂被認為只是一種迷思。

法律因為有待解釋，其執行又仰賴個別的人在具體的情境中去施行，故亦深受感情、意志、理解能力、利害關係之影響，所以它才能成為各方逐利者角力鬥法玩法的場域。如船山所說：「法之嚴，適足以長欺。」⑫

法律增長了人的爭端與欺罔，這個充滿倫理意味的論斷，事實上也與當代對法律社會的批判若合符節。批判理論認為：在近代自由主義法律觀之下，法律既是人人得以使用以追求個人最大利益的手段，社會上的個人及團體就都成為以法律武裝起來的單元，各自以法律作為彼此競爭、彼此掠奪的武器。但人際關係及人類共同生活，如男女關係、家庭共處、友誼親情，甚至長遠的商業關係，均不完全以利害競爭為其全部內涵，也不盡適合以法律手段來調整。法律手段過度膨脹、過度運用，會將所有人際關係都改變成為彼此打量、爾虞我詐的疏離狀態。哈貝馬斯稱此為「生活世界的殖民化」（Colonization of the lifeworld）症象之一，對人與人之溝通瞭解形成了實踐的障礙。⑬這樣的講法，不啻為船山等人之說作了補充。理解了這些思想之後，我們回過頭來看顧炎武所說：「法制禁令，王者之所不廢，而非所以為治也。其本在正人心、厚風俗而已。故曰居敬而行簡，以臨其民。周公作《立政》之書曰：『文王罔攸兼於庶言庶獄庶慎。』又曰：『庶獄庶慎文王罔敢知於茲。』其叮嚀後人之意，可謂至矣。」（《日知錄》卷十一，「法制」條）應該也會為之首肯了。⑭

注釋

① 漢文帝廢肉刑，夙稱仁政。但廢肉刑以後，老百姓受刑之苦反而益甚，故東漢以降，建議恢復肉刑者極多。這件事對中國人討論法治及刑法之輕重問題啟發極大，不能不注意。

② 「法治」與「以法為治」之分，周天瑋《蘇格拉底與孟子的虛擬對話：建構法治理想國》（台北：天下遠見出版公司，一九九八年）第五章有所說明。

③ 惡法有兩種情況，一指不正義之法，二指不完善之法。船山所說，以第二種為主，但認為不完善之法將導致不義。

④ 黃維幸《法律與社會理論的批判》（台北：時報出版公司，一九九一年）第八章曾從法律詮釋學的角度論及這個狀況：「亞里斯多德很早就指出一般理論及實際運用之間的困難。普遍性理論的適用，與實際情況中為達到某一目標選擇手段，並不全然相同。一般理論不會告訴我們什麼才是正確的實踐。法律的規定及適用，也面臨同樣的難題。一般的規定沒有告訴我們如何將法律真正落實到具體案件之上。尤有甚者，一般規定的具體落實，並不表示不需要解決法律適用是否達到『良善』、『公平』、『正義』的問題。所以法律詮釋學的真義就在決定法律的真實意義何在，以便對具體案件做出妥善的解決，絕非只是對律文或成例做一番『說文解字』的工夫。」法律詮釋的需要與空間，正是「徒法不足以自行」的理由，也是法由普遍轉換到具體的仲介手段。

⑤ 對於法律專業化的反省，乃當代法學之熱門題目。陳先奎主編《西方人看西方》（福州：福建人民出版社，一九九一年）第四章《法治社會的反思》第二節《扭曲法治的律師制度》，對此有些介紹。另詳黃維幸《法律與社會理論的批判》。

⑥黃維幸由當代現象學及解構主義之發展來反省法律的客觀性時，也講了一段與船山幾乎完全相同的話：「劉邦入漢中與秦民約法三章，與秦法的繁苛相比，自是一目了然，淺顯易懂。據說秦民因而大悅。可是表面上看來明顯確定的法條，卻也隱藏無限的問題。就以第一條『殺人者死』來說罷：什麼是『人』？是否包括胎兒、嬰兒、犯人、敵人、蠻夷？什麼又是『殺人』？作戰殺敵、比賽嬉戲，以及一切有意無意致人於死的許多情況是否都在『殺人』的定義之下？而『殺人者死』是否適用於本身致殺人者於死的情況（處決重犯，正當防衛）？……法律客觀確定的看法，在解構學派影響下的法學理論看來只不過是一種幻想。像德里達就認為章句的解釋必定要依賴脈絡情景，而脈絡情景本身是無限的。既然脈絡情景不能確定，章句的意義就無法明確。法律規定和法律現象如果可以看成一種章句，那麼它就不可能是客觀確定的事物。這種情況在法律規定採用開放性的字眼（例如正義、合理、公平、正當、誠實信用等）的時候，最為明顯不過。即使一些表面上不是含混抽象的字眼或標準，在界說之時也會出現含義不明的情況。」（見黃維幸《法律與社會理論的批判》）

⑦當代法學中稱此為法律形式主義之批判。認為法律只追求內部邏輯及觀念一致，而忽略了實質的目的，而且因它只是抽象的形式，與社會現實中各種殊異的狀況往往不能對應。例如法律上的一些權利，因為社會財富及權力實際分配的不均，並非對所有人都有實際的意義。「契約自主」、「絕對財產權」、「工作選擇權」、「言論自由」等等，對許多人而言只是流於形式，不具實質內容。這種主張當然是傳統上左派對資本主義社會的批評之一。不過真正的自由主義者像托克維爾、韋伯、涂爾幹等的著作之中，對這種法律形式主義也頗有微詞。同時左派之中也不乏對官僚式社會主義統治的反思，尤其是認為形式權利的存在無補於個人權利的喪失。如Herbert Marcuse, Soviet Marsism, 一九五八，頁六六；Cornelius Castoriadis, Political and Social Writings, D.Curtis,trans. & ed.,一九八八。

⑧古代法律實均出自主政者，近代法律，則論者多認為立法權已轉至具民意之立法機關，故立法、行政、司法三權鼎立之架構使法不再成為統治者的工具。但事實上：（1）所謂具民意之立法機關，本身就是國家統治機器的一部分。（2）雖立法機關之成員可能具有民意基礎，例如可能由人民選出，然而其立法時之立法意志卻未必是人民的，而更可能是代表政黨或代表統治群體。（3）且立法權在實際政治運作中，必然受制於行政權，名義上是三權分立，其實是行政權獨大。這一點亦可參看陳先奎主編《西方人看西方》第四章第三節《傾斜的法治權力架構》。

⑨船山在《莊子解．胠篋篇》中對於嚴密的法禁反而激使民玩法盜法，有更集中的討論。但他認為該篇非莊子所作，乃莊子後學針對戰國時期法令滋多之狀況而發的激憤之言。此處摘錄五則以供參考：

△察於理之謂聖，通於事之謂知。理無定在，事有遷流，故聖知之所知，含之於心，而不可暴之為法者也。以是為法而蘄以止盜，則即操我之戈，以入我之室。嗣守吾法者，不能如我之聖知，而法固可竊，強有力者勝矣。陳氏以豆區之仁，收姜氏之齊，太公之教也。陳氏之守固，而姜氏熸矣。

△聖知之法，刑賞為其大用，而桀、紂即以之賞邪佞，而加刑於逢、比。逢、比之戮，亦四凶之竄為所守也。道暴於法，則何適非法？法以暴道，則何適非道？法之所以紛，道之所詭也。無道可托，無法可按，天下奚不治哉？聖人用法，僅可以弭一時之盜。施及後世，唯重聖人之法，而喪其所重，乃法徒為盜守，徒為盜積。所重唯法，則已輕矣。外重者，內泄其含也。唯含者為人所不能竊。故甚患夫聖人之不含而亟暴之也。

△大小、輕重、真偽，人之所固能知者，不待斗斛、權衡、符璽而始知。聖人以其聖知立法，以齊一天下之聰明。法繇心生，窺見之者竊之而有餘矣。治人揭聖人之法以禁天下，曰「奚不如法」？亂人亦揭聖人之法以禁天下，曰「奚不如法」？則盜國毒民者，方且挾法以禁天下，而惡能禁之？欲不歸過於聖人而不得已。

△有人於此，未嘗為盜，而詔之曰：「汝勿為盜！吾有法在，汝欲為盜而固不能。」於是而盜心起矣。且思以其聰明爭巧，而一人之利器不能敵天下之鋒鋩。

△有不知、有不善，而亟于立法，則日月、山川、四時、萬物之性，皆在吾法之外，而一成之法，適為盜資。

⑩近代法學以實定法為主，反對自然法，但當代法學卻重新重視了它。因為它探討了法律之本質及其與道德關係之問題，詳見登特列夫（A. P. d'Entr ves）《自然法：法律哲學導論》。

⑪近代法學以實定法為主，反對自然法，但當代法學卻重新重視了它。因為它探討了法律之本質及其與道德之問題，詳見登特列夫（A. P. d'Entr ves），李日章譯，《自然法：法律哲學導論》，學林出版社，一九九六年。

⑫打破「法律是客觀中立的」迷思，乃當代法學之重要貢獻。據黃維幸描述：「對法律中立性的觀念批判最力的當然是受馬克思理論影響的一些看法。在馬克思看來，像法律制度一類的上層建築終究會

受到經濟結構的左右，也要受到其他意識形態的滲透。同時國家機器既受經濟力的宰割，法律的中立性根本是無聊的看法。不過，也不能據此就認為反對法律中立性是馬克思理論影響下的成見。像自由主義的韋伯就也說過，『契約自主』很可能是一種特別形式的經濟壓迫，因此契約法並不一定有它的中立性。此外，從批評唯科學主義下的技術器物理性觀念裡，也逐漸突顯了法律作為社會實踐的層次，絕非器物理性所能包攬。實踐理性必然包括規範取捨的主觀價值判斷，法律的中立性在此種情形下自然也成泡影。」（見黃維幸：《法律與社會理論的批判》）

⑬哈貝馬斯《溝通行為理論》曾經以社會安全福利措施的法律為例，認為法律的本意是救濟失業、殘疾、老弱等等，但是由於法制化，行政法律及官僚機構只能以抽象及一般的法律執行這些政策。法律無法針對個別的情況及時處理，且其目的並不在防止，而只在試圖補救經濟制度產生的壓迫和依賴。因此法律手段達不到使受害人恢復尊嚴和自立的目標。法律救濟提供的大部分也是金錢補助。因此原來是生活世界溝通性的共識問題，變成以金錢及政治權力為媒介的社會系統調整。如此不但不能達到社會整合的目的，反而造成社會的解體。此外，福利國家內法律手段膨脹擴展到家庭及學校的領域，也被他視為系統侵佔生活世界的例子。法律為了保護未成年人以及學生和家長的利益，提出了一切為了「兒童的最佳利益」等等原則。但是法院及行政機關，既無必要以知識對付家庭及學校的問題，也沒有足夠的時間提供必要的監督。而法律卻將當事人關係的取向，從生活世界的溝通行為轉變為社會制度的目的性、器物性行為。同時，法律的原意在打破未成年人被家庭或學校支配管束的狀態，卻促成對法院及行政機構的另一種依賴關係。由哈貝馬斯看來，問題的解決，須將以法制化解決家庭及教學爭端的辦法，退到原來的法律領域之外。

⑭一九九九年春，筆者曾作《畫歪的臉譜：孟德斯鳩的中國觀》一文，討論孟德斯鳩中國觀中涵蘊的問題。據孟德斯鳩看，中國是專制、不民主的，與歐洲對比，中國法治較不發達，仍停留在禮俗與法律不分的階段。我不贊成他的描述，作了一些說明，其中也談到中國賢哲對於法制所形成之官僚化以及集權化的憂慮，認為中國古代對法治並不完全贊成，正是因對法治有了深刻的省察使然。但該文論旨別有所在，故對於這一點只能略引端緒罷了。同年五月，王成勉兄邀我合辦「明清文化國際學術研討會」，督命撰文，乃整理明清之際一些思想家對此問題之思考以應命，也算是對前文的一點補充。

七　儒家喪失歷史性的危機

王夫之（一六一九至一六九二），號船山，乃明末清初之大儒，一生著述不輟，而以七十三歲所撰《讀通鑑論》、《宋論》為壓卷。除了這些史論之外，他早在二十八歲即開始編《春秋家說》，此為其平生著作之發軔。五十歲時又編成《春秋世論》。故他可說是宋明理學家中少數具有歷史意識及史學修養的人。論史諸書，樹幟於文人史論及專門史家史事考證之外，卓然自立一軍。故自晚清船山學重見天日以來，學界咸推重之。

但學界所以推崇船山者，或在於其攘夷有助於革命；或謂其反特權、紓富民，可為資本主義萌芽之說張目；或云彼既重人性中之歷史性，又重歷史中之人性，足當「人性史哲學」之稱。凡此等等，其實均未能知船山學之底蘊也。

船山尊君重禮、嚴等差上下尊卑之分、別男女、隔華夷、訾府兵、慨科舉、抑商賈、沮將率、貴世族、非鄉團，而以君權不能下移，男女夷夏士庶各安其所為「天秩」、「天序」。其說與孔、孟之教，實已殊途，持理固然不妥，論史亦多不當。

本文即準備說明船山在這方面的主張並論析其錯誤。同時，因為船山代表了宋明理學中仍然重視史事史義的這個學脈，故我也將分析儒學從經史相涵到經史分途之後，如何由「即事窮理」的型態，逐漸變為「以理斷事」，以致日益喪失了它的歷史性，出現「立理以限事」的危險。此一困境，即使是船山，也不能免。

（一）嚴男女之防

船山論治，有非常濃厚的尊卑觀，男尊女卑，即為其一。他反對女人參政、干政甚或從事文教工作。請看《讀通鑑論》中這幾則：

△聖王之治，以正俗為先，以辨男女內外之分為本。權移於婦女，而天下沉迷，莫能自拔，孰為為之而至此極？元后之陰狡，成帝之愚昏，豈徒召漢室之亡哉？數十年中原無丈夫之氣，而王莽之亂骨曝如山矣。（卷五，漢哀帝三）

△（李）尋推陰陽動靜之義，昌言母后之不宜與政，豈徒以象數徵吉凶哉？天地之經、治亂之理，人道之別於禽獸者，在此也。婦人司動而陰乘陽，陽從陰，履霜而冰堅，豕孚而蹢躅。天下有之，天下必亡；國有之，國必破；家有之，家必傾。父子、君臣、兄弟、朋友之倫，以之而泯；厚生、正德、利用之道，以之而蔑。故曰：尋之言，言人之言，而別於禽獸也。婦者，所畜也；母者，所養也。失其道，則母之禍亦烈矣，豈徒婦哉？（同上漢哀帝四）

△天下未有婦人制命，而紈袴僨帥不興者也。未有陰氣凝於上，而干戈之慘不流於天下者也。

故曰：「鶴鳴於九皋，聲聞於野。」氣相召，禍相應，而龐參之邪說始乘之，以縮消生人之氣，可不戒哉！（卷七，漢安帝九）

△鄧后為鄧氏近親開邸第教學，而躬自試之，史稱之以為美談。漢武開博望苑，兩太子弄兵；唐高開天策府選文士，而宮門喋血。天子之子且以召難，況後族乎？諺有之曰：「婦人識字則誨淫，俗子通文則健訟。」詩書者，君子所以調性情而忠孝，小人所以啟小慧而悖逆者也。故曰：「民可使由之，不可使知之。」不然，三代王者豈以仁義禮樂吝予斯人；而內不及於宮闈，外不私於姻黨，何為也哉？（同上•漢安帝十）

船山以陰陽論男女。但在形上學方面，他雖云乾坤不妨並建，由政治上看，卻稱男女須嚴別內外、動靜。陽動而陰靜，動者治人，陰者「靜以聽治於人者也」，所以在政治上沒有說話的份兒。他以此為人禽之別，有時也以此為人鬼之分，如卷五哀帝之四就說：「陰之干陽，其變非一。女子之干丈夫也、夷狄之干中夏也、鬼之干人也，皆陰之干陽也。尋知乾之剛、陰之靜矣。鬼亦陰也，靜以聽治於人者也。顧其識不及此，聽甘忠可、夏賀良之邪說，惑上以妖，終以貶死燉煌，為天下笑；則亦以陰干陽，等於婦人之煽處爾。載鬼一車，而欲懲負塗之家，奚其可？故陰陽動靜之理大矣，其變繁矣，其辨嚴矣。立人之道以匡扶世教，無一可苟焉者也。」

他如此強調人禽之辨、人鬼之分，視「嚴男女之別」為人道之一大指標，到底合不合理呢？從儒家反對「牝雞司晨」的傳統來看，好像此說乃儒家通義，實則不然。因為陰陽的關係，船山講得絕對化了。首先，以《易經》來看，《文言傳》說得好：「坤，至柔而動也剛，至靜而得方。」可見坤亦非只是靜只是柔。其次，坤道固然是「順」，但是《文言傳》在「坤道其順乎」、「蓋言順也」之下，立刻接著說：「直，其正也，方，其義也，君子敬以直內，義以方外。」可見坤也不是指一味柔弱順從，聽治於人。再者，坤陰即不能從事政治嗎？更不是。坤之六三明明說：「六三，含章，可貞，或從王事，無成有終。」《象》曰：「含章可貞，以時發也，或從王事，知光大也。」都認為婦女可從事王政，且會有好成果。故《文言傳》也說：「陰雖有美，含之，以從王事，弗敢成也。地道也、妻道也、臣道也。地道無成而代有終也」，謂陰雖不能獨力完成造化，但在王事之中仍應有其作用，「始克有終」。凡此，均證明陰陽不能孤立地看，也不能絕對化。從《易經》的義理看，女性主政固然非儒家所主張，參政卻是應有之義。船山乃以此為禽獸道、鬼道，實在蔽錮太甚。

而且，這種見解並不只顯示在政治範疇中，因為船山是從本質化的角度來談男女。男女之不同，是本質性的，男陽女陰、陽動陰靜，女人就該靜順聽治，陽主而陰從。故他解釋婦字說：「婦者，所畜也。」這樣的解釋，在儒家傳統中也不是個好說法，像《易・蒙卦》注云：「婦者，配已而成德者也。」就顯然比它好得多。他把婦女看成是男人所畜養之物，雖因這個物畢竟也是一種人，故對她的處理態度須有些不同（例如找家事給她打發岑寂之類，見卷十五孝武之二：「內教之修尚矣，迪之以陰禮，而可使見德；統之以婦職，而可使見功。夫婦人亦猶是人也，無所見其功德，而後預外事以榮。故先王勤飾以躬桑漬種之儀，勸獎以亞獻饋籩之禮，有餘榮焉。雖樂於自見之哲婦，亦不患其幽深宮如圈豚籠鳥之待飼，而其志寧矣。」）但本質上是跟養金絲雀沒啥兩樣的。

這樣的態度，在現今，當然很容易引起女權主義者的批評。但我們指出這一點，並不是想藉此阿諛女權主義人士，而是想由此說明船山論史論治，事實上都存在著嚴重的問題。他把人分成許多等，然後本質化地重視某一類人，卑視另一類人。其重視或卑視，各有理論以飾潤其立場，一如他以陰陽來解說男尊女卑、男主女從那樣。然其理固然不盡通達，其說不盡符合儒家通義，其論史事亦往往因此而失中，這是讀船山之書者所不能不察的。

（二）明夷夏之分

在上面的引文中，細心的讀者可能會注意到：船山在論婦人干政時，是把它跟夷狄亂華合在一塊說的。夷狄，亦是本質性地被船山卑視，認為屬於低一級的人。嚴夷夏之防，乃因此而亦是人禽之辨，為人道之大事：

△人與人相於，信義而已矣。信義之施，人與人之相於而已矣；未聞以信義施之虎狼與蜂蠆也。楚固祝融氏之苗裔，而周先王所封建者也。宋襄公奉信義以與楚盟，秉信義以與楚戰，兵敗身傷而中國羞。於楚且然，況其與狄為徒，而螫嘬及人者乎！……故曰：夷狄者，殲之不為不仁，奪之不為不義，誘之不為不信。信義者，人與人相於之道，非以施之非人者也。（卷四，漢昭帝三）

△漢詔南單于徙居西河美稷，人極之毀，自此始矣。非但其挾戎心以乘我也，狎與之居而漸與

之安，風俗以蠱、婚姻以亂、服食以淫，五帝三王之天下流泆解散，而元后父母之大寶移於非類，習焉而不見其可恥也，間有所利不見其可畏也。技擊詐謀，有時不逮，呴沫狎媟，或以示恩，而且見其足以臨我；愚民玩之，黠民資之，乃至一時之賢豪，委順而趨新焉。迤及於千歲以後，而忘其為誰氏之族矣。（卷六，漢光武帝三六）

△夷狄非我族類者也，蝨賊我而捕誅之，則多殺而不傷吾仁；如其困窮而依我，遠之防之，猶必矜而全其生；非可乘約肆淫，役之殘之，而規為利也。（卷十二，晉懷帝三）

△天下所極重而不可竊者二：天子之位也，是謂治統；聖人之教也，是謂道統。治統之亂，小人竊之、盜賊竊之、夷狄竊之，不可以永世而全身。……石勒起明堂、辟雍、靈台，拓拔宏修禮樂、立明堂，皆是也。敗類之儒，鬻道統以教之竊，而君臣皆自絕於天。……雖然，敗類之儒，鬻道統於夷狄盜賊而使竊者，豈其能竊先王之至教乎？昧其精意、遺其大綱，但於宮室器物登降進止之容，造作纖曲之法，以為先王治定功成之大美在焉，私心穿鑿，矜異而不成章。財可用、民可勞，則擬之一旦而為已成。故夷狄盜賊易於竊而樂竊之以自大，則明堂、辟雍、靈台是已。……此固夷狄盜賊妖妄之情合，而升猱冠猴者鬻之以希榮利，固其宜矣。（卷十三，晉成帝七）

△詩書禮樂之化，所以造士而養其忠孝，為國之楨幹者也。拓拔氏自以為能用此矣，乃不數十年之間，而君浮寄於無人之國，明堂辟雍，養老興學，所為德成人、造小子者安在哉？沐猴之冠，冠敝而猴故猴矣，且並失其為猴矣，不亦可為大笑者乎？高歡、宇文泰適還其為猴，而跳樑莫制，冠者欲復入於猴群，而必為其所侮，不足哀抑可為哀也！故鬻詩書禮樂於非類之廷者，其國之妖也。其跡似，其理逆，其文詭，其說淫，相帥以嬉，不亡也奚待？虞集、危素祗益蒙古之亡，而為

儒者之恥，姚樞、許衡實先之矣。（卷十七，梁武帝二十一）

夷狄，是另一種人，非我族類。而且此一「族類」是近乎禽獸的生物，故他一再用螯、非人、猴子來形容。對於夷狄，船山同樣主張人禽之別。區域上，各有居域，不容混雜，因此他反對「徙戎」的觀點與政策，如上引第二則。文化上，他認為人與人相處的原則（例如信義），不宜也不必施於與夷狄之間，見上引第一則。又認為中國的聖人之道，也不用由夷狄來推行，想教化夷狄，令夷狄施用聖人之道，更是徒勞，如上引第四、五則。換言之，華夏民族與夷狄相處，同男人跟女人相處一樣，叫做「嚴男女之防」、「離男女內外之分」。夷狄犯我，強以陰干陽，實傷天和，當然要大力反抗。但我們也不能去侵略他，應使之各安其居，各行其事。凡想調和兩者，混同華夷者，他都反對。例如徙戎，或教夷狄以詩書禮樂，或拿中國人相處的原理去處理跟夷狄的關係，都是不對的。正如麋鹿與人不可以同群，勿強我如麋鹿般去吃草，也大可不必教麋鹿誦詩書。

我們應該也還記得，船山是反對女子讀詩書習教化的。他以同樣的態度來思考華夷問題。故痛罵和親、通西域、聯夷以制夷等政策，對張騫、班超均不以為然，反而盛讚光武帝之「閉玉門，絕西域」（卷七，漢明帝九）。他認為：「玉門以西水西流，而不可合於中國。天地之勢，即天地之情也。張騫恃其才力強通之，固為亂天地之紀。」（卷三，武帝十五）總之，華夷要分開才妥當，凡調和溝通者皆是亂了天地之紀律，會遭到他的惡評。

這樣的講法，明顯屬於種族主義。夷狄被視為劣種。固然此種種族主義並無侵略性，反對消滅非我同類者，不會奴役其他族類，但畢竟採取區隔之法，欲保障我族的純潔性和高貴性。

此說對民族間文化之交流或溝通，當然不利，也不符古代儒家所云「用夏變夷」之義。《春秋》論夷夏其實是個文化概念，故夷狄若能中國則中國之，孔子甚且欲居九夷。船山則嚴夷夏之防。在他的理論中，夷夏固然也有文化涵義，但基本上是種族概念，文化涵義是依附在種族上的。夷狄因異種故文化低劣，殆如猴如蟲，即使來學我之文化，也只能是沐猴而冠，猴性難改。若依其說，則孔子欲居九夷，豈不也是「冠者欲復入於猴群，而必為其所侮，不足哀而抑可為之哀也」？有這種道理嗎？

（三）論士庶之別

除了主張區分性別男女、種族夷夏之外，在中國人民內部，船山也還要再作區分。他所讚賞的，是六朝那種世族門第式的社會，如《讀通鑑論》卷十五宋文帝十一：

△拓拔氏詔舉逸民，而所徵皆世冑，民望屬焉，其時之風尚然也。江左則王、謝、何、庾之族顯，北方則崔、盧、李、鄭之姓著，雖天子莫能抑焉，雖邊遠夷狄之主莫能易也。士大夫之流品與帝王之統緒並行，而自為興廢。風尚所沿，其猶三代之遺乎！

夫以族姓用人者，其途隘；舍此而博求之，其道廣。然而古之帝王終不以廣易隘者，人心之所趨，即天敘天秩之所顯也。堯求人於側陋，而舜固虞幕之裔；文王得賢於屠釣，而太公固四岳之嗣。降及於周衰而遊士進，故孔子傷陪臣之僭，而憂庶人之議。《春秋》於私嬖驟起之臣，善則書人，惡者書盜；孟子惡處士之橫逆，而均之於洪水猛獸。耕商騶儈胥史之徒起，而為大倫之蝨賊，誠民志之所不順也。

△漢高起自田間，蕭、曹拔於掾吏，上意移而下俗亂，故江充、主父偃、息夫躬、哀章之徒，得以干主行私，亂君臣父子之彝倫而禍人宗社；然而古道之在人心者，不可泯也。六代南北分，而此意獨傳，以迄於唐，世胄與寒門猶相持而不下。及朱溫肆清流之毒，五季摧折以無餘，宋因陋而不復。然其盛也，呂、范、韓、陳猶以華胄而登三事、列清要，天下咸想望之；其卓然立大勳明聖學者，類能不墜家聲而為國所恃賴；至於文及甫、程松之為敗類者，百不得一也。女真、蒙古更主中國，而北面事之者，皆猥類無行之鄙夫，無有能如崔浩之不惜怨禍以護士大夫之品類者，而古道掃地無餘，以迄於今。科舉孤行，門閥不擇，於是而市井錐刀、公門糞除之子弟，雕蟲詭遇，且與天子坐論而禮絕百僚。嗚呼！君子之於小人，猶中國之於夷狄，其分也，天也，非人之故別之也，一亂而無不可亂矣。

△六代固嘗以夷狄主中國矣，而小人終不雜於君子，彼廢而此不廢焉。至於兩俱廢，而後人道之不滅者無幾矣。拔濁流而清之，將謂引小人而納於君子之途，道至大也；乃其弊也，夷君子於小人，而道遂喪。道大則荒，故先王畏其荒而不嫌其隘。譬之治津塗者，無徑隧而任人之行，則蔓草遍於周行，而無所謂津塗矣。其位，君子也；其職，君子也；其飾文物以希當世者，君子也。而錢刀罵訟之聲，習而聞之；役父誶母之色，狎而安之；則廉恥喪於天下，而人無以異於禽。故曰：將引小人而納之君子，實夷君子於小人也。小人雜於君子，而仕與同官、學與同師、游與同方、婚姻

與同種姓，天下無君子，有小人矣，中國皆夷狄矣，可勝痛哉！有王者起，無仍朱溫惡清流之惡；名世興，無避崔浩清流之怨，庶以扶乾坤於不毀乎！

這是在民族內部論族性。世族華胄，謂為清流，稱為君子。庶民、處士、寒門、市井，則為濁流，為小人。君子與小人，亦如華夷，不容相混。他稱此為人禽之辨。

船山論史，原本是重視時變的，所以說封建不可恢復，井田無法再行，兵農合一也不能復現於三代以後。但一討論到士庶之分時，卻以「三代遺意」為祈向，主張若後世有王者復起，便應恢復貴族封建制的社會體制，區分士族與庶人，這實在是非常奇特的想法。

士族門第社會，是一種「閉鎖式的社會」，其社會階層化標準，為血統。血統是不能改變的，所以它所形成的社會階層乃是封閉而穩定的，士人之子恒為士，庶人之子仍為庶。庶人縱或有才有學有智有能力，也無法打破階級的藩籬，讓自己上升到士的階層，除非與上流社會通婚，改造血統。而凡此類封閉型社會，為了保持其血統的純粹性，士庶之間，卻又是嚴禁通婚的。昔人感歎南北朝門第社會「士庶之際，殆若天隔」，原因即在於此。

船山卻讚美此種階層不流動的社會，而且相信這種血統之分有其合理性，是「天敘天秩」，謂世族本質上較庶民優越。他痛罵讓平民百姓能夠上升成為統治階層的制度打亂了這種天敘天秩，說這樣就是洪水猛獸，就會成為大倫的蟊賊。

如此議論，當然也不合乎孔、孟之教。孔、孟論君子小人，均就其德說，而不以其血統身分論。這是孔子扭轉封建倫理的一個重要關鍵。正如他所宣導的「有教無類」，打破了身分離斷的受教育權。士君子由古代封建身分義，在孔子手上，也轉為道德義。故《論語・雍也》云：「子謂仲弓曰：犁牛之子，騂且角，雖勿用，山川其舍諸？」又云：「雍也，可使南面。」仲弓之父乃賤人，且行為不善。但仲弓這種出身，並不影響孔子對仲弓的讚美。孔子不僅誇仲弓學行之美非天地山川所能棄，更說他可以做國君。以此與船山相較，兩者相去，不啻天壤。

（四）辨良賤之殊

在船山的理想國中，種族純粹、姓族嚴分、男女內外攸別，才能井井有條。因此那是個絕對封閉的社會，「士之子恒為士，農之子恒為農」：

△是以古之為法，士之子恒為士，農之子恒為農。非絕農人之子於天性之外也。雖欲引之於善，而噎霾久蔽，不信上之有日，且必以白晝秉燭為取明之具，聖人亦無如此習焉，何也。故曰：「民可使由之，不可使知之。」不可使知矣，欲滌除而拂之，違人之習，殆於拂人之性，而惡能哉？則靳取之華胄之子、清流之士，以品騭而進退之，亦未甚為過也。父母者，乾坤也，即以命人之性者也。師友交遊者，臭味也，即以發人之情者也。見聞行習者，造化也，即以移人之氣體者也。知此，則於是以求材焉，有所溢，有所漏，然而鮮矣。

△唐之舉進士也，不以一日之詩賦，而以名望之吹噓，雖改九品中正之制，猶其遺意焉。宋以

後，糊名易書，以求之於聲寂影絕之內，而此意殆絕。然而學校之造士也夙，而倡優隸卒之子弟必禁錮之，則固天之所限，而人莫能或亂者。伊尹之耕、傅說之築、膠鬲之賈，托以隱耳。豈草野倨侮、市井錐刀之中，德色父而誶母者，有令人哉？（《讀通鑑論》卷十，三國二）

依儒家性善論的觀點說，人性本善，塗之人皆可為禹，怎麼能說市井氓庶中就不能出人才呢？但船山認為人性雖然本善，人雖可以為堯、舜，可是那是指可能性。實際上人受限於居處環境的習氣所得，不免性相近而習相遠，市井氓庶罕能有好令德者。如此立說，雖然巧妙，但以子之矛攻子之盾，請問：性相近而習相遠，使市井氓庶未能成德、未能為堯、舜禹湯者既然在於環境、在於習，聖人化民成俗，豈不正應改善其環境，使之習與性成乎？船山卻又反對教化，謂「欲滌除而拂拭之，違人之習，殆於拂人之性，而惡能哉」。這不是自相矛盾嗎？可見性相近而習相遠云云，僅是船山用以自我辯護的一套飾詞罷了。以習為說，僅是為了維護他「士之子恒為士，農之子恒為農」、「倡優隸卒之子必禁錮之」的理想罷了。

士代表貴族，農代表良民。倡優隸卒，則是賤民。船山所維護的，就是這種血統身分的良賤制。但在良民與賤民之間，還有兩種人，也是船山所欲安頓其位置者，一為兵，一為商。

船山認為古代是兵農合一的，後代則兵農應分開來。這時，他就不恢復三代遺意了，而呼籲要重視歷史的時變因素，三代以上固然兵農合一，三代以下兵農絕不可合：

△三代而下，農不可為兵。則所將之兵，類非孝子順孫，抑非簡以馭之，使之樂從，固無以制

其死命。（卷三，漢武帝五）。

△三代即民即兵，井甸之賦，師還而仍為鄉鄰，將雖寬而兵自不為民害。故《師》之象曰「容民畜眾」，寬而無損也。後世之兵出於召募，類皆貪酒色樗蒲淫酗之民，容者所不能容，畜者所不易畜也，其不禁而兵為害久矣。（卷七，漢和帝七）

△古者寓兵於農，兵亦農也。王者莫重乎農，則莫重乎兵，於《風》有《東山》焉，於《雅》有《杕杜》焉，相與勞來而詠之，如此乎其貴也。後世召募興，而樸者耕耨以養兵，強者戰守以衛農，相為匹而不相下，坐食農人勤獲之粟而不以為厲農。其有功則立朝右，與士伍而不以為辱士。抑如此乎其重之也。乃使犯鈇鑕之刑，為生人所不齒者，苟全其命，而以行伍為四裔之徒。則兵之賤也，曾不得與徒隸等。求其不厭苦而思脫、決裂而自恣、幸敗而潰散者，幾何也？（卷十五，孝武帝三）

△三代之制，不可行於後世者有二：農不可兵，兵不可農；相不可將，將不可相也。（卷二，漢文帝四。案卷八桓帝三又云：「夫為將者，類非潔清自好獨行之士。」卷十五孝武帝三則曰：「授鉞而專征者，一岸獄之長而已，廉恥喪、鹵掠行，叛離易於反掌，辱人賤行之固然，又何怪焉？」）

△三代寓兵於農，封建之天下相承然也。……漢一統天下，分兵民為兩途，而寓兵於農之害乃息。俗儒端居占畢而談軍政者，復欲踵而行之，其不仁亦慘矣哉！（卷十七，簡文帝二）

△士不可為農，猶農之不可為兵也。兵民之敝，酷於軍屯。（《詩廣傳》，《小雅・甫田》之「攸介攸止，烝我髦士」）

△古者兵農合一，謂即農簡兵，而無世籍之兵也。昧者勿察，疑古人之兵其農而農其兵。兵其農，則無農；農其兵，則無兵，亂天下之道也。……夫兵農之不可合，豈人為哉？天秩之矣。（《詩廣傳》，《豳風》之《東山》、《七月》）

朿世征《王船山先生之政法思想》一文以為船山「兵農並重」，舉上引《讀通鑑論》卷十五數語為證（收入里仁版《讀通鑑論》附錄），可謂大謬。船山看不起兵，認為兵都是「佻宕不戢，輕於死而憚於勞之徒」（卷廿，唐玄宗十一）、「貪酒嗜色樗蒲淫酗之民」、「類非潔清自好獨行之士」，總之，好男不當兵、好鐵不打釘，兵與農更不可合。

因此，他對府兵制批評甚力。批評的理由很多，藉史事為說，亦甚動人，但最主要的原因，則在於府兵制兵農合一的做法違背了他心目中的「天秩」。《讀通鑑論》卷廿二玄宗廿說得很清楚：「秀者必士，樸者必農。僄而悍者必兵。天與之才，習與性成，不可移也，此之謂天秩，此之謂人官。帝王之所以分理人物，而各安其所者，此而已矣。」

至於商，他也認為都不是好人，應卑處之。《讀通鑑論》載：

△嗚呼！賈人者，暴君汙吏所亟進寵之者也。暴君非賈人無以供其聲色之玩，汙吏非賈人無以供其不急之求，假之顏色而聽其輝煌，復何忌哉！賈人之富也，貧人以自富者也。牟利易則用財也輕，志小而不知裁，智昏而不恤其安，欺貧懦以矜誇，而國安得不貧，民安得而不靡？（卷二，漢高帝十四）

△尤要者，則自困辱商賈始。商賈之驕侈以罔民而奪之也……遂以無忌憚於天下。故窮耳目之玩，遂旦暮之求者，莫若獎借賈人之利；而貧寒之士，亦資之以沾濡。賈人日以尊榮，而其罔利以削人之衣食，陽與而陰取者，天下之利，天子之權，倒柄授之，而天下奚恃以不貧？且其富也無勞，則其用也不恤，相競以奢，而殄天物以歸糜爛。弗困弗辱，而愚民榮之，師師相效，乃至家無斗筲，而衣絲食粲，極於道殣而不悔。故生民者農，而戕民者賈。無道之世，淪胥而不救，上下交棘而兵戎起焉。非此之懲，國固未足以立也。高帝之令、班固之言，洵乎其知本計也。人主移於賈而國本凋，士大夫移於賈而廉恥喪。許衡自以為儒者也，而謂「士大夫欲無貪也，無如賈也」。楊維楨、顧瑛遂以豪逞而敗三吳之俗。（卷三，景帝十九）

△商賈者，於小人之類為巧，而蔑人之性，賊人之生為已亟者也。乃其氣恒與夷狄而相取，其質恒與夷狄而相得，故夷狄興而商賈貴。許衡著，竊附於君子者也，且曰：「士大夫居官而為商，可以養廉。」嗚呼！日狎於金帛貨賄盈虛子母之籌量，則耳為之聵，目為之熒，心為之奔，氣為之蕩。衡之於小人也，尤其巧而賊者也，而能混廁君子之林乎？以要言之，天下之大防二，而其歸一也。一者，何也？義、利之分也。生於利之鄉，長於利之塗，父兄之所熏，肌膚筋骸之所便，心旌所指，志動氣隨，魂交神往，沈沒於利之中，給不可移而之於華夏君子之津涘。故均是人，而夷、夏分以其疆，君子、小人殊以其類，防之不可不嚴也。夫夷之亂華久矣，狎而召之、利而安之者，嗜利之小人也，而商賈為其最。夷狄資商賈而利，商賈恃夷狄而驕，而人道幾於永滅。無磁則鐵不動，無珀則芥不粘也。（卷十四，晉哀帝三）

重農抑商，是漢代形成的政策。後世許多論者有此見解，自不足怪。但船山之說，在這個傳統中仍是特殊的。因為他是對商人這種人的品質有所不滿，認為商人「志小而不知裁，智昏而不恤其安」，為嗜利之小人，且「其質恒與夷狄而相得」，跟夷狄相乘互資，會把社會帶入禽獸之道。因此他才要「困辱商賈」。

商人或商賈行為，在孔子那裡，絕對不會這樣看。孔子不是自喻「沽之哉、沽之哉！吾待賈者也」（《子罕》篇）嗎？以商賈自喻，孔子遂為嗜利之小人哉？將商賈視若夷狄，謂彼等之質相得、氣相取，更是未之前聞。

（五）重尊卑之等

創造出這類「未之前聞」主張的王船山，當然是因他發言的時代給了他刺激。他於順治十三年作《黃書》，即提倡民族主義，攘夷排滿是他非常重要的思想軸線。但攘夷，孔子也攘夷，為什麼不會如他那樣將夷狄視為異類，擬諸禽獸呢？攘夷，為何對女人、庶民、兵、商也都要卑視困辱之呢？

要正視這些問題，才能真正掌握船山學的特點。清末船山學復興以來，論者喜其言攘夷排滿也，謂將有助於革命，而遂漠視了船山攘夷說中種族主義的危險性；又僅知其攘夷，而不知其並夷狄與婦女、庶民、兵將、商賈俱攘之；又或據其言「陰陽渾合，乾坤並建」而以為船山有男女平等之見：都可說是不懂船山學的。

須知船山此類見解，關鍵處不在攘夷，而在尊王。彼屢云天秩天序，秩序義，即是他所理解的禮之大倫大義所在。故以為論治論世，首應辨等差、別尊卑、區上下、嚴內外。秉此以衡，則「君／臣」、「臣／民」、「良民／賤民」、「男／女」、「華／夷」莫不依序等差之，使各不相凌相混。

在這種思維之下，最尊者為天子，所以說：「封建廢而權下移。天子之下，至於庶人，無堂升之差也。於是庶人可凌臘乎天子而盜賊起。」（《讀通鑑論》卷八）權不可下移，其位則應居於最高。若破壞了這個位階關係，天下就亂了：

其三代之盛，大權在天子也。已而在諸侯矣，已而在士大夫矣，已而在陪臣矣，寖以下移而在庶人矣。郡縣之天下，諸侯無土，大夫不世，天子與庶人密邇。自宰執以至守令，所為尊者，榮富而已，其他未有尊也。十姓百家相雄長而莫能制，豐凶不能必之於天，貪廉不能必之於吏，風會移之，怨毒乘之，欻然狂起，抑將何法以弭之哉！

《易》曰：「天險不可升也。」謂上下之分相絕，而無能陵也。易國而郡縣，易侯而守令矣；安守令也有體，嚴守令也有道。守令之仁暴，天子之所操也；其次，廷臣之所衡也；其次，省方之使所糾也；非百姓之所可與持也。賕吏興，上下蔽，天子大臣弗能廉察，激民之重怨，而假以告訐之權，制守令之黜陟誅賞，是進庶人而分天子之魁柄。

《易》曰：「上天下澤，履，君子以辨上下、定民志。」又曰：「小人而乘君子之器，盜思奪之矣。」上下不辨，民志不定，乘君子之器者，無大別於小人。侯王豈有種哉？人可冪岸以制守令之榮辱生死，則人可侯王，而抑可天子矣。察吏不嚴於上，而聽民之訟上，搖動人心而猶謂能達庶人之情，非審於天綱人紀者，莫知其弊也。陵夷天險而授之升，立國者尚知所懲乎！（《讀通鑑論》卷七，安帝七）

船山批評篡弒，感歎封建之廢，主張人民不可以訟官，都基於他所理解的這個「天綱人紀」；希望達到的，則是辨上下以定民志，天險不可升的境界。如此尊王，也無怪乎他在論史時，要痛批盜賊，反對將率士大夫要譽或結朋黨了。

天子最尊，其次便是士大夫，也該尊。尊士大夫也即是尊王的行為。怎麼說呢？王者獨尊，其勢孤懸，對王者反而不利。因此他提出一個逐層分統的觀念來描述君王的統治。那就像個廳堂，唯有一層層一階階上去，才能顯得王者之尊。若只有一層，王者就要直接面對老百姓，兩者反而平等對面了，如此會「褻而無威，則民益亢而偷」（卷十六，齊高帝一）。據此而言，一層層的士大夫，乃與王共治者也，亦不能不尊，尊之即所以尊王也：「等賢而上之，則有聖人。等貴而上之，則有天子。故師一善者，希聖之積也。敬公卿大夫者，尊王之積也。此陛尊、簾遠、堂高之說也。」（卷二，漢文帝十三）

因要尊士大夫，所以船山特別反對戮辱大臣、囚隸廷杖之類做法。君王與士大夫，在他看來是一類的，都屬於「上」，故不尊重士大夫，事實上便不能尊王。因上下之分不容逾越，庶民尚且不能與士大夫並秩，何況王者？卷八桓帝七曰：

> 古之天子雖極尊也，而與公侯卿大夫士受秩於天者均。故車服禮秩有所增加，而無所殊異。天子之獨備者，大裘、玉輅、八佾、宮縣而已；其餘且下而與大夫士同，昭其為一體也。故貴士大夫以自貴，尊士大夫以自尊，統士大夫而上有同於天子，重天之秩，而國紀以昭。秦、漢以下，卿士大夫車服禮秩絕于天子矣，而猶不使之絕也。舉之以行，進之以言，敘之以功，時復有束帛安車之徵，訪之以道。上下有其大辨，君子小人有其大閑，以為居此位者，非其人而不可覬，抑且使天下僥幸之徒望崖而返。卿大夫士且有巍然不可扳躋之等，臨其上以為天子者，其峻如天而莫之敢陵。賣官之令行，則富者探囊而得，狡者稱貸以營，旦市井而夕廟堂。然則天子者，亦何不可以意計營求於天而幸獲之也？而立國之紀，埽地而無餘。

君與公侯卿士大夫同屬「上」、屬「君子」。上下有其大辨，君子小人有其大閑，故尊卿士大夫即所以尊王。這一段講得非常清楚。論者見其反對戮辱大臣廷杖囚隸士大夫，不知其為尊王，競譽其為貴士，非也。

「上」既再分上下，區分出君與臣，「下」便也還要再分出等差貴賤，故有良民賤民之別。良民以農民為代表，賤民以兵和商賈為代表，而倡優隸卒附之。此皆治下之民。若盜賊夷狄，則均為不受治者。盜需剿滅之，不可招安。夷狄若入犯，亦將捕誅之，且「多殺而不傷吾仁」；若不來犯，便各自為政，互不相擾，絕於人道之外。又民中有男有女，男女亦需有別，「有貴賤之差等」（卷十五），如上文所述。

船山反對女主，反對后戚干政，反對婦女讀書識字，反對徙戎，反對聯夷制夷，反對以夷制夷，反對師夷長技以制夷，反對和蕃，反對互市，反對教夷狄以禮樂，反對夷狄之主提倡中華文化，反對溝通西域交通外邦，反對不擇門閥，反對社會階層自由流動，反對兵農合一，反對以將為相，反對府兵制，反對重商，反對招安盜賊，反對處士或公卿大夫遊談邀譽等，都跟他重視貴賤等差有關。因此這才是船山史論的核心觀念。

（六）見俗說之謬

但對此核心觀念，歷來論者實無認識。或譽其保種攘夷，或就其所論史事及制度之優劣短長處考而辨之。例如他批評均田制、府兵制、鹽鐵專賣制，又反對兵農合一，在制度史或實際史事的評價方面，都可以展開許多討論。但這樣的討論，雖有其客觀意義，可增益於對歷史的認識，可是對理解船山的整體思想以及他據以論史的思想判准而言，斯乃纏縈瑣細、不達根本之舉。故所言均非探本之論，亦不可能明白船山論兵制論閥閱論文教論男女諸事之間的關聯。又因時代之關係，論船山者，大多欣賞他的攘夷態度，因此而不免忽略了夷狄與女性兵商庶民在其論述結構中的同質性；也對他主張封閉型社會的主張，漠然無所批評。

侯外廬主編《中國思想史》（人民出版社，一九五八年）第五卷，將十七至十九世紀四〇年代稱為中國早期啟蒙時期，把王船山列入其中，謂該時期思想之特色在於「堅持農民的利益」、「反對一切政治法律束縛，反對特權和等級制度」，而王夫之、顏元又都「強調平等制度」（第一章）。關於船山思想，則說他屬於中產階級反對派，「於資本主義前途的問題，他也發出一些『大賈富民』的資產階級社會憧憬」（第二章第一節）。

這樣的分析，每一句都是錯的。船山論政並不堅持農民的利益，也不是資產階級的觀點，侯外廬硬搬套馬克思、恩格斯學說，本來就不易與船山之說相扣合。但這整體的解釋框架問題暫且勿論，僅就幾個具體的問題來談：一、船山強調社會平等，反對等級制嗎？二、船山主張大賈富民、憧憬資產階級社會嗎？

船山不講社會平等，強調社會等級的尊卑上下等差，由我們上文的舉證與分析來看，乃是再明顯不過的。可是，這麼明顯的事，在從前，如侯外廬這些解釋者，卻完全看不到。不僅看不見，甚且還將它解釋成完全相反的狀況，豈不令人深慨成見誤人以及讀書之難？

侯著引《讀通鑑論》卷二十這樣一段話：

古者士各仕於其國，諸侯私其土，私其人，既禁士之外徙，而羈旅之臣，新君有其情不固之疑。三代聖王，欲易之而不能也。乃其為卿大夫者，類以族升，則役於相習之名分，而民怗然以受治。農之子恒為農，雖有雋才觖望之情，不生賞罰。……乃逮周之季世，世祿之家，迭相盛衰，於是陳鮑高國欒郤趙范（諸氏族）且疑忌積而起尋戈矛，兄弟姻婭互修怨於顧盼之間，而蹀血覆宗，亦人倫之大斁矣。

這段話，乃是船山對封建瓦解後倫理狀況的不滿與感慨，對封建之世「類以族升」、「農之子恒為農」，而民眾怡然受治的嚮往。可是，在侯著中竟被讀成是船山在批評封建制的「氏所以別貴賤」。說是船山看見了封建制的危機，並謂船山已「論到國民階級的智慧標準代替了氏族的血緣標準」。真不知說到哪兒去了。

侯著又說船山「有國民之富的主張，以富人為國之靈魂」，「他認為智力大者應該私有著一切，智力小者應該做貧人。……這顯然表示出一種市民階級的理想，與亞當斯密的理想相似」。舉底下這段話為證：

> 天地之奧區，田蠶所宜，流肥瀦聚，江海陸會所湊，河北之滑浚，山東之青濟，晉之平陽，秦之涇陽三原，河南大梁陳睢太康，東傅於潁，江北淮揚通泰，江南三吳濱海之區，歙休良賈，移於衣冠，福廣番船之居僦，蜀都鹽錦，建昌番布，麗江犛氈，金碧所自產，邕管容貴，稻畜滯積。其他千戶之邑，極於瘠薄，亦莫不有素封巨族，冠其鄉焉。此蓋以流金粟，通貧弱之有無，田夫畦叟鹽、鮭、布褐、伏臘酒漿所自給也。卒有旱澇，長吏請蠲賑，卒不得報，稍需日月，道殣相望。而懷百錢，挾空券，要豪右之門，則晨戶叩而夕炊舉矣。故大賈富民者，國之司命也。今吏極無賴。然睃刻單貧，卒無厚實；抑棄而不屑，乃借鋤豪右，文致貪婪，則顯名厚實之都矣。以故粟貨凝滯，根柢淺薄，騰湧焦澀，貧弱孤寡傭作稱貸之塗窒，而流死道左相望也。漢法，積粟多者得拜爵免罪，比文學、孝、秀，今縱鷹攫獵之，曾不得比於偷惰苟且之遊民，欲國無貧困，以折入于□□（原缺文），勢不得已，故懲墨吏、紓富民，而後國可得而息也。（《黃書》）

這段話，是要主張「大賈富人，國之司命」嗎？是主張「世家大族應該變做商人階級」

嗎？都不是。船山是說：天下無論貧瘠富饒之地區，都有巨族豪富。這些地方大戶，在窳陋的吏政狀況下，擔任著社會救濟者的角色，事實上比政府更能紓解民困。可是，腐敗的政府，卻往往以摧折豪強為政績，結果便是老百姓更苦了。因此，船山說秉政者的重點應在懲罰貪官汙吏，而非攫獵巨室。這樣的文章，怎能用以論證船山是「以富人為國之靈魂」？怎能說他要改變世家大族為商人階級？邇來林安梧的船山研究，更從船山之重族類辨族姓，關聯於其心性論，謂船山所展開的，是一種「人性史的哲學」：

「人性史的哲學」這個複合名詞所呈現的意義極為繁複。它一方面強調人性中的歷史性（historicity in human nature），另一方面它又強調歷史中的人性（human nature in history）；而且船山所指的人性又不只是作為一個人的底據這樣的人性而已。他極為強調人性必得落實於族群之中方得開展，「沒有族群則人性是空的」。當然船山所謂的「族群性」只是一個族群聚結一處、籠統而概括的一種「意理」（ideology），他相信於此族群性背後尚有其人性論作為其根源。換言之，我們可以說船山認為「沒有人性則族群性是盲目的」。船山極為強調人性必得落實於族群性上方得開顯。而所謂的族群性對外而言，則是所謂華夏夷狄之辨；而對內來說，則是所謂的社會類階段性的重視，由此而導生所謂的君子小人之辨。依船山看來，君子小人的辨別是堅固社會的一種主要力量，唯如此社會才得堅固而安穩。當然他這樣強調，其骨子裡仍是儒家德化政治的精神，他仍不免受其時代的限制。除此限制來說，我們可以大聲的宣稱，船山不只重視「貞夫一者也」的人性，他更重視一具體而落實的人性，或者就說他重視人的社會性。值得注意的是，船山所著重的社會性不只是一平面鋪開的概括之類性而已，在族群性、社會類階性背後，他強調有一根源性的東西，此即是所謂的人性。（《宋論・導讀》，台北：金楓出版社，一九八六年）

這樣的理解，其實全是誤會。首先，船山所強調的社會類階性，並非「仍不免受其時代的限制」而提出的。恰好相反，古之封建閥閱，區隔了士庶，唐宋以後，閉鎖式社會已逐漸開放成為階層流動較為自由的社會，身分形成的不公平也漸次消弭。船山當此時會，忽發思古之幽情，以天下為公為不然，倡言：「以族姓用人者，其途隘。舍此而博求之，其道廣。然而古之帝王終不以廣易隘者。人心之所趨，即天敘天秩之所顯也。」（卷十五）如此復古，能說他是被時代所限嗎？

其次，其君子小人之辨，骨子裡仍是儒家德化政治的主張嗎？也恰好相反。古儒家處於君子小人本為身分之分的時代，努力將它轉為道德之別。船山則主張「君子小人有其大閑」，絕對不能逾越，「君子之於小人，猶中國之於夷狄。其分也，天也。一亂而無不可亂矣」（卷十五）。這與儒家德化政治的主張，相去亦若雲泥。

再次，林氏說船山重視族類性、社會類階背後一根源性「貞夫一者也」的人性，也不確。依船山之見，夷狄、婦人、商、兵，只能說是具人形的禽獸，不可與言人道。婦人是「幽深宮如圈豚籠鳥之待飼」；夷狄是「虎狼與蠭蠆」、「非人」；商人是「人道幾於永滅」；兵將是「類非孝子賢孫」。對於人性具體落在這些族群與類階上所形成的歷史性，船山不是「相信於此族群性背後尚有其人性論作為其根源」。相反，船山主要是要提醒讀者：「均是人也，而夷、夏分以其疆，君子、小人殊以其類，防之不可不嚴也。」（卷十四）各族群、社會類階背後，同一根源「貞夫一者也」的那個普遍人性，正是船山所不欲人重視的。

也就是說，船山不重視「性相近」，較強調「習相遠」。此為船山人性論之特色。不能正視此一特色，妄謂船山強調歷史中的人性，成就為一人性史的哲學，豈船山之知己哉？

蓋船山論性，不重「性」而重「習」。《讀四書大全說》卷八載：

△唯物欲之交，或淺或深，不但聖狂之迥異；即在眾人等夷之中，亦有不同者。則不得謂由中發者皆一致。然孔子固曰：習相遠也。人之無感而思不善者，亦必非其所未習者也。而習者亦以外物為習也。習於外而生於中，故曰：習與性成。此後天之性所以有不善，故言氣稟不如言後天之得也。（滕文公上之二）

△後天之性，亦何得有不善？習與性成之謂也。先天之性天成之，後天之性習成之也。乃習之所以能成乎不善者，物也。失物亦何不善之有哉？取物而後受其蔽。此程子之所以歸咎於氣稟也。雖然，氣稟亦何不善之有哉？然而不善之所從來，必有所自起，則在氣稟與物相授受之交也。（同上，之三）

△故六畫皆陽，不害為乾；六畫皆陰，不害為坤；乃至孤陽畸陰陵蹂雜亂，而皆不害也。其凶咎晦吝者，位也。乘乎不得已之動，而所值之位不能合符而相與於正，於是來者成蔽，往者成逆，而不善之習成矣。業已成乎習，則薰染以成固有，雖莫之感而私意私欲且發矣。（同上）

△先天之動，亦有得位，有不得位者，化之無心而莫齊也。然得位列秀以靈，而為人矣；不得

位，則禽獸草木有性無性之類蕃矣。既為人焉，固無不得位而善者也。後天之動，有得位，有不得位，亦化之無心而莫齊也。得位則物不害習而習不害性，不得位則物以移習於惡，而習以成性於不善矣。（同上）

人性固然是善的，但船山特別指出還有個「後天之性」的問題，後天之性乃是人與物相交時，習於外而生於中的。此種習便有善與不善。他說夷狄小人與華夏君子習相遠，以致其性亦漸不同者，正以此故。因此他的講法特別強調「薰染」，強調「位」。君子小人、夷夏，均因所居之位不同，致有善惡之分。對於這樣的哲學，我們是不能以「人性史哲學」云云來美化他的。

（七）考船山之誤

船山於《讀春秋左氏傳博議》卷下「士文伯論日食」條中曾講過一句極有道理的話：「有即事以窮理，無立理以限事。」論史者，允宜奉此為圭臬。然而船山論史，橫梗此族類尊卑之見，所言實即不免於立理以限事，往往既不能得其平，亦不能見其實。

以所謂兵農合一云云為例。船山說三代兵農合一，寓兵於農、即民即兵，三代以後農不可兵，以兵農分合為古今異制之一大指標。這樣區分，形式上看非常斬截，實則弄混了許多問題。

春秋之前，貴族本身即為一武裝集團，軍隊即其族人，農民百姓並無成為軍人之資格。農民耕田納稅，戰爭發生時，被徵調去服力役或出牛出車，稱為「賦」。若在軍中隨行服役，也只是輜重與苦力，還沒有編入軍隊成為軍士的權利。封建逐漸瓦解後，平民乃能入軍，且以軍功逐漸取得爵祿，成為新的貴族。而這即是戰國時期的特點。故云三代兵農合一，寓兵於農，即民即兵，殊非事實。

秦漢以後情況也很複雜。西漢的制度是所有公民均須服兵役。至漢末大亂，農民無以自存，僅能依附於強宗豪右，成為其「部曲」，事實上便是他們的私人武力。此時，實乃有軍隊而無農民，軍隊則靠屯田自耕以存活。三國以後兵民又分途，兵民異籍。北齊而改從西漢之制。至西魏再改為府兵制，分民力為九等，六等以上，凡有三丁者擇一人為兵，有事出征，無事歲役一月。因此，府兵並非兵農合一，也不是全農皆兵，只是在農民中選一部分，訓練之以作為兵卒而已，跟西漢全農皆兵制亦不同。

船山弄不清其中的變化及差異，以為秦漢以後都是兵農分的，只有府兵是兵農合一，遂拿著府兵制大加撻伐曰：「府兵者，猶之乎無兵也，而特勞天下之農民於番上之中。」（卷二十，太宗之十四）「勞其農而兵之，散其兵而農之，則國愈無兵，民愈困，亂將愈起。」（卷二十六，文宗之六）「欲舉天下之民，且稼穡而夕戈矛，其始也，愚民貪免賦免役之利蹶起而受命，迨其後一著於籍，欲脫而不能。」（卷十七，簡文帝之二）認為「兵必召募挑選、歸營訓練，而不可散之田畝，則三代以下必然之理勢，不可以寓兵於農之陳言，生受其弊」（卷二十六，文宗之六），不知府兵也是挑選來且經訓練的。故他雖講理勢，但實際上是立理以限事，並未能通古今之變。

此為船山論史之大病痛所在。可惜百餘年來，船山學大盛，而論者於此病痛實罕覯聞，故不知船山，亦不知史。

今舉船山之說而駁正之，則不只為了說明船山學之真相，更想藉此探討一個問題，什麼問題呢？

儒家之學，本來非常注意歷史性。五經之中，《尚書》、《春秋》兩部，一向被認為是史纂與史著之祖。據說孔子之所以修《春秋》，是因為他覺得「托諸空言」，不如「見諸行事」，講一套價值觀、道德理論，不如從具體行為事例中去作分析，可以讓人更加明白。這就是「即事窮理」的路子。我們看孔子與學生間的對答，也可以感受到這個傾向。像他論仁、論孝，都不是理論性地講一套有關仁或孝的理論，而是由具體的時地人物事例中去提撥點醒，即事而言理，有時也引古事古語為說。因此這種歷史性，可說是瀰漫在他整個言說方式中的。漢人特重《春秋》，甚且以《春秋》斷獄，正是要將孔子即事言理之理，再落實回返到具體的現實事例上去。考其性質，仍可說是即事窮理的。

但漢末魏晉以後，經史漸分，史部獨立。經論其常道，史核其事變，遂致兩者愈趨分疆異路互不相蒙。唐宋以降，理學家更有以讀史為「玩物喪志」之說，史學乃越來越遠隔於儒學正宗之外。理學家論理，也改變了從前即事窮理的方式，喜歡就理談理，風格明顯不同於孔、孟，理論性越來越強，歷史性越來越晦。所談也以天、道、性、心、理、仁等永恆者、普遍者為多，堯、舜事業漸如浮雲一點過太空，歷史性是極淡極淡的。

當然，儒者論史的傳統，宋明理學家也未完全放棄，因此我們仍能看到胡安國的《史論》，看到朱熹的《通鑑綱目》等。但這些史論與從前儒者的做法，乃至史家傳承於儒家傳統者最大的不同，就是：從前係「即事窮理」式的，現在則是要「以理斷事」。

朱熹之所以要在《資治通鑑》之外，再撰《通鑑綱目》，兩者的分別，豈不正顯示這樣的差異嗎？司馬光的做法，是在對歷史的敘述中，就史事窮其治亂之故，而以「臣光言」的方式來講這個他領會到的理，舉示人主，希望能藉以資治。朱熹則是立理之綱領，使人於史事紛紜之中知所褒貶、有所鑑擇，此即所謂立理以衡事者也。前者是重歷史性的，後者則重在說明理之昭昭不昧、終古不貳。

後人評議理學家這些史論，常認為他們似乎懸理太高、論事太苛，以「《春秋》責備賢者」為說，而實際上很少考慮到在具體歷史情境中許多人與事的曲折幽微之處，對實際政經社會制度條件也不太理會，以致時有「以理殺人」之病。

船山論史，對於理學家們這種立理以限事的作風，是深有體會，也不以為然的。所以他才會特別談到論史「有即事以窮理，無立理以限事」。他的史論，在宋明理學家所著相關論作中，評價最高，殆非無故。

但即使如此，船山亦仍不免有喪失歷史性的危機，仍不免立理以限事。通考其說，灼見其謬以後，實不免令人掩卷長歎。

而船山所膠執之理者，非他，即儒家之所謂禮也。禮以別尊卑、分等差、區上下，這是誰都知道的。船山也覺得這是絕不能退讓的大義之所在，所以才會如此堅持。

但禮所顯示的，其實不是僵化的秩序，而是動態的關係。例如君臣，君若不像個君，臣就不應再居臣位。故君臣義絕，臣子或退職辭官而去，不願再任其臣，或貴戚之卿反覆說其君而不聽則易位，或乾脆弔民伐罪，誅此獨夫，都是儒家所贊成，甚且正面主張的。父子關係屬於天倫，固然不能說父不父則弒之易之，但小杖則受，大杖則走，其禮仍是相對的。夷夏關係，亦復如此，夷狄若知禮義自當敬之重之，豈有立一先驗的禮義標準，責人以必受，或先驗地判定某類人知禮、某類人不知禮的。

可惜船山於此殊少圓通。其視禮秩上下之分，殆與其論男女陰陽相似，把陰陽禮分都說死了，以致陰陽睽隔，上下否通，夷夏別而君民分。妄謂如此才合乎天理天秩，其實哪裡是這樣的呢？

船山當明末大亂之際，以「六經責我開生面」自許，其身苦，其志偉，而亦確能有以樹立，不愧學者。然儒家之書豈易讀哉？讀而不善，如船山者，求能為六經再開生面，反而添了多少霾翳！餘不敏，偶徵斯例，以為世之論儒學者戒。

八　儒學經世的問題

（一）經世之弊

儒者常不通世務而好言經世。蓋因對自己所身處的時代不盡滿意，憫時傷亂，故推民胞物與之懷，發為萬世開太平之想。其用心殊可尊敬，因此後人誦讀遺文，遙想風徽，也往往感歎當時未能大用其言。可是事實上，時局雖亂，尚未必盡乏規矩；但若一旦採用了他們的言論，弊害流毒反而可能會更大。

這類例子，並不難找，清初的顏元，允為典型。

顏元，號習齋，為清初大儒，顏李學派的代表人物。錢穆《中國近三百年學術史》許其為「北方之強」。近世論清初之學者亦無不推重之。他的這門學問，自稱為「實學」，以別於宋元以來的性理虛談。戶牖別開，而以昭復三代先王古道自許。確能堂堂立一門戶、開一風氣，使人聞風興起。顏元本人也自負其學確能經世，嘗語張文升云：「如天不廢余，將以七字富天下：墾荒、均田、興水利。以六字強天下：人皆兵、官皆將。以九字安天下：舉人才、正六經、興禮樂。」可見他的自信。

然而，習齋之師友，卻已發現他性格及學說上是有弱點的。在他三十三歲往謁李晦夫時，李氏外出，顏元就見到李氏的日記中有「顏元立朝必蹈矯激之僻」等語。顏元最親近的學生李恕谷也說：「學術不可少偏。近聞習齋致用之學，或用之於家產，或用之於排解，少不迂闊，而已流雜霸矣。故君子為學，必慎其流。」（見《年譜》）

顏氏經世致用之學，其實不是末流才出現偏僻矯激之弊，而根本是它本身就有問題，恕谷之言，殆微辭也。以顏氏《存治編》觀之，他居然主張恢復宮刑，此非矯激偏僻之說為何？

古代肉刑有五：墨、辟、劓、刖、宮。從漢文帝以來，施政者均主張予以廢除。顏元則謂墨、辟兩刑仍存用於後世，劓、刖兩刑則可不用，唯獨宮刑應予恢復。理由是帝王後宮不能不用太監；既要用太監，最好就是閹有罪之人，使其成為太監。何況他又主張封建，既要大封天下王國，太監當然數量就更多了，不閹人，行嗎？

其說詳《存治編‧宮刑》。論王者經世之道，而主張如此，是否可取呢？船山《讀通鑑論》卷二第十九條恰好有一段針鋒相對的話：

肉刑之不可復，易知也。如必曰古先聖王之大法，以止天下之惡，未可泯也，則亦君果至仁，吏果至恕，井田復，封建定，學校興，禮三王而樂六代，然後肉刑之辟未晏也。不然，徒取愚賤小民，折割殘毀，以唯吾制是行，而曰古先聖王之大法也。則自欺以誣天下，僭孰甚焉！抑使教養道盡，禮樂復興，一如帝王之世，而肉刑猶未可復也。何也？民之仁也，期以百年必世，而猶必三代遺風未斬之日也。風未移，俗未易，犯者繁有，而毀肢折體之人積焉，天之所不佑也。且也，古未有笞杖，而肉刑不見重；今既行笞杖，而肉刑駭矣。故以曹操之忍，而不敢嘗試，況不為操者乎！

此駁顏元，議論甚為明快。顯然顏元的主張，在人情及現實需要兩方面，皆不可取。即或退一步看，肉刑可復，宮刑亦有需要，可是宮刑這件事究竟在所謂「王道大政」中居什麼地位呢？有必要如此大聲疾呼嗎？《存治編》云：「為政不法三代，終苟道也。然欲法三代，宜何如哉？井田、封建、學校，皆斟酌復之，則無一民一物不得其所，是之謂王道。」在這樣一本論王道大政的書裡，鄭重地把宮刑一事提出來，視如井田、封建等大政，實在論非其倫。欲法三代，而竟連三代之宮刑也想效仿，更顯得泥古太甚了。

其學說之偏僻不可行者，不只此一端。《存治編》每一則，幾乎都值得商榷，主政者倘或真的照他的說法去施政，只怕會天下大亂。例如他對於佛教充滿了敵意，《存人編》四卷，全為批判佛教而作，持論雖偏，畢竟仍是與和尚及信徒們講理，苦口婆心，欲喚醒迷途者，使能返諸正道，自信：「生遇釋迦，亦使之垂頭下淚。」①然顏元若不幸掌權，對佛教恐怕就不會如此客氣了。《存治編‧濟時》以「靖異端」為王道九典之一，又有《靖異端》一篇，專門討論如何消滅佛教。他想出了九種辦法，曰：

考古謀今，靖之者有九：一曰絕由。四邊戒異色人，不許入中國。二曰去依。令天下毀妖像，禁淫祠。三曰安業。令僧道、尼姑以年相配，不足者以妓繼之，俱還族。不能者各入地籍，許鬻寺觀瓦木，以易宅舍；給香火或逃戶他，使有恆產。幼者還族，老而無告者入養濟院，夷人仍縱之去。皆所謂「人其人」也。四曰清孽。有為異言惑眾者誅。五曰防後。有窩佛老等經卷一卷者誅、獻一卷者賞十兩、訐窩者賞五十兩。六曰杜源。令碩儒多著辟異之書，深明彼道之妄，皆所謂「火其書」也。七曰化尤。取向之名僧長道，令近正儒受教。八曰易正。人給《四書》、《曲禮》、《少儀》、《內則》、《孝經》等，使朝夕誦讀。九曰明法。既反正之後，察其孝行或廉義者，旌表顯揚之；察其愚頑不悟者，青罰誅刃之。皆所謂「明先王之道以教之」也。

這「顏九條」，遠紹韓文公，而威烈可怖，其弊不可勝言。以第一條來看，為了禁絕佛教，竟主張徹底鎖國，不准外國人入境。現實上當然絕無可能，亦無此必要。不與外國交流，對一個國家的文化發展及社會成長，有害無益，今人無不知之。顏元卻主張一種孤立的社會觀，又帶有種族主義之偏見，認為中國人是「天朝聰明人」，西域番鬼則「不幸而不生天朝」，故不聞「正道」（見《存人編》卷一《喚迷途》）。這種孤立的社會觀、以外國為邪敵的態度、種族偏見的立場，若真獲採行，一定要釀成重大的災禍。

第二條，所謂毀妖像禁淫祠，與反宗教的做法又有什麼不同？姑不論人民信仰之自由應受到政府的保障，砸毀寺廟，事實上即是對人類文化的大破壞。吾人讀《洛陽伽藍記》或唐人段成式《長安寺塔記》，於爾朱榮之亂及唐武宗滅佛所造成的寺塔伽藍崩毀狀況，蓋無不深感惋惜弔憾，這未必是基於宗教的感情，而主要是生於歷史文化感。② 論王道文化者，本身缺乏這種對歷史文化的敬謹護惜之情，只承認某一種文化價值，而對其他一切人類在歷史上創造的文明，均認為芟棄毀損不足惜，甚或以滅絕這些文化遺跡為職志，毫無哀矜敬肅之心，有何資格論王道聖治呢？

第三條，尤其令人駭異。他竟準備勒令僧尼互相配偶。尼不足，則以妓配僧。依顏元說，僧尼背棄了人道人倫，他是要讓他們恢復人道，所謂「人其人」的。但令僧尼互配，並以妓配僧，他對僧尼，又何嘗以人道視之呢？這合乎人道精神嗎？從原則上說，人有男女，偶配以廣生殖，是合乎自然之理的。但人的社會，並不同於自然社會狀態，人有不願結婚者、有慎擇配偶者，這種個人意志自由的選擇，才是人文世界的理則。現在，顏元以顧全人倫為名，卻完全不考慮為僧為尼者個人的價值選擇及婚配上的自由權利，強令僧尼互配，視若豬狗然，他對人的尊重，又在哪兒呢？要知道，僧尼縱使將令其還俗，僧不能擇普通女子結偶、尼不能找士族子弟配婚嗎？顏元一味蠻橫，而實在是對人道精神多所斫害。

第四、五條是限制人民言論的自由，不但「妖言惑眾」要殺，收藏佛老經典（即使只有一卷）也要殺，刀戟森然，真可教人寒慄。其嚴苛乃更甚於秦始皇。更糟的，是他鼓勵民眾互相訐告。這必將造成恐怖統治。

以上是剿滅異端的辦法。六、七、八、九諸條則是宣揚正道的辦法。《孝經》或《馬克思全集》未必不是好書，但顏元要進行意識形態統治，要家家戶戶朝夕誦讀這些書，要殺掉那些愚頑不悟、不能悔改以就新的國教者，要發動知識份子去當批判異道的鷹犬，統一全國的言論口徑，這還了得？

提出此等荒謬絕倫的專制極權主張，顏元居然還相信它可以使「風俗淑美，仁昌義明。其益不可殫計」，真不知從何說起。李恕谷謂顏元寫《存治編》時，仍守宋儒矩矱，「仁心布濩，身任民物之重」。我們當然相信這一點。但其寫作動機雖然偉大動人，其議論卻十分可怕。為什麼這樣有仁心有使命感又自信能上追三代聖賢之道的儒者，竟會發展出這樣偏激專制的理論呢？

（二）儒者之迂

這或許是個性使然。但我們也可以發現類似顏元這樣的情況，並非孤例。儒者食古不化，昧於世事，往往就會出現此等言論，故此似亦不能完全諉諸性格。

以孟子為例，康有為曾推崇他：「孔子兩大派：孟子、荀子。傳經之功，荀子為多。孟子多言經世。孟子言任制，經天下者也。」（《南海康先生口說》上卷二）故儒者言經世，每以孟子為典型。然而孟子豈是善言經世之學者？彼嘗勸梁惠王實施仁政，並謂只要實施了仁政，百姓擁護君王，上下一心，自可制木棒以撻秦楚之堅甲利兵。不知仁政雖施，武備不精，國家之安全依然不可能有保障。如此論事，無怪乎《史記》要說他「迂闊而遠於事情」了。

儒者論世務，往往如此。一方面鄙視這類俗事賤務，以君子立本自命。以為大本既立，一切世務，皆可如綱在綱、本舉末張，不必一一躬行親涉。一方面又以儒者不能經世為恥，覺得真正的大儒，就得能將平日所講習的聖人之道付諸實踐，經世濟民，非徒托空言而已。這種「踐履之學」的期許，使得儒生又以「平時袖手談心性，臨危一死報君王」為可恥，不甘心只成為玄談辯理的學人，而喜歡講經世之學。但因為前一項原因，儒者一般多是四體不勤五穀不分，不像孔子那樣多能鄙事，故對於社會的理解有限，不甚通達世務人情，徒以書本子上學來的一些名詞，構造其經國大業、濟世弘規，很難不成為冬烘先生的書呆子見解，以致其見解非迂即僻，無法實行。

像顏元辟佛，常從人倫上立論。謂佛教徒出家不婚，是斷絕子孫、不仁不孝。這個論點，當然是正大極了，但膠執儒家「天地之大德曰生」、「生生之德」等義理，是否就足以論斷世事呢？顏元說：「你們西域番僧……若能醒解我的言論，把我天朝聖人的道理傳往西方，將《喚迷途》翻譯成西方的言語，使人都歸人倫、都盡人倫。莫說父盡父道、子盡子道、君盡君道、臣盡臣道，你西方諸國享福無窮，只人也多生幾千萬，豈不是真善果？勉哉！」多生人就是真善果嗎？在他「生生之德」的觀念中，壓根兒不曾想到人類多生也會造成人口膨脹的危機。更壓根不曾想到各個社會結構及體制不同，其所謂君道臣道父道子道，可能有所差異。且只准他們信我們的教，信了就是享福無窮；不准他們來我國傳教，傳了就要殺戮要驅逐，是何道理？這不又是拿著儒家「嚴夷夏之防」那一套觀念而拘泥致誤乎？

這些都屬書生迂腐之見，非通方之談。然而學至通方，真是談何容易？儒生每每推崇性理辨析之精密高明者，覺得經濟事功只是粗學。以康有為之好言經世，尚且說：「凡言內學者，其徒必聰明絕特，而後其學可傳。言外學者，講持循踐履，從篤實一路去，其徒雖非極聰明，亦足守其學。」（**《南海康先生口說》上卷四**）顯然是認為講經濟制度的「外學」，不如講心性義理的「內學」，其他人的態度當然更可以想見了。但事實上義理辨析固然不易，但講經濟事功者，要熟於人情世故，通古今之變，明事類之賾，斟酌損益，實遠比純粹理性思辨困難得多。非有閎識遠謨，不能善言經濟；非知類通達，不能綜理庶務。而庶務龐雜，涉及專門，亦非僅誦言仁義忠孝等道德原則者所能知。如言井田，涉及土地資本經濟等學問；言治賦，需要財稅知識；論學校，屬於教育學；論封建，必須具備政治學素養。儒者空談三代、祖述堯、舜，但真能兼備政法經濟教育學之素養者，殊不多見，只能搬弄一些倫理學的名詞與知識，怎能有效討論這些政治法律的兵農錢穀問題？偶談經世，不被譏為「迂闊不近事情」者，殆甚罕焉。

顏元的毛病正是如此。他曾批評歷來儒者皆缺乏這類世務知識，曰：「周公、孔子教人以禮、樂、射、御、書、數，故曰以三物教萬民而賓興之。故曰身通六藝者七十二人。故性道不可聞，而某長治賦、某長禮樂、某長足民，一如唐虞之廷，某農、某禮、某樂之舊，未有爽也。近世言學者，心性之外無餘理，靜敬之外無餘功，細考其氣象，疑與孔門若不相似然。」（《上徵君孫鐘元先生書》）所以希望「凡弟子從游者，則令某也學禮、某也學樂、某也兵農、某也水火、某也兼數藝、某也尤精幾藝」（《存學編》卷一《明親》）。可見一般儒生不精習政經法律之學，他是深有覺察的。針對這個現象，我們可以有不同的價值判斷，例如清末朱一新《佩弦齋雜存》卷上有《答某生》一文，就認為儒者之所以可貴，正在於只掌握「道」的大原則大方向；制度技術層面的治法問題，隨時損益，因地制宜，實不必專力去學，所以「樊遲問學稼、許行言並耕，皆為聖賢所斥」。故若據朱一新的看法，顏元事功之學，殊不足向慕，儒者不知法政制度之學，亦不足為病。③可是顏元正是主張儒者應知兵農禮樂之學的人，既主張此等學問方為儒學精髓所在，惜宋明儒之未能致力於此。那麼，他在這些專藝知識上，便應有足夠的學養，方不會徒托空言，貽反對者以口實。

朱一新譏笑顏元誤以技擊為兵學、虛構了治火之學，且於書、數、古樂等等皆泥古不知變通，確實說中了顏元的病痛處。顏元是針對宋明儒者不通世務之現象，想到了一個「實學」的方向；但他本身的學養，畢竟仍是從宋明理學發展而來，對此兵農錢穀賦役法政等等，並無太深湛的研究。《四存編》絕大多數篇幅都仍是在討論性理問題，論治之語，但舉宏綱而已，頗不詳備深入。且以復宮刑、靖異端為治道大政，顯見他對於真正的時代治法與問題也無所掌握，見識遠在黃宗羲、王船山之下，學力也頗不及。

顏元論治，重點在於恢復三代的封建、井田制度，並主張兵農合一。因為要封建，所以要恢復宮刑。因為講井田、兵農合一，故治農即以治兵，稅賦之法也變成了練兵服役之法；學校也是教文即以教武。這幾點，莫說別人，他的愛徒李塨便不盡同意。李氏《存治編書後》舉了七條理由，反對顏元恢復封建的主張；又認為其井田及鄉里選舉之說，宜彈性處理，所謂「因時酌略，而大體莫易」云云，其實即是一種較客氣的說法。

依李塨之評，顏元論王道治法部分，已可說是沒什麼價值了。其論兵農合一，更屬不當。船山《讀通鑑論》卷十七嘗言：

三代寓兵於農，封建之天下相承然也。周之初，封建亦替矣，然其存者猶千八百國也，外無匈奴、突厥、契丹之侵逼，兄弟甥舅之國，以貪憤相攻而各相防爾。然忿忮一逞，則各驅其負耒之顧民以喋血于郊原。悲夫！三代之季，民之癉以死者，非但今之比也。禹湯文武之至仁，僅能約之以禮而禁其暴亂，而卒無如此鬥農民死之者何也！上古相承之已久矣，幸而聖王善為之法，以車戰而不以徒戰，追奔斬馘，不過數人，故民之死也不積。然而農民方務耕桑、保婦子，乃輟其田廬之計，奔命于原野；斫其醇謹之良，相習於競悍；虔劉之，爚亂之，民之憔悴，亦大可傷矣。漢一天下，分兵民為兩途，而寓兵於農之害乃息。俗儒端居占畢而談軍政者，複欲踵而行之，其不仁亦慘矣哉。身幸為士，脫耒耜之勞，不耕而食農人之食，更欲驅之于白刃之下，有人心者，宜於此焉變矣。

對於顏元式的「全民皆兵」理想，此說亦不啻冷水澆背。顏元非不仁者，我們相信他論治法，皆出於救世之宏願。但書生不通世務，對兵農政刑缺乏真正的研究，僅依恃著讀幾本古書而獲得的一些聖世圖像，便想據以規劃經世遠猷，實在是非常危險的事。顏元為我們示範了一個這樣的例子。

（三）復古之害

由這個例子，我們可以發現朱一新的話其實很有道理：「聖門未嘗不重事功，要必有體而後有用。用者，半由閱歷，半由天授，未可強人以必能。體則由學而成，中材皆可自勉。」兵農政刑之學是否僅屬於用，以及這個「體／用」架構本身都值得再討論，但經世之學確實比性理之學更難。不僅因兵農政法諸學各涉專門，罕能兼通，更關係到人的氣質與見識問題。缺乏閱歷識見，便很容易刻舟求劍，在制度典章上拘泥糾纏。不是泥古而不知通變，就是苛細而不識大體。

所以，顏元的情況，不宜視為個案特例，亦不能以個人性情或某一時地之特殊學風來解釋，而應該看成是具有某極普遍意義的現象。④儒家以博施濟眾、經世濟民為宗旨，但講這種學問，卻很可能會因儒生並不通嫻庶務、並不具備法政專業知識，或不達時變、缺乏見識，而變得迂僻難行，甚或具有專制極權之性質。若果獲施用，必將為禍天下。

因為類似顏元這樣的人與主張，在儒家內部是極常見的。顏元所欲恢復之井田、封建、選舉、肉刑等，並非明末清初天下待治之際忽然興起之言論，而是如船山所言：「若井田、封建、鄉舉里選、寓兵於農、舍笞杖而行肉刑諸法，先儒有欲必行之矣。」（《讀通鑑論・敘論四》）這些儒者，處在不同的時代，思有以對治其時代之問題，而竟開出了類似的藥方，其原因何在？在於他們有相同的思考傾向及思想資源。

這個思想資源，即是他們所讀過的儒家經典，如《孟子》、《周禮》等。讀書人既日讀此類典籍，則其蒿目時艱而又想濟世救民時，自然就會想把書裡所描寫的聖王之道推行於世，讓書中稱頌的三代郅治重見於當時。這種想法，放在三代以後任何一個時代，都可稱為復古思想。具此思想者，代有其人，如王莽、王安石之用《周禮》治天下，只是其中犖犖大者而已。船山《宋論・高宗六》曾批評宋朝建炎三年林勳建議一夫限田五十畝，十六夫為井，井賦二兵一馬，絲麻之稅又出其外；賈似道奪民田以為公田，行經界以盡地力而增正賦。二者雖然一獲實施，一未採用，卻一樣屬於復古而病天下者。且此類人亦不僅見於宋代：

> 奉一古人殘缺之書，掠其跡以為言而亂天下者，非徒勳也。莊周之言泰氏也、許行之言神農也、墨翟之言大禹也，乃至御女燒丹之言黃帝也、篡國之大惡而言堯、舜也、犯闕之巨盜而言湯、武也，皆有古之可為稱說者也。……前乎勳而為王安石，亦《周官》也；後乎勳而為賈似道，亦經界也。王安石急試其術而宋以亂，似道力行其法而宋亡。

船山這段話，前半是說復古思想每個時代都有，每一派思想也都有，不只儒家如此。但儒家之言復古，因其所奉信之經典及基本思路不同於其他各家，因此會與其他各家不同而其內部則呈現出驚人的相似性。所以文章後半段，船山就發現了這些講復古的先生們往往是奉《周禮》、講井田。《宋論・太宗十三》亦痛陳此輩：「托井地之制於《周官》、假經界之說於《孟子》、師李悝之故智而文曰利民、襲王莽之狂愚而自矜其復古，賊臣之臣也。」

依船山看，復古者欲依三代治法處理他們所身處的時代之問題，是缺乏歷史觀點的。對於制度治法本身，他也不甚信任，認為恃法為治，徒成聚訟。所以他對那些嚮往「周公制禮樂」、「孔子為漢制法」之典型，想依三代遺規來擘畫經世大業者，無不反對，謂其「讀古人書，不揆其實，欲以制法……適足以賊民病國，為天下僇……惡逾於商鞅矣」（《讀通鑑論・卷二十四》）。

復古論倘獲實施，確有可能形成如船山所批評的大災禍。固然對於復古論的批評，不能像船山一樣，建立在對制度功能的否定上，復古思想亦不如船山所理解的那麼簡單。⑤但船山指出了歷史上講制法經世的儒者們經常具有的思想傾向，眼光實甚明銳。不必遠溯往古，近代偉人孫中山便對井田情有獨鍾，曰：「周朝所行之井田制，漢朝王莽想行的井田方法……都是民生主義的事實。」「平均地權者，即井田之遺意也。」「吾國古時常有井田之制，與平均地權用意正同。」正因他有此類復古井田之想，故又甚為稱道太平天國的公倉經庫，說：「民生主義在前數十年已有行之者，其人為何？即洪秀全是。洪秀全建設太平天國，所有制度……即完全經濟革命主義、均產主義。」這些想法，導致他一度主張激進的革命主張，企圖由國家收購所有土地，或沒收無主土地，或奪富人之田。幸而後來稍予修改，採用單稅制（**亦即以國家徵收土地稅為土地國有，非土地皆歸國家，再由公社租給農民**），否則亦一偏僻激矯之人也。政治人物之外，學人如熊十力，其《原儒》豈不也是奢談《周禮》，欲以井田開太平、行社會主義嗎？熊先生主張共產社會主義，追求平均，謂井田為集體農場，說孔子講「老者安之，少者懷之」即是社會主義，又提倡產業國營，推崇「毅然鎮壓朝野群昏」的統治方法，形成一套獨裁的民主主義怪論，與顏元又有什麼太大的不同？⑥

不只熊十力如此，稍早於熊氏的劉師培，也是通過復古論來提倡共產主義的，其《論共產制易行於中國》云：

> 共產制度於中國古史，確然有徵。《禮記・祭法篇》言：「黃帝明民共財。」共財二字，其指井田與否，雖未可知，然足證太古以前確為共財之制。至於三代，有宗族共產制……一曰鄉里共產

制，孟子之言井田也。（《衡報》第二號，一九〇八年）

古既有此共產制度，中國社會的共產底子也還在，故只要農民起來革命，以抗糧、抗稅、劫穀、負垣抗禦政府軍進剿等方式，進行暴力革命，則不難重新實現共產社會之理想（見《無政府革命與農民革命》，同年《衡報》第七號）。他這種想法，固然是受了克魯泡特金等人的影響，但真正的思想淵源，恐怕仍是儒家經世一脈。⑦他曾著有《顏習齋先生學術》一卷，在《甲辰年自述詩》中也說：「魏晉清談啟曠達，永嘉經濟侈事功，唯有北方顏李學，欲從宋俗振儒風。」其與顏元相契，正不待言。何況他「幼年喜誦《明夷錄》」，以天下興亡為己任，存治之想，也必然會使他精熟儒家的政法思想，依此而說無政府共產社會主義，又有什麼可奇怪的呢？

（四）思考之路

據此，我們就會逐漸發現一個令人不安的訊息：不同的時代、不同的個性，讀儒家書的人，卻經常讀出一種類似的調調，欲以恢復古代井田共產制度來批判當代，而又都流露出一種專制獨裁的氣質。總不能說是這批儒者性格都有問題，也不能僅從時地特殊學風這個角度來理解。若說此皆儒者不通世務使然，似乎也不盡能解釋，因為我們不能老說讀書人不善讀古書。若讀某書者往往做賊，且皆謂其做賊都是書本子裡教的，那麼這本書一定也有問題。歷史上儒生之學《周官》、復古道者往往專橫獨裁，似乎不能說這獨裁專制之根不在儒家思想之中。由此，似乎我們應將批判的矛頭指向儒家經典思想了。然而不然，講《周官》、復古道者，亦並非人人都如王安石、顏元，故不能說此即教人做賊行劫之書。只能說儒書在某種思想傾向及某種讀法下，是會讀出這個結果來的。

此一分疏，至為切要！只說讀書人不善讀儒書，會讓我們忽略了儒書使人迂僻專橫的事實。因儒書往往令讀書誦古者迂僻專制，又謂儒書本為迂僻專制之說，故教人如此，剛好代表了兩種觀察角度與思路。

前者，鞏固了儒家思想的神聖性，並把經典的意義封閉凝固起來；經典在歷史中形成的具體作用及後儒對經典的理解，完全可以用「流弊」、「誤用」、「曲解」等語，一筆帶過。或彷彿這些所謂誤用曲解根本不存在；即使存在，也不重要，只要辨明了它們並非「真正的」、「原始的」儒家思想，則此類事例終無礙儒家思想之純粹皎潔也。

後者，雖注意到了儒書在社會中的具體作用，然由讀書者之做賊，遂歸咎書本子教人做賊，也完全未考慮到讀書者非人人皆去做賊，自有做賊者、有不做賊者、有與做不做賊完全不相關者，豈能因此遽謂儒家為專制思想？即如井田制度，三代是否真有此制度，是一回事；《周禮》、《孟子》所講的井田制度究竟如何，又是一回事；後人如何理解井田，則更是另一回事了。據錢牧齋《初學集》卷九十所載策問說，歷史上是有許多人把井田制度看成兵法之源的。其言曰：「世之言兵法者皆宗黃帝，所謂餘奇為握者是已。然又以謂或本於八卦，或出於井田……以井田言之，井九百畝，其中為公田，數起於五，成於八，是故四為正、四為奇，餘奇為握奇。井田之規制也，以《周官》考之，萬有二千五百人為軍，萬之有二千，二千之有五百，皆所謂餘奇為握者也。」井田本是田制，居然可以講成是兵法之源，這就是歷史詮釋的問題了。古書所敘之井田制，經某些人詮釋後，會出現顏元式的迂僻獨裁狀況，也會出現握奇用兵之說。然豈能徑謂書中所載之井田制度就是兵法、就是專制獨裁思想？在這裡弄不清楚，結果當然就會因看到了儒家某些思想在歷史上形成了專制現象，而反對儒家，欲打倒此專制之源。

近代崇儒與反儒思潮，大抵由是而分。但在這兩條思路上，近代學人們的造詣卻又都很膚淺。以崇儒者來說，對於儒家學說可能會造就顏元式迂僻專制結果，大多缺乏認識。研究顏元的人那麼多，誰像我在前文一樣，指出了顏元議論上的荒謬專制處？討論新儒家的人也不少，誰又能真正觸及熊十力經世思想的病痛？嚮往儒者經世，謂儒學具踐履實用精神者更多，誰又真發現儒家經世之學中存在著這樣的問題？⑧事實上，儒家經世之學的傳統，當代根本少人理會。崇儒者，差能辨析理氣心性而已。於《周官》、《王制》封建井田等等，尚缺乏社會學面向的處理，也不甚瞭解這些論題在儒學傳統中的發展情況。⑨故即使討論到「原始儒學義理如何被曲解誤用」這個層次的問題時，也只能就外在專制政治勢力如何干擾、援引、冒用儒學來立說。⑩而不能從儒學內部發現儒者從《孟子》、《周禮》中發展出來的經世之學，本身就可能匯出專制態度。

反儒者也一樣，大都只是從儒學對社會文化之功能及其與統治階層之關係，說儒家思想是封建專制的，應予打倒而已。極少人能從儒家理論及經典本身，論證其具有專制性格（**大概只有侯家駒《周禮研究》等書，指出了「《周禮》所規劃的制度實為極權政治與統制經濟」⑪**）。

因此，其反傳統與反儒，遂只能是形式主義或意識形態的。

對於這兩種思路，我當然不甚滿意。但我並不認為它們都不對，而想「獨標勝義於二家之外」，提出第三種路向來；我認為它們都對，卻都不夠對。我的意思是說：儒者確實常有不通世務又不善讀古書者，誦古服習，欲以天下王道為己任，結果卻迂僻極權，流毒甚烈；儒家經典中也不能說未提供這批人思想資糧，使其如是。因為很明顯地，這些人往往不約而同地緣飾、運用或衍申、紹述封建井田云云，也都奉采《周禮》、《孟子》。故《周禮》、《孟子》等思想資源，在某種情況下，是會造就極權思想的。彼等不「曲解」其他經典而特好《周禮》等，必《周禮》等有可資援引啟發之處，此亦不能故意忽略。但是，正如前文所述，讀《周禮》講井田者，未必均如顏元，所以在「《周禮》本身錯了」和「讀者錯了」兩端間，還要加上一個詮釋方法和思考傾向的考慮，亦即：儒家的經典和儒家的義理內容、學術形態，在顏元式經世復古之思維傾向下，通常會讀出迂僻專制的結果。

有關這種復古經世的儒家思維傾向，我認為是極值得分析的。固然經過現代化思潮的洗禮，熊十力之後，現在的復古論者已漸罕覯了，然欲以儒學經世者仍不乏其人。近幾年，據黃俊傑的觀察，一九八〇年以後，「經世思想成為台灣的中國思想史學界的重要課題之一」，而且，「這個研究課題的發展與國際漢學界的動向互有關係」，因此，這乃是戰後台灣儒學研究的重要問題意識及主流。⑫討論經世思想既已如此為人所熱衷，明清乃至清末民初之儒學經世思想自然更是論者集議之所在。除此之外，許多批評當代新儒家之學的先生們也往往訾議新儒家未能開展出「新外王」的學問，而寄望於儒學能真正用於經世，非僅托言於性命修養而已。

新儒家回應於此一期望者，則仍不外乎繼續批評傳統專制王權如何扭曲、壓制儒學，或繼續申言儒學無礙於民主科學及現代化、不是不能開出民主科學等等。

但此一爭論，事實上亦僵持於此，未能有所進展。其實，此中仍大有空間，例如知識份子（無論古今）力求經世的人格形態與心理狀況，本身便很值得分析；以學術應帝王，其學術係在何種理解與方式下，作用於當代，更該研究。謂古儒學具共產主義精神，不難開出共產制度，與說儒學也可以開出民主與科學，兩者的論理方式、心態及言說者之時地發言情境，當然亦應比較對勘。本文對此不暇深究，聊為喤引，以供討論。

注釋

① 顏元常將佛與道合併批判，但論道教、老、莊常只是陪襯，重點在於排佛。《存性編》反對程、朱之理氣論，是因為「朱子原亦識性，但為佛氏所染」，故其性善氣惡之説，近於佛家之六賊説。《存學編》反對程、朱之虛談性理，也是因為程、朱要以談心性來對抗佛教之談心性，反而會進入釋氏分界，不如重返孔子實學之教，乃能使佛教消亡。《存人編》卷一、二係《喚迷途》，卷三為《明太祖高皇帝釋迦佛贊解》，卷四為《東鹿張鼎彝毀念佛堂議》、《辟念佛堂説》、《擬諭錦屬更念佛堂》，全是針對佛教發言。可見在顏習齋之學問體系中，排佛，不僅為一主要動機，也是學問的核心所在。「如何排佛，以重開一人倫世界」，實為習齋整體學術用心之關竅。近人論習齋之學，多從他批判宋明理學及反程、朱這個角度來把握，我以為是錯誤的。

② 楊衒之等人撰寫這些書，原本就不出於宣教立場，唐朝釋子所編《廣弘明集》甚至將楊衒之列入古來王臣訕謗佛法的二十五人名單中，説楊氏是因「見寺宇壯麗，損費金碧，王公相競，侵漁百姓，乃撰《洛陽伽藍記》」。宋朝以後，雖另有一派學者宣稱楊氏是虔誠的佛教徒。但楊氏撰寫這本書確實不出自弘揚佛法的理由，但其純然對歷史文化的感念摩挲，即足令後人神移矣。

③另詳胡楚生《朱一新論顏學之基本缺失》一文，收入《清代學術史研究》，（台北：學生書局，一九八八年）。又按：儒學應不應包含外王治法，是一大問題。朱一新代表一種看法，錢牧齋代表另一看法，他主張把儒學與聖王修齊治平之學分開，儒者只管學術傳承，聖王才負責治世理國，這見解很值得注意，見牧齋《初學集》卷二十三《向言上》。其言曰：「帝王之學，學為聖王而已矣。儒者之學，非所當務也。修身齊家治國平天下，聖王之學也。荀子曰：略法先王，而足亂世，術繆學雜，舉不知法後王而壹制度，不知隆禮義而殺詩書。太史公曰：以六藝為法，博而寡要，勞而無功。此儒者之學也。……嗚呼！人主不可以不知學。然而人主學聖王之學則可，學儒者之學則不可。夫儒者之學，函雅故，通文章，逢衣博帶，攝齊升堂，以為博士官文學掌故，優矣。使之任三公九卿，然且不可，而況可以獻於人主乎？」

④這段話，主要是反對錢穆先生的見解。錢《中國近三百年學術史》論顏、李，是以「習齋，北方之學者也」開端的。謂習齋乃當時北方一種學風下的產物，故同時如孫夏峰、王介祺、刁蒙吉、李孝慤等，論學意味大抵類似，而與南方之學者不同。顏元比他們又高亢浮躁些，則是「習齋個人性氣為之」。從這個角度，他論李恕谷時，便認為恕谷之不能始終守住顏元矩矱，係其南遊江淮的結果。因習齋主實行實利、經世濟民，南方則已走上考訂學風。恕谷南遊，遂自墮於書生文人一類，顏李學派也就無以為繼了。我完全反對這種觀點，因此我認為上述顏元學術上的問題，不能從個人性情及特殊時代地域學風來解釋。

另外，本文也反對近人把顏元納入所謂「明清實學思潮史」去瞭解的辦法。顏元所講的實學，固然在當時確有反抗性理虛談的意義，但若只局限於從這個意義及角度去看，便不能發現顏元式儒者在儒學傳統中的普遍性意義。且如船山、梨洲等明清之際的學者，皆不反對性理虛談。但也同時論封建胥吏等平治天下之道，其學固不能僅名之為實學。因此，我想指出：「封建／郡縣」、「均田／私田」、「兵農合／兵農分」，乃是古代儒者對國家體制與經濟制度的基本思考範疇，任何人，只要談到儒家理想的實踐問題就必然要討論到這些，非明清之際特殊時代獨然。而討論這些問題時，因乏涉世閱歷或欠缺政經知識，出現顏元式膠固不通的書呆子，也並不意外。

⑤對於「法」的不信任，是傳統儒學之一重要傾向。以船山為例，《宋論・徽宗二》曰：「政之善者，一傳而弊生，期以利民，而其弊也，必至於厲民……不善之政，亦不能操之數十年而民無隙之

可避……故曰：『有治人，無治法。』……政無善惡，俱不足以持久，倚法以求贏，徒為聚訟而已矣。」因為政無善惡，俱不足以持久，故惡法也不必改了。老百姓一定能找到法中的空隙，相遁巧避，使惡法亦不能久賊天下；如果改之使善，善法未必能得善人來奉行推動，則「假其所寬以便其弛，假其所嚴以售其苛，則弊生於其間，而民且困矣」，結果反而更糟糕。何況，如何改制立法才能善，本身就成一大聚訟之題目，徒然造成天下的爭哄不安。這個講法，徹底否定討論治法之意義，主張「有治人，無治法」，謂法無善惡，俱不足以為政。《讀通鑑論・卷四・四》又說：「法之立也有限，而人之犯也無方。以有限之法，盡無方之慝，是誠有所不能賅矣。」卷六之二十一亦云：「治之敝也，任法而不任人。」（又見卷十之二十三）不承認法的穩定性、客觀性，而刻意揭露法的有限性及隨時變易的不穩定性。這種觀念，在儒家思想中頗具勢力，儒家與法家的爭執，此亦為一主要關鍵。參見本書《儒家對法治社會的反省》。

⑥ 詳見本書《論熊十力論張江陵》一文。侯家駒《周禮研究》第八章第五節也指出了熊十力的統制經濟思想，並據此衍申說：「中國大陸之出現共產主義，雖然直接是深受馬列主義之激蕩所致。但是，亦可以說是間接地接受了兩千年來《周禮》思想累積之後遺症。」

⑦ 近代知識份子以復古思想為主幹，進行思想革命與社會革命，詳見龔鵬程《傳統與反傳統：論晚清到五四的文化變遷》之分析，收入《近代思想史散論》，（台北：東大圖書公司，一九九一年）。

⑧ 所謂儒學具有踐履精神，向來有兩個面向的理解，一為外在實踐性，指對政治社會之改革與實際作為；一為內在精神修養上的踐履，謂儒學非知識問題，而應受用於身心性命。

⑨ 此可以牟宗三先生為代表。

⑩ 此可以徐復觀先生為代表。

⑪ 但因侯氏非反儒者，故他認為《周禮》係披著儒家外衣的法家作品，採用了前文所說「辨明它們並非真正的儒家思想，以保障儒家思想之純粹皎潔」的辦法。

⑫ 見黃俊傑：《戰後台灣的教育與思想》，（台北：東大圖書公司，一九九三年），第三九二頁。

九　失落的儒學史：東晉名教論

談思想史哲學史，學術界常用的標目是：漢代經學、魏晉玄學、隋唐佛學、宋明理學、清代樸學。在這樣的大標目下，隱藏著一種斷裂的歷史觀，例如魏晉玄學是反對漢代經學而生、宋明理學是反抗隋唐佛學而生、清代樸學則是反對宋明理學而生的。在歷史因斷裂反動而激生新變的情況下，魏晉一段，就被解釋為是對漢代儒家經學禮法的反抗，因此提倡老、莊、玄言清談、破棄禮法、崇尚自然蔚為風氣。這種風氣，起自漢末，下及六朝，而最足以顯示其思想特點的時期則是魏晉，故通常以「魏晉玄學」一詞來概括這個階段。

這種斷裂的歷史觀，同時也顯示著儒學傳統的斷裂。魏晉與隋唐這兩個時期，是非儒學甚或反儒學的時期，儒學衰微了，所以這種解釋中也蘊含著另外兩個說法：（1）宋明理學乃是儒學之復興；（2）魏晉至隋唐乃是中國本位文化衰微而外來思想文化漸興且逐漸占居主流的歷程。以上這些，都是現今儒學研究的基本觀念型模。

但宋、齊、梁、陳的情況，其實與魏晉甚為不同，應另行處理。西晉、東晉也不一樣。過去的哲學史思想史論著，都未細予檢別，大抵只敘列了何晏、王弼、阮籍、嵇康、裴、郭象等人而已。東晉或完全未談，或草草附及於西晉玄風之後，不甚討論其間有何思潮、有何論題，更不曾發現東晉其實根本就不是個玄學的時代，儒學傳統在此一時期不僅未中斷或衰微，反而甚為強勁有力。

東晉，恰好與大家想像的相反，乃是個強調儒學禮教的時代。儒者不僅興學、議禮，還本著儒家義理，經世理政，進行社會風俗批評，或討論儒佛關係、重定老、莊地位、以名教衡人論史。

重新發現這樣的時代，是當今思想史哲學史工作的責任，也需要有一副不同於以往的眼光。此即本文寫作之原因，為斷裂的儒學傳統補上一段失落的環節，並藉此提醒儒學研究者反省我們習以為常的歷史模型。

（一）倡禮教以正風俗

袁宏的妻子李氏，有《弔嵇中散文》，稱讚嵇康：

宣尼有言，惟仁者能好人、能惡人。自非賢智之流，不可以褒貶明德、擬議英哲矣。故彼嵇中散之為人，可謂命世之傑矣。觀其德行奇偉、風韻劭邈，有似明月之映幽夜、清風之過松林也。（此處及以下引當時人言語，若無特別標注，均採自嚴可均《全上古秦漢三國六朝文》輯本，不再一一贅注）

此文對嵇康推崇備至。但用以推重他的，卻不是任誕、狂放、反抗禮法等等。而是說他合乎孔子的教誨，德行甚高等。這與後世推崇嵇康者，恰好相反。而此即可以見晉室南渡以後思潮之傾向。

戴逵《竹林七賢論》對七賢的批評，就呼應了這種趨向。據《晉書・隱逸傳》云戴氏「常以禮法自處，深以放達為非道」，批評說：「竹林諸賢之風雖高，而禮教尚峻。迨元康中，遂至放蕩越禮。樂廣譏之曰：『名教中自有樂地，何至於此？』樂令此言有旨哉！謂彼非玄心，徒利其縱恣而已。」稱讚七賢早期崇尚禮教，而抨擊他們後來的名士縱恣放蕩，以強調禮教名教。①

一般講思想史哲學史的人，都把魏晉看成一個階段，並形容這個階段是反對漢代經學、儒學、禮教的一個玄學時代。玄學的內涵是老、莊、清談；時代的精神是放誕、破棄禮法、申發性靈。試翻翻勞思光《中國哲學史》第二卷第二章《魏晉玄學》、陳榮捷《中國哲學文獻選編》第十九章《新道家》這類著述，就知道在他們標明「魏晉時期（西元二二〇至四二〇年）」、「自東漢末年經曹魏而至兩晉」的這個時期，正是這麼個社會。

這種描述，是錯的。魏晉的前面一段，跟漢代不是斷裂關係，因此它不是個反經學反儒學的時代，這一點，我在其他文章中已討論過，此不贅。②此處要談的，是它的後半段。也就是至少應把晉朝分成兩半，縱使西晉曾有過玄學清談的思潮，東晉也與之不同。東晉的基本傾向，正是像戴逵與李氏這樣的論調，反對顛覆禮教的放達名士而推重禮教。

所以范寧才會批判何晏、王弼，說他們「罪深於桀、紂」。范寧是注解《春秋穀梁傳》的儒家大將，任豫章太守時，在郡大設庠序，遠近至者千餘人，以私祿資眾，推動儒說可謂盡心盡力，他批何晏、王弼，也強烈地表現了儒家的觀點。所以先講聖人之聖，「德侔兩儀、道冠三才」，再罵王、何「蔑棄典文，不遵禮度，遊辭浮說，波蕩後生，飾華言以翳實，騁繁文以惑世。……遂令仁義幽淪，儒雅蒙塵」，導致中原板蕩。③

干寶談阮籍、嵇康，也是如此。《晉紀總論》說：「學者以莊、老為宗而黜六經，談者以虛薄為辯而賤名檢。行身者以放濁為通而狹節信。」風俗之壞，導致國家衰亡。而其中阮、嵇尤為指標人物：「觀阮籍之行，而覺禮教崩弛之所由；察庾純、賈充之事，而見師尹之多僻。」口吻不是與戴逵、范寧極為相似嗎？干寶固然是個史家，但他也寫過《搜神記》，並不像范寧純為儒家，其論調與范寧相仿，不就可以看出一個時代的風氣嗎？

與干寶相似者，為郭璞。郭璞以作遊仙詩著稱，又曾作《山海經注》。據《玉海》所引《中興書目》說：《山海經》十八卷，郭璞傳凡二十三篇，每篇有贊。嚴可均輯本為六十七篇。博物搜奇，可見遐心。某些贊語，例如「觸類而化，應無常心」（《夸父》）、「和神養性，食可逍遙」（《帝台漿》）、「惟神所運，物無常在」（《鬱州》）、「輪運於轂，至用在無」（《當扈》）、「訖彼滄海，眇然遐遊，聊以逍遙，任彼去留」（《沙棠》）、「至理之盡，出乎自然」（《患》）、「逍遙忘勞，窮生盡期」（《白》），也可以看出老、莊的影響。可是，郭璞為《山海經》作注作贊，乃是與他注《爾雅》而撰圖贊相類的工作，體制和內容都非常相似。

他認為《爾雅》是六藝之鈐鍵，而且他自己鑽研了廿九載，對前此十幾家注解都不滿意，所以才要自己來作注，以便學者能「通詁訓之指歸，敘詩人之興詠」。他注解《山海經》也是如此，一方面用《竹書紀年》、《史記》來印證《左傳》中對周穆王西征的記載，批評譙周等儒者未能考及《竹書》，不能稱為「通識瑰儒」，一方面強調「博物不惑，多識於鳥獸草木之名」（《爾雅敘》）是聖人的教誨：「聖王原化以極變，象物以應怪，鑒無滯賾，曲盡幽情，神焉廋哉，神焉廋哉！」也就是說，與志怪搜奇的干寶相似，他固然也博物志奇，可是整個思想是儒家式的，其行為也自覺地納入儒家思想體系中去尋求解釋。

郭元祖《列仙傳贊》情況類似。此書評贊赤松子、容成公、老子、關令尹、王子喬、彭祖諸仙，其《序》先從《易經》說兩儀變化來講神變不可謂無，繼而引《周書》、《孝經援神契》論神仙應該是有：

《周書・序》：「桑問涓子曰：『有死亡而復云有神仙者，事兩成耶？』涓子曰：『言固可兩有耳。』」《孝經援神契》言不過天地造靈洞虛，猶主五嶽、設三台，陽精主外、陰精主內，精氣上下，經緯人物，道治非一。若夫草木，皆春生秋落必矣，而木有松柏檽檜之倫百八十餘種。……何怪於有仙耶？

然後話鋒再一轉，說秦始皇好游仙，但方士之所謂仙，皆「因跡托虛，寄空為實，不可信用也」。至於「周公黃錄，記太白下為王公」，雖然是真的，然而，「聖人所以不聞其事者，以其無常然。雖有時著，蓋道不可棄。距而閉之，尚貞正也。而《論語》云『怪力亂神』，其微旨可知矣」。這不是由儒家觀點來評價且統攝列仙人物嗎？雖承認神仙為有，但不論神仙是真是假，都不必那麼認真。談談固無不可，郭元祖可不以為這神仙之道確可作為人生真正的方向。⑤

再來看湛方生的例子。湛方生有《廬山有神仙詩序》，論證廬山確有神仙。可是他另有《七歡》一文，假託岩棲先生與朝隱大夫論辯。岩棲先生是學道者，餐靈絕穀；朝隱大夫是隱於朝的人：兩人代表不同的態度。今存佚文，見《藝文類聚》卷五七，僅錄大夫言論七條，或許即其所謂七歡。指朝廷生活七個可歡樂的理由，以此駁斥岩棲先生所主張的生活。

湛方生還提倡修學校，見《藝文類聚》卷三八引《修學校教》。並推崇孔子：「文王既歿，微言將墜，邈哉孔公，龍是九二。辟化繫象，素王洙泗。發揮中葉，道映周季。」（《孔子贊》）他也贊老子，但稱讚的方式類似袁巨集之妻李氏，說老子「乃作皇師，亦參儒訓」（《藝文類聚》卷七八）。

這樣說老、莊，其實是最客氣的。陳玢《與妹劉氏書》便直接批判老、莊了：「老、莊者，絕聖棄智，渾齊萬物，等貴賤、忘哀樂，非經典所貴、非名教所取，何必輒引以為喻耶？」⑥

其高揭名教，痛批老、莊，正像戴逵。戴氏《放達為非道論》云：

> 竹林之為放，有疾而為顰者也，元康之為放，無德而折巾者也。可無察乎？且儒家尚譽者，本

以興賢也。既失其本，則有色取之行，懷情尚真，以容貌相欺，其弊必至於末偽。道家去名者，欲以篤實也。苟失其本，又有越檢之行，情禮俱虧，則仰詠兼忘，其弊必至於本薄。⑦

這看起來是儒道各打五十大板，說若用心不善，為儒為道都可能有弊。但整段是在批判竹林與元康之放達時說的，因此說儒家名教之弊只是虛說，重點是在論證「元康之人，可謂好遁跡而不求其本，故捐本徇末之弊、舍實逐聲之行，是猶美西施而學其顰眉」，批判老、莊道家以迄竹林、元康去名之病才是真的。

戴逵其實是非常能欣賞道家式生活型態的人，《閒遊贊》大談適性逍遙之趣，自云「我故遂求方外之美」。可是在作社會風俗批評時，卻如此強調不可害「名教之體」，豈不足以見一時風會？蓋自處可以有養生恬適的祈向，論風俗則終要以儒家禮教為依歸。殷茂《上言宜令清官子侄入學》說：「臣聞弘化正俗，存乎禮教；輔性成德，必資於學。」講的就是這個意思。

同時，這也可以看出時人可以談玄、說怪、說神仙，也可以追求適性逍遙的生活，但卻不一定因此便歸宗老、莊。郭璞、戴逵都是如此，缺名《道學論》言許邁「與王右軍父子為世外之交。王亦辭榮，好養生之事」，也彷彿此類。王右軍父子是天師道，許邁是上清道，這個道派正是奉《上清大洞真經》而不重老、莊的。⑧

而且社會風俗批評的主流，乃是禮教名教。⑨神仙老、莊，要不就被斥為造成社會澆薄、綱維瓦解的原因；要不就採分裂認同，覺得在某些領域某些狀況，可以承認神仙存在，甚或可以養生求仙、遠遊以求道，但「弘化正俗」依然要仰賴禮教；再不就把老、莊神仙歸攝在儒家陣營之中，以獲取存在的合理性。

（二）據儒學以議時政

禮教之提倡，不只用在社會風俗批評，期以導正風教，更指向政治，希望能具體改善施政措施及士大夫從政的態度。

舉例言之，郭璞即有《省刑疏》，以「臣聞《春秋》之義，貴元慎始」開端，然後說他根據卦象推察，覺得陰氣過重，陽氣不舒，天象也不好，這都是「刑獄充溢，怨歎之氣所致」。那要怎麼辦呢？他說：「臣謹尋案舊經，《尚書》有五事供御之術。京房《易傳》有消復之救！」依儒家經典提供的消災解厄之法，帝王應改變政策，重德省刑。因為「厲意刑名，用虧純德。老子以禮為忠信之薄，況刑又是禮之糟粕乎」？

此處，他是先以漢儒解《春秋》時那一套災異之說，悚異人主，再來要求帝王「貞明仁恕」、「應天順時」。拉老子來助陣，可是基本觀念卻是儒家的天人符應、崇德輕刑。整個論述方式，非常接近西漢儒家，特別是今文學家以經義說諫時事的作風，以災異、天人符應為說，亦是如此。他另一篇《因天變上疏》也有相同的論調：

> 天人之懸符，有若形影之相應。應之以德，則休祥臻，酬之以怠，則咎徵作。陛下宜恭承靈譴，敬天之怒，施沛然之恩，諧玄同之化。……臣聞子產之鑄刑書，非政事之善。

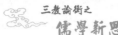

本文主張實施大赦。接著，他趁皇帝生孫子上疏，又再次建議省刑罰：「陛下符運至著，動業至大，而中興之祚不隆，聖敬之風未躋者，故由法令太明，刑教太峻。」

郭璞如此鍥而不捨，為民請命，殊不愧為一儒者。另外，他還提出「平刑」之說。平刑，是說「刑無輕重，用之唯平」。怎麼平？依據成文法所規定的來辦，就可以平，不至於任情抑揚。所以郭璞說：「律令以跨三代，歷代所遵，未易輕改者也。是以刑法不專，則名幸者興；政令驟變，則人志無繫。」

郭璞此說，頗有呼應者，熊遠《奏請議獄皆准律令》云：

> 禮以崇善，法以閑非，故禮有常典，法有常防。……自軍興以來，法度陵替，至於處事不用律令。競作屬命，人立異議。曲適物情，虧傷大例。府立節度，復不奉用。臨事改制，朝作夕改。……案：法蓋粗術，非妙道也，矯割物情，以成法耳。若每隨物情，輒改物制，此為以情壞法。法之不一，是謂多門，開人事之路，廣私請之端，非先王立法之本意也。凡為駁議者，若違律令節度，當合經傳及前此故事，不得任情以破成法。愚謂宜令錄事，更立條制。諸立議者，皆當引律令經傳，不得直以情言，無所依准。

法律既訂為成文法後，就應依法執行。這個原則看起來沒什麼問題，但實際上爭論很多。例如「殺人者死」，殺人的情況千奇百怪，有逞兇殺人者、有過失殺人者、有報仇者、有報恩者、有誤殺者、有波及者、有因自衛而殺、有為家國而殺，殺人的原因與情境非常複雜，非法律條文所能完全預想與規範。因此執法者除了法條之外，還須考慮具體的情況來「量刑」。但也由於如此，法律就多了許多斟酌衡量的空間，鑽營苟且，或以權、以利在其間運作的情況也就發生了。一個殺人者，只要有權有勢有錢有辦法，就不難被認定為是因自衛殺人而省其刑。主政者若討厭你，你也很容易因小過而被處重刑。郭璞、熊遠乃因而主張平刑、主張議獄應依律令。律令之外，也非全無討論的空間，可是這個彈性也不能漫無標準，應依經傳及前此「故事」。

這個意見，顯然充滿了儒家色彩，不但以法治為粗術，且謂立議須引經傳，頗有漢儒引《春秋》斷獄的味道。據《晉書・刑法志》載，元康初，劉頌為三公尚書上疏，侍中太宰汝南王亮亦上奏，於是門下屬議，也都提到「平法律」的觀念，說：「昔先王議事以制。自中古以來，執法斷事。既已立法，誠不宜復求法外小善也。若常以善奪法，則人逐善而不忌法，其害甚於無法也。」（又見《通典》卷一六六）說法與郭璞、熊遠基本上是一致的。⑩

熊遠利用災異進言，也是他與郭璞極相似之處。其說災異，言天人符應，在現代人看，是神權迷信，實則郭璞他們根本不是那個意思。災異，之所以被看重，是因為可藉此以警惕帝王。除此之外，若再說神道，在私下講講固也無妨，但總已不免像郭元祖那般要認為是怪力亂神，畢竟少談為妙；在政治領域說，就更不可以了。郭璞有《諫留任谷宮中疏》，引《周禮》說：「案：《周禮》：『奇服怪人不入宮。』陛下若以谷信為神靈所憑者，則應敬而遠之。……若以谷或是神祇告譴，為國作眚者，則當克己修禮，以弭其妖。……臣愚以為陰陽陶蒸，變化萬端，亦是狐狸魍魎，憑假作慝。」建議把任谷逐出宮中。這樣的疏，很清楚地表明了儒家講災異旨在警人主而非信妖祥，所重在人，亦不在神。故曰：「神聰明正直，接以人事。」熊遠的態度亦然，故曰：「臣暗於天道，竊以人事論之。」論什麼呢？他具體指出東渡之後政治措施及風氣敗壞之處有三：一是不謀北伐；二是君臣「每有會同，務在調戲酒色而已」，根本不像要枕戈待旦、恢復失土的樣子；三是政風窳劣，選官用人，不求實才，請托交行，且「當官者以理事為俗吏、奉法為苛刻、盡禮為諂諛、從容為高妙、放蕩為達士、驕蹇為簡雅」。改革之道，則在整飭文官體系，他引《堯典》「敷奏以言，明試以功」，以及堯舉舜於仄陋、舜拔賢於岩穴的故事，倡議用人唯才，打破門第之見，且須先考試再任官（見《因災異上疏》）。

以上論崇德、省刑、平法、舉士、遠怪、理政各項，都可看出當時儒者是如何地援引經義或本著儒學來批判時政。這些批評，固然大多是像上面所舉的事例，以大原則為主，但也不乏就個別事件發言的。如熊遠就曾依據「《尚書》堯崩，四海遏密八音。禮云：凶年，天子徹樂減膳」，認為懷帝梓宮未返，不宜作樂（見《懷帝梓宮未返正會不宜作樂議》）。范寧也曾依：「禮，十九為長殤，以其未成人也。十五為中殤，以為尚童幼也。今以十六為全丁，則備成人之役矣。以十三為半丁，所任非復幼童之事矣。豈可傷天理、違經典，困苦萬姓，乃至於此乎？」主張：「今宜修禮文，以二十為全丁，十六至十九為半丁。」（《陳時政疏》）這是要修改丁役法的。他還有《啟斷眾公受假故事》，討論各級官吏如何給假的問題，冀修改辦法，以杜浮濫。虞子卿則強調「禮典舊制，不可廢缺」，但也不可「禮典所無，而反尚飾」，因為「非禮之事，不可以訓萬國」，故應「割損非禮之事，務遵古典」（《諫為琅琊王煥營起陵園疏》），全都以古禮經義衡量時政。風氣所被，遂有如顧臻者，會以聖王制樂的標準，要求廢除雜伎樂（《請除雜伎樂表》）。

對於儒學荒廢現象，他們也一再建議應重新恢復。如孔坦《奏議策除秀孝》說：「臣聞經邦建國，教學為先，移風崇化，莫尚斯矣。古者且耕且學，三年而進一經。……自喪亂以來，十有餘年，干戈載揚，俎豆禮戢，家廢講誦，國缺庠序，率爾責試，竊以為疑。」對於南渡後學校未興的情況深表不滿，因此具體諫言：（1）察舉應舉行策試；（2）策試均應問經義；（3）崇修學校。⑪

建學校之後，殷茂又建議應令清官子弟入學：「自大晉中興，肇基江左，崇明學校，修建庠序，公卿子弟併入國學。尋值多故，訓業不終。……竊謂群臣內外，清官子侄，普應入學，制以程課。」（《上言宜令清官子侄入學》）東晉初，國子生地位甚高，據殷茂說是「皆冠族華胄，比列皇儲」，後來逐漸蕪亂，所以他才主張整頓，強制清流子弟入學。⑫入學之後，則須嚴管勤教，范寧說：「國學開建，彌歷年載，講誦之音靡聞，考課之績不著，良由迮道之訓未弘，鑽仰之心弗至。陵替文源，宜見整正，謂應斷假，精加督勵，嚴其師訓，舉善黜違。」（《啟國子生假故事》）主張禁止生員隨便請假。

依他們的論述看，東晉重興儒學，其實效果不彰。原因主要有二，一是儒學與國家力量結合，成為官學以來，求學便與求仕相混，故班固評價漢代儒學之盛，說是利祿之途使然。晉室東渡，興復儒學，可是這時求仕者早已不須再進學校了。因為依九品中正法，在門第社會中，清流子弟憑其門第就能得官，無須再以儒學為祿利之途；這是高門子弟不熱衷入學，入了學也無心努力為學的原因。二是想做學問的人，主要也不會期待在學校中治學。學校是公眾教育，但當時學術的主體卻不在學校而在私家，亦即以家族家學為主。因漢末以迄永嘉，戰亂頻仍，學校時興時廢，制度又改來改去，學術的傳承遂越來越仰賴世家，公眾的學校教育在此時興辦，成效自然不會好。⑬

但反過來說，建孔廟、興學校、立博士、規定公卿子弟入學，其實代表了儒學與國家意識型態、政府官僚體制再度緊密地結合，具有高度象徵意義。所以也才有那麼多儒者不斷呼籲，認為此類措施足以鞏固「王化」，改善政治上的偏差。

（三）敦孝義而定制度

這時，對人物的評價，或所提倡的道德人格典範，當然就仍是忠孝節義。桓溫《薦譙秀表》高談「道喪時昏，則忠貞之義彰」，要求政府「旌德禮賢」，認為：「方今六合未康，豺豕當路，遺黎偷薄，義聲弗聞。益宜振起道義之徒，以敦流遁之弊。」誠足以見時人之想法為何。曾任太常博士的范弘之在《與王珣書》中講得更明確：「人道所重，莫過君親。君親所繫，忠孝而已。孝以揚親為主，忠以節義為先。」忠孝節義就是他們普遍共許的道德。

這些道德標準，具體施用於他們對人物的評價上，孝友忠君者受旌揚，非是者受批評。其例至多，此處且以習鑿齒對三國人物的評論為例來作觀察。

習鑿齒有《漢晉春秋》四十七卷，今不存。《晉書》本傳載其《晉承漢統論》殆為其中之一。以晉承漢統，為我史學上正統論中一大文獻，歷來討論者甚多，但大抵摸不著要領，不知此文其實要處理的，就是司馬炎作為魏的臣子而竟篡位的不忠的問題。⑭

他先是說魏之德不足以代漢而王：「今若以魏有代王之德，則其道不足；有靖亂之功，則孫、劉鼎立。」其次，說司馬炎仕魏只是迫於形勢：「宣皇帝官魏，逼於性命，舉非擇木，何虧德美？」再則進一步說司馬炎是忠義的，因為魏對漢不忠，司馬炎代魏繼漢，正是為漢報復的：「宣皇祖考，立功於漢，世篤爾勞，思報亦深。魏武超越，志在傾主，德不素積，義險冰薄。宣帝與之，情將何重？……非道服北面，有純臣之節，畢命曹氏，忘濟世之功者也。」最後還拉出孔子來背書：「周人詠祖宗之德，追述剪商之功，仲尼明大孝之道，高稱配天之義。」要人相信晉篡位得天下是合義且不違忠的。

這當然是曲為晉飾的一套說辭，但他為何如此努力地想為晉洗刷不忠之恥呢？道理還用再說嗎？

其他評三國人事，習鑿齒也處處以忠孝信義為說。如論先主到當陽，評：「先主雖顛沛險難，而信義愈明。勢逼事危，而言不失道。……其終濟大業，不亦宜乎？」論龐統諫先主，則說：「霸王者，必體仁義以為本，仗信順以為宗。……今劉備襲奪璋土，權以濟業，負信違情，德義俱愆，雖功由是隆，宜大傷其敗。」法正勸先主納劉焉子瑁妻吳氏，習鑿齒又評：「匹夫猶不可無禮，而況人君乎？」認為此舉有違禮教。此外云「高堂隆可謂忠臣矣」，「毋丘儉事雖不成，謂忠臣矣」，或評張昭：「張昭於是不臣矣。夫人臣者，三諫不從，則奉身而退。」論傅玄：「三綱之道，二服恒用於私室，而王者獨盡廢之，豈所以孝治天下乎？」都顯示了他是持忠孝節義之尺以度量人物。⑮

本儒家道德觀念銓衡人物之外，更重要的是依之以議禮制。為何要議禮制呢？孔衍《乖離論》說得好：

> 聖人制禮以為經。常人之教，宜備有其文，以別彰其義，即今代父子乖離，不知自處之宜。情至者哀過於有凶，情薄者禮習於無別。

儒者議禮，本為其傳統，一是經典中對禮制的規定原本就有許多解釋上的爭論，故爭議禮制，乃儒學中一大重點。二是禮者「時為大」，本來就須要隨時損益。經典所定，未必符合後世之需，故亦須再予討論。歷代議禮，均為儒者之要務。但東晉的情況，又與以上兩項原因不同。雖然上述兩項理由所引發的討論也不少，甚且因時重禮教，經學上對禮制的爭議愈形熱絡，可是最足以考見該時代之特色者，卻不在此等處，而是如孔衍所說的那一點：兵燹戰亂、父子乖離，整個時代處在一個非常時期，故人亦不知該如何守禮。

孔衍另有一篇《禁招魂葬議》，就具體談了這個狀況。該文說：「時有歿在寇賊，失亡屍喪，皆招魂而葬。吾以為出於鄙陋之心、委巷之禮，非聖人之制，而為愚淺所安，遂行於時，王者所宜禁也。何則？聖人制殯葬之意，本以藏形而已，不以安魂為事。」招魂而葬，實係不得已之舉，人民逃難江左，父兄陷在中原，死了見不著屍體，只好招魂而葬。孔衍卻認為此舉不合禮制，他在另一篇《答李瑋難禁招魂葬議》說：「祭必立壇，不可謂神必墓中也。若神必墓中，則成周雒邑之廟，皆虛設也。」干寶也反對招魂葬，有駁議曰：

時有招魂，考之經傳，則無聞焉。近太傅公既屬寇亂，屍柩不返，時奕議招魂葬。⑯東、海國學官今魯國周生以為宜爾。盛陳其議，皆多無證。寶以為人死神浮歸天、形沈歸地，故為宗廟以賓其神，衣衾以表其形……今失形於彼……未若以遭禍之地，備迎神之禮，宗廟以安之，哀敬以盡之。

干寶認為：「魟魂於棺、閉神於槨，居浮精於沈魂之域，匿遊氣於壅塞之室。……葬魂之名，亦幾於迂矣。」針對當時儒生說黃帝成仙，其臣斂衣冠而葬，干寶甚至反駁說黃帝根本就死了，「言仙者謬也。就使必仙，何議於葬」？

這是反方的意見。支持的，除周生以外，李瑋《宜招魂葬論難孔衍》說招魂葬並非「委巷」之人，也就是民間不懂禮的人胡亂弄出來的。它既有前例，也合乎經義。史例如「伯姬火死，而叔弓如宋葬共姬，皆其證也。宋玉先賢，光武明王，伏恭範逡，並通義理，公主亦招魂葬，豈皆委巷乎？」經義的問題，則李瑋說墓葬不只葬形，也用以藏魂魄。在宗廟祭享時，神靈才到宗廟來享用：「宗廟是烝嘗之常宇，非為仙靈常止此廟也；猶圜丘是郊祀之常處，非為天神常居此丘也。《詩》曰：祖考來格。知是外至也。」

折衷兩端而贊成此制者，則如公沙歆《宜招魂葬論》。他認為：若說人死了就神歸於天，形歸於地，委之自然，那是上古之法。依其法，招魂自無必要。後來有了墓葬之制，但制度簡單，宮不重仞、墓不封樹，這時也無必要再去招魂。但時至近代，喪葬之禮益為繁複，「事存送終，班秩百品，即生以推亡，依情以處禮」，招魂自無不可，總之不過是孝子竭心盡哀罷了。

招魂葬在當時應是極普遍的，大概原先起於民間，故孔衍說它是委巷之禮，為愚淺所安，遂行於時。但貴族人家，不免也會有身死舊土，屍柩不能迎回江左安葬的情況，如干寶提到的太傅公或《通典》卷一三二所載張憑《新蔡王招魂葬議》均是。我覺得爭論之起，一方面是因這種情況出於喪亂，故為古人所未及論，一方面則是南北風俗不同所致。正如張憑所說「案禮典，無招靈之文」，在儒家經典中確實沒有招魂的講法。可是招魂之說，在屈原、宋玉時就已盛行於楚地，李瑋舉「宋玉先賢」以為支持招魂葬之先例，即本於此。逃難到南方的人，既無法將亡者骸骨移過來安葬，又正好南方有此風俗，便據此發展出一套招魂葬的制度，而激發了此禮是否符儒家經義的爭論。⑰

這個爭論的核心，乃是形神問題。主張不可招魂而葬者，認為形神分，葬者葬形，神則迎回家中，立主立宗廟以處之，故可以祭神不可以葬魂。主張可招魂而葬者，認為葬祭「豈唯斂屍，亦以寧神」（干寶引周生語），重在安神。前者謂形已不見，何必藏虛棺以奉終；後者謂神不滅，宜安厝以全孝心。

在後來產生神滅神不滅爭論以前，這個爭論是古代魂魄說逐漸轉向形神論的過渡。古說魂魄，大抵偏於說人的精神面，所謂三魂七魄，但王弼注《老子》，已將魂魄形神化，亦即以魂為神、魄為形，如第廿五章注：「形魄不及精象。」第十章注：「抱我靈魂而上升。」考《老子》原文是：「載營魄抱一，能無離乎？」河上公注：「營魄，魂魄也。」以營為魂，是漢人的通詁。《淮南子．俶真》篇「人之事其神而嬈其精營，慧然而有求於外」，《法言．修身》篇「營魂曠枯」，精營營魂，都是指精神精魂。可是營底下還有一魄字，王弼的解釋卻完全忽略魄，把「營魄」徑釋為「靈魂」。而第廿五章注「形魄不及精象」，把形與魄合起來說，又與精對。第四章還注「地雖形魄，不法於天則不能全其寧」，形魄也是合在一塊說，且將之屬於地，以與天對。這不是把魂魄形神化嗎？形歸於地，神歸於天，招魂而葬埋於地，便因此而被張憑、干寶等人認為不妥。魂魄形神之分，以及如何安立形神，也才逐漸成為一個理論上的問題。這是招魂葬爭議在思想史上值得注意的地方，可惜過去都忽略了，談魏晉思潮者，殆無人齒及焉。

（四）轉虛玄而重名教

招魂葬是否合禮，只是當時議禮制之一端，當時論祭、喪、婚、服、名、諱、諡、葬、郊祀、明堂、宗廟等極多，且議禮非只為詁經，多為時事而發，斯則亦歷來論經學史魏晉思想史者所未知也。

如車胤《上言庶母服制》云：「謹案《喪服》禮經：『庶子為母緦麻三月。』傳曰：『何以緦麻？以尊者為體，不敢服其私親也。』此經傳之明文，聖賢之格言，而自頃開國公侯，至於卿士，庶子為後，各肆私情，服其庶母，同之於嫡。此末俗之弊。溺情傷教。縱而不革，則流蕩忘返矣。」⑱

江啟《王籍等周喪嫁議》云：「風節不振，無以蕩弊俗。禮義不備，無以正人流。……東閣祭酒顏含，居叔父喪而遣女。推尋舊事，永康二年，虞浚、陳湛各有弟喪嫁子，拜時，司徒王渾奏免。……夫崇禮謂之有方之士，不崇禮謂之方外之人。況虧淳創薄，崇俗棄禮，請免官禁止。」

劉嘏《上司徒府辨同姓為婚》云：「如今眾庶之家，或避國諱，遁仇逃罪，變言易姓者，便可皆言是始祖正姓為婚之斷。……論者又以為開通同姓為婚，則全小人致濫。……今日若考經據事，足以取正。」

虞眕《陳詵後妻之子為前妻服議》云：「庶人兩妻，不合典制。……載在《風俗通》，今雖貴賤不同，猶可依准行。」

這類禮制的討論，都非常明顯地是針對時事發言，欲以禮正俗，且均據經義以為斷。所謂禮教，即具見於這類制度規範之中。而名教禮教云云，也因此不只是一項學說、一種倡議，乃是落實於生活世界中的制度化行為。

這時，再來看庾翼《貽殷浩書》所說：「王夷甫先朝風流士也。然吾薄其立名非真，而始終莫取。若以道非虞夏，自當超然獨往，而不能謀始，大合聲譽，極致名位，正當抑揚名教，以靖亂源，而乃高談莊老，說空終日。……既身囚胡虜，棄言非所。……而世皆然之，益知名實之未定，弊風之未革也。」透過這一類話，就知道風俗之變，起於士大夫學術之不同，知識階層，或稱禮法之士，以其經術儒學，正試圖扭轉魏晉之際形成的那種以老、莊玄學為依憑的虛玄任誕之風。

姜廣輝主編的《中國經學思想史》四十三章，不知此理，竟以「玄學為統領、漢學佛學為輔弼」為題，說：「東晉、南朝雖偏安江左，然而思想學術卻極為興盛繁榮，它們的表現有這樣三個特點：一是繼承了正始以來的玄學，並在廣度上進一步發展，二是佛教般若學為玄學推波助瀾……」實則東晉哪是繼承正始玄風？它剛好是反對王、何、嵇、阮的。其儒學亦以論禮為勝，且非玄談，乃踐履切應於時事，以箴俗理政之學。其以此反嵇阮、罪何王、薄老、莊、尊孔子、重名教，省刑罰、言災異、准律令、慎選舉、遠怪神、崇德治、興學校、銓人物、議禮制、正風俗，彰彰甚明。至於參用佛教般若學以為玄學推波助瀾云云，東晉時亦非如此，世人於此亦並未審其詳也。

首先應知：東晉時老、莊的地位正在下降中，王坦之《廢莊論》詬老、莊「壞名教、頹風俗」（《全唐文》卷八〇三，李磎《廣廢莊論》）；葛洪直言老子、文子、莊子、關令尹喜之徒皆「永無至言」（《抱朴子・釋滯》），和上文所述種種，都可證明這一點。

故此時佛教徒對老、莊玄學已漸起輕藐之心。錢鍾書《管錐編》全上古秦漢三國六朝文卷，一五四條，引習鑿齒《又與謝安書稱釋道安》「統以大無，不肯稍齊物等智，在方中馳騁也」語，謂道安視道家仍在方內，「蓋客作新旅，每結交家生先進之氣味相近者，所以得朋自固。逮夫豐羽可飛，遐心遂起，同道相謀變而為同行相妒。……後來釋之憎道，遠過其非難世法之儒。……讀鑿齒此書，亦覘萍末而知風之自矣」（又詳其書《列子卷仲尼》條），所言即指此。是以佛學在此時，不是對玄學起推波助瀾之效，而是起入室操戈之作用的，彼此開始發展競爭關係。而整體趨勢上，則是老、莊玄學之勢漸蹙，佛教之力漸盛。

其次，錢先生說此時「釋氏輕道家」，也仍須再作分疏。道家之中，又分老、莊道家和道教。王坦之詬老、莊，也批佛教，另作《沙門非高士論》，他就不是道家、不是佛教，而是道教；⑲此後佛道相爭，越來越激烈的，亦非佛教與老、莊玄學之爭，乃是佛教道教之爭。萌蘖之起，即可見諸王坦之此類言論。

再者，整個時代的風氣，畢竟是以儒學為主流的，如前文所論。因此，這個時候主要的關係，反而發生在儒釋之間，有衝突，也有調和。依張新安《答譙王論孔釋書》觀之，論次「孔釋」就像正始間討論「孔老」，已經成為這個新時代的議題了。

東晉帝后，信佛者多，孝武及恭帝尤甚。明帝曾手畫佛像，見《晉書・蔡謨傳》。恭帝不肯自殺，擔憂來世不能得人身。士大夫之間崇奉者亦多。因此儒佛之關係，亦即新的信仰到底應如何安立它與儒家禮教的關係，就成為倍受關切的問題。

一種態度是把「儒與佛」化約為「中國與異邦」。如蔡謨告訴晉成帝：「佛者夷狄之俗，非經典之制。」中國，是以儒家禮制為代表的，佛教因不符禮教，故是夷風，應該擯斥。這就把儒佛問題關聯到「夷夏之辨」去了，帶有一些民族主義的姿態。後來更是愈演愈烈。為佛或佛教徒爭地位的人，碰到這頂大帽子，多半不敢正面輕搠其鋒，輒采一種方式，說夷夏固然不同，但夷狄中也有特例，也有好人；或夷人之道也不違背我國教法，或暗合或相輔或殊途同歸云云。如王珣《論序高座師帛屍梨蜜多羅》：「春秋吳楚稱子，傳者以為先中國後四夷。豈不以三代之胤行乎殊俗之禮，以戎狄貪婪無仁讓之性乎？然而卓世之秀時生於彼。……漢世有金日磾，然金日磾之賢，盡於仁孝忠誠，德信純至。」以金日磾之合乎儒家道德來辯護法師中也有好人。⑳

在這樣的論理方式中，出現了幾個議題。一是沙門袒服之疑。中國自古以「衣冠上國」自居，披髮左衽即視為奇恥大辱，何況袒服？袒服是極失禮之事。而沙門依循印度熱帶地區衣俗，多袒臂。這種裝束，在中國自然就會產生質疑。哦，不！沙門自東漢即來中土，漢魏西晉以其為殊方異俗而寬諒之，並未引起禮制方面的爭論，是要到東晉禮教昌行之世，才會因此而遭詰難。慧遠《沙門袒服論》一開頭說：「或問曰：沙門袒服，出自佛教，是禮歟？」就是在這個脈絡中出現的問題。

慧遠對此，以重心不重形跡為說。何無忌難慧遠，則依然強調不可廢禮。慧遠再答，乃謂儒佛殊途同歸：「道訓之與名教，釋迦之於周孔，發致雖殊，而潛相影響。出處誠異，終期則同。」希望大家不要只注意到它們的「殊途」，否則就會「滯名教以徇生」了。

再者是沙門應不應向帝王敬禮。佛教以佛、法、僧為三寶，僧人地位甚高，在印度及西域諸國弘法時，帝王也多表禮敬。即使東漢傳入中土後，漢魏西晉對其不敬王者之慣例，亦無質疑。可是東晉情況不同。前文說過，當時社會共許的道德，是忠孝。沙門不敬王者，在此即被視為不忠，是大違禮教之事，當然也引發了大爭論。

批評者，如庾冰《為成帝出令沙門致敬詔》說治世不可能參用華夷，「未有以殊俗參治，恢誕雜化者也」，因此仍應依中華之禮。何況禮不徒設，有其內在的道理，不只是形式而已：「因父子之敬，建君臣之序，制法度、崇禮秩，豈徒然哉？……然則名教之設，豈無情乎？……矯形骸、違常務、易禮典、棄名教，是吾所甚疑也。名教有由來，百代所不廢。」後來桓玄《重難王謐》說沙門藉口君臣敬禮雖是名教之事，然因僧人既已出世，便可脫越名教，是不對的，因為「君臣之敬，皆是自然之所生。理篤於情本，豈是名教之事耶？」這種講法其實仍與庾冰相似，把名教分成粗跡和情理兩層，本末一體，形跡之間即見情理，故禮不可僅視為形跡粗末之事而廢除之。

主張沙門不必敬王的，則從本末分、心跡別的立場來立論，如王謐《答桓玄書明沙門不應致敬王者》云：「沙門雖意深於敬，不以形屈為禮。」又《答桓玄難》云：「沙門之道，自以敬為主，但津塗既殊，義無降屈，故雖天屬之重，形禮都盡也。」或慧遠《答桓玄書》說僧人「內乖天屬之重，而不違其孝。外缺奉主之恭，而不失其敬」，都是如此，慧遠還把此說關聯到形盡神不滅（《沙門不敬王者論》）。

沙門該不該敬王者，成康間、元興間各辯了一次，雙方往復，論旨甚繁，而大要不過如此。而值得注意的是：為佛教辯護的人，也不敢採取反禮教的說法。如王謐說：「君臣之敬，皆是自然之所生。……敬揖高論，不容間然。」且謂：「周、孔之化，救其甚弊，故言跡盡乎一生，而不開萬劫之塗。然遠探其言，亦往往可尋。孝悌仁義，明不謀而自同；四時之生殺，則矜慈之心見。又屢仰仲由之問，亦似有深旨。」意謂佛說雖異於儒，儒家仍蘊含著佛理。

慧遠更有趣。他不肯敬禮王者，就說心跡可分，不必重視形禮。可是桓玄質疑他穿沙門服制時，他卻以禮不可廢來辯護道：「夫禮者，必不虧其名器。……夫道遵古昔者，猶存告朔之餼羊。餼羊猶可以存禮，豈況如來之法服耶？推此而言，雖無其道，必存其禮。禮存則法可弘耳，法可弘則道可尋。此又古今所同，不易之大法也。」（《答桓玄書》）雖無其道，必存其禮；禮存，法方可弘，道才可尋。此說充分證明瞭慧遠其實才是個深重禮制之人。

過去談慧遠，或討論沙門不敬王者的論爭的人，都沒注意到這些。忽略了佛教的宗教面，只由哲學思想上去看，所以常把說佛理者和玄談者聯想到一塊兒。不曉得佛教既是一種制度性宗教，就有它奉守的教制，包括戒律服色等等。一位僧徒，受這些規制之約束，要遵守其禮度，其實是比士大夫奉守儒家禮法還更要嚴格的。慧遠在廬山建大道場，其重視禮，亦必比當時一般士族更甚，否則何以糾束人眾？王坦之《沙門不得為高士論》說：「沙門雖云俗外，反更束於教，非情理自得之謂也。」正是覷破此理。故而當時佛教之盛，固然在禮制上與儒家禮法有所爭議，但整體精神卻是鞏固禮教的。

在討論禮制時，替佛教辯護的人，常以佛不悖儒為說，談儒佛思想時亦輒如是。如張新安《答譙王論孔釋書》云：「積善啟報應之轍，網宿昭仁搜之苗。」儒釋二家，「非旨睽以異逋」。東晉論佛學，主要分兩段，康穆間以般若學為主，後期則集中於報應論。但論報應，正如張新安此處所說，其實都是用儒家的自然氣感說和「積善之家必有餘慶，積不善之家必有餘殃」來說報應。

戴逵《與遠法師書》說：「弟子常覽經典，皆以禍福之來，由於積行。是以自少束修，至於白首。」可是並沒什麼好報應，後來「始知修短窮達，自有定分；積善積惡之談，蓋是勸教之言耳。近作《釋疑論》，今以相承」，明以慧遠及其所代表的佛學觀點是主張積善得報的。慧遠的《明報應論》、《三報論》也確實表現了這樣的觀點。戴逵則反對其說。認為命有定分，與行為之善惡無關，與慧遠辯、與周居士辯。這個論辯，看起來是儒佛之辯，實則是個老問題，也就是司馬遷在《伯夷叔齊列傳》中問的：好人是否可以得好報？此為「福德是否一致」之問題。慧遠以報應論來說善有善報，此世不報，三世必報。戴逵則主張：「分命可審，不祈冥報。」

戴逵是個重視名教的人，《放達為非道論》、《竹林七賢論》均可證。但他也奉佛，自稱佛弟子。然雖奉佛，依然主名教，故《釋疑論》謂：

設禮樂以開其大蒙，名法以束其形跡，賢者倚之以成其志，不肖企及以免其過，使孝友之恩深，君臣之義篤，長幼之禮序，朋執之好著。背之則為失道之人，譏議以之起；向之則為名教之士，聲譽以之彰，此則君子行己處心，豈可須臾而忘善哉？何必循教責實，以期報應乎？

以報應說為不必要。這豈不是用名教說在反對報應論嗎？卻又不然。慧遠他們所理解的佛教報應說，其實與佛教本旨相去甚遠，只是把積善得報這樣的儒家觀念嵌進佛教的三世說罷了。故宣教愈力，積善餘慶、積惡餘殃之說就愈深入人心，佛教乃愈成為儒家禮法之翼輔。這就是為什麼我會說整個時代風氣畢竟是以儒學為主流的緣故。

（五）合仙佛以契周孔

孔、老，在這個時代，就不再能如魏晉間那樣蔚為論題了，沒有人辯孔、老或自然與名教之異同。殷浩高談老、莊，便要遭遭庾翼之痛批；王坦之要廢莊、孫盛則要非老，其《老聃非大賢論》曰：「老子之作，與聖教同者，是代大匠斫，駢拇指之喻。其詭乎聖教者，是遠救世之宜。」批判老子，不遺餘力。

孫盛另有《老子疑問反訊》一篇，指摘老說尤力，謂其說「皆世教所疾」；老子是知道者而非體道者；說法往往自陷於矛盾，看起來似乎要救弊，實則「非唯不救，仍獎其弊」；跟儒家比起來：

△堯、孔之學，隨時設教；老氏之言，一其所尚。隨時設教，所以道通百代。一其所尚，不得不滯於適變，此又暗弊所未能通者也。

△斯蓋欲抑動恒俗，故發此過言耳。聖教則不然，中和其詞，以理訓導。誨誘綽綽，理中自然，可與老聃之言，同日而語其優劣哉？

△或問：「老、莊所以故發此唱，蓋與聖教相為表裡，其於陶物明訓，其歸一也。」盛以為不然。夫聖人之道，廣大悉備，猶日月懸天，有何不照者哉？老子之言，皆駁於六經矣，寧復有所愆之，俟佐助於聃、周乎？即莊周所謂「日月出矣，而爝火不熄」者也，至於虛誕譎怪，矯詭之言，尚拘滯於一方，而橫稱不經之奇詞也。

自來批評老、莊，無醜詆至此的了。老、莊在這個時代之聲價，可見一斑。孫盛是位史家，著《魏氏春秋評》《晉陽秋》等，他如此篤意名教，菲薄老、莊，殆亦可見當時史家之風氣。除前引的習鑿齒外，袁宏即甚似孫盛。

袁宏《後漢紀序》表明：「夫史傳之興，所以通古今而篤名教也。……荀悅才智經論，是為嘉史，所述當世大得，治功已矣。然名教之本，帝王高義，蘊而未敘。」所以他才要作《後漢紀》。此即顯見他認為史著最重要的功能就是要「通古今而篤名教」。他在《三國名臣序贊》中大贊荀彧「大存名節」、「名教有寄」，張昭「出處有道，名體不滯」，虞翻「名節殊途，雅致同趣」等，也都可以印證其所言。

可是我們過去講魏晉玄學的朋友，對孫盛、袁宏這些言論卻視而不見，只一味地說魏晉是個玄風大盛的時代，時尚老、莊，儒學或微，禮教大廢，人以放誕為高。東晉這一段，要不就略過不談，如劉汝霖《漢晉學術編年》只編到湣帝建興四年，東晉完全不提；要不就一帶而過，牟宗三、任繼愈論魏晉也只談到裴頠、郭象為止，或以《列子》為東晉哲學之代表。東晉其實整個是被忽略的，有少數論者注意到了東晉，但基本上也是以「老莊玄言的時代」為之定性。如狩野直喜論郭璞，就只談及他的遊仙詩，且將之與老、莊清談、老、莊學昌盛合論；談李充、袁宏、孫綽、殷仲文、謝混等，也都是說江東偏安，耽於老、莊，人乏勇往之氣象，偏好自然云云。㉑王葆玹《玄學通論》㉒情況相仿。它由王導提倡嵇康學講起，不知王導雖善言「言盡意」、「聲無哀樂」等，乃是善於論聲無哀樂的道理，且能以其理通之於其他事物，非提倡嵇康破佚禮法之學，何況言盡意也非嵇康之說。㉓於王導以後東晉禮法名教之談，都不措意，偏搜一二談玄之文獻，以證正始玄風猶暢於江左，豈不謬哉？㉔樓宇烈《袁宏與東晉玄學》（《國學研究》1卷）甚且因袁宏曾作正始以來名士傳，便云為袁宏乃玄風之鼓吹者，對袁宏的名教史學，也可說是完全無知了。

呂思勉《兩晉南北朝史》廿三章《晉南北朝學術》則謂放蕩不拘禮法者，「東渡以後，流風未沫。江表之能玄言，初不自東渡後始，特東渡後此風愈盛耳」，將玄風、清談、放蕩不拘禮法者混為一談。晉時人物，有受老、莊影響或藉口老、莊而為放誕之行者；亦有喜談論，有清辯者；談者中亦有喜歡說玄理者：三者並不相同。例如呂先生引《晉書・良史傳》「潘京舉秀才，到洛。尚書令樂廣，京州人也，共談累日，深歎其才」以證東渡以後善清言、遺世事、放蕩不拘禮法之風未消或且愈盛。姑且不說潘京、樂廣均非渡江人物，樂廣更是反對魏與西晉時人放蕩不拘禮法的。他們是清談，但清談甚或玄言，都不能與老、莊之風或放蕩不拘禮法畫上等號。

這個區分非常重要。以王羲之為例。他是建元永和年間名士中的核心分子。依《晉書・謝安傳》載，謝安未仕前「寓居會稽，與王羲之及高陽許詢、桑門支遁遊處，出則漁弋山水，入則言詠屬文」（又參見《世說新語・賞譽篇》）。永和中，王羲之為會稽內史，《晉書》又說：「會稽有佳山水，名士多居之。謝安未仕時亦居焉。孫綽、李充、許絢、支遁等皆以文義冠世，並築室東土，與羲之同好。」看這些記載，就能明白為何諸名士修禊蘭亭時，大家作了詩，序卻要由王羲之來寫了。王氏地位如此重要，謝安、孫綽、李充、支遁等人又都是一時大名士，且以玄談著名，豈不證明他們當時正大暢玄風了嗎？支遁是說《莊子》的大家，更坐實了這批人是衍老、莊之緒的。然而不然。王羲之《蘭亭集序》已明說：「固知一死生為虛誕，齊彭殤為妄作。」又有雜帖云：

省示，知足下奉法轉到勝理極此。此故蕩滌塵垢、研遺滯慮，可謂盡矣，無以復加。漆園比之，殊誕謾如不言也。吾所奉設教，意正同，但為形跡小異耳。方欲盡心此事，所以重增辭世之篤。今雖形繫於俗，誠心終日，常在於此，足下試觀其終。

這封信很可能就是寫給支遁的，謂其奉佛，勝理超邁，更勝莊子。自己奉天師道，與之意同而跡異，亦有出世之想。這樣的信，表明了支遁一類人之所以被王羲之看重，不在他闡發莊子義，而在於他奉教而極之理。王羲之本人奉天師道，也在探索那個理，故引斯人以為同風。

依這個情形看，我們也可知王羲之這類不喜歡老、莊的人，在看待支遁談「逍遙」義時，乃是本於一種欣賞其論理的態度，而不是服膺莊子的義旨。

這，一方面是種談辯的興趣與需要。「道林談《逍遙遊》，標揭新理，通《漁父》一篇，才藻俊拔」（《世說新語‧文學篇》），名士談論，以《莊子》為題目，看誰能講出個新穎的說法來。老、莊因此只是談論的引起與資料，殷仲堪能清言、善屬文，每云三日不讀《道德論》，便覺舌本間強，即屬此類。支遁這位法師，正是以他高明的言說辭藻，博得名士們之青睞。

另一方面，支遁之所以能「標揭新理」，時人也很明白，乃是因他具有佛教的思想資源。其理，乃是「奉法轉到勝理極此」的。足資證明的例子，除王羲之外，還有郗超。郗家與王家是姻親，他非常欣賞支遁，曾稱讚支：「神理所通，玄拔獨悟。數百年來，紹明大法，令真理不絕者，一人而已。」（《與親友書論支道林》）郗氏也奉天師道，而他所欣賞支遁者，亦在於其能紹明佛法，非謂其能歸本老、莊。郗也談支遁「色空」之義，《與謝慶緒書論三幡義》云：「近論三幡，諸人猶多既欲觀色空，別更觀識。同在一有，而重假二觀，於理為長。」可見他對支遁色空之說是有所討論的。他另有《奉法要》長文，即申論其所知之佛法者。那也是一位天師道徒對佛教的理解與消化。因此，一般思想史哲學史談到支遁或東晉這段時期，就說是老、莊跟佛教般若學的融合，或以支遁這類人為例，說這是老、莊玄學昌盛之證，其實都是誤會。「與義之同好」的還有孫綽、李充等人。《世說新語．文學》注引檀道鸞《續晉陽秋》云：「正始中，王弼、何晏好莊、老玄勝之談，而世遂貴焉。至江左，李充尤盛。故郭璞五言始會合道家之言而韻之。（許）詢及太原孫綽轉相祖尚，又加以三世之辭，而詩騷之體盡矣。詢、綽並為一時文宗，自此作者悉體之。」既云江左李充尤盛老、莊玄勝之談，又舉孫綽的玄言詩、郭璞的遊仙詩為說，則江左好尚莊老，豈復有疑？殊不知此亦大謬不然。

這一段是談及東晉玄言詩風最早的材料，但余嘉錫《世說新語箋疏》有考證云：「李充，其詩存者，《玉台新詠》三有《嘲友人》一首，敘其夫婦離別之情，頗類陸士衡《代顧彥先贈婦》。《文選》注二十一及五十九各引《武功歌》二句，皆頌揚功德之泛語。《類聚》卷四及《書鈔》卷一五五俱引《七月七日詩》，亦不過牛女之常談，皆不足以見其風致。惟《初學記》卷一八引充《送許從詩》曰：『來若迅風吹，逝如歸雲征。離合理之常，聚散安足驚。』頗得老、莊之旨。《選》注二十八引充《九曲歌》曰：『肥骨鎖滅隨塵去。』亦似有芻狗萬物之意。然存詩過少，此特一鱗片甲耳。至其所以祖述王、何，較西晉諸家為尤甚者，吾不得而見之矣」，蓋謂檀道鸞之說今乏佐證。其實也正因如此，所以《世說》各本均作「至過江，佛理大盛」。余先生雖據《文選集注》卷六二公孫羅引檀氏《論文章》作「至江左李充尤盛」，校改《世說》各本，但李充的詩作本身卻不足以印證它有玄風。曹道衡、沈玉成《中古文學史料叢考》因此另有考云：「李充尚玄談，然本傳又言『幼好刑名之學，深抑虛浮之士』，其

《學箴》稱『聖教救其末，老、莊明其本，本末之途殊而為教一也』，意兼綜儒玄而以玄為本，以時人放誕為『離本』。可見東晉談玄之士，於前人之任情弛縱已表不滿，李充此論特其一例耳。」（中華書局，二〇〇三年，第一九七頁）

這個論斷才是對的。但李充仍不是以玄為本，而是以儒為本，故《學箴》曰：「懼後進惑其如此，將越禮棄學，而希無為之風。……略言所懍，以輔其缺。……復禮克己，風人司箴，敬貽君子。」其敦禮之意，再明顯不過了。

用老、莊不悖於孔子禮教這個說法，來安立老、莊之地位，且有以矯放誕之失者，還有孫綽。綽善議禮，《京兆府君遷主議》、《父母乖離議》、《父卒繼母還前親子家繼子為服議》等俱可見。論倫理，又極重孝道，《表哀詩序》申罔極之痛，讀之令人動容。其評人物，如《賀司空循像贊》說賀「悼禮樂之不舉，於是覃思深講，銳精幽贊，雖齊孝之歸孟軻，漢王之宗仲舒，無以加焉」，《孔松陽像贊》說孔「溫恭篤誠，善誘勤勸」，也都可看出一種儒家人格的嚮往。他在《列仙傳贊》中談老子，更是說老子「道一堯、孔」。這與他在《喻道論》中說「周、孔即佛，佛即周、孔」相似，謂儒釋「共為首尾，其致不殊，逆尋者每見其二，順通者無往不一」，乃是以此來為佛教辯護的。儒家講孝道，佛教出家棄人倫，是佛教被攻擊之點，他也以同樣的方法來為之開釋，云「夷、齊同餓首陽之上，不恤孤竹之胤，仲尼目為仁賢」等等。此均可說是「是非折衷於聖人」的論理方式。

以上與王羲之交好的這些人，我不否認他們喜清談，其議論也有超玄離俗的一面，但那都不能說是受老、莊影響，或代表了老、莊思想。清談是一種談辯方式，其內容則可能是禮教，可能是老、莊或某某論題。至於這些人的思想，顯然仍以禮教儒家為主，其超玄離俗的那一部分，則或得之於天師道，或本於佛理，就算是像李充那般家世好道者，其論道也以不悖於周、孔禮教為旨。

再說回王羲之。據《晉書》，王廙書號江左第一，為王羲之所法。《歷代名畫記》卷五錄廙畫《孔子十弟子圖》，贊云：「余兄子羲之，幼而岐嶷，必將隆余堂構。今始年十六，學藝之外，書畫過目便能，就余請書畫法，余畫《孔子十弟子圖》以勵之。嗟爾羲之，可不勖哉？……吾餘事雖不足法，欲汝學書則知積學可以致遠，學畫可以知師弟子行己之道。」此文《全晉文》失收。由此可見王羲之所稟受的教誨仍是儒家式的。後來雖有遐心，欲超越塵俗，但面對人世，畢竟不能沒有關懷。這種關懷，也仍是儒家式的。

他的《臨護軍教》說：「今所在要在於公役均平。其羌太史忠謹在公者，復行諸營，家至人苦，暢吾乃心。其有老落篤喑，不堪從役，或有饑寒之色，不能自存者，區分處別，自當參詳其宜。」完全體現了儒者仁愛之忱。《與會稽王箋》則以堯、舜期許之，曰：「古人恥其君不為堯、舜……願殿下暫廢虛遠之懷，以救倒懸之急。」《報殷浩書》又自陳以身許國之意，云：「若蒙驅使，關隴巴蜀，皆所不辭。」據《世說》等記載，彷彿他與謝安整天玄談清話，棲心玄遠，實則憂國擘畫，每有建言，《遺謝安書》曰：「向所陳論，每蒙允納。所以令下，小得蘇息，各安其業。若不耳，此一郡久已蹈東海矣。」即指其事。蓋嘗以諸葛亮自期也，有雜帖云：「諸葛經國達治無間然，處事而無玷累，獲全名於數代。至於建鼎足之勢，未能忘已，所謂命世大才，以天下為心者，容得爾乎？」論治，有云：「若風教可弘，今忠著於上，義行於下，雖古之逸士，亦將眷然。」凡此等等，都可以看出儒家弘闡風教的理想在他心中的分量，以及他在這方面的具體實踐。光以玄遠之士、「出則漁弋山水，入則言詠屬文」來看王羲之、謝安，是看不真切的。

他們的態度，有點像葛洪。葛洪《抱朴子》分內外篇，一說長生，一論治國。看起來像儒道合的路數，治國與治身兼顧，可是那個「道」的部分並不穩定。或如李充，以老、莊來跟儒家合；或如王羲之，以天師道；或則以佛法。

像謝安，有書帖謂：「六月廿日具記道民安惶恐言：此月向終，惟祥變在近，號慕崩痛，煩冤深酷，不可居處。」自稱道民，是亦道教徒，因此他有宗教人士的超越性那一面。他給王坦之信說：「若絜軌跡、崇世教，非所擬議，亦非所屑。」就是自述自己對於生命有終極之關懷，與人書輒言「一旦知窮，煩冤號慕，觸事崩踊，尋事荼毒，豈可為心」、「號慕崩痛，煩冤深酷」，也是對生命中之傷痛、無奈、無常，格外表現出具體感受的。王羲之書《喪亂帖》，於蘭亭修禊時大歎年壽有時而盡，便是他們這種人共同的態度與心境。謝安《與支遁書》云：「思君日積，計辰傾遲。知欲還剡自治，甚以悵然。人生如寄耳。頃風流得意之事，殆為都盡，終日慼慼，觸事惆悵，唯遲君來，以言語消之。」講得再清楚不過了。這是生命的蒼然遲暮之感。因珍愛生命本身，故對其易逝易盡油然生起一種感傷。因有此感傷，所以要求仙、煉丹、求長生，以挽駐生命；所以要以言語釋遣排解之；所以要邀友朋聚會，樂以銷憂。這是當時佛教道教之所以興盛的內在原因。老、莊之玄談，在這個時候，已不太能滿足他們的需求了，他們要安頓生命，解消「人生如寄」、人生充滿「煩冤深酷」的傷懷，輒需向佛教道去求解藥。此即葛洪、王羲之等人奉道而不慊於老、莊之故。

可是，這種生命的感傷，並不就是要出世的。它是本於對生命的熱愛，感慨人命易盡，風流得意之事，轉瞬都歇。故傷懷惆悵之際，對人世並不持否定之態度。反之，恰是因為肯定珍愛「此世」，所以才有此等感傷。這樣的態度，當然不會有反現世、反禮教的狀況。宗教上，求長生者本非離世，而是駐世；就連佛教，東晉時也不強調否棄厭世的那一面，鼓勵人們出世解脫。所以從總體趨勢上看，言列仙之趣者、修釋迦之行者愈多，反而使儒家勢力在社會上愈形鞏固。

這些道理，都是過去講哲學史、思想史時所不知道的，本文補闕糾謬，粗為勾勒，以待引申。大雅君子見之，或不以為無益也。

附：東晉學術思想年表簡編

懷帝	永嘉五年（三一一）	石勒陷洛陽。王衍為其所執，被殺。郭象卒。（元年，王衍為司徒，不以經國為念，識者鄙之。四年，郭象為太傅主簿。）
湣帝	建興元年（三一三）	懷帝遇害。
	四年（三一六）	長安陷，帝出降，西晉亡。孫綽、袁宏約生於此年稍前。
元帝	建武元年（三一七）	琅玡王睿即晉王位。立史官。立儒林祭酒官，以杜夷為之。干寶為著作郎。應詹為建武將軍。
	太興元年（三一八）	晉王即帝位。《抱朴子》約成於此年。郭璞除著作郎。孔衍為安東參軍，有《公羊集解》十四卷、《漢魏春秋》九卷。
	二年（三一九）	賀循卒。

	四年（三二一）	郭璞為尚書郎。王羲之生。孫盛《晉陽秋》或成於此時。
	永昌元年（三二二）	
明帝	太寧元年（三二三）	楊方為司徒參軍。方有《五經鉤沉》十卷，《吳越春秋削繁》五卷。杜夷卒。王敦起郭璞為記室參軍，尋被殺，有《爾雅注》等。熊遠為長史，尋病卒，有集十二卷。
成帝	咸和元年（三二五）	戴逵約生於此時。習鑿齒約生於咸和中。王導進太傅，拜丞相。
	六年（三三〇）	應詹卒。
	咸康二年（三三六）	干寶卒，有《周易注》十卷、《周易宗塗》四卷、《周官注》十二卷、《春秋左氏傳義》十五卷、《晉紀》等。王坦之、王徽之約生於咸康中。徐眾為侍中，有《三國評》。
	五年（三三九）	王導卒。
康帝	建元元年（三四三）	
	二年（三四四）	葛洪卒。王獻之生。
穆帝	永和元年（三四五）	
	二年（三四六）	議禮。張憑為御史中丞，有《論語注》。
	八年（三五二）	殷浩北伐。
	十一年（三五五）	設伶官，以備雅樂。
	十二年（三五六）	
	升平元年（三五七）	
	五年（三六一）	王羲之卒。
	十二年（三六八）	殷浩卒。
哀帝	隆和元年（三六二）	裴啟作《語林》，江逌議禮。

	興寧元年（三六三）	
	二年（三六四）	習鑿齒、道安會於襄陽。
廢帝	太和元年（三六六）	
	十年（三七五）	謝安卒。
	四年（三六九）	桓溫北伐，責王衍使中原陸沈。
簡文帝	咸安元年（三七一）	韓康伯曾為簡文藩客，有《周易繫辭注》二卷。
孝武帝	寧康元年（三七三）	桓溫卒。孔安國為侍中太常。范寧為餘杭令，後拜中書侍郎，又出為豫章太守，有《穀梁集解》十二卷、《禮雜問》十卷。
	太元元年（三七六）	范寧卒。
	九年（三八五）	習鑿齒卒。有《漢晉春秋》四十七卷。
	十一年（三八七）	王獻之卒。
	十七年（三九二）	孔注卒，有集十卷。太元中，范宣卒，有《擬周易説》八卷、《禮記音》二卷。車胤為博士。
	二十年（三九五）	戴逵卒。
安帝	隆安元年（三九七）	殷茂為太常。
	三年（三九九）	殷仲堪卒，有《毛詩雜義》四卷。王凝之卒。
	五年（四〇一）	王珣卒。
	元興元年（四〇二）	
	二年（四〇三）	桓玄受禪，改元永始，著有《周易繫辭注》二卷。
	義熙元年（四〇五）	後秦以鳩摩羅什為國師。
	四年（四〇八）	孔安國卒。

注釋

①錢鍾書《管錐編》全上古秦漢三國六朝文卷，一五五條《名教》，考袁宏、戴逵諸人論名教語，並溯其來歷，可參看。唯錢先生又謂：「以名為教，初不限於儒家，名治與法治亦非背馳而未嘗合轍。」舉墨家名家形名之學並論，斯乃錢先生之見，東晉人無此說也。

②我認為漢與魏晉不是種斷裂的關係，延續性大於斷裂性。見拙文《孔穎達周易正義研究》，（師大國研所碩士論文，一九七九年），第一章；《從呂氏春秋到文心雕龍：自然氣感與抒情自我》，收入《文學批評的視野》，（大安出版社，一九九〇年）。又，錢鍾書《管錐編》全上古秦漢六朝文卷，一〇九條《晉人任誕》，亦以為晉人任誕之風，起於漢代：「不特早於魏末，亦復早於漢末。」舉《風俗通》、張衡《文士傳》等為證。這也是著重漢魏之非斷裂關係的。

③錢鍾書上引書一一一條《千古名士之恨》，引庾翼《貽殷浩書》「王夷甫，先朝風流士也，然吾薄其立名非真，而始終莫取。……高談老、莊，說空終日。……既身囚胡虜，棄言非所」等語，與范寧、干寶、陶宏景、桓溫諸人斥責王衍、何晏諸說合觀，以見一時議論。然又謂當時亦有為之惋惜回護者，如袁虎、謝安之說，足證一時名實未定，而名士主國政輒多遺恨也。其說甚辯。可是錢鍾書自己在次條《錢大昕論何晏、王弼》中卻又批評錢氏曲為維護何晏、王弼，是「不顧當時眾論大同，千載後據遺文一二，獨持異議」，甚為荒謬。既然當時批評何晏等人應為後來中原板蕩之事負責，是「眾論之大同」的，前面再辯何晏王弼以迄王衍之功過，「名實未定」，便顯得無謂了。

④晉武帝時汲冢古書大批出土，為晉代學術史上一大事，對於史料考證徵實學風有推波助瀾之效。例如泰始九年荀勖校大樂，八音不和，後依《周禮》制尺，再依尺鑄銅律呂，以調聲韻。汲冢中出土周玉律及鐘磬，適與新律暗合。又魏初傳古文者，出於邯鄲淳，至正始中，立三體石經，轉失淳法。汲冢所出策書，則猶與淳法相彷彿。至於古史考證方面，涉及尤廣。《晉書．司馬彪傳》：「初，譙周以司馬遷《史記》，書周秦以上，或采俗語百家之言，不專據正經，周於是作《古史考》二十五篇，以糾遷之謬誤。彪復以周為未盡善也，條《古史考》中凡百二十二事為不當，多據汲冢《紀年》之義，亦行於世。」司馬彪與譙周，代表兩種態度。譙周是篤守經傳，不採信俗言百家及汲冢新出文獻的；司馬彪則大量參證竹書。郭璞接近司馬彪。這也可說是當時篤守經義的儒家，和採取較開放態度且具

史學傾向的儒家之間的差異。汲冢竹書中經傳亦甚多，有：《易經》二篇；《易繇陰陽卦》二篇；《卦下易經》一篇；《公孫段》二篇，為公孫段與邵陟論《易》；《名》三篇，似《禮記》，又似《爾雅》、《論語》；《師春》論《左傳》諸卜筮；《周書》十卷。這些新出經傳資料，當亦對當時經學研討風氣頗生激蕩。

⑤張華《博物志》卷五亦謂魏王所集方士，「《周禮》所謂怪民，《王制》稱挾左道者也」，與此同一聲口。

⑥可參看王坦之《廢莊論》。《全唐文》卷八〇三李磎《廣廢莊論》云王坦之此論「只言其壞名教、頹風俗，而未能屈其詞、折其辯，是直訴之而已」。

⑦據《世說新語・文學》云袁宏作《名士傳》，謝安笑曰：「宏以夏侯太初、何平叔、王輔嗣為正始名士，阮嗣宗、嵇叔夜、山巨源、向子期、劉伯倫、阮仲容、王濬沖為竹林名士，裴叔則、樂彥輔、王夷甫、庾子嵩、王安期、阮千里、衛叔寶、謝幼輿為中朝名士。」此三期其實評價就不相同，對中朝名士的批評較為嚴厲。

⑧《晉書・王徽之傳》記徽之「為大司馬桓溫參軍，蓬首散帶，不綜府事。又為車騎桓沖騎兵參軍，沖問：『卿署何曹？』對曰：『似是馬曹。』又問：『管幾馬？』曰：『不知馬，何由知數？』」他這般不綜俗務、蓬首散帶，十足名士風流，但這根本不是老、莊或道家之影響，因為琅玡王氏世奉天師道。大多數研究者都不注意這個區分，只引一些名士言行，就推論道：此為老、莊玄風大盛之徵。不知修道者並不重老、莊，除上清道天師道外，葛洪亦云：「文子、莊子、關尹之徒」，皆「永無至言」。葛洪為丹鼎一派。另外，王該《日燭》一篇，雖譏道教煉形之術，卻也批評莊周：「周既達而未盡，信齊諧之小丑，見鵬鷃而標大，不睹鳥王與魚母。」

⑨社會風俗批評，本來就是漢儒學風。詳見龔鵬程：《風俗美善的追求》，收入《漢代思潮》，（嘉義：南華大學，一九九九年），第四九至六九頁。

⑩《晉書・刑法志》：「惠帝之世，政出群下，每有疑獄，各立私意。刑法不定，獄訟繁滋。及於江左，元帝為丞相。時朝廷草創，議斷不循法律，人立異議，高下無狀。」裴頠、劉頌、熊遠等人之議都針對此而發。

⑪依《晉書・孔坦傳》云：「先是兵亂之後，務存慰悅，遠方秀孝，到不策試，普加除署。至是帝（元帝）明申舊制，皆令試經。有不中科，刺史太守免官。大興三年，孝多敢行，其有到者並托疾。帝欲除署孝廉，而秀才如前制。坦奏議曰……」這是孔坦上奏的背景。另依《抱朴子・審舉篇》云：「江表雖遠，密邇海隅，然染道化、率禮教，亦千餘載矣。往雖暫隔，不盈百年，而儒學之事，亦未偏廢。」呂思勉認為當時廉者考試也用經義，以《晉書・魏舒傳》為證，謂「其所試者，蓋全為經生之業矣」（《兩晉南北朝史》廿二章第四節）。

⑫東晉學校之制及其教學情況，詳呂思勉上引書二十三章第一節。

⑬齊建元元年，崔祖思啟：「漢末習律有家，子孫並世其業，聚徒講授，至數百人。故張於二氏，絜譽文、宣之世；陳郭兩族，流稱武、明之朝。今廷尉律生，乃令史門戶，族非咸弘，庭缺於訓。」可見魏晉習律者以家學傳承之情況。《晉書・高光傳》云「光少習家業，明練刑理」者，即其一端。律學如此，儒學尤甚，《隱逸傳》云祈嘉通經傳，西遊海渚，教授門生百餘人。張華徵為祭酒，在朝卿士受業獨拜床下者二千餘人。此雖已為官學，而實仍為私家。同傳又云霍原山居積年，門徒百數。宋纖，弟子受業三千餘人。郭瑀，弟子著錄千餘人。

⑭如《四庫提要》謂習鑿齒為偏安之蜀爭正統；錢鍾書云該文「只可言其袒蜀而惜劉備之未克興廢繼絕耳」（《管錐編》全上古秦漢三國六朝文卷，一五四條），皆非。

⑮徐眾《三國評》，也是如此。例如說臧洪為郡將守死，是「洪敦天下名義，救舊君之危，其恩足以感人情，義足以勵薄俗」；先主假黃權偏將軍，是「未足彰忠義之高節，而大勸為善者之心」。

⑯晉置太傅太宰太保，本來就是採《周禮》而為之。此已取代漢代三公，但仍保留了漢代太尉司徒司空三公之官職。袁瓌《上表清禁斷招魂葬》另提到「尚書僕射曹馥沒於寇亂，嫡孫胤不得葬屍，招魂殯葬」，「監軍王崇、太傅司馬劉洽皆招魂葬」。

⑰康法琳《辨正論》七：「謝氏通魂，見亡子而祈福。」謝氏，指謝道韞。通魂及為亡子祈福云云，或許即是招魂之術。此或係採天師道法，但或許也就是採用了江南民俗。

⑱車胤對這個問題另有一文，大抵相同，乃次年所奏。

⑲《晉書・何充傳》：「郗愔及弟曇奉天師道，而充與弟准，崇信釋氏，謝萬譏之曰：『二郗諂於道，

二何侫於佛。』」佛教道教，才是並提對舉的，此時已不再如早期那樣，以老、莊道家來跟佛教對論了。

⑳孫綽《喻道論》也説聖人無殺心，謂釋迦牟尼為大孝，周、孔即佛，佛即周、孔。周、孔怎麼會即佛呢？此等論式之流行，正可看出那個時代的思潮。因為，支遁也把釋迦牟尼視為大聖，與堯、舜、周公、孔子是一類人物：「昔姬周之末，有大聖號佛，天竺釋王白淨之太子也。……涼五內之欲火，廓太素之浩心，濯般若以進德，潛七住而挹玄。……則化隆三五，衝量弘乎太虛，神蓋宏於兩儀。易簡待以成體，太和擬而稱邵。圓蓍者象其神寂，方卦者法其智周，照積佑之留祥……導庶物以歸宗，拔堯孔之外楗……蔚彩沖漠於周唐，頌詠有餘於鄒魯」「太上邈矣，有唐統天。孔亦因周，籧廬三傳。明明釋迦，實惟帝先。應期睿作，化融竺幹。交養恬和，濯粹沖源。邁軌世王，領宗中玄。」（《釋迦文佛像贊並序》）

㉑狩野直喜：《魏晉學術考》（築摩書房，昭和四三年），東晉の文學（二）、（三）。

㉒台北：五南書局，一九九六年，六章十節《東晉玄學家》。

㉓呂思勉《兩晉南北朝史》已注意到：「世皆稱晉南北朝為佛老盛行、儒學衰微之世，其實不然。」（廿三章第三節）。但他仍把此一時期稱為玄學時代，且説：「自正始至禎明之末，歷時凡三百五十年，通計東漢之世計之，亦可云天道五百年而變矣。」（第四節。呂先認為玄風起於東漢，故云。）在這個玄風大盛的時代，若儒學又實不衰，這又怎麼解釋呢？呂先説此乃時人兼通儒道之故，儒道佛三家呈現漸趨混同之現象，儒家中一派固然守文獻訓詁，一派好講原理者則與道家佛家合流。這個講法並不準確。東晉之儒學基本上非與道家玄學趨同合流，而是採批判性態度；佛道要避免被批評，才以不悖儒家為説。

㉔王導固然善於言辯，但東晉初期政權賴其安輯，功勞甚大，他絕對不是「賤經尚道，以虛玄宏放為夷達，以儒術清儉為鄙俗。望白署空，顯以台衡之望」（《應詹傳》）的人。我們不能把他錯誤地想像為竹林七賢式的人物，論者也不能僅據《世説》，而不去讀他的《請建立國史疏》、《上疏請修學校》、《議復肉刑》、《議追贈周禮》等文。

十　黃宗羲民本思想探賾

（一）證人書院之學風

黃宗羲於康熙七年在寧波創辦甬上證人書院，至康熙十四年結束，裁成學生約四十人，如萬斯同、萬斯大、仇兆鰲等皆在其中。據李文胤《呆堂文鈔》卷三《送萬充宗授經西陵序》說：「黃先生教人必先通經，使諸子從六藝以聞道，嘗曰：『人不通經，則立身不能為君子；不通經，則立言不能為大家。』於是充宗兄弟與里中諸賢共立為講五經之會。」可見當時教學之宗旨，係以通經為主。宋明理學之特點，在於尊四書勝於五經、講心性甚於究經籍，因此黃宗羲師弟講論經義，常被認為是具突破性的。若與顧炎武倡言「經學即理學」（全祖望《鮚埼亭集》卷十五《亭林先生神道表》）合看，便能發現此乃當時風氣，有力矯理學流弊之意。

可是黃宗羲之提倡經學，與漢代章句注疏及其後清代乾嘉之樸學考證均不相同，重在經世，曾云：「經術所以經世，力不為迂儒之學，故兼令讀史。」（同上，卷十一《黎洲先生神道碑文》）其弟子萬斯同補充道：「所謂經世者，非因時補救，如今所謂經濟云爾也。將盡取古今經國之大猷，而一一詳究其始末，斟酌其確當，定為一代之規模。」（《石園文集》卷七《與子貞一書》）這，不就是黃宗羲寫《明夷待訪錄》的態度嗎？

《明夷待訪錄》原君原道，力申民為邦本之旨，萬斯同也一樣。其論《明史》，除宣宗、孝宗因較能納諫而獲稱許外，對太祖、成祖之殘暴，英宗、熹宗之無知，憲宗之荒淫，武宗、世宗、神宗之昏庸，均痛予批判。甚至說太祖殺戮之慘，史上罕見：「當時外臣百職鮮得保其首領者。迨『不為君用』之法術，而士子畏仕途甚於阱坎。蓋自暴秦以後所絕無僅有者。」《（群書辨疑》卷十二《讀太祖實錄》）太祖而後，如世宗等，依然專制，致使「群工百職箝口不敢言」。君臣上下不通氣，自然就使得「君臣上下莫非乖戾之氣」，於是國家元氣為之喪盡，「南北大亂，生民塗炭，流血成渠」（同上，《讀楊文忠傳》）。也就是以君主專制為明代滅亡的原因。

此非黃宗羲之嗣音乎？黃氏《明名臣言行錄序》云：「三百年來，堂陛之崇嚴，城邑之生聚，邊鄙之千掫，至于末造，清議不衰，明之為治，未嘗遜于漢唐也。則明之人物，其不遜于漢唐明矣。其不及三代之英者，君亢臣卑，動以法治束縛其手足，蓋有才而不能盡也。」（《文定後集》卷一）所謂君亢臣卑、臣工皆束於法制，大抵就是他們師徒對於明代之所以衰亡的總判斷。

這是對君的批評。對於臣呢？臣工在專制朝廷中，固然被法制所縛，伴君如伴虎，隨時會有殺戮之慘；但這些大臣面對老百姓時，又是統治者了。他們荼毒起老百姓，往往也與君王之荼毒大臣相似，這也是要注意並予批判的。

萬斯同曾以胡宗憲為例，說胡去討賊，但「自供軍興之名，行提編加派之法，而民之苦賦，甚於苦賊。民之苦憲，更甚於苦賊」（《群書辨疑》卷十二《書陸給事王御史劾胡宗憲二疏》）。又舉劉熹為例，說：「天下方苦盜，而使治工得處吏民之上，盜何由息哉？……雖然，此仕宦而為盜者，寧獨熹三人邪？」（同上，《讀劉熹傳》）

這些都是荼毒百姓的官。對於這樣的官，他是主張誅除的。因此正德年間流寇趙風子破泌陽，索奸相焦芳不得，找到了他的衣冠，拿來斬了，說「吾為天下誅此賊」，萬斯同就很讚賞，作《戮奸相》詩云：「若使此人居殿陛，臣奸豈得保殘軀？歎息朝堂論功罪，不及草間一賊徒。」（《明樂府》）

政府是為老百姓而存在的，可是政府卻以替老百姓服務為名，索取百姓供養，而且索求甚於劫掠，此即萬氏所謂仕宦而為盜，民之苦賦甚於苦賊。對於這類官員，援用孟子「誅民賊」的講法，當然亦應提倡民眾的革命權，鼓勵大家起來除戮之。其欣賞趙風子者，正以此故。他感歎朝廷昏庸，除了表達對時主之不滿外，也顯示了「吏治不清，責在君主」的責任政治觀念，及平民可以為君的公天下態度。

萬斯同是黃宗羲在史學方面最主要的傳人，曾代師與修《明史》。而其史學，屈君申民如此，誠可以見黃氏一派民本思想之精義。

在經術經世方面，萬斯同之兄萬斯大，《學禮質疑序》自謂考辨禮經，是為了要掌握帝王制度。可是歷代制度何者為是、何者為非，當以王道為判斷；治經亦需「置其非而存其是」，才能使先王之典章煥然可觀，因此他又作《周官辨非》。

黃宗義對他的研究非常欣賞，《萬充宗墓誌銘》曾藉他批評歷來舉業經生之謬，曰：「自科舉之學興，以一先生之言為標準，毫杪抉摘於其所不必疑者而疑之。而大經大法，反置之而不道，童習自守，等於面牆。」（《文定前集》卷八）

事實上，萬斯大的考證並非絕無瑕疵，江藩說他「或參妄說」（《漢學師承記・國朝經師經義目錄・禮》），《四庫提要》亦謂「其喜覃思而嫌甚自用」。但乾嘉樸學所長者，其實正是黃宗羲所云毫杪摘抉於其所不必疑者而疑之，故頗嫌萬氏未臻精密，而於其所謂大經大法者，則未甚了然也。

黃氏、萬氏所重視的「大經大法」是什麼呢？

以《周官辨非》來看，萬斯大認為《周官》非周公所作，大膽疑經，勇開風氣，而原因是他覺得該書所載有不少是傷國體且害民生的，故著書非之。非，也不是全面抹煞，「有措施者，無傷於國體、無害於民生，即不置是非焉亦可也」。

李嗣業序其書，說萬氏所批評的：「大略惟官冗而賦重，此則其為害之大者也。」官冗，是指設官太多，萬氏云：「官多而糜祿，糜祿則財匱，財匱則聚斂，聚斂則貧民。」因此他斥以為非。賦重，是主張十一稅，批評《周官》所定稅制過重，乃斂聚小人之說。《周官》又定了山虞、林衡、川衡、澤虞、跡人、羽人、掌葛、掌染草、掌炭、掌荼等各種小官，既掌山川之禁，又掌山川各類產品之賦稅，萬氏甚不以為然。認為山川既已屬官吏司掌，而又取賦於民，是「結網羅、置陷阱於山澤之中，民生其間，真一步不可行、一物無所有，纍然桎梏之人耳」（《地官・鄉大夫》）。

這是有害民生的部分。在有傷國體部分，萬氏反對把宮妃太監跟國家官吏並稱的制度，亦反對貸款給老百姓而收利息，說：「操奇贏、權子母，此商賈賤大夫之所為也。王者以天下為家，而錙銖取息於民，無論足為民病也，其如國體何？」可見，所謂傷國體，其實仍是因它有害於民生。同理，《周官》地官司徒定鄉大夫之制，徵國中七尺以及六十，野六尺以及六十五，萬斯同亦非之，曰：「先王之世，優老之事不一而足，豈尚給之公家事乎？」六七十歲還要服勞役，不是先王之道。此等議論，俱可見其所說以經術經世之意，以民為本，固甚顯然。

因此，綜合起來看，講經史而以發明先王民本思想為職志，乃是黃宗羲甬上證人書院講學之特色。歷來論黃宗羲民本思想者，均僅就黃氏文集鉤稽其說，較少綜合地看黃氏師徒之相關論議，於甬上證人書院通經致用之學，遂亦少有闡發，故略考之如上。

（二）理學經世之傳統

甬上證人書院之名稱，取自劉宗周《人譜》，則其學風當然有本於劉宗周之處。

但，方祖猷《清初浙東學派論叢》曾比較黃宗羲康熙六年在紹興辦的證人書院和次年在甬上辦的證人書院，認為前者無甚成績而後者人才輩出，原因在於前者所重仍只局限於劉氏愼獨以「證其所以為人」之旨，故明道而不能致用、重內聖而輕外王、尊德性而不及道問學，但能墨守師說而已。後者則已由理學心學轉變為經學實學，所以才能適應新時代之需。①

此說不僅關涉兩處證人書院的評價，也關涉到對劉氏學問性格的掌握，乃至經學與理學的關係，因此我想略作說明。

自顧炎武揭舉「經學即理學」以反對明代末年理學學風以來，大家都用經學和理學對舉的框架來看待明清學術史。表面上看，此說甚為合理，因為理學家似乎確是只講心性，不究經傳；只重德性，罕言經世，清代乃轉而要通經致用。可是細究起來，實況多有不然。

案：黃氏《明儒學案》卷十《姚江學案》，言許半圭「于天文、地理、壬遁、孫吳之術，靡不究心」；王文轅「嘗曰：朱子注說多不得經意」，又在陽明去南贛時，語門人：「陽明此行，必立事功。」同卷又載劉宗周言陽明之學「始出詞章，既逃佛者，終乃求之六經」。

卷十一論浙中王門，首舉范瓘，云其：「卒業於陽明，博考群經，恍然有悟。」又記朱節舉進士、官御史，以天下為己任，陽明教曰：「德業外無事功。不由天德而求騁事功，則希高務外，非業也。」巡按山東時，因流賊之亂，勤事而卒。記錢緒山，亦云郭勳驕態不法，舉朝恨之，獨先生據法以速敕十罪論死。「先生身嬰三木，與侍御楊斛山、都督趙白樓講《易》不輟。」

卷十三則載季本為長沙知府，鋤擊豪強過當，罷歸，「憫學者之空疏，只以講說為事，故苦力窮經。……窮九邊，考黃河故道，索海運之舊跡，別三代春秋列國之疆土、川原。涉淮泗、歷齊魯，登泰山，踰江入閩而後歸。凡欲以為致君有用之學，所著有《易學四同》、《詩說解頤》、《春秋私考》、《四書私存》、《說理會編》、《讀禮疑圖》、《孔孟圖譜》、《廟制考義》、《音律纂要》、《律呂別書》、《蓍法別傳》，總百二十卷……」又論黃綰與修《明倫大典》「其於五經皆有原古。《易》以《先天》諸圖有圖無書為伏羲《易》，《彖》辭為文王《易》，《爻辭》為周公《易》……《詩》以《南》、《雅》、《頌》合樂者，次第於先，退十三國於後，去《國風》之名，謂之『列國』。魯之有《頌》，僭也，亦降之為列國。《春秋》則痛掃諸儒義例之鑿，一皆以聖經明文為據。《禮》經則以身、事、世為三重。凡言身者以身為類，容貌之類。凡言事者以事為類，冠婚之類。凡言世者以世為類，朝聘之類。《書》則正其錯簡而已」。收其書《五經原古》各序。

卷十四論顧應祥，則曰：「先生好讀書，九流百家皆識其首尾，而尤精於算學。今所傳《測淵海鏡》、《弧矢算術》、《授時曆撮要》，皆其所著也。」卷十五論萬表，又盛讚其「寓常平之法於漕運之中」。於王宗沐，亦稱其能修舉漕政，且講求海運，試之有效。

以上皆屬浙中王門。江右王門部分，卷十六云鄒德溥「所解《春秋》，逢掖之士多宗之。更掩關宴居，覃思名理，著為《易會》」。卷二十一云陳嘉謨「不為分宜所喜。出任四川副使，分巡上川，南擒高酋，平白蓮教，平鳳土官，皆有功績」。卷廿四言鄧元錫「年十七，即能行社倉法，以惠其鄉人。……著述成《五經繹函史》」。

在南中王門方面，卷廿五引薛應旂語云：「義協則禮可以經世，不必出於先王；理達則言可以喻物，不必授之故典。」卷卅六又詳述唐順之之事功。於唐鶴徵則曰：「其道自九流、百氏、天文、地理、稗宮、野史無不究極。」

以上皆王學中講經學、務博雅、重經世之例。其他學者，如卷三八《甘泉學案》載呂懷《律呂古義》、《曆考》、《廟議》。卷四二云唐伯元自題其書，名《醉經樓集解》，以經為聖經，批評：「解字者，得少而失亦少；解意者，得不償失，今之《章句》、《大全》是也。」又說誣經者，淫妖怪誕，侮聖逆天；擬經者，勞且僭，而無益於發明。於《詩書》、《易》、《春秋》、《孝經》均有解。

似此之類甚多，不能具引。且本文也非明儒治經學或經世之學的通考，沒必要一一摘鈔。以上略事檢索《明儒學案》，主要只是想讓懷有刻板印象，覺得理學家都不治經學、都不講事功的人，知道根本不是那麼回事兒。

陽明本人就頗有事功，唐順之、朱節、萬表、陳嘉謨等也有事功，其餘立身剛正，能對抗朝廷惡勢力如嚴嵩、張居正的更多。降而至明末，抗節而死或起兵與清周旋者，亦不乏理學心學中人。因此，理學心學絕非閉目搖手，獨自內證其心，不理世事的學問。否則東林與閹黨之爭便無法解釋，劉宗周、黃宗羲先後抗清之舉亦難以理會了。

這是就史事上說，再由學理上看。講王學者，如黃綰《春秋原古序》就說：「《春秋》者，夫子經世之志，處變之書。」這樣申言經世之學的人其實並不罕見，治經甚或研究禮制，討論曆數、山川地理、漕糧兵農者，亦不乏人。可見講理學心學的人也不見得就反對道問學、就不談經世。關鍵在於談法不一樣。請看以下這幾段話：

吾儒主於經世學問，正在人倫事物中實修，故吃緊於慎獨。但獨處一慎，則人倫事物無不中節矣。（卷二十王塘南《答郭存甫》）

今世取自成者，務獨學；語及經世，輒曰此逐情緣耳。顧不識吾人睹一民之傷、一物之毀，惻然必有動乎中，此又孰使之者，愚以為離卻天地萬物而言性者，非率性之旨也。（卷十六鄒德溥《四山論學》）

後儒將止至善、做明明德親民到極處，屬末一段事。審爾，則顏、曾並未出仕親民，止至善終無分矣。……今人但在天下國家上理會，自身卻放在一邊。（卷三一涂宗浚《證學記》）

這些言論都表明了當時儒者已面臨一種把治心和治事、修身和經世平天下分開的風氣。主張經世者，認為干戈倥傯，必須要講經事實務，以治國平天下。主張修身者，則批評講經世之學只是逐外緣而動，只理會天下而不重自家身心性命。

對此俗見，上述諸儒一致認為非本末一貫之學。學者發其本心良知，體現於一切人倫事物中，才是真正的經世，世也才經得好。因為世事之根本仍在人心，李材《大學約言》有云：「齊家不是兜攬家。蓋在家身，家即是修之事矣。治國不是兜攬國，蓋在國身，國即是修之事矣。平天下不是兜攬天下，蓋在天下身，天下即是修之事矣。故家、國、天下者，分量也；齊、治、均平者，事緒也。」從王學來看，修身與齊家治國平天下，不能打成內外或兩截，治國平天下當然事緒較雜、分量較重，但性質與修身一樣，不能誠意正心，身固然修不好，國又焉能治得好？反過來說，身、家、國、天下都是要修要治要平的，又豈能止於修身？如此說，才是本末一貫。

陽明本人即曾說：「道問學即所以尊德行也。晦翁言：『子靜以尊德性誨人，某教人豈不是道問學處多了些子？』是分尊德行道問學作兩作。」（《傳習錄》下）發展到劉宗周，仍是說：「良知與聞見之知，總是一知。良知何嘗離得聞見，聞見何嘗離得心靈？」（《學言》下）因此這個本末一貫、尊德行不離道問學、修身與經世不二的立場，乃是整個心性之學的基本性格。諸家雖多異同，但那是在這個格局中的歧異，若背離了這個基本型態，則根本就不會被承認，立刻會受到批判。

需如此看，才能發現明代講理學心學的人治經、博學乃至講求經世者殊不罕覯。泰州學者趙大州「杜門著述，擬作二通，以括古今之書」，內篇就叫《經世通》，外篇為《出世通》（卷三三）。浙中王門季本「苦力窮經」（卷十三），南中王門薛應旂批評「今之學者，離行言知，外事言學」（卷廿五），都屬其例。祁彪佳自訂讀書課程，亦謂：「非經濟、理學書，必不經目。」（《文集·山居拙稿》）可見在他們心目中經濟非另一路學問，講心性之學亦仍要讀《禮記集注》一類書。把經世和修身治心分割對立起來，是反對理學心學者自己的觀念，然後反過來指摘理學心學只重治心修身而不能經世或不會經世、只知尊德性而不能道問學。繼而一再揭斥理學心學在道問學上如何如何不夠精密、在經世實用上如何迂拙。爾後才能自詡其經學考證為樸學、其經世致用為實學，比理學心學高明。

然而，理學心學家未必不實，只不過他們的實踐性，並不著重於社會實踐上，而是整個人的實踐。理學心學家未必不治經，但言經術必關聯於心術，亦與只從文獻史料去看待經典的人不同。這兩種經學觀、經世觀、實學觀的對諍，明代本來就存在。前引文獻批評當時人「但在天下國家上理會，自身卻放在一邊」者，即為此類質疑理學心學之風氣。復社陳子龍、張溥等編《皇明經世文編》，慨然以天下為己任，亦可見風氣之一斑。其風因明末時代之激，當然越來越軒昂，以至於在清初蔚為巨觀。其後經乾嘉樸學等等之推闡，遂成了現今我們觀看明清思想史的主要觀點。

可是這種把經世和修身治心打成兩橛的態度，對理學心學來說，並不相應。以那個觀念框架去看，當然也看不見上文所述明代講理學心學的人同時也治經、也博覽，且講求經世致用之事實，不曉得不是反心學才能經世，心學本來也就經世的。

（三）蕺山論治之實況

由於長期把治心和經世、理學和經學對立起來看，所以對劉宗周的學術性格便也無法掌握。《劉子全書》分四大類：語類、文論、經術、附錄。其重經術，不是特別顯然嗎？其論經，固然仍以《周易》、《論語》、《曾子》、《大學》為限，但他另有《禮經考次》，見卷廿一。言欲釐清經書面目，復孔子之旨；表彰《儀禮》，以見周公致太平之意。

《劉子全書》重訂者為董瑒，《姚江書院志略》卷上所收董瑒《書院規要六事》就說：「朱子曰：『天生一個人，便須管天下事。』此安定經義之外所以有治事齋也。如《劉子全書》中於講學論道外，定變、行軍、治民、措餉，種種都是致知實際。《劉子年譜》中於讀書授徒外，擊璫鈕奸、保民禦亂，種種都是誠意工夫。」董氏在劉宗周門下，頗以錢德洪之於陽明自比，編輯遺文，體會甚深，乃黃宗羲之外，對劉氏學術闡發最力的人。而他對劉氏學術之概括，就顯示了證人宗旨並非不講經世。恰好相反，誠意、致知，這些心學工夫就發顯於治民措餉、保民禦亂的事功中。

再就證人社之學風來看。崇禎四年辛未（一六三一），「郡中祁中丞彪佳、王文學毓蓍兄弟、山陰徵士王朝式、諸生秦丞佑等啟請劉子與陶石樑先生講學於陶文簡祠，已集陽明書院、問集白馬岩居，名證人社」（《姚江書院志略》卷下《沈聘君傳》）。證人社中諸君子，據祁彪佳《日記》載「管先生（指管霞標）深有憂時之懷」，而王金如「則更有甚焉，真以社稷民生為己任」（《文稿・棄錄》）。董瑒也說王氏是「浙東子弟，其父祖嘗從劉子、聘君學者，至今言進退之勇，救世之切，尚思徵士」（《姚江書院志略》卷下《王徵士傳》），劉宗周《祭王生金如》則說他是「豪傑」。可見證人之會，本非只講心性修養而已。又，彭紹升所撰《儒行述》，以姚江書院為主，列舉沈國模、王金如、史孝威史孝復兄弟，謂：「儒之道，明三綱五常，經緯萬事。」以此為儒行，而此諸君亦皆為證人社友。

證人社，又非僅恃口舌講論而已，在救災賑濟等社會工作上貢獻卓越。日人馬進夫《善會、善堂の出發》一文，②於該社與當時救災之關係，如設藥局、立掩骼會、議施賑等考之甚詳。足證證人社集也是頗具社會實踐力的。

據此可知：只把證人視為證心，而且是只重個人修養，「明道而缺乏實用、重內聖而輕外王，尊德性而不及道問學」（見前舉方氏書），是不對的。祁彪佳《與施田明》有曰：「蓋學問經濟，賦於天、成於人者，合併以出，始有徹內徹外之妙用也。」（《文稿・林居尺牘》）諸公之學，徹內徹外，今卻將之打成兩橛，謂其有內無外，豈不冤哉？

證人社集，後來歧為兩途，一部分較偏陶奭齡石樑，一部分較偏劉宗周。依黃宗羲描述：「證人之會，石樑與（劉）先生分席而講，又為會於白馬山，雜以因果、僻經、妄說，而新建之傳掃地矣。」（《子劉子行狀》）是其不同，主要在雜於禪風，所謂「石梁門人皆學佛，後且流於因果」（《明儒學案・蕺山學案》），而非於理學大本有異。縱使是陶奭齡，亦仍是講內外一貫的，故祁彪佳《山居拙錄》丁丑（一六三七）閏四月初二載：「與鄭汝功、鄭九華入城，至王文成公祠。諸紳至者，陶石樑之外，有董黃庭、徐檀燕、倪鴻寶。主會者為王士美，舉『有用道學』為說，石樑先生闡明致知之旨。」問有用道學，而答以致知，正是陽明之旨，知行合一，非分作兩件。

又陶氏作《遷改格序》云：「遷改格者，證人社諸友，深信唯心之旨。以為片念之微，喘言蠕動之細，其邪正淑慝，皆足以旋轉乾坤，變易世宇。此實理實事，斷在不疑。」《遷改格》乃秦弘佑仿袁黃《功過格》而作，陶序雖覺其言功過僅涉於功利之念，但覺得作為儒者進德之階亦無不可，所以用《易經》說利的方式，說正誼謀利、明道計功，功利云云，儒者所不廢。劉宗周則基於義利之辨，深不以為然。此為兩派之歧。但無論如何，陶氏的心學立場並未改易，仍是主張心若能改善，則可以旋乾轉坤，此亦徹內徹外之說也。

此類說法，還可以見諸劉宗周將出仕時，社友贈別之言。祁彪佳《日記》載：崇禎己亥八月，劉被召，欲北上，二十日「午後，與季超兄、文載弟出，送劉念台北上，念台詢以用世之學，余大略以格君為言。要使主上敬而信之，斡旋自大，不在一二事之爭執也」。格君，用的正是陽明學的主張。《傳習錄》上：「格物，如孟子『大人格君心』之格，是去其心之不正，以全其本體之正。」君心若正，禮樂政刑才能舉措得中。此與石樑謂片念之善足以旋轉乾坤云云，何其相似！殆彼等共許之說，可無疑焉。

此類唯心之說，最常遭到的詰難，就是說它只是「動機倫理」，不知政治事物並非動念良善即可，還有許多禮樂政刑、錢穀兵農的事須要打理，豈能只講誠意正心即可？殊不知講心學的人並不是說只要誠意正心就可，而是說禮樂政刑等「治具」，若由不良善的心念操縱，其害

居恒，故嘗以信為兵食之本。而遇變，尤以信為生民之道也。「自古皆有死，民無信不立」，見國可滅、君可亡，而民心不可不立。此天理之所以長存而世道所以不墜也歟！

5.國貪則多盜，上黷貨也。上黷貨則廉恥不立、教化不行、民起爭心，況重以誅求無厭，民不堪命乎？盜賊公行，固其所也。余觀末世之政，貪穢成風，京官誅求郡吏，縣令掊克小民，催科日巧，聽斷日濫，無所不至，真白晝為盜也。小民見吏，如逢劫手，每一供應，剜心吸髓，動輒破家。民窮財盡，盜賊橫行，官司知而不問，苟飽私槖，舍傳而去，後復如之。地方事日弊一日，真大亂之道也。

6.為政有體要，先有司、赦小過，寬大之體也。舉賢才，則輔理得人而政要舉矣。三者俱從廓然大公中流出，非私智小惠也。……如天地之化，物各付物，而已不勞焉。至於天下已治，而不知誰之為此，王道也。

7.窮經將以致用也，非其用之謂也，明體而已矣。無得於身心性命之間，而欲措之天下國家，無由矣。誦《詩》三百而不達於政、不嫻於應對，則亦章句之學而已。……夫六經皆經濟之道也。而《詩》三百篇是昭代精神命脈所寄，於當世之用尤切焉。是故本之二《南》以求其端，參之列國以盡其變，而民情土俗之變徵矣；正之以《雅》以大其規，而綱紀始亂隆，汙之運著矣；和之於《頌》以要其正，而先王出身加民之道彰矣。此所謂達於政也。

8.三代而後，富強之術，代有舉之者，教則罔聞焉。此須人主躬行心術中來，非徒科條約束而已。夫民日有饑寒之困，而上之人方且橫徵厚斂以迫之，及其民窮盜起，又不務德教，而惟力任死刑以督奸宄，法愈煩而民愈亂。使天下重足而立，民有就死之心而無樂生之望，所謂人與之為怨

家、與之為仇，而天下大亂矣。……時主勉之！（以上卷三）

第一、二、六則論君道，以王者無私釋「無為」，關鍵在於順民心，戒私欲。第四則強調立政是為了老百姓，故須讓百姓獲得食養、安全以及教育。且國可滅，君可亡，民心不可不立云云，更表明了政治的核心在民，而不在君與政權。第三、五、八則批評實際政治多違背了上述原則，立政不為民，只為君上。所以君上暴以臨民，苟飽私囊，老百姓則鋌而走險，流為盜賊，或視君上為寃家、為仇人，以致天下大亂。其立論頗針對「時主」，乃是劉氏針砭時局之言，明顯把流寇興起歸因於「上之人」的腐敗。第七則，再總論通經致用之道，申言章句之學無聊，窮經將以致用。

案：本來王學就有抑君中民之傾向，只是論述各有巧妙，如泰州王艮便說：「學也者，所以學為師也、學為長也、學為君也。」「出必為帝者師，處必為天下萬世師。」若不然，「是獨善其身，而不講明此學於天下，則遺其本矣」。（《明儒學案》卷三二）。何心隱則對「君」字重新解釋，說君只是主宰義、只是中義，中才能均，均才能群，所以每個人都應該以心為主：「心於道，中也，堯則允執此中以為君。君者，中也，象心也。……惟中為均，均者，君也。……舜何人也，人雖未及堯之大，而亦足以君也……人必君，則人也。君必位，則君也。臣民亦君也。君者，均也。君者群也，臣民莫非君之群也，必君而後可以群而均也。」（《何心隱集》卷二《論中》）

王艮語率直，逕稱匹夫當為帝王師，抑且學即是學為君，足證其所謂學並非自治其心而已。何心隱則語多隱曲，藉著「允執厥中」諸語，繞來繞去說幾個意思：一、人皆可以為堯、舜，所以人人皆可以為君。二、為君須符合君道，君道為何？心有主宰，合乎道，立乎中，這樣才能均，才能合群，才能當君位。三、君臣關係，是因為要群才有的。否則臣民亦君也，人人是平等的。因此做君的人必得要像個君，符合君道，乃能群而均。

這樣的言論，指明人人皆可為君，學即是學為君，在那個帝王專制的時代，其實都具高度的批判性與危險性。不是說皇帝人人可做，就是說現在的皇帝不懂得如何做皇帝，我來教你。這是泰州學派才如此激進嗎？不然，陽明說「格君心之非」是什麼意思？格君心之非，即是要教導、糾正國君，使其摒去私念，不以自己的權力、利益、好惡，亦即不從自己的立場去處理國事，而是從老百姓的利害來考量問題。劉宗周云君應無為無己，奉天道順民心：立政凡以為民，都是這個思路。

且此非徒托空言而已，一旦有機會面對君王，便不免如劉宗周告訴崇禎那般，說：「法堯、舜之明目達聰，而推本於舍己，亟舍其聰明而歸之合。非獨舍聰明，並舍喜怒、舍是非。」（黃宗羲《子劉子行狀》）倘或君王仍不曉得該如何做君，不合與天下均、群，老百姓自然要起而反抗其統治，視君上為怨家、為寇仇。劉宗周那些批判時主的言論，不也就是孟子「君視民如草芥，民視君如寇仇」的翻版嗎？

黃宗羲秉承此一學風，故力斥理學與事功兩分之法。曰：「儒者之學，經天緯地。而後世乃以語錄為究竟，僅附答一二條于伊洛門下，便廁儒者之列，假其名以欺世。治財富者，則目為聚斂；開閫捍邊者，則目為粗材；讀書作文者，則目為玩物喪志；留心政事者，則目為俗吏：徒以生民立極，天地立心，萬事開太平之論調，箝束天下。……遂使衔論者以為立功建業別是法門，而非儒者之所與也。」（《文定後集》卷二《贈編修弁玉英君墓誌銘》）殊不知「事功、節義，理無二致」，「事功必本於道德、節義必原於性命，離事功以言道德，考亭終無以折永康之論；賤守節而言中庸，孟堅究不能逃蔚宗之譏」（卷一《明名臣言行錄序》）。

在這個立場上論治，當然他也要格君心之非，主張君應去私心：「有生之初，人各自私也，人各自利也。天下有公利而莫之或興，有公害而莫或除。有人者出，不以一己之利為利，而使天下受其利；不以一己之害為害，而使天下釋其害。此其人之勤勞必千萬於天下之人。」（《明夷待訪錄・原君》）君之所以為君，就是因他能不站在自己個人利害上考量，而能照顧天下人之利害。這樣的人，就要比誰都勤勞。

此一論斷，係由劉宗周語化出。劉氏曰：「學不究乎萬物一體之原，則臨政出治，未有能以身視民、家視事者，誠以身視民、家視事，則有先之而已矣、勞之而已矣。」（《論語學案》三）此語是解釋《論語・子路》「子路問政，子曰：『先之，勞之』」那一段。先之勞之，即范仲淹所說先天下之憂而憂，所以說「先勞精神，帝王氣象」。當一位君王，要把老百姓的疾苦視為自己的疾苦，負荷既重，當然要比誰都多勤勞些。

君應該如此，可是現實中君卻常不是替老百姓服務的，而是要大家去供養他。用法治來箝束天下，以征斂來滋養自己，因此黃宗羲說其法皆非法之法，老百姓不須遵守：此君非君，老百姓也可以推翻他。「小儒規規焉以君臣之義無所逃於天地之間，至桀、紂之暴，猶謂湯、武之不當誅之，而妄傳伯夷、叔齊無稽之事，使兆人萬姓崩潰之血肉，曾不異乎腐鼠。豈天地之

大，於兆人萬姓中獨私其一人一姓乎？」（《原君》）

（五）民本政治之民主

黃宗羲的民本思想，是晚清以來闡述得較充分的題目。但，向上，對於他與晚明王學或縮小到與蕺山學的關係，向下，對於他與所謂浙東史學之關係，論析就較不足且多誤解。故本文於此著墨較多。

第一節說明甬上證人書院之學風，是本諸經術而參之以史，以闡發為政在民之旨。第二節辨釋此種學風與明代心學傳統之關聯。心學家也要通經致用，既講尊德性又講道問學，內外一貫，與把治身和治國打成兩橛者不同。第三節就劉宗周證人社之師友辯論及劉氏著作，見其治世主張。第四節則論黃氏民本思想與上述治心治事主張之關聯。

本文主要內容，屆此大抵已了。剩下的，就是對這一思路的評價。

對王學甚或整個理學傳統，歷來譏其無裨實際者，指不勝屈，甚至還有因覺得它無裨實際而起來提倡「實學」的風潮。我們也不否認理學中確實存在著偏於心性、靜攝一路。如黃宗羲所說，以為天地立心、為生民立命之闊論嗚高者，比比皆是。但因此而「以為立功建業別是法門」，其實亦只是另一種偏頗，非儒學所應講。儒家之內聖外王，須是通貫地講，不能只說社會實踐而忽略身心實踐。割裂以言經世，既不符儒學精神，理趣也不高，其實還遠不及它所想批評的王學傳統呢！

當然，內外通貫地講，乃是心學的基本論述型態，內外之關係如何講得通貫、其心學工夫如何通之於世務，各家理論仍是千差萬別的。許多人雖亦理上見得如此，於世務之關懷卻未必切於個體生命，在實踐工夫上未必真能徹內徹外，於是經世思想成徒虛說，對經史博學亦無興趣，所以劉宗周、黃宗羲這一脈，學風才顯得特殊。講求經術、參以史證，而發揮格君之義，用於生民世務之間，因有真實修證工夫，故有力量。

雖然如此，我還是不贊成把劉宗周、黃宗羲視為王學之變。除了上述心學與經學、治心與治世兩分之觀點外，另一路思想史解釋是當代新儒家提出的，自牟宗三、劉述先諸先生以降，漸把劉蕺山看成一個轉換點。說劉氏一方面是王學「歸顯於密」的發展，由良知進而講意；一方面則走向生活世界，講盈天地皆心、盈天地皆氣，工夫所至，即其本體，所以開了另一個方向。

其實王陽明本來就不會不重視生活世界，王學中重經學、重博覽、講經世者，亦不限於蕺山一脈。故解誠意、正心、致良知、工夫、本體等處，雖諸家各有不同，卻不能據此便推論謂心學本來即不講經學也不重經世，至蕺山、梨洲乃一變。

且《大學》明言自天子以至庶人皆修身以為本，又言修齊治平，根據《大學》闡發義理的心學諸家，皆不可能迴避治國平天下之問題。對此問題，幾乎各家也都採取「返本」的論述：自天子以至庶人皆以修身為本，修身以治心為本；天下邦國則以民為本；首出庶物，萬國咸寧，物以人為本，人又以心為本等等。這樣的思路，難道僅限於蕺山、梨洲一脈嗎？

如粵中王門薛侃，說：「義罔常在，利罔常行。尊周非義乎？以其為己則霸矣。好貨非利乎？以其同民則王矣。」（《明儒學案》卷三十）這不是論王霸，談主政者應好惡與民同之嗎？又，戴李材云：「家國天下，修身地頭也，此所以天子與庶人一也。說到性命上，所以學無差等；說到性分上，如何分得物我？真所謂天之生物也，使知一本矣，無二本也。」「本一也，為君在君，為臣在臣，為父在父，為子在子，與國人交在國人。……所以歸本之學，隨所處而地異，地異而修同……雖日錯綜於人倫事物之交，亦日歸宿於根之命脈之處。……此經世之實學，而盡性至命之正宗也。」（同上，卷三一）其經世實學就重在歸本，本於人、本於心。

對此民本、人本、心本之學，歷來批評者多忽略其人本心本之意，只就民本去說。論民本時，推崇之餘，又不免頗申遺憾，謂其未發展出民主。民本與民主的不同，在於民本只是講主政者要知道民為邦本、立政為民，而能與民同患，去愛民、親民，為百姓解決疾苦，民仍是被動的。民主則是主權在民，可以用權去制衡君王。民本雖也有革命論，可制衡君主，但革命之暴力對社會也會有重大傷害，社會成本太高，且實施困難。民主選舉，形成制度，其效益遠高於革命。再者，學者雖欲格君心之非，但講來講去，仍只能祈求君王自己做修身工夫，不比民主制度可用制度予以制衡。所以近乎與虎謀皮，罕有成效。

這些都是常見的批評，論調中洋溢著簡化的民主觀念和自以為比古人聰明的姿態。

首先是對 Democracy 的誤解。此詞是承襲自日本人的翻譯，譯為民主。於是在中文語彙中便有與君主相對的人民當家作主之意，然而 Democracy 指的其實是民治，指政治事務由該團體中成員共同治理，或抽籤或輪流，團體中人人平等。其理想的模型是希臘雅典。

但雅典小國寡民，民中又再區分出誰是公民誰非公民，公民人數又更少了。在此少數人中，實施民治，其實等於貴族共治或小團體自治。後世政治現實，也從來不採此一方式，而都是由人民中少數人組成政府來處理政治事務。於是政權和治權分開了，人民固然在政權上號稱「民有」，人人平等地擁有該國家該政府之主權，但運作這個政府，實施統治的權力卻不在人民手上。故號稱民治之政府，實質上遂行的，也均是治民而不是民治。

民被治，當然就不是民主。政府要如何讓人民相信如此治民即是民主呢？方法之一是政府之成立，須由人民選舉。二是政府施政可由民眾監督，且須依人民所定之法律去施政。此即選舉權、立法權及監督權。

可是，人民是龐多且散渙的，除非又是小國寡民，否則要全部聚起來討論涉及公眾事務之相關法案、政事，乃至監督糾察施政之良窳，根本辦不到。不用說國家，就是一棟大樓一個社區都難辦。因此勢必採用代理制，委任議員、委員、官員去行使選舉立法監督之權。受委任者，理論上代表人民，實際上當然代表他自己或是其所屬政黨、階層、團體。而且，他們與行政權之擁有者事實上又合起來構成了統治者，人民仍舊是被統治者，民主云乎哉？

若說人民對他們所任命的政府，若不滿意便可叫它下台，仍可顯示人民作主的涵意，亦太天真了。人民在被統治的情況下，相關資訊非常貧乏，對政府施政之詳情根本難以判斷，功過是非，多半是聽有志奪權者說的。善於宣傳選舉之政客與政黨自能獲勝。老百姓之所謂民主選舉，時常淪為政黨與政治的啦啦隊或白手套，因此選出希特勒、李登輝出來，毫不稀奇。

何況，選舉的規則，例如選區劃分、代表人制、相對多數勝或絕對多數勝等等，也都是主政者訂的，人民無權置喙。而就算選舉再怎麼合理，選舉所反映的，亦必是社會主流之意見，真正的弱勢者、真正被剝削者，哀哀無告，永遠會在政治考量中被犧牲。誰是弱勢者？農、工、婦、幼、鰥、寡、孤、獨、老、弱、病、殘、少數族裔，以及知識精英等等都是。

對於民治在實際政治處境中如斯不堪之狀況，西方政治學界之討論，早已汗牛充棟。因此我們絕不能仍停留在民國初年的水準，以為一旦建立民主，帝制之缺點便自然消失，並進而嗤諷古人光曉得講民本而不知道要建立民主制度。

復次，民本與民治，指的是兩個不同的政治原則。民治，是著眼於政治人物身分起源的正當性，掌權人的權力應來自人民之付託。但此一原則，同樣適用於君權神授、天命授予、血統世襲或五德終始，不同僅在證明方式。人民認為君權天授神授時，需要有些天啟證驗；人民認為統治者須由人民付託時，須要有選票。

民本，著眼的卻不是這種人身屬性原則，而是責任原則。《論語》載：魯哀公問：「何為則民服？」孔子答：「舉直錯諸枉則民服，舉枉錯諸直則民不服。」政治上，不管說治者是天授神權、血授或人民授予他統治之權，老百姓要看的其實是政績。政績亂七八糟，反而去誇誇其談，說他得天下是如何如何有正當性，從人民主體之觀點看，越見其噁心而已。

由這個觀點說，唯有真正注意到、認知到，並在施政中體現出民本之精神，可令人民安居樂業的政治，才是民主政治哩！

注釋

①見第二章，台北：萬卷樓，一九九六年。
②京都大學人文科學研究所，一九八三年。

十一　論熊十力論張江陵

（一）以寄託論史

一九七八年朱東潤主編《中華文史論叢》第八輯時，策劃了一組討論《水滸傳》的文章《水滸叢談》。其中特別提到封建文人金聖歎「無惡不歸朝廷，無美不歸綠林。已為盜者讀之而自豪，未為盜者讀之而為盜」之說，謂其為統治階級的反動輿論。但到了一九八二年反「四人幫」熱潮過去後，葉朗《中國小說美學》裡卻闢有專節談金聖歎的民主傾向。①

這封建、民主、反動諸考語，我們當然曉得是在什麼詮釋觀點及時代條件下出現的。但這不是我們討論的重點，舉這個極端的例子，只是要說明：同一位歷史人物，可以在不同的詮釋者手上，依其詮釋觀點和時代感受而呈現全然異態的姿容。故「歷史」與解釋者之間，有一互動關聯。歷史人物既有待詮釋，則必仰賴解釋者主體之涉入；而主體涉入後，歷史人物亦必有解釋者的影子。歷史寫作之直筆，乃竟常等於自己的一家之言，歷史人物之描述，乃竟常成為自傳寄託，理由端在於此。

以史為寄託，見《春秋繁露》。《俞序》篇：「孔子曰：吾因行事加吾王心焉，假其位號以正人倫，因其成敗以明順逆。」康有為謂：「《春秋》體天之微，難知難讀，董子明其托之行事以明其空言，假其位號以正人倫。因一國以容天下，而行知素王改制一統天下，《春秋》乃可讀。」（《春秋董氏學》卷一）又說：「孔子之義，專明王者之義，不過托言於魯以立文字。即如隱、桓，不過托為王者之遠祖，定、哀為王者之考妣；齊、宋但為大國之譬，邾婁、滕侯亦不過為小國先朝之影，所謂其義則丘取之也。自偽《左》出，後人乃以事說經，於是魯隱、桓、定、哀、邾、滕皆用考據求之，癡人說夢，轉增疑惑。」「《春秋》以寓改制，其文猶代數；故皆稱托，不過藉以記號耳」。（卷二）②

這種說法，頗滋爭議，而經學上的今古文之爭，似乎也顯示兩派對歷史的看法並不相同。在現今實證風氣熾烈、相信客觀史事考證的時代，如公羊家這種以史為寄託懷抱的傳統，自然不受重視。但董仲舒、康有為這一看法，可能正點出了歷史的一個真實面相，以徐復觀《論史記》為例，他說：「『《詩》三百篇，大抵賢聖發憤之所為作也』，因為是發憤之作，故多出之以比興，以濟立言之道之窮。這在史公，則是所謂微言。微言與比興之義相通，但求於情理上所應有，不必拘於事實之本無。……於是姑構此一（《樂書》中汲黯及公孫弘之言）情節，亦猶詩人之比興，以寄託其感憤之意。」則亦公羊家之說也。③

徐復觀有師，曰熊十力，亦公羊家，亦以論史為寄託。他論張居正，充分顯示了一個傳主與敘傳者糅混為一的情境；而縱談明代史事，也具體流露了他對他自己所處時代的「微言」感諷，成為「發憤之所為作」。本文即擬就此討論之。

（二）歷史的爭辯

治明史者，無不知明亡之徵，兆於萬曆。萬曆在位四十八年，「張居正以一身成萬曆初政，其相業為明一代所僅有，而功罪之不相掩，亦為政局反覆之由」④。故張居正的相業，是研究晚明歷史問題的關鍵，但褒貶也最紛雜。

明自胡惟庸事後，不設丞相，事歸部院，內閣也只是皇帝的秘書處，「閣臣銜列翰林，止備顧問，從容論思而已」。其後內閣權重，預參機務，但吏部尚書的地位，仍在內閣大學士以上。張居正則公然以宰相自處，且明告神宗：「皇上一身居九重之上，視聽翼為，不能獨運，不委之於臣而誰委耶？」⑤此顯然與明代政治傳統不合，且涉及相權與皇權相爭抗的問題。無居正，則純乎閣臣為政，未必有萬曆初年之幹濟，但也不致有宰相獨擅的毛病，至少神宗因惡居正之專恣而形成的反面行動不會出現。這是第一個值得爭論的焦點。

居正曾有信給南京都御史趙錦，說：「台諫無議及冢宰。」這是壓抑監察權的態度，其後為了奪情的事，不恤與言路為仇。導致後來言官的報復，差點遭到剖棺戮屍；而言官抗激的結果，又弄得萬曆後期之政只有朋黨而無政府，言官與政府日相水火。這個局面，也是張居正造成的。⑥

居正生時，權勢獨尊，但批評者迄未間斷。且自明開國以來兩百多年，從沒有門生彈劾座主的事，而首劾張居正的劉台，即是他在隆慶五年所收的進士。後來攻擊他奪情的吳中行、趙用賢，也都是他的門生。以他生時負謗、死後受禍之酷來說，到底是他在位時怙權得怨、挾私人恩仇所致，還是因為他的政治措施違背了士大夫利益團體，專門「庇佑貧苦小民」使然？他是個明於治國而昧於治身的人呢，還是擅長以恩怨權勢相傾軋的人？⑦

明代宦官專擅，雖始於成祖，但到嘉靖、隆慶之間，閹權畢竟還有節制。張居正當國，聯結馮保以排擠高拱、結好太后，閹勢乃愈張。在居正時，固然仍可自認「官府之事，中貴人無敢以一毫干預」（《書牘六・與南台長官言中貴不干外政》），但這對明之亡，有沒有影響呢？

這些都是史家聚訟所在，至於其他政治經濟軍事措施，其是非利弊，恐怕就更難論斷了。如《明史稿》敘張居正事，即多挾詆毀之成見，《明史》則削去了許多譏謗語。⑧整個神宗朝，沒有人稱道張居正。熹宗天啟二年，才復原官、予祭葬，發還張家房產。思宗崇禎二年並追還二蔭及誥命，十三年又追復其子官爵，這顯示歷史的論斷有了轉變，時人與後世評價並不一致。到民國，朱東潤寫《張居正大傳》、熊十力寫《論張江陵》，更是備致推崇。到底誰見事較真、聞見較切而評騭較審呢？這裡面可能即涵藏了一個歷史研究的大問題，劉師培《漢魏六朝專家文研究》嘗言：「各家文章之得失，應以當時人之批評為准。後人評論每不及同時人評論之確切。」⑨但也有晦於當時而炳於千秋的例子，是公道久而益明，抑或時論較切事情？

換句話說，張居正的歷史評價或對張居正的理解，本身是個爭議性極高的問題；熊十力討論張居正，也即出之以一種「爭辯」的態度。卷頭增語云：

此小冊子，本是與友人傳治薌嶽棻談張江陵之一封信。……治薌嘗恨《明史》不為江陵立專傳，而附見於華亭新鄭間；又集謗語以誣之。缺史識、敗史德，莫甚於斯矣，余故與治薌同此恨。

這是爭辯張居正的歷史地位。其次，又爭辯其學術與政策：

明代以來，皆謂江陵為法家思想……世儒皆詆其誦法商鞅、秦孝、申不害、韓非、呂政輩，群惡而賤之。明季王、顧諸大儒，亦恥之而莫肯道。……竊歎江陵湮沒五百年，非江陵之不幸，實中國之不幸也。

因此他論張居正，集中於以下四點：一、張氏非法家，乃以儒為宗本，兼採佛道與法，而成一家之學。二、其為政任事，是以佛教大雄無畏，粉碎虛空之精神，轉成儒家經世。三、張氏是以法令裁抑統治階層，庇佑天下貧民的政治家，近乎社會主義。四、漢代以來政風，不外賄賂與姑息，張氏力矯此弊，故不能不武健嚴酷，以急公去私。依此，他得到的結論是：「江陵學術與事功，皆二千餘年來罕見，而向無留意及之者。……江陵見擯於中國社會，是中國所以衰也。」

（三）熊氏張居正

這真是雄辯的聲音。熊十力謂其讀《江陵集》，大有感慴。吾知讀熊氏論張江陵者，亦必將大有感懾。然其言之是非，固猶有可辯者。

先說張居正的歷史地位。張居正得罪名教、毀書院、與理學家的關係惡劣，是明末清初諸大儒不稱道他的原因。顧炎武《日知錄》卷十八：「洪武二十三年閏月甲戌，除期年奔喪之制。……此出一時權宜之政，沿習以來至三百年，遂以不奔喪守制為禮法之當然。而背死忘哀多見於搢紳之士矣！……三代聖王教化之事，其僅存於今日者，惟服制而已。喪亂以來，寖已廢墜。竊謂父母之喪，自非金革不得起復，著之國典，人人所知。」（「奔喪守制」條）奪情起復，在顧炎武看，總是不可原諒的，欲其稱美居正，可乎？黃宗羲乃東林孤兒，萬斯同又是黃氏門人，撰史而申江陵之惡，理所當然。熊十力徒傷江陵之見擯，而不知黃、顧諸大儒恥之莫道者，不僅因江陵有法家嫌疑也。

即使是江陵所謂相業，在黃宗羲看，也根本是荒謬的，《明夷待訪錄》：「或謂入閣辦事，無宰相之名，有宰相之實也。曰：不然。入閣辦事者，職在批答，猶開府之書記也。其事既輕，而批答之意，又必自內授之而後擬之，可謂有其實乎？吾以謂有宰相之實者，今之宮奴也。」（《原相》）居正恰好碰到主上幼沖的機會，故可以大權獨秉，不必經宮奴內授旨意，但體制上的原因，使他仍不得不結交內監馮保，以為奧援。馮保甚橫恣，《明史》卷二一〇《鄒應龍傳》載北郊郊祭時，馮甚至傳呼直入，北面拈香。而主持建涿州二橋、承恩寺、海會寺、東岳廟、慈壽寺、萬壽寺等，居正也都各撰有碑文。馮保引用門客錦衣衛指揮同知徐爵入宮，代閱章奏、擬詔旨，居正不能斥逐之，乃竟命僕人游七與徐爵結為兄弟，以資聯絡，又使游七入貲為官。這些，都是遭人攻擊的事。熊氏論史，徒憾世人之不能推美江陵，卻對這些歷史情境缺乏理解，甚或有意漠視；只知張居正學術事功的價值，不知推擊張居正者亦自有其價值。這恐怕不是很好的歷史批評態度。⑩

因為熊氏立論，幾乎是在替張居正訟冤，有恨於江陵之「見絕於當時後世」，故時或不免愛之而稍掩其惡。前文說過，熹宗、思宗二朝已追復居正爵位及諡號，算是平反了。《明史稿》對張居正雖不友善，乾隆中重修《明史》則已有修訂，亦不能說是全然抹煞。熊氏特意發潛德之幽光是不錯的，卻何須有恨？且以他所「考辨」的四項重點來說，或許也有過愛居正之處，考而失真。如說張居正改革了秦漢以來賄賂與姑息的政風，大概就頗有偏差。

張居正死後，他兒子懋修收集居正遺稿時說居正與馮保「非阿私賄結者」。居正有沒有以賄結馮保，暫不論。但後來查抄馮保家產時，得金銀一百餘萬、珠寶無數，非受賄及搜括而來，又是怎麼來的？此即需居正的縱容。受賄必須給人好處，好處又得從張居正手裡去取，此即需居正之配合。馮保要在故鄉深州建坊，居正即吩咐保定巡撫孫丕揚代建，其配合或即類此。至於張居正自己及家人貪汙，更是有憑有據的事。⑪

熊十力顯然並沒有注意到這些。他論張江陵，大抵只是就張氏文集中鉤稽索隱，而未參考時人議論及歷史情境，作成綜合的論斷。猶如聽訟者，偏聽張氏一人供詞，當然不盡可靠。而且，他忘了張居正是政治家，政治語言是特殊的一套辭令，本來就得仔細甄別，不能驟然採信。例如張居正跟遼王朱憲㸅的恩怨。張居正祖父張鎮據說是遼王弄死的；但嘉靖三十三年他告籍回縣三年，遼王卻是他最親昵的友人，集中與貞菴王孫酬唱之作甚多，皆稱揚備至。但後來攻遼王，據遼王次妃王氏說，即是張居正公報私仇的把戲。遼王被廢後，張居正又將遼王府據為己有。

我們如果只看《張文忠公全集》，看不到這些門爭的實況，只能看到《同貞菴殿下李羅村飲述齋園亭》一類詩文。⑫又如他與嚴嵩的關係。不僅集中有許多文章是代嚴嵩作的；嚴嵩七十歲，他也有詩三十韻為賀，以「神功歸寂若，晚節更怡然」為頌。但他是嚴嵩政敵徐階的學生，這些文字，應該都只能視為官場周旋語。再者，除了應酬周旋之外，為政者又常是口是心非，睜眼說瞎話。此即張居正所說：「至於轉旋之機，未免有跡非心是之判。士大夫責望素深，或不能盡如其意，然亦不暇顧矣。」（《書牘一・答南中提學御史耿楚侗》）如世宗崩，徐階草遺詔，廢齋醮土木求珠寶營織作等，張居正嘗有函論其事，云：「不肖受知於老師也，天下莫不聞；老師以家國之事，托之於不肖也，天下亦莫不聞。丙寅之事，老師手扶日月，照臨寰宇。沈幾密謀，相與圖議於帷幄者，不肖一人而已。」（《書牘十四・答上師相徐存齋一》）可見丙寅立穆宗、草遺詔，乃張、徐二人之議，張居正也頗以此自負。但隆慶三年高拱入閣，徐階垮了，遺詔被推翻了，張居正的文章便這樣寫了：「肅皇帝憑玉兒而授顧命，天下莫不聞。而論者乃罪及方士，污蔑先皇，規脫己責。公為抗疏分辨之，君臣父子之義，若揭日月而行也。」（《文集七・門生為師相中元高公六十壽序》）這，能作準嗎？

再以奪情起復一事來看。熊十力說：「江陵恐離京，將有毀法敗政之懼，自是實情，唯授意馮保，則莫須有三字耳。縱或有之，亦不足為江陵罪。」似乎是承認在政治場合中不妨有權變。但問題是他又稱道江陵之法，「自皇帝至於百執事，同受治於法」，「凡負天下之重，居領導之地者，如無直方剛大純白之德操，斷無可執法以齊眾庶」。卻不知江陵之奪情，所以大干物議者有三：

一、怙權不肯退（或如熊氏說是怕新法甫行新政初立——其實已推行六年了——忽然敗毀），而搞了許多權變的花樣。如先堅請守制，等皇帝詔令奪情之後，即堅不回籍丁憂，且提出了各種解釋，將自己的行為合理化，後來更是借閏察之名報復要他丁憂的人，或「唆台省劾之，以昏耄，勒令致仕」。二、違背當時倫理觀念。張居正原先還說「臣父既沒，理必奔喪」（《奏疏三・乞守制疏》），後來則根本以守制為：「宋人腐語，趙氏所以不競也。張公不奔喪，與揖讓征誅並得聖賢中道，豎儒安足知之？」（李幼滋語）這當然不是一般人所能忍受的，我們看顧炎武的態度就可知道。

對第一點，熊氏以為無傷大雅；第二點，熊氏又說「孝之道不一，能為天下捍大患者當不失為孝子」，所以也不要緊。但當時攻擊張居正奪情事的另一個原因，乃是不合法。明英宗正統十二年令，內外大小官員丁憂者，不許保奏奪情起復。其後唯有景帝景泰四年五月大學士王文丁憂，九月起復；憲宗成化二年三月首輔李賢丁憂，五月起復。此皆丁憂而後起復。張居正不同，他鑽了一個法律漏洞，發明了「辭俸守制」的名詞：不去官，即不必起復；不領俸祿，即不算奪情。這對他所提倡的法治，實為一大諷刺。難怪其門人吳中行抨擊他：「即云起復有故事，亦未有一日不出國門而遽起視事者，祖宗之制何如也！」⑬熊十力只看到張居正一套辭俸守制的理論，竟以為「江陵辭俸守制，為親為國，恩義兩全，與奪情起復者確有判。」並罵旁人批評他乃是受了兩千年專制之毒，未免考證粗疏、過信江陵了。

且江陵之敗，熊十力全部諉責於時代、社會、世儒及既得利益的統治階層，似亦過當。在抄家時，于慎行曾替張居正分辯說：「江陵殫精畢智，勤勞於國家；陰禍機深，結怨於上下。」後谷應泰《明史紀事本末》也說：「下吏奉職，乃在才具；而端揆裁物，則在度量。卿貳奔奏，不越章程；而宰相坐論，必資道術也。……凡以養蒙作聖，不專在於宣之綜核、明之察察耳。」都指出剛愎忮刻、玩弄權術、排擠異己是張居正的致命傷。這是他性格上的弱點，故人人都承認他的政績，卻人人都不喜歡他。⑭熊十力忽略了這個問題，直以其剛為「以佛家大雄無畏，粉碎虛空，蕩滅眾生無始來時一切迷妄，拔出生死海，如斯出世精神，轉成儒家經世精神」。殊不盡然。

（四）交光互攝的歷史認知

這也就是說，熊十力論張江陵，於史事史情頗有缺漏，中間問題甚多。但這充滿霸氣、近乎專斷的史論，若換個角度看，則亦別具意味。

事實上熊十力論張江陵，不當僅就張江陵這一面的歷史來討論，它是熊十力與張江陵二者交光互攝的結果。張江陵剛愎雄霸的精神意態，深深攫住了熊十力，令他大為慼懾；於是他也以雄渾激昂的生命氣質，去趨近張江陵，去照亮張氏的歷史生命。所以張居正的武健嚴酷、勇於任事、宰相獨裁，在他看來，都飽含一種剛大之氣，足以樹立人紀、綱維世運，決大疑、排大難，迥異於歷來官場中唯阿巽佞之風，益堪欣賞。這是兩人生命型態在某一點上的觸動，相與湊泊，故能千古遙契，莫逆於心。熊氏於書中屢於申抒議論後，即接之「恨不得起張氏而質之」、「江陵可謂先得我心之同然矣」等語，不難想見其情會。

而這種個人生命型態的感發，若剛好又觸動了時代感，那就越發強烈了。昔孟森嘗言：「天、崇間國事日棘，任之無人，乃追思居正。」⑮熊十力之思居正，當亦有此時代感受在。第三三頁云：「平生哀中夏沈淪，時有味乎江陵之思想之志事。暮境孤懷，惜乎無可共語也！」第四二頁又云：「民初如有江陵，吾國別是一局面，可斷言也。」第四八頁更云：「近觀民國，而後知江陵簡嚴之論，宏深剴切。」諸如此類，在熊十力討論明代時，心中實有一民國初年政局紛亂糜爛的影子，實有一當時政局發展狀況的感受。由此感受，逼出了他對張居正的渴慕：他其實是希望能有一位「其出任大教，純由救世本願，而無一毫權位之私」的人出來，解黎民於倒懸，而遂以張居正為此一人罷了。⑯

這也就是說，我們看他怎麼談張居正，就曉得他自己的政治態度和主張如何。熊十力未嘗為政，亦無外王事功，然此正不啻其施政宣言。他的理想與抱負，都透過張居正這個形象，焦灼地展布在我們眼前。

此即康有為之所謂「托」，即董仲舒之所謂「假其位號以正人倫，因其成敗以明順逆」。張居正，不過是個藉以記號的人物，所重者，固在義不在事也。例如他說：「江陵所以能革賄賂與姑息之亡政者，實在其本身作則，有伊尹非義、非道，一介不取予之操，故可以令示群臣百姓，挽累世之澆風也。」「漢以後二千餘年人物，其有公誠之心、剛大之氣，而其前識遠見，灼然於國覆種奴之禍，已深伏於舉世昏偷苟安無事之日。毅然以一身擔當天下安危，任勞任怨，不疑不怖，卒能扶危定傾，克成本願者，余考之前史，江陵一人而已」等，自是熊十力理想中的聖人，江陵豈足以當之？故其論事與史不合者，均可視為「姑構此一情節，亦猶詩人之比興，以寄託其感憤之意」。

如此，乃可以以思想家說張居正。

居正生前，如鄒元標等人，已議其「才雖可為，學術則偏」。後世亦皆病其疵而不醇。陸隴其《三魚堂日記》卷上有數條論之，可見一斑：

△閱張江陵集，見其與莊簡公論禪，蓋此公亦漸染於此。與他人論禪者不一，略不知其為異端也。

△閱江陵《請開經筵疏》，有「聖功已密而又密，聖德日新而又新」之語。……此兩又字最有味，凡為學教人，俱不可不知此又字。又按：江陵於萬曆三年《請飭學政疏》內一款云……其有剽竊異端邪說炫奇立異者，文雖工弗錄。……然立法雖然，而江陵亦不免於禪，豈非所令反其所好乎？

△閱江陵集，見其《答大同巡撫賈春宇》云云，此純是戰國機械，以程、朱處此當如何？

△江陵作《軒轅問道頌》，述廣成子之言曰：「抱神以靜，形將自正，心靜神清，無勞汝形，無搖汝精，乃可以長生。」此似非刪《書》斷自唐虞之意，大臣告君，不宜及此。又讀其《辛未程策論治》，不主更張更主綜核。綜核三字，乃是江陵本領，乃惡更張而遂病孟子之法先王，而取荀卿之法後王則過矣。

前兩條病其學佛，後則謂其學不能純乎孔、孟，乃兼用道家法家及權術。但此非專論其學術思想，只是由其治術以論其為治之學而已。熊十力則不然。依熊說，張居正先是個偉大的思想家，其次才是位可尊敬的政治家。故反覆申明：「江陵，思想家也」，「江陵志在大人，不肯以偉人自見，而肯以書生終乎？使江陵專力學術一途，則於明代思想界，乃獨闢一異境，可斷言也。」「江陵政治思想，在秦以後，二三千年間，可謂創見。」對於這位思想家，熊十力覺得他不僅得力於大《易》與《華嚴》，能以學養為事功之本，且擅於融合：

江陵以儒佛道法四家之學，融合為一。其間抉擇與會通，恰到好處。如感受佛法影響，而不取出世。於道家，則得其靜以知幾之妙，而不取其獨善。如法家，只取其綜核尚嚴，至其違反儒術根本處，則一無所取。此其識解卓絕，非世儒所及悟也。妙在不為空理論，而實現之於其生活與事功。此一大哲人，五百年來，無注意及之者，豈不惜哉！

在此，熊十力並沒有自覺到所謂融合在方法上的困難，他只是把前人批評張江陵之為異端、之為綜核、之為不純者，掉轉一個方向，來證明張氏是兼融並攝了這許多思想。然而，這些佛道話頭是張居正在什麼情況下說的？例如他根據居正《獻世宗得道長生頌》裡的幾句話，就證明「江陵於道家，亦得其宗要」；根據《五台大寶塔寺記》、《慈壽寺碑文》裡的幾句話，就斷言他深於《華嚴》，圓照無礙。姑且不論頌世宗得道長生，乃逢君之惡；慈壽寺碑亦為太后敕建。奉承上意，隨口作佛作道，語言華妙，未必即與身心性命之信持修養有關，其證據力是大有問題的。更以其所謂融合而言，「宗主儒家，兼綜佛、道與法術」，談何容易？

其能融合否，實在也是大有問題。熊十力固然相信「儒佛合轍，門戶紛爭，甚無謂也」，但他自己的融合儒佛引起了多少爭辯？要以儒來綜融佛道與法術，恐怕根本就是不可能的事，張居正尤不足以語此。因此這位「思想家」以及他融合的路向，大抵只是熊十力自己學術願力的表白而已：「余願今後學術思想界，循此路向，發揚光大。」（第九二頁）

（五）獨裁的民主主義者

張居正不只是位思想家，因他主要的表現，在事功而不在學術，故熊十力論張居正，也要集中討論外王治術。

江陵之治法，十力發明甚多，而特三致意者，為尊主與庇民。他說：「江陵之法治思想，以尊主、庇民為兩大基本觀念。庇民即與大多數勤苦細民同憂患，而凡依託統治階層之豪門，皆在鋤治之列。尊主，則欲行虛君共和制，而以國之大權歸宰相。」（第三二頁）由這兩大基本觀念所衍生的各種政策，則可以如：一、崇法。二、以保民為立國之本。三、以整軍為圖強之本（此又包括：澄清吏治，財用自足，團練鄉兵，並守墩堡，注意外交等各項）之類。

所謂尊主，「實非尊帝權之謂，彼本未言廢帝制，然其尊主之義，乃在宰相獨裁。……蓋江陵以為：法者，本乎天下之公意而始立。皇帝與一切小民，同受治於法，一味平等，無有差別。……從江陵行法之平與嚴，而推其關於政體之主張，彼蓋欲置皇帝於純粹無為之地，而以宰相總攬全國政權。……後來王船山有言：預定奕世之規，置天子於有無之外，以虛靜統天下。此蓋由江陵之行事，而推知其衷之所存。……此等思想，頗近於虛君共和。」所謂庇民，是指秦以後的中國社會，可分為統治與貧（平）民兩階層。統治者，包括皇帝王公大臣貴族及縉紳士大夫；勞動貧苦大眾則如農人工人等。「推詳秦漢以後之政治，則見夫統治者能顧及小民之利害者甚少，而以小民為魚肉者其常也。……江陵明法以庇民，鋤豪強之巨凶，佑勤苦之大眾。法所宜加，決定不撓。全國之內，無貴無賤，無親無疏，一切皆受治於法。小民得所庇佑，強梁不得侵欺。」

熊氏所云，充滿了理想色彩。江陵之法，確有庇佑小民的精神，但能不能具此神效，恐不無疑問。法之苛察往往使得老百姓生活更苦，例如他主張「盜者必獲，獲則必誅」，幾次皇帝皇太后要大赦，他都不肯。但如《明史》所載，居正當國時，「大辟之刑，歲有定額」（卷二二〇《趙世卿傳》），又說「居正法嚴，決囚不如額者罪」（卷二二九《艾穆傳》）。這不是修《明史》的人造謠，當時確有官吏因怕受政府處分而多判人死罪的。又《明史．選舉志》云：「嘉靖十年，嘗下沙汰生員之命，御史楊宜爭之而止。萬歷時張居正當國，遂核減天下生員。督學官奉行太過，童子入學，有一州縣僅錄一人者」，法所宜加，決定不撓，難免會有這樣的弊端，熊十力似未考慮及此。⑰且心中既有庇民之一念，罔不視豪強為應重懲者、罔不以縉紳士大夫為統治巨凶而應鋤治者。以致昔尚未必盡屬魚肉小民，今則必然「魚肉縉紳」（語見《明史》論海瑞）。作法於涼，其弊至於今日，乃不忍復言矣！

主張獨裁，更是不可思議。他推崇張居正「以雄才、善應，漸取政權，毅然鎮壓朝野群昏」，非一般英雄人物所堪企及。又相信這種鎮壓與獨裁，可以只表現在行政方面，至於立法，則以遵循民意為主。這就不能不說他不懂政治了。

專制政體之被人詬病者，主要是在：一、權力的集中，即顧炎武所說：「一兵之籍、一財之源、一地之守，皆人主自為之。」二、法網的嚴密，所謂：「內外上下，一事之小、一罪之微，皆先有法以待之」，以致「百年之憂、一朝之患，皆上所獨當，而群臣不與也。」（《日知錄‧法制》）據鄂蘭（Hannah Arendt，又譯阿倫特）的觀察，專制獨裁政府（the tyrannical government）是最平等的政體，在一人專制獨裁的統治下，所有的人都受此獨裁壓迫，因此每個人都是平等的，都同樣沒有任何權力。而政權的權威，則來自赤裸裸的武力（暴力懲罰）。獨裁者本身的權力卻毫無限制。鄂蘭對這樣的獨裁者，曾引柏拉圖的語彙「人形之狼」（Wolf in humar shape）來形容。⑱

熊十力似乎被狼獨行曠野的意象所吸引，沉醉於那「恒以數聲淒厲已極之長嘷，搖撼彼空無一物之天地，使天地如發了瘧疾，並刮起涼風颯颯的令我毛骨悚然。這就是一種厲害，一種過癮」（紀弦詩）的美感之中，熱烈歌頌張居正大權獨攬及守法以待民。但他基本上又是痛恨兩千年來專制獨裁政體之害者，因此他將帝王獨裁跟宰相獨裁作了一個區分，痛詆前者而謳贊後者。

然而，獨裁就是獨裁，不管誰來獨裁都一樣。歷史上宰相擅權，皆無好結果。如王安石、蔡京、秦檜、韓侂胄、史彌遠、賈似道，無不以「雄才、善應，漸取政權，毅然鎮壓朝野群昏」為事。⑲因其地位及權力來源，與民主國家的內閣總理完全不同，遂使其結果必然如此。特別是法源的問題，君王獨裁，一切法僅是要人服從的統治法，宰相獨裁也一樣。我們只能要求君王或宰相主動守法，遵循大多數人民的公益與意願來立法。但權不在民，如何「或舉或罷，悉依民意」？在一個視朝野為群昏的鎮壓心態下，是否還有民意？宰相既已獨裁，怎麼可能「居相位久，猶須考績，以定去留」？宰相獨裁的困境，跟帝王獨裁殊無二致，不可能「獨裁必若江陵，而後無病」。因為這就跟期待聖王一樣，縱使獨裁如江陵而可以無病，「是所謂盲龜，浮木孔，千載而一遇者，豈可望凡為宰相者皆效江陵乎」？

熊十力是力倡民主的，但講民主為什麼講成這麼個奇怪的結論呢？這可能是因為他對民主的理解有點問題。例如他相信宰相獨裁好而帝王獨裁不好，是由於他認為：「宰相必出自與民間共疾苦之人，是真能代表天下貧苦民眾者，以此等宰相操政權，大有民主意味」；又用民本觀念去解釋民主，說：「行政大權，操於宰相。其言法貴宜民，則法之不本於民眾公意者，人主固不得以私意制定也。」

他以為這就是原本《春秋》的民主思想，非商、韓諸法家的霸王主義，只以人主行極權。⑳然若只是法貴宜民，法家何嘗不講？《管子．君臣篇上》「先王善與民為一體。與民為一體，則是以國守國，以民守民」；《愼子．威德篇》「立天子以為天下，非立天下以為天子也；立國君以為國，非立國以為君也」，「古者立天子而貴之者，非以利一人也」，都有替天下謀公益的精神。但是政治主權不在民，掌握政治權力而能有效行使其權力意志者在君不在民，即成為「獨權者，神聖之所資也；獨明者，天下之利器也；獨斷者，微密之營壘也。此三者，聖人之所則也」（《管子．霸言》），「權者，君之所獨制也」，「權制斷於君則威」（《商君書．修權》）。這種獨裁獨夫之政，是因其位而來的；與在位者是否出自民間，可說毫無關係。

（六）公羊家的詮釋路向

現在，透過對他意見的檢析，逐漸觸及問題的核心了，那就是：原本《春秋》。對於張江陵的評論，為什麼會這樣？看成什麼樣子，跟怎麼看是密切相關的。熊十力內聖學，是通過佛家融貫《易》理，表彰孔子的人生思想與宇宙論。外王學，則以「大《易》、《春秋》、《禮運》、《周官》四經融會貫穿」，以見聖人為萬世開太平之大道。㉑因此他論張居正，分思想家與政治家兩面，思想家的張江陵是融貫大《易》與佛理，政治家的張居正就是本乎《春秋》等等。而這《春秋》之義，以及大《易》、《禮運》、《周禮》之所以能與《春秋》融會貫通，也是因為他採用了《春秋》公羊家的詮釋徑路使然。㉒

公羊家的立場與觀點，甚為分歧，但有幾個基本重點：第一是辨析經典的真偽，以追溯孔子的原意；第二是以「受命改制」為孔子寫作經典的主要精神所在（雖然改制是改什麼制，是替漢抑或替萬世制法，爭論仍很多）；第三是運用「三世」的架構，勾勒出孔子的理想太平世界。一是文獻的討論，二是對現實政治的批判，三是理想的鋪陳。公羊家們彼此爭哄不已，但這幾點卻相當一致。

在漢代，公羊學者突出了《春秋》退天子、貶諸侯、譏世卿的意義，具體地提出了官制禮制甚至經濟制度的改革。清朝公羊學者，從莊存與起便繼承了這種精神。如莊存與說「官人以世，實違天祀」（《春秋正辭》），劉逢祿以為大九州的世界封建就是孔子對太平世的規劃，說《左傳》等經典都是劉歆偽造的，「且作偽之意，欲迷惑讖世卿之義也」（《左氏春秋考證》）。通過這個意義去掌握孔子及六經，遂出現如魏源所說「以《周易》決疑、以《洪範》占變、以《春秋》斷事、以禮樂服制興教化、以《周官》制太平」（《古微堂內集》卷二）的講法。

這裡面特別有意思的是《周易》與《周禮》。

《周禮》本來是劉歆所提倡的，今文家皆反對，視為戰國末期瀆亂不驗之書或根本即劉歆偽造以輔助王莽篡位之作。但公羊家「據亂世、升平世、太平世」的三世歷史演進模型和太平理想，只是個空架子，並不能真正付諸實踐；改制之制度面的施政規劃，亦非此一架構所能提供，故不能不求諸《周禮》與《禮記・王制》。以廖平為例，他本來在《今古學考》中力攻《周禮》，說那是偽作篡亂的種子，以《周禮》為古學之主。後來則將《周禮》中「被篡亂的章節」刪除，作《周禮刪文》及《周禮刪劉舉例十二證目》，還原《周禮》的「真面目」。最後乃經「經學第三變」，而主張：「《王制》專詳中國，《周禮》乃全球治法」（《知聖續編・序》）。這是因解釋之需要而逼出來的結果。《易經》的情形也一樣。早先公羊並不談《易經》，因為公羊家主要的興趣在於對應政治問題。但後來因四個理由而論《易》，一是公羊家說《春秋》為寄託、為比興、為象徵，《易經》的取象，正與之同。故常州派公羊學者，恒喜言《易》象，並認為《春秋》：「以辭成象，以象垂法。」（《春秋正辭》）。二是三世的架構，可以用《易經》的爻變予以複雜化，提供歷史觀及世界觀，如廖平把《易》卦之六爻作前後三統的區分；㉓譚嗣同以乾卦六爻來講歷史的進化與退化，形成「逆順三世」之說。㉔三是《易經》所謂「群龍無首，吉」，可作為公羊家太平世理想的佐證。如梁啟超說這即是「無總統之世」、譚嗣同說這是「不惟無君主，乃至無民主」之類。四是公羊家本身缺乏本體論的解說，必須乞靈於《易》，如康有為強調公羊學中「以元統天」的思想，即以專詳「元」義之《易經》為與《春秋》並重的另一綱領，說：「孔子作六經而歸於《易》、《春秋》」（《日本書目志序》）。㉕

然而公羊學與《易》合流，使公羊家恢拓玄思之後，與清末佛教思潮接榫就更容易了。早期公羊學者如龔定盦即與佛教關係密切，後來如譚嗣同以孔、耶、佛三教分屬據亂、升平、太平三世及君統、天統、元統，贈梁卓如詩有云「大成大辟大雄氏，據亂升平及太平」；梁啟超又說：「讀內典，所見似視疇昔有進，歸依佛法。甚至竊見吾教太平大同之學，皆婆羅門舊教所有，佛吐棄不屑道者。覺平生所學失所憑依，奈何！」（《致夫子大人書》）都可以看出這一趨勢。㉖

再者，公羊學對太平世界的理想，既然是「群龍無首」、蕩平一切階級，自將以平等為宗趣。以西方思潮來說，這便趨於社會主義。最典型的例子，是康有為。梁啟超曾說康「先生之哲學，社會主義派哲學也」，一點也不錯。推其極，即成為《大同書》的公妻共產制度。㉗

熊十力的思想，其實正是這一脈絡下的產物，特別是康有為對他影響極大。他從不肯稱讚康氏，但由他的著作中可以發現，康氏的書沒有一本他沒看過。他既順著康的思路在走，卻又處處以康的說法為超越之對象。其說之重點大體為：《春秋》特詳外王，而根源在《易》；《春秋》變一之謂元，即大《易》乾元始物義。然《春秋》及其他經傳，悉為後儒竄亂，以附會帝制，只有「三世」是孔子大義；而《易》先天而天弗違，後天而奉天時之大用，即寓三世之義。這三世，是孔子立定改造世界的大計畫，旨在消滅階級，不許有君主、貴族統治天下庶民，成為民主社會。至於制度，俱詳《周禮》，其原理在於「均」與「聯」。均即平均平等，聯即互助。

《讀經示要》、《與友人論張江陵》、《與友人論六經》、《原儒》，翻來覆去，千言萬語，宗旨不外乎此。如《讀經示要》卷一總括群經言治九義，說應以「誠恕均平為經」，「終之以群龍無首」；《與友人論張江陵》說「江陵之法治主義，在乎夷階級、去豪強，將使天下之人人，各安其業、各遂其生，無有貴賤親疏，一切受治於法，一律平等」，「儒者言群龍無首，是萬物平等義」；《與友人論六經》說「《春秋》張三世，其由升平進而太平也，則有群龍無首，平等一味，各得其所之盛」等，觸處皆然。

由這個觀點出發，他才會反帝（帝制及帝國主義），批判統治階層，認同群龍無首的虛君共和與民主，倡言社會主義。《與友人論張江陵》謂「江陵承孔門之遺教，而欲實行其所懷抱之社會主義」，《原儒》卷上說許行「不許有勞心勞力及治人治於人之分，誠哉社會主義之開山也」，《與友人論六經》說：「《周官》一經，堪與大《易》《春秋》並稱員輿上三大寶物，實行社會主義，猶須參證此經」，「孔子明其所志曰：老者安之，少者懷之。明是社會主義」……推其極，亦可言共產，如《韓非子評論》及《讀經示要》卷三說井田制就是集體農場，《原儒》說大同即是建立人類共同生活之規制的社會云云。只不過這種共產社會，非一蹴可及罷了。㉘

假若我們瞭解他這位公羊家的態度，則對他對張江陵的評論，自然就不會詫異，而覺得每句話都有理路可尋了。

（七）時代感受與微辭比興

歷來論熊十力者，大抵皆不太會循此理路。如徐復觀「對熊十力在一九四九年後的著作，尤其不能同情。熊先生晚年出於某種需要（牟宗三先生認為是出於保住孔子的需要），把連孟子在內二千多年來中國所有的儒者，全部醜詆為奴儒；把作為中國文化之源的六經，統統醜詆為偽經。熊先生提出這一嚴重指控，其根據竟然純是他個人想當然爾的浪漫聯想」，所以他直斥之為「瘋狂」，要發起對熊氏的批判。㉙其實熊氏既未瘋狂，亦非為保住孔子而行權，他的立場與觀點，自《十力語要》、《讀經示要》以來，乃是一貫而清晰的。對於中國共產黨政權的態度，亦與徐、牟諸門人所想像者不同。

公羊家的理論，本來就是結合古義以面對現實問題，因此它與時代的關係非常緊密，既以古論今，又以今推古，二者經詮釋作用而滚在一塊兒。熊十力論經義，往往附會科學，強調格物；論治，則比附古義，說井田即土地公有法，《周官》即社會主義；論學，亦云《荀子‧正名篇》所謂五官簿之，與辯證唯物論相通，體用不二即矛盾統一；㉚論人，如論張江陵，更是把時代感受、自我學術思想及歷史事件融糅為一。從他《論張江陵》等文獻，我們不難理解他在一九四九年以後的時代感受。

這種感受恐怕甚為複雜。一方面，因他一貫主張社會主義、土地財產公有、嚴法以待民，所以他對中國共產黨政權的態度絕不是批判的，而是懷疑中頗存樂觀的。例如他本來就說要反帝制，現在拓而言反帝國主義（《與友人論六經》：「漢以來二千數百年，社會之停滯不進，帝制之強固不搖，雖原因不一，而名分之束縛吾人，未始非主因也。豈惟吾國，英美帝者統治弱小之久，遂岸然自貴而賤視有色人種，此亦名分種子深藏賴耶，封建之餘毒也。」），本來就說要夷去階級，替農工小民舒冤苦，現在更進而言農民革命（《與友人論六經》：「公山氏與佛肸皆以農民之長，叛大夫，謀革命，而孔子皆欲往。」），皆毫無扞格處。此所以他會說：「共和初建，抗美援朝，政府勵精圖治，天下向風」，「年來深感政府以大公之道，行苦幹實幹之政，余確有中夏興復之信念」（皆見《與友人論六經》），對共和氣象，深表歡迎。㉛而且，他對《周禮》的看法，不只涉張江陵，也反射到毛澤東身上去了，認為：「毛公思想，固深得馬列主義之精粹，而於中國固有之學術思想，似亦不能謂其無關係。以余所知，其遙契於《周官經》者似不少。」（同上）

因此，我們若說他《原儒》諸書是保孔行權、是老而昏瞶、他是「中國共產主義最為貫徹始終與堅定不移的批判者」，恐怕就純是個人想當然爾的浪漫聯想了。

不過，他對中國共產黨政權是否衷心歡迎呢？是否毫無批評呢？那又不盡然。他對中國共產黨的懷疑，首先是文化的考慮。馬、列主義畢竟不是我固有之學術思想，基於對六經的信仰，他堅持仍應從固有文化中提汲新生命。其次是馬列的唯物論、階級矛盾鬥爭論，與他心物合一、體用不二的矛盾統一說有不能融通的地方；以經濟及生產工具為歷史發展之解釋主軸，

亦非他所能全盤接受。㉜

依公羊家說，「《春秋》之辭多所況」，「義不訕上，智不危身。故遠者以義諱、近者以智畏。畏與義兼，則世愈近而言愈謹矣。此定、哀之所以微其辭」（《春秋繁露・楚莊王第一》），其批評是「諱而不隱」的。諱不是避，而是用微辭、用譬況。㉝熊十力整部《與友人論張江陵》就是微辭。裡面特別指出張居正「見地上根本錯誤」者，在於「矯枉不嫌過直」，壓制思想之自由。卷頭增語云：

> 學術思想，政府可以提倡一種主流，而不可阻遏學術界自由研究、獨立創造之風氣。否則學術思想錮蔽，而政治社會制度何由發展日新？江陵身歿、法毀，可見改制而不興學校之教，新政終無基也。毛公恢宏舊學，主張「評判接受」，足糾江陵之失矣！

項莊舞劍，意在沛公，用心至為明顯。書中論江陵學術治績之前，先批評他欲除周代文制的偏見，說：「毀人性、毀學術、錮思想、蕩滅文物，禍極於呂政，集申、商、韓之大成，而乾坤幾乎熄矣。」

但微辭譬況，若毫無效果，即不得不出之以直言。這就是幾個月以後寫的《與友人論六經》㉞。

《與友人論六經》全文約七萬字，據說也是一封信：「春初晤友人，欲談六經。彼適煩冗，吾弗獲言。退而修函，知其鮮暇，亦不欲以繁辭相瀆。」此友為何如人，大概已不難想見，而結尾時又說：「今奉書左右，至希垂察，並懇代陳毛公賜覽，未知可否。書中所請，設立中國哲學研究所、與恢復內學院、智林圖書館、勉仁書院等辦法，懇代達政務院，是否有當，伏候明教。辱在相知，故敢相瀆。伯渠、必武、沫若諸先生，統希垂鑒。」

《與友人論張江陵》提到毛澤東評判接受之說，這本書即說「願政府注意培育種子」，「今政府注重學習，於『讀法』亦相近，但於新知與古義，自宜融攝」，「文化方面，如學術思想，無曩時帝者愚民政策之毒，任其自由發展，盡有評判接受之益」，「所謂復興者，決非於舊學不辨短長，一切重演之謂。惟當秉毛公評判接受之明示，先從孔子六經清理本源。次則晚周諸子猶未絕者，或殘篇僅存及有片言碎義見於他籍者，皆當詳其本義，而後平章得失」……並建議：「惟評判一事，確不容易。政府必須規設中國哲學研究所。培養舊學人才。凡在研究機關工作之學者，只須對於新制度認識清楚，不得違反。而不必求其一致唯物。其有能在唯心論中發揮高深理趣，亦可任其流通。」其中可見他曲折轉進以求伸揚民族文化的苦心。看來他並未「瘋狂」，他仍在用他的經學向當政者勸諫哩！

（八）一個開放式的結論

《易》取象、《詩》譎諫、《春秋》之設況與微辭，都是比興寄託的。經學、文學和史學，在此通流。就歷史來說，歷史的事實是一回事，如何理解歷史以及理解、敘述史事對另一時空、另一歷史情境中人有何意義，則是另一回事。

但這一問題，實是最難把捉的。張居正的權奸，在當時即已聚訟紛紜，有關他的記載，也各有其立場及主體涉入，以致後人論古，對證據之取捨與認定，輒生歧異。一九六六年，徐復觀發表《明代內閣制度與張江陵的權奸問題》，即遭遇到一個與熊十力幾乎完全相同的情境。熊氏是因友人傅治薌為張江陵抱不平而寫《與友人論張江陵》，徐氏也是：「民國四十一年十一月，錢穆先生出有《中國歷代政治得失》一書，中謂張江陵是權臣奸臣。萬武樵先生看到後，深為難過，要我寫一文為張江陵昭雪。」後來江陵旅台同鄉又邀他講席論張居正。這裡有義憤、有鄉誼，也有訴諸「客觀」歷史材料的議論，當然，同樣也有時代感受。因此錢穆在回答的跋語中說：「歷史應就歷史之客觀講……若針對在時代，那又是談時代，不是談歷史。」徐復觀則堅持缺乏時代意識即無從把握歷史。故兩人的爭論，表面上是在談明代的制度，實質問題則在兩人因時代經驗不同而對中國傳統政治有不同感受。㉟這種感受，在碰到一般歷史材料時，雖也起著作用；但某些特殊論題（如張居正），格外能激起強烈的、複雜的感應，所引發的爭論也就越多。每人皆可依其理解及理解方式來發言。

跟熊十力一樣，他對張居正的瞭解，與他自己的生命型態、時代感受和學術徑路有密切的關係；他對晚明社會及張居正治法的解說，自有其詮釋情境在。我之所以注意到熊十力論張江陵，亦不能不說是生命型態、時代感受和學術徑路使然。因為較注意歷史中的意義問題，我才會對公羊學稍予留意，也才會選擇這個論題。本文主要並不在於考核張江陵的史事與晚明社會之變遷，明熊氏論斷之是非，而是要追探其何以如此論的歷史詮釋狀況。甚且重心也不在熊十力論了些什麼。他以張居正為設況寄託，我亦以熊十力論張江陵為示例，用以點出這個歷史詮釋的方法論思考。這種思考，又跟我對文學批評的興趣相連結，因為文學批評中亦涉及此一意義詮釋之問題，包括常州公羊派的寄託說、詩中比興的象徵系統等等，輒與此有關，使我不得不觸及熊十力這個有趣的案例。而通過此一詮釋脈絡所獲知的熊十力，當然絕對不會跟「新儒家」所詮釋的那個只談「本心與究竟真實」的熊十力相同。這對於性格偏激、好與人立異的我而言，更是非常值得一試的好題目了。

幸好這雖出自一個別的詮釋情境，問題卻是具有普遍性意義的，希望大家一同來想想。

注釋

①分別見：《中華文史論叢》第八輯，第四三、八三頁；《中國小說美學》第三章第一、二、三節。

②康有為又說：「《詩》有三頌，孔子寓親周故宋王魯之義，不然魯非王者，何得有頌哉？自偽毛出而古義湮，於是此義不復知，惟太史公《孔子世家》有焉。公羊傳《春秋》，托王魯，何注頻發此義，人或疑之，不知董子亦大發之。蓋《春秋》之作在義不在事，故一切皆托，不獨魯為托，即夏商周之三統，亦皆托也。」（卷二，又見卷五）「三正散見六經，觀此篇所發明，實皆孔子所定，夏商周皆所托也」（卷三）。公羊皆言寄託，常州派以寄託論詞，即用其法。此引康有為論董仲舒語，溯其源耳，故不再遍引其他各家之說。

③見徐復觀《兩漢思想史》卷三《論史記》，特別是該書第三六七、三七三、四一六頁。

④見孟森《明代史》第五章。

⑤奏疏八《乞鑒別忠邪以定國是疏》。案：皇帝深隱九重，即張居正所謂尊主權，此乃法家意。《明史紀事本末》卷六一：「嘗言高皇帝得聖之威者也，世宗能識其意，是以高臥深宮之中，朝委裘而不亂。今上，世宗孫也，奈何不法祖？」世宗奉道靜攝，不視朝數十年，政事遂全掌在嚴嵩父子手裡，張居正卻教神宗學世宗。居正死後，神宗果然不視朝、不御講筵、不親郊廟、不批答章疏、中外缺官

亦不補，「帝深居久，群臣章奏率不省。……四方奸人亡命，探風旨走利如騖，如是者終萬曆之世」（《福王傳》），似乎正稟居正之教也。世論神宗與張居正關係者，多只注重到神宗反張居正的一面，而未深究這種主上無為默運、不使臣子知見的「聖威」哲學，影響到底如何。熊十力則更謂此為近似虛君共和。

⑥ 言路激矯，亦詳注四所引孟森書。此即激出東林黨議事，詳《明史紀事本末》卷六六。張岱《琅環文集・與李硯翁》云：「東林自顧涇陽講學以來，以此名目，禍我國家者八九十年。以其黨升沈，周占世數興敗。其黨盛則為終南之捷徑；其黨敗則為元祐之黨碑。風波水火、龍戰於野，朋黨之禍與國家相為始終。……今乃當東林敗國亡家之後，流毒昭然，猶欲使作史者曲筆拗筆，仍欲擁戴東林，此某所痛哭流涕長太息者也。」乃亡國人痛定思痛之言。東林固然是理學家，熊十力也對當時理學家之褊狹深表不滿（見《論張江陵》第一〇四、五一頁），但言路與政府交哄，是後來政治形勢上釀成的形勢，理學則為明代普遍盛行的學術，不能一概而論。言路之激，實自江陵激之。

⑦ 或許張居正為國之心，真的是不能獲諒於時人，但身後被禍之酷，未嘗不是他忮刻報復使然。如劉台上疏彈劾，他「陽為具疏救之」，其後終究讓劉台流戍潯州。艾穆、沈思孝論其奪情，居正竟因艾穆跟他同鄉，而說分宜（嚴嵩）當國時沒有同鄉人對他攻擊，現在我比不上嚴嵩了，讓艾戍涼州、沈戍神電衛。返鄉葬父時，湖廣巡按御史趙應元沒有來會葬，又使門客王篆唆陳煯彈劾之。似乎張居正有一種「讓你們知道我的利害」的心理，因此奪情事紛擾過後，他就趁彗星出現的名義，舉行閏察，將所有批評他的人調罷。居正死後，吏部尚書楊巍上疏說：「六年京察，祖制也。若執政有所驅除，非時一舉，謂之閏察。群不服，請永停閏察。」即指此事而言，故在萬曆十三年正式廢除此一制度。反之，如鄒元標疏指居正「志雖欲為，自用太甚」，而被廷杖，謫戍都勻衛。可是到天啟年間，居正之所以能追復官職，卻來自鄒元標的建議。二人器量相去，誠不可以道里計。不過，這除了張居正個人因素，可能還涉及了明代的政治體質問題，錢穆《國史大綱》第卅六章就很準確地說過：在明朝的政治結構裡，閣臣中想實際把握政權者，最先便不得不結交內監，其次又須傾軋同列。居正所為，亦有不得已者在。

⑧ 參見孟森《明代史》。按：魏源《書明史稿二》：「王鴻緒史稿，于吳人每得佳傳，於太倉人尤甚，而於他省人輒多否少可。張居正一傳，蓋沒其功績，且謗以權奸叛逆，尤幾無是非之心。幸乾隆中重

修《明史》，略為平反。」（《魏源集》，第二二二頁。又見《嘯亭雜錄》）孟森說蓋據此。然據黃雲眉《明史編纂考略》，萬斯同曾在《群書辨疑》中聲揭張居正十三大罪，故《張居正傳》之以罪掩功，本非全由鴻緒之故。

⑨本書乃羅常培筆錄劉師培授課講義而成，此文見其書第十七節。

⑩黃宗羲《汰存錄》第一條就說東林非黨，東林與非東林只是君子與小人之別：「言國本者謂之東林，爭科場者謂之東林，攻閹人者謂之東林，以至言奪情奸相討賊，凡一議之正、一人之不隨流俗者，無不謂之東林。由此而逆推之，則劾江陵者，亦可曰東林也；劾分宜者，劾劉瑾、王振者，亦可曰東林也。然則東林豈真有名目哉？」嚴君子小人之分如此。黃宗羲是寫《原君》、《原臣》的人。熊十力說劾張江陵者，皆受專制之毒使然，故於人之行誼有逾常軌者，則攻擊甚力，而無高遠識量（第一〇四頁），黃氏當不慊其評語也。

⑪詳見朱東潤《張居正大傳》第二二四至二三〇頁。又《明史紀事本末》卷六一：「會潞王昏禮所須珠寶未備，太后聞以為言，上曰：辦此不難，年來廷臣無恥，盡獻張、馮二家耳。……藉沒之舉亦胎於此。」

⑫張居正曾孫張同奎於康熙中為居正訟冤，否認曾攘遼王府為宅第，見《張文忠公全集》附錄二《上六部稟帖》。然不確。《文集》卷九又有《王承奉傳》說遼王「聰敏辯給，而嗜利刻害。及長，多不法，常出數百里外遊戲，有司莫敢止」。可是在他自己居假與遼王同遊時，對此亦未予諫止。

⑬顧炎武說：「父母之喪，自非金革不得起復，著之國典，人人所知。」也是這個意思。

⑭陸隴其《三魚堂日記》卷上「于慎行與司寇丘公論江陵事書，最是有關係文字」，又「看張江陵作《呂豫所諱調陽墓誌》云：公為人，外溫而心辨，中毅而貌和。於事訥訥，不輕為可否，於人恂恂，不苟為異同。……按江陵之贊呂公者如此，而其身則殊不然」，意大抵即與此所引評論同。

⑮見孟森《明代史》。

⑯這所謂時代感，還不止於此，另有隱衷，詳後文。

⑰此處最有趣的是：張居正明確主張「治亂國，用重典」（《書牘四·答兩廣殷石汀計剿廣寇》），熊

十力本是反對此說的，但在《與友人論張江陵》文中顯然可以看出熊十力並沒有注意到張氏「殺以止殺」（《書牘九．答憲長周松山言弭盜非全在不欲》）。

⑱參見鄂蘭：《極權主義》（蔡英文譯，台北：聯經，一九八二年），張君勱《中國專制君主政制之評議》（台北：弘文館，一九八六年）。

⑲熊十力說張居正痛恨宋朝宰相無權，故特別強調相權獨攬。但據前引張君勱，權相專擅，即起於宋朝。見其書第五一二至五一九頁。

⑳這一部分，他的意見應與在《與友人論張江陵》一書前一年發表的《韓非子評論》合看。《讀經示要》卷一雖稍有論及，但不如《韓非子評論》詳細。

㉑參看《原儒》序。以下多採《與友人論六經》、《原儒》兩書與《友人論張江陵》合論。因為：（1）《與友人論張江陵》寫於一九五〇年庚寅，《與友人論六經》寫於一九五一年辛卯，一九五四年甲午春即起草《原儒》。三者可以說是同一時期的作品，內容亦互有關聯。（2）此三書與前一年所寫《韓非子評論》，皆偏於其所謂外王學。但熊氏的門人如唐君毅、牟宗三、徐復觀等，對於他這一部分的思想，不僅未予揭揚，甚且不能忍受。或以為武斷荒謬；或說這是有所激而然，故意歷貶群儒以保孔子。其實熊氏自己是認為內聖外王之間一以貫通的。要真切瞭解熊十力，即必須好好研究這幾部書，不能僅談「黃岡內聖學」。

㉒詳龔鵬程《詩史本色與妙悟》第二章第八節，台北：學生書局，一九八六年。

㉓廖平《周易古義凡例》說：「《易》之三統有前後之分，前三統黃帝、堯、舜，而庖犧、神農為二代。夏、殷、周為後三統，而堯、舜為二代。」又於一八九五年有《上南皮師相論易書》（《四益館文集》）。

㉔譚嗣同《仁學》：「吾嘗聞□□之論乾卦矣。於春秋之世之義有合也。《易》兼三才而兩之，故有兩三世。內卦逆而外卦順。初九潛龍勿用，太平世也，元統也。無教主，亦無君主。於時為洪荒太古，氓之蚩蚩，互為酋長已耳。於人為初生。勿用者，無所可用者也。九二見龍在田利見大人，升平世也，天統也。時則漸有教主君主矣，然去民尚未遠也，故曰在田。於時為三皇五帝，於人為稚童。

九三君子終日乾乾夕惕若厲無咎，據亂世也，君統也。君主始橫肆，教主乃不得不出而劑其平，故詞多憂慮。於時為三代，於人為冠婚，此內卦之逆三世也。九四或躍在淵無咎，據亂世也。上不在天，下不在田。或者，試詞也。知其不可為而為之者，孔子也。於時則自孔子之時至於今日，皆是也。於人則為壯年以往。九五飛龍在天利見大人，升平世也，天統也。地球群教，將同奉一教主；地球群國，當同奉一君主。於時為大一統。於人為知天命。上九亢龍有悔，太平世也，元統也。合地球而一教主、一君主，勢又孤矣。孤故亢，亢故悔。悔則人人可有教主之德，而教主廢，人人可有君主之德，而君主廢。於時遍地為民主。於人為功夫純熟，可謂從心所欲不踰矩矣。此外卦之順三世也。然而猶有跡象也。至於用九見群龍無首吉，天德不可為首也。又曰，天下治也。則一切眾生，普遍成佛。不惟無教主，乃至無君主，乃至無民主。不惟渾一地球，乃至無地球。不惟統天，乃至無天。夫然後至矣盡矣，蔑以加矣。」

㉕見梁啟超《論君政民政相嬗之理》、《與嚴又陵先生書》及《湘報類纂》第四五二頁《問民主之說》等文。

㉖晚清公羊家多與佛學有關聯，且多治唯識法相之學。支那內學院中人，似亦多相信公羊學者。

㉗詳見孫春在《清末的公羊思想》（台北：商務印書館，一九八五年）第一九五、二一四頁。本文論清末公羊學，多參考此書。

㉘《讀經示要》卷一提到大同世界是打破種界國界、家庭與私有制的社會，一切財與力，統屬社會公有。但又說：「何不將小家庭與私有制根本絕之乎？只此恐未易行，而亦不必然也。……在極小限度之私有財力制，亦當予以並有。」《與友人論六經》第三二頁也說：「《周官》為社會主義，其振興產業，既以國營為主，人民私營之業，當受限制。如此，則家庭組織，必縮至極小。否則不能化家庭為社會，不能化私為公。故慈幼、養老，必須由公家負責。至於純粹共產制，當難一蹴而幾。」這種態度，跟他主張民主，但認為太平不可遽至，可先虛君共和一樣。

㉙見《徐復觀最後日記》及翟志成的序。一九八〇年十一月十六日：「閱熊十力先生的《乾坤衍》，其立言猖狂縱恣，凡與其思想不合之文獻，皆斥其為偽、皆罵其為奸。其所認為真者僅《禮運大同篇》

及《周官》與《公羊何注》之三世義及乾坤兩象詞。……彼雖提倡民主，而其性格實非常獨裁，若有權力，將與毛澤東無異。」牟宗三的說法，見《熊十力先生追念會講話》（《鵝湖月刊》第五十期）。

㉚《原儒》卷上緒言第一，說他將作《量論》，比量篇上論辨物正辭，與辨證唯物論相近；下篇論窮神知化，說《易》之變化，變化之道非通辯證法不可得而明等等。又云心物本不二，而亦有分，有分即見矛盾，不二則是矛盾統一（第二頁）；天人之際有矛盾存焉，聖人之憂，憂此矛盾也（第三頁）；性惡論者足以糾正性善論者之忽視矛盾（第四頁）。《原學統第二》則說伏羲畫八卦，是辯證法之源（第八頁）。但因矛盾畢竟要統一，所以他並不主張鬥爭，《與友人論六經》云：「宇宙為沖和之蘊，非鬥爭之府。推此而言群變，則鬥爭為革命時不得已之方。革命既成，必息鬥爭而為大和」（第三頁）「儒者用鬥爭為去不平以求平，或去暗以求明時，不得已而從權以濟。決非以鬥爭為正常之道」。（第一一七頁）

㉛有時為了某些原因，他也可能發出一些有違實情的言論，如《與友人論六經》說馬一浮「抗日時，曾在川主持復性書院，不許某黨干涉教學，而院費卒無著」。其實復性書院乃蔣介石撥專款指示教育部開辦，聘馬一浮主講者。

㉜見杜維明《探究真實均存在——略論熊十力》，林鎮國譯，收入《近代中國思想人物論——保守主義》，台北：時報出版公司，一九八〇年。

㉝《與友人論六經》：「今如過分主張經濟決定一切，而忽視吾人固有各種創造功能，是未免偏至之論。」

㉞《與友人論張江陵》寫於庚寅（一九五〇）仲秋，只印了兩百本，作為《十力叢書》之一。《與友人論六經》作於次年辛卯（一九五一）春初，五月印行，亦兩百本，亦《十力叢書》之一。

㉟徐文收入《儒家政治思想與民主自由人權》（蕭欣義編，八十年代出版社，一九七九年）。案：錢穆的說法，其實與黃宗羲相似。

十二　新儒家面對的處境與批評

《鵝湖月刊》第一五九期，刊有蔡仁厚《新加坡儒學會議志感》一文，談及一九八七年八、九月間在新加坡國際儒學會議上，對當代新儒家之討論，業已成為一個突出的關注點；然誤解仍多於理解，質疑仍多於贊成。

就大會中韋政通、林毓生諸人的論文來看，這是確實的。但此似乎並非新的趨勢。因為林毓生早在六年前即有類似的論點，且亦撰文正式批評過唐君毅先生；而《中國論壇》也舉辦過不贊成新儒家的「新儒家與中國現代化」座談會。其間歲月遷移、時局變異，批評者與新儒家之「溝通」亦不罕見，可見批評者之意見並沒有什麼改變。而事實上批評新儒家者，也絕非特定的某幾人。從「科學與人生觀論戰」開始，科學主義、邏輯經驗論、社會及行為科學等，對新儒家的批評，迄未間斷。他們為什麼這樣討厭新儒家呢？

從前也有不少人討論過這個問題，或正面對彼此的論據與觀點，激烈爭辯過。但實際上因理論之不同而反對新儒家者少，因為真正懂的人不多。可是並不真懂、亦不能真在理論上辯難者少，而在態度上懷疑或反對新儒家的卻很多；新儒家內部也存在著一些爭論。這到底是怎麼一回事？

（一）主流之外的儒家

由歷史處境上說，新儒家的出現，本來就含有一悲壯的反時代潮流之色彩，其行為亦往往逸出「常規」之外。例如熊十力、梁漱溟、錢穆，均無正式學歷，而都以傳奇的方式進入新思潮的中樞北京大學任教；後來徐復觀之為大學教授亦然。馬一浮、熊十力、梁漱溟，又都曾試著在正規教育體制之外，辦私人講學的書院。後來錢穆、唐君毅辦新亞書院，以迄現今鵝湖諸君子仍念茲在茲的文化講座、哲學文化中心等，都表現了這一傳統。但也因為如此，他們遂一直無法介入正規教育體制的人事、權力、制度結構之中，去發揮影響力。梁、熊之終於離開北大，唐、牟之始終見隔於「中研院」北大系統，均可以顯示這一點。即使以錢穆和當局的關係，來台後竟也沒有一所公立大學邀聘，只能在私立文化大學授課，最後仍不免被解聘。徐復觀也只能南下私立東海大學，再遠走香江。牟宗三亦由師範學院，而東海，而香港，現在來台講學，則為「客」座矣。他們與主流體制的疏離，於此可知。

這其中可能還蘊涵著他們對近代大學偏重知識之導向、分科結構又接近西方理念及組織，頗有疑慮和不滿。所以一方面是被迫，一方面也是自覺地在做「民間講學」的工作。然而，他們畢竟是從學院裡出來的人，根也仍在學院之中。講學固然可以在教育體制之外講，終不能對無法堂堂皇皇宣講「正理」於台大、師大、「中研院」等地釋懷，他們終究要感歎新儒家的飄泊。反過來說，他們的學院性格，又不是真草莽、真民間。故講學雖在民間，影響仍在學院。不只新儒家後起之秀皆在學院任教，罕有在民間建立事業者；參與其講會講座的，亦仍以校內青年為多。他們的講學內容和型態，與一般民間講學似乎也不甚相同。例如民間宗教團體的講經說法，或古代儒者之教化世俗，皆與新儒家那種意在提升人心、講明義理的方式頗有差距。他們可能較接近一種師友講習切磋、相互鼓舞的功能，宣化教育民間的意味反而較淡。這也就是為什麼新儒家雖努力於民間講學，其學問卻僅能為一小團體中人所享有所受用，而並未推拓於社會、風行草偃的緣故。①

換句話說，新儒家雖以一「儒學運動」自期，卻還沒有形成什麼運動。對社會影響實在是不大的。反倒是他們民間講學的行動和願力，又使得他們被正規教育體系中人所譏嘲、疑惑。因為學院中人，似乎就應該在書齋裡研精探賾，不好四處講演、座談、「做秀」。而且所謂民間講學，通常都是屬於一種通俗的教化行為。新儒家之熱衷講學，遂被視為是傳教，不是做學問；是搞通俗哲學，而非正經的學術研究。

這裡當然混淆著有好幾種不同的判准，例如徐復觀、牟宗三做的，可算是學術研究了；但講人生、談精神，在現今教育界學術界卻不是那麼容易被接受，因為此非知識問題，只是「玄學」。唐君毅、牟宗三所慣用的著述體例及文字，也備受譏誚，因為不是「學術論文」。新一代的新儒家健將們，濡染於時代學風較深，多少轉變了這一狀況，較擅長以邏輯的、知識的表述方式，用流行學術論文的規格來談論儒家義理。但他們又不可能完全脫離原有的講學精神，以致出現如曾昭旭、王邦雄這樣的例子。他們以「人生書簡」之類形式，談現代人的生命困境，治療意義失落的危機，並活躍於社會各文化團體之間。這似乎是發展了唐君毅《心物與人生》、《人生之體驗》那樣的路數，他們本人也未嘗不自認為這就是儒家精神之所在，及個人學問及生命之所寄。可是在新儒家陣營內部便曾引起不少爭論，有人覺得這樣好像不是在做學問，行之者則自許為傳教。外界的批評者當然就更多了。或謂其喜歡做秀，或謂此乃庸俗之儒學，如金耀基云：「庸俗化的新儒家思想，往往使那些由於在現代化過程中感受到迷惘、焦慮、不安者，獲得一種心理上的補償及道德上、精神上的一種支援。但這就變成了自己安慰自己，無補於個人精神的建立與國家社會的發展。」② 對其價值，不表認同。

依我們的看法，說曾昭旭與王邦雄等人代表的，只是新儒家的庸俗化或商品化（因為他們的書賣得很好），恐怕未得其情；說他們與唐、牟走的路不同，也不儘然。唐、牟曾提出「生命的學問」之說，新儒家既要講生命的學問，那自然就得與人之生命照面，而不能只做概念的遊戲；汲汲於為大眾說法，乃是勢所必至的發展。只不過，在當今學術體系內，這樣的發展所引生的爭論，恐怕也會更加激烈。

講學精神通向社會，引發了這樣的問題。講學精神安放在學院之中又如何呢？不幸的是，新儒家雖不乏學院式工夫，擅能辨析毫芒，然而他們雖身處現代化的學校、系所和教室之中，精神意態畢竟仍在民間山林，師友勸學互勉並以情誼相潤漬的味道特重。這又使得新儒家成為現代大學中一種特殊的團體，被認為有宗教意識，古意盎然。事實上，國內文哲學界之派系勢力，大於新儒家者甚多，新儒家也不拒絕與「同道」攜手。可是別的派系往往只是人事的把持、利益的交換，與新儒家之宗派意識不同。且新儒家之團體既為一師友潤澤之地，外人也很難真正進入，隔閡疑忌當然就越來越深。而在師友聚會式的內部言談中，老師的意見，自然會被充分地尊重，並成為整個團體中意義的來源；倫理關係、感情因素，以及內部意識整合過的理解問題之方式，甚至語言表達，亦漸趨於一致。外人無此經驗背景，有時就不易完全瞭解，故難免覺得這似乎有違學術之客觀化，且或疑其曲從師說或依樣畫葫蘆，成了個固定的模子。

在新儒家這一方面，則由於他們反對時代流行思潮、質疑大學功能、批判學界頹風，且往往帶著一種悲憫和企圖拯救此一時代的情懷，以致新儒家人物及學說，通常都可能涵有兩種彷彿相反的氣質：由於他們要抗爭、要批判，故不免骨鯁使氣，具有英傑豪霸的味道。不只熊十力如此，張君勱、梁漱溟、徐復觀，甚至牟宗三等，幾乎無不如此。這一氣魄，加上了他們的悲情，實在頗接近於宗教態度，令人疑其「想當教主」；③而事實上他們對儒家的感情與理解，也確實類似宗教。④但是，在慨當以慷、攘臂揎袖的同時，新儒家似乎仍自甘於時代正統主流之外的地位，往往只扮演著一個消極抗議者的角色、維持在野者的身分、保持不妥協的姿式，狷介自喜，山林氣極重。這種氣質，非與其有較密切來往者，殊不易覺察，然實情恐怕正是如此。前者如墨家，後者近於道家，卻怪異地結合在新儒家身上。氣質如是，在實際事功方面，自然難有所開展，對現實政治與政策亦難有所影響。

再者，新儒家雖對儒學、對中國文化，抱持著一種宗教式的溫情與崇敬。可是他們是「新」儒家，常採用佛教及西方哲學之名相，解釋中國哲學和人文精神。傳統派和講復興中華文化的人，實無法相悅以解、衷心贊同。而又因為他們是新「儒家」，主張西化或不相信儒家仍能應付現今世局的人，當然也不會欣賞其議論。至於科技政經專家，謂其袖手談心性為迂遠不切事情；天主教人士，厭其不信上帝，更是必然的了。

因此，從新儒家存在的處境來看，新儒家之引起諸多質疑與誤解，也許已是他們無從擺脫的命運。縱使瞭解他們的人或他們自己，又有什麼好辦法，可以脫困呢？

（二）政治權威的護法

最具荒謬感的，是新儒家明明以狷介自喜，連跟救國團合辦活動都十分忌諱；跟政權當軸的關係，非惡化（如徐復觀）即疏離（如唐、牟等）。但一般人卻將它視為保守勢力，甚至認為它是在維護國民黨意識形態或有意與政權掛鉤，想藉保守的政治勢力來發展儒學。⑤

這一批評，新儒家們聽來理當感到錯愕與辛酸。幾十年來，政府重用的是政經科技人才；人文精神、道德理性，新儒家呼籲得聲嘶力竭，誰來理睬？他們辦學、募資、出刊物，政府對他們有什麼幫助？現在好不容易掙到一個小局面，政府錦上添花地送個獎、尊而不親地邀請幾次演講，對實質情況有什麼改善？何況，新儒家與孔孟學會等，相處得也並不融洽。怎麼會有這樣的批評呢？

此一問題，與前述者不同。不只是存在處境的問題，而是較具有理論上的意義。

這一點，簡單地說，就是很多人認為：儒家在歷史上確實曾與統治勢力結合，此不只為統治君王「利用」儒學，而儒學亦應有其可資利用或足以強化其統治之因素。因此，在提倡民主政治的今天，不應該再談儒學，或不應如新儒家這樣不批判地談；要從儒學傳統中開展出民主政治也是不可能的。反而新儒家不批判傳統並重提儒家精神，只會強化威權觀念，阻礙中國之民主化。

何以說此一批判具有理論上的意義呢？勞思光曾說：「當代反儒學思潮，有一共同特色即是：不著眼於儒學理論本身，而著眼於儒學對社會文化之功能及影響。」⑥此一批判看來亦是如此。然而，順著儒學與社會文化的關聯性思考下去，卻仍可能質疑到儒家的理論核心（如內聖外王、性善論等）。例如裴魯恂（Lucian Pye）在《儒家思想發生了怪事？》中說：

> 傳統儒家思想的信條，乃是以倫理和高度道德性的觀點來精心描述理想政府應該怎樣。儒家思想強調人類行為的各種標準，以實現一個公平合理而又和諧的社會。
>
> 然而，不知何故，這些已非目前菁英人士所認為的儒家特質。反而令人驚奇地是，目前的儒家傳統正與威權式的政府結合起來。在這些東亞社會，人們直覺地接受一黨統治，並且對政治反對團體的挑戰採取不信任的態度。這情形被歸因於這些文化區的儒家遺產。儒家思想並未被視為與仁愛政府有關，反而現在不知何故，儒家被視為與專制獨裁的政府有關，而且是反對民主與自由的價值。
>
> 因此，很奇怪的，每一個東亞社會都在追求脫離威權式的統治，使之更為現代而較少受到儒家傳統的影響。舉例而言，當李光耀重回獨裁統治方式時，一般人認為，他已溜回到儒家統治的型態。就整個東亞地區而言，任何獨裁行為的徵象，一般均被解釋為：那是儒家所遺留的痕跡。
>
> 因此，一直有一反常的傾向，使儒家的形象變得顛倒混亂。雖然儒家思想在歷史上被視為與理想政府有關，然而現在卻被認為與獨裁政府有關。儒家一向被視為優先處理高於物質繁榮與財富累

積的事物。然而現在卻被視為（東亞四小龍）激勵經濟和工業發展之強而有力的因素。孔聖人的信條，在現代卻以奇特的方式，被人用來對於合法化威權政府與解釋致富成功的奇怪結合。

這種儒家遺產的現代觀，用來說明鄧小平的改革，似乎是相當自然的。因為這一改革已凸顯了鼓勵成功的經濟活動，同時卻限制政治與文化的自由化。相反的，蘇聯的戈巴契夫在經濟成就方面，很少成果，但在他的開放政策上，卻帶來了比中國大陸還要多的文化自由。當蘇聯和中共正在努力克服馬列主義的失敗，他們各自採取不同的改革方向。而中國人威權式政府的建立先於經濟發展，被解釋為乃中國儒家傳統所致，正好像是孔子建立王道政治之優先順序一樣。

為什麼會出現這一怪異的現象呢？裴魯恂覺得威權式政府雖非儒家思想所直接匯出，但是：

吾人可以相當有把握的說，東亞社會生活的特性，尤其是關於家庭中權威的態度，有助於導引出被稱為「儒家」的文化形態，雖然他們並非由於儒家經典明白敘述的信條所產生的直接結果。

依他看，傳統儒家的理想與文化實踐之間，「永遠有一條鴻溝存在」，不可能實現。反而是在中國式家庭權威的社會生活中，儒家往往表現為一威權型態。他這種看法，誠如勞思光所說，並未著眼於儒家理論本身。可是中國式的家庭型態，豈不正深受儒家之影響嗎？儒家政治理論與家庭的關係不正是特別緊密嗎？父子、君臣不是經常被類比的嗎？尤其是漢人提出的「三綱」說，把君臣、父子、夫婦並提。家庭中的權威態度，與政治上的權威態度，似乎不太分得開。這不也牽涉到儒家「齊家治國平天下」的政治理念嗎？

又如林毓生，一方面指出「天下是天下人之天下」這一命辭並不蘊涵作為民主思想基石的「主權在民」（Popular Sovereignty）的觀念。在傳統中國文化中，所謂「天下是天下人之天下」並不蘊涵用民主的方式使天下變成天下人之天下。且在傳統的政治社群中，最後及絕對的政治權威從未被認為應該由人民持有。另一方面則認為儒家雖談到政統與道統之區別，但因儒家信仰「內聖外王」，所以政教合一的理想及事實一直存在著。可是，西方的民主是與政教分離的傳統及對政治權力的特性的識見分不開的。儒家既不能放棄內聖外王，以使政教分離，又相信聖人可以內在超越地與天道融合，故於政治權力之必然腐化缺乏理解。到最後，君即聖人，乃徹底與民主背道而馳。不但如此，儒家的理論還會形成封閉的一元論式思想模式，他說：

在純理念的層次上，儒家「內在超越」的觀點只說人與天道合融，人可契悟天道；然而天道自有其超越的一面，既非人所創造，也不是人可完全控制或掌握。但在「內在超越」的宇宙觀籠罩之下，儒家傳統中並沒有強大的思想資源阻止儒家強調人的內在力量幾至無限的地步。易言之，「內在超越」的觀念中，雖然在他理論的層次上有「內在」與「超越」之間的緊張性（tension），但「內在超越」的觀念確有滑落至特別強調一切來自「內在」的傾向。這種傾向在儒家傳統中直接導致把道德與思想當做人間各種秩序的泉源與基礎的看法，以及遇到了困難的社會與政治問題，便以「藉思想、文化以解決問題的方法」對付之，頗含烏托邦性質。⑦

烏托邦，陳弱水替聯經出版公司編《中國文化新論》時，韋政通主持座談會時也都如此界定儒家的內聖外王之說。⑧可見在批評者心中，這確實是儒家理論在面對新時代時的難題。期待聖王、內在超越的觀點，似乎已經成了現今民主化的障礙，不僅開不出民主而已。唯有放棄儒家傳統，或轉化之，方能實行民主。韋政通說得很清楚：

民主是民主，傳統是傳統，兩者不但互不相干，而且要實行民主，就必須拋棄中國的傳統；要保守中國的傳統，就不可能實施現代的民主。中國實只有個民本思想的傳統，要想由民本思想來接通民主，就是縱貫性聯想式的思考方式，應予徹底擺脫。

所以，新儒家之不能認清這一點，仍堅持儒家傳統，或強調民主科學可由儒家傳統開出，「中國人文精神，確較單純之科學精神、民主自由之精神為高」，⑨就是犯了形式主義的謬誤、縱貫性聯想式思考方式的謬誤、封閉一元式思想模式的謬誤、建立「文化天朝觀」以彌補精神自尊失落的謬誤……從而替威權政治張目，阻礙了民主化。唯有徹底擺脫新儒家這種想法，承認「中國文化的價值絕對不如西方」，如韋政通所說，或將傳統定性、定位後予以轉化，如林毓生所說，中國才有希望。

（三）形式主義的歷史

這些批評，在理論上都是講不通的。他們指責新儒家犯了形式主義的謬誤，其實這些批評者自己才是形式主義。他們只注意到了儒家民本思想與現代民主觀念之不盡相同，只觀察到了中國在制度上並未出現民主政體，卻忘了中國「民本等思想資源與民主思想並不衝突」、「天下為公的觀念的確不能容忍昏君與暴君」，⑩而西方政治哲學中卻有主張極權獨裁的傳統。

儒家再怎麼講聖王理想，也只是說主政者應該要能善辨是非；蘇格拉底、柏拉圖卻說主政者因為具有理智能力，所以應賦予完全控制政策的權力。輔佐者和生產者，則不應准其參加政策的制定。⑪儒家講聖王，均強調要尊重或順從人民意志，如「天視自我民視，天聽自我民聽」，「民為貴，君為輕」，「防民之口，甚於防川」，即使聖王之教化人民，亦在使人民能培養並表達其意志。柏拉圖卻反對行政部門依人民意志行事，而且說只有主政者才能知道何者為正確，並有權告訴那些缺乏知識又無法辨別何者為是的人。因此人民只能毫不置疑地服從。這乃是純粹的極權主義和反人道主義的觀點。

這個極權主義的傳統，在西方的發展如何呢？從羅馬法中，可以引出：君王超越一切立法束縛的觀念；⑫中古時期的教權國家觀念，亦根本與民主了不相干；現代方式的教權國家，仍在極權社會中復活著，政府的政策本質上正是宗教的教條。⑬等到文藝復興，現代式主權國家出現後，馬基維利的政治理論，亦仍為君主專制張目，認為有助於國家利益者才可以叫做善或義，所以凡有利於國家者，亦將有利於個人，只不過有時會為了國家利益而犧牲個人罷了。⑭

其後的霍布斯，亦曾散發為絕對王權辯護的冊子。又寫作《利維坦》（Leviathan），強調不論什麼政府，只要當權，就有絕對的勢力；一切政府也都必包含政府對被統治者行使強力。所以政治的要義，就是人民應由一群少數人或一個人來統治。⑮到黑格爾之後，極權主義的色彩則更為濃厚。在卡爾・波普《開放社會及其敵人》一書中，對此亦有細緻的分析。

當然，在極權專制的理論之外，西方世界確實也有如洛克、盧梭等提出含有民主精神的論點。但洛克只是說：所有的政府都受自然法所規定之道德標準所支配，如有政府不依照被治者所接受的道德原則，則人民可以不必同意其統治。這跟董仲舒「屈民而伸君，屈民而伸天」、「稱天以制君」，強調國家權威的道德限制說，意義是一樣的。

盧梭就比較複雜了，他的《社會契約論》，引起了法國大革命，可是把他的理論看成是現代民主的基石，還不如說他是極權的護法。他在該書第一部第六章說：「我們每個人都同意把自己的身體和權力置於共同意志的最高指導之下，而以我們的團體資格，接受每個分子皆為整體之不可分的一部分。這種結合的行動，立即取消了訂約各造的個人人格，而創造了一個道德集合體。其中人數與會議票數相等。由此行為而得到的整一性和同一性、它的生命和它的意志。」在這一集合體中，個人意志與國家集體意志不會衝突。但若有衝突，那就表示個人「可能有一種特殊意志，與其作為一個公民而有的共同意志相反或相異」（第七節），此時，國家全體即必須強迫他服從共同意志，「就是說，強迫他自由」（forced to be free）！只有遵守共同意志，才能「真正」的自由。這與極權社會以人民意志之名壓抑個人意志，有何差別？故莫瑞（A. R. Murray）在《政治哲學引論》中說：「一國的共同意志為它的公民界定了道德標準，但國家本身即是法律，因之不能為非。這種說法由黑格爾及其門徒加以發揮後，無疑成為『權力政治』的理論，由自由民主的擁護者看，是非常不道德的。」⑯

換言之，在中國，儒家並無極權專制之理論，西方才有。而且西方這些理論，其強度似更勝過我國的墨家和法家。為什麼批評新儒家、熱烈讚揚西方之民主傳統者，對西方極權理論的傳統，竟如此視而不見呢？林毓生說基本人權是法治之基礎這一概念，可上溯西元前二世紀之斯多噶學派；其後，西方的民主又是與政教分離傳統與政治權力之特性的識見分不開的，「關於這兩點，基督教與文藝復興以來的人文主義者（如馬基維利、霍布斯）的貢獻都是非常重要的。至於集上述思想資源之大成，成為西方近世紀民主思想之基礎的《契約論》，更無需在此多述」。真不知何所見而云然，蓋為自由主義者之偏見耳。他們似乎以為民主與法治遠自雅典、羅馬以來即已為西方文化之基本骨幹，完全不曾瞭解其間的複雜性和歷史發展。

更奇怪的是：儒家根本沒有專權與反民主的理論，他們卻要打倒或揚棄儒家傳統。

第三，從思想資源上爭論一個文化能不能發展出民主，並無意義。因為：

（1）民主制度的出現，往往是政治過程中諸多條件、利益相互作用的結果，與理論上的說明，不是同一件事。從希臘城邦式的民主，到英國貴族與國王分權的民主、美國獨立後權力平衡的民主，都可以證明這一點。⑰

（2）如前所述，各「民主」制度之形成及其內涵，頗有不同。希臘之民主不同於美國式的民主，單就某個概念（如主權在民、政教分離）來談民主，實有形式主義及簡單化約的毛病。

（3）這種缺乏歷史研究的哲學式爭辯，使論者一廂情願地美化了西方的民主傳統。例如希臘城邦之民主，固為西方文化可貴的傳統，但事實上希臘城邦中五分之四的居民不具有公民權；帕里克里斯（Pericles，前四九五至前四二九）的葬禮演說，固然曾揭櫫法律之前人人平等、多數人統治及個人生活自由諸義，顯現了民主政治的理想，但他實行的卻是「第一公民」的統治，領導人民而不為人民所左右。所以，由事實上說，所謂民主只是少數的寡頭政治，或根本流為專權政治。且因為他們是少數統治，故發展出了替奴隸制度辯護的哲學（如亞里斯多德），認為天然地就是應由一小群人統治一大群人，此又形成專制極權之思想淵源。[18]歐美社會至今仍充滿了濃厚的階級劃分、身分歧視氣息。此種現象，近為中古貴族政治的殘留，遠則可溯至柏拉圖、亞里斯多德及希臘民主社會。故理論與實踐中複雜的變異關係，論史者實不能不予考慮。

（4）思想的發展與影響，是極為曲折複雜的。具有民主的思想資源，未必便產生民主制度；反民主的理論，也未必就不能對民主之發展有益。假如像批評者所說，中國只有民本思想而無民主觀念，所以資源缺乏，須假外求、須擺脫中國的傳統。則一部西方哲學史，豈不大部分亦當丟棄？上古中古的西方哲學中又有什麼資源，可以「直接開出」近代的民主呢？思想之影響，根本不能如此討論。例如亞里斯多德是主張寡頭貴族政體和民主政體相妥協的，因此他同時承認了少數人可能具有超凡的能力，及多數人共同討論較不易犯錯。可是他提出國家是由人民同意統治的說法，和「客人比廚子更能判斷筵席的好壞」的比喻，卻成了現代民主政治的基本原則。馬基維利、霍布斯的情況與此相似。其影響乃是幽微而曲折的。韋伯解釋新教倫理與近代資本主義形成的關聯，不也可以提示我們這一點嗎？

第四，思想問題之處理，亦不能過度簡化。例如林毓生說儒家的內在超越觀點會導致一切都是內在的傾向，也曾形成聖王人格無限膨脹的後果。但張灝則指出：天人合一的內在超越意識，也可以使人相信憑人格的道德轉化，能樹立一個獨立於天子和社會秩序之外的內在權威，與外在權威相抗衡，形成權威二元化的批判意識。⑲就林氏說，內在超越論有礙民主化；依張說，則要民主化，正須發展此一批判意識。二者相衡，正不妨以矛陷盾。可見一思想之有助或有礙民主，殊不易輕率論斷。

（四）弄錯靶位的射手

綜合以上所述，當更進一步說明者，厥為反對新儒家的人所使用的思考模型。

西方的政治哲學，自馬基維利以降，成功地扭轉了傳統的道德說，而將政治界定為一保護和滿足人民基本欲求的機構，形成了後來霍布斯、休謨、邊沁等人綿綿不絕的新傳統。瞭解達成政府的目的，關鍵在於私利，而不在道德。此即林毓生所言「對政治權力的特性的識見」，「西方民主在實踐中所表現的種種『私』的成分」。因此，根據西方早期政論之極權色彩、近代民主政治之實踐表現，這樣的歷史發展，和新舊兩傳統對政治權力性質的不同認定，論者自然可以把專權政府和民主政府，用「功利政府」和「道德政府」為指標，予以區分，認為：前者基於同意而統治，後者基於權威而統治。故凡集權政體，均有理性主義道德說的政治意涵。像共產主義和法西斯主義，尊敬其理想，不容批評與懷疑，即有如尊敬無條件之效準的道德原則一樣。並認為集權政府之一切行為，都為了達成道德目的。⑳

參考著西方學人對其傳統的批評，我們的學者也指出：傳統儒家講道德倫理、新儒家標榜「道德的理想主義」，都是違反民主政治之基本原則的。韋政通說：

檢討中國走向民主的過程中所以困難重重的原因時，傳統文化裡那種根深蒂固的泛道德意識，很值得分析。使中國傳統的政治塑造成「政治倫理化」的特殊型態。結果儒家內聖外王的一套，在歷史上形成空中樓閣，專制帝王變成實際的聖王，作之君作之師，在政教合一的運用下，就成為專制權力一元化合理的根據。……政敵一旦在道德上判處死刑，接下去什麼殘忍的手段都可加於其身，三十多年中國大陸這種現象幾乎沒有中斷過。……

顯然就套用了這樣的批評論調。林毓生攻擊唐君毅云：唐氏的思想方式取之於黑格爾，而黑格爾的歷史觀是強調德意志精神的，最後並要落實到德國國家主義，這種哲學與後來的法西斯主義有密切的關係，㉑也是採取了同樣的批評模型。

順著這一理路，批評者認定了：依理性主義的道德說之意涵，政府應該是專權的；而依經驗說之意涵，它應該是民主的。理性說之所以有此意涵，是因為它以為有必然而普遍為真的道德律，凡能清楚理解並能一貫應用之者，就享有權威，為他人所應尊敬與服從。柏拉圖所辯護的，就是這種形式的政府，因為他相信只有極少數的人能瞭解道德的先驗真理。反之，依經驗主義的道德說，則道德律是經驗通則，因之不能必然普遍真。而民主辦法之允許個人意見之自由發表，而又接受多數意見為政策的最後指導，就是默認經驗主義的這種原則。因此，依經驗主義之立場，他們對於新儒家之援引康德，大談道德的形上學、講先驗的普遍的善，均有惡感。這種惡感，並不是直接從對儒家理論或康德理論來，因此這些批評者絕少正面討論新儒家對儒家心性論的解釋、對康德哲學之研究有何問題，或有何確切之錯誤。而只是討厭他們這樣說罷了。由於這種難以明言的惡感，他們有時也會私下表示牟宗三不懂德文、只能談英國康德、講的是「牟氏康德」，或根本上認定每一種思想都有其時空性，不能用康德來講儒家等等。㉒這些流言及疑慮，並沒有理論上的意義，只表示了他們的心理狀態而已。

不但如此，新儒家對宗教的態度及其宗教意識，也使批評者忐忑不安。聖保羅所說「事實上的權力為上帝所賦予」，統治者即是上帝的使者，以及西方中世紀時期政教合一的情況，在文藝復興之後，好不容易才得以擺脫。近代民主政治，對於政教合一和君權神授、教會權威，都含有高度的警覺。傳統儒家「作之君，作之師」的說法、內聖外王的理想，在他們看來，也正是政教合一的。而且，依中世紀的思想，國君的神聖權威仍須屈服於一些根本的限制，神學家和羅馬法學者解釋「獨立法權」的原理意義是：君王可以免受立法的壓迫，但不能違背自然法的權威。不過，君王如果違反了，中世紀哲學也不承認人民有公開反叛統治者的權利，因為君王的權威來自神，反叛國王就是違背了神的意志。這些，都讓民主理論者想起了儒家政論中天與君的關係：君王是天子，代表天，受天所監督；但在「三綱」說的籠罩下，君雖不善，人們仍須服從。即使是孟子「聞誅一夫也，未聞誅紂也」的言論，他們覺得也只不過和湯瑪斯・阿奎那的主張差不多，距民主仍然非常遙遠。

他們的恐懼是應該的，因為高揭英雄崇拜的卡萊爾說過：「神學家們寫得好：王權乃神授。王的權來自上主，不來自人；他是我的統治者。他的意志高於我的意志，他是神為我所選擇的。除了服從神選的自由外，別無可能。」而卡萊爾即開展了一個法西斯主義的傳統，它導致政治領袖的神格化，並將神權與正義視為一體，形成如希特勒這樣的統治。㉓西方現今民主理論者對政教合一的思想傾向，怎麼會沒有戒心？

同樣地，關於一元論，自由主義也頗為敵視。柏林（Isaiah Berlin）曾指出，所謂「一元論」是說：人們相信從某個地方可以找到一個對人生及社會諸問題的最後解決之道。或許在過去、或許在未來，或在神的啟示之中、或在歷史或科學所揭示的必然性中，或可由形上思索而掌握。而所有積極價值，到最後亦可以蘊涵融合為一。這種思想跟「多元論」正好相反。多元論拒斥所謂一切價值衝突皆可綜合並獲得終極解決的想法，認為這些價值彼此毫無可能成立一個客觀的等級層次關係。據此，自由主義批判整個西方文化中一元論的傳統，說：「在黑格爾與馬克思主義上建立起來的，不是可怕的變態。而是所有西方政治思想核心潮流裡一項主要假設的邏輯發展。」強調真正的多元論是「在根本層次上不利於西方傳統裡的一些居於核心、未受批判即獲成立的假設，故極少人充分加以申明表示。少數闡揚多元論後果的思想家素來皆遭誤解，其創意也受低估」。㉔

本此，我們當不難理解林毓生為什麼指責中國傳統是一元論式的，是想藉思想文化以解決問題，而汲汲於提倡「與中國傳統的封閉的，一元式的思想模式完全相反」、「使用多元思想模式」的創造轉化說。而牟宗三《智的直覺與中國哲學》、唐君毅《生命存在與心靈境界》中的「判教」行為，又為什麼會被他們認為是毫無意義地在建立一個價值層次等級關係了。

總之，綜括來說，批評新儒家及傳統儒學的人，大體上只是套用了西方現代思潮對西方文化傳統之批評架構，將中國文化類擬為西方傳統，謂其為政治道德化、政教合一、一元論而已。到底中國儒家是否如此，其實是另外的問題。新儒家之判教、採用康德或黑格爾哲學、講道德之自我建立，與其所批評者亦為不相干之問題。

新儒家表面上是較保守的，但其對應的、所思考的，確為中國文化在面臨西方衝擊時的調適發展之道。其思慮所得之恰當與否，自可再予檢討。然而現今批評新儒家，貌似開明進步者，卻根本未曾面對中國的問題，亦未發展出屬於自己的思考模式與批評架構，故儘管挽強弓、控硬弩，射的卻是旁人的靶子。這實在是非常遺憾的事！要批評新儒家，他們恐怕得另闢蹊徑才行。

注釋

①反倒是新儒家的講學，有時還必須依附於民間教團或其他文化團體之中，方得進行。例如鵝湖月刊社編印的《論語義理疏解》等書，即是由各地寺廟籌辦國學研習會開講四書而編的。王邦雄在序中認為在二萬一十一個寺廟的國學研習會同時開講，是「存全儒家的學術莊嚴」。但事實上正顯示了宗教團體在保存及傳播文化傳統方面，力量大過新儒家，故新儒家不能不借其勢。一九八八年舉行唐君毅思想國際會議，不由香港中文大學新亞書院出面，而係佛教法住學院主辦，不也是如此嗎？

②見《中國論壇》十五卷一期，一九八二年八月，第三一頁「當代新儒家與中國的現代化」座談會發言記錄。

③勞思光在《歷史的懲罰》裡，提到他的友人中有人想當教主。很多人認為那就是指牟宗三。其實新儒

家的人物確實不乏「教主」性格。彼此雖能欣賞，卻不易合作，如熊十力與馬一浮、梁漱溟與熊十力，都交道不終。徐復觀也談到：「我發現，對許多問題，我與唐先生及牟先生的看法並不相同。為了預防由看法不同而引起友誼上的不愉快，我便要求轉開以中文系為主的課，把我的名字也轉到中文系。」（《中國文學論集續編．自序》）為什麼朋友間不能容忍看法的差異呢？恐怕正是因為每個人都有學術上的霸氣。

④《為中國文化敬告世界人士宣言——我們對中國學術研究及中國文化與世界文化前途之共同認識》指出儒家心性之學，「乃通於人之生活之內與以及人與天之樞紐所在，亦即通貫社會之倫理禮法、內心修養、宗教精神，及形而上學等而一之者」。牟宗三也在對陳榮捷的書評中強調儒家宗教精神。整個新儒家對中國傳統特有的會悟，即奠基於儒家之宗教性肯認上，藉著直觀與體驗的「反實證論思考模式」，來追求精神取向象徵（Symbols of Spiritual orientation）：道德形上象徵。儒家所說的性，是指人類心靈之道德創造實體；天則表示為一超越本體（The numinous beyond）。如此，則中國傳統之道德秩序即與宗教融合為一。

⑤見林聰舜《當代新儒家運動的困局》（草稿。原擬收入《台灣社會文化研究季刊》第四期，一九八八）。該文認為新儒家對傳統文化的認識有盲點，故影響了他們對傳統文化全面的理解，及對現實的瞭解，以致繼承了傳統儒家擁護體制的一面而不自知。

⑥見勞思光《試論當代反儒學思想——理據與功能的雙重檢討》，一九八七年新加坡儒學會議論文。

⑦見林毓生《新儒家在中國推展民主與科學的理論面臨的困境》，一九八七年新加坡儒學會議論文。

⑧陳弱水《追求完美的夢——儒家政治思想的烏托邦性格》一文指出：內聖外王說之中，對政治系統及其領導者的自足道德之認定，是儒家政治思想的根本疑難。因為此說是對個人自我實現與個人政治行為之性質混淆不分，又對血緣組織中的倫理原則與政治權力的運作原則亦混同無別所造成。同時，這種烏托邦性格，也使得儒家不只是「現實的人文主義」，而有著濃厚的超現實成分。見《中國文化新論》思想篇一，第二一一至二四二頁。韋政通則以為：新儒家的歷史文化觀，其實只是「英雄史觀」（如卡萊爾所論「英雄與英雄崇拜」）和「烏托邦式的希望」。見一九八九年八月《中國論壇》一六九期「新儒家與現代化」座談會附韋氏《當代新儒家的心態》一文。

⑨唐君毅語。唐氏《中國文化之精神價值》第十六章亦曾明言：「中國文化之精神，在度量上、德量上，乃已足夠，無足以過之者，因其為天地之量故也。」

⑩皆林毓生語。見《新儒家在中國推展民主與科學的理論面臨的困境》，一九八七年新加坡儒學會議論文。

⑪蘇格拉底主張「智識的貴族政治」，反對雅典民主。柏拉圖則較為複雜，一方面他提倡哲人王政治，批評民主；但另一方面，他又在《共和國》中將政體分成兩型六類：受法律限制的，統治者為一人是君主政體，為少數人則是貴族政體，為多數人是民主政體；然如腐化而無法治，則統治者為一人是暴君政體，為少數人是寡頭政體，為多數人是暴民式的民主政體。在前者中，以君主政體最佳，貴族政體次之，民主政體最糟。在後者中，民主政體較好，暴君政體最劣。因為在無法治國家中，民主政體能力最差，所以既不能向善，其為惡亦不太甚。現今提倡民主政治者，有許多人也吸收了柏拉圖的這個意見，認為民主是「最不壞」的制度，最不易為惡。其次，柏拉圖晚年寫的《法律篇》意見並不同於《共和國》。主張混合政體，混合君主與民主，兼採波斯與雅典，較共和國更多注重現實之色彩。不過，整體來說，柏拉圖的公妻、共產、忽視人民自由、強調教育文化之統治等等，開啟了西方極權主義的思想傳統，則是毋庸置疑的。

⑫羅馬早期的法律，須經平民會議通過，後改為元老院審議，最後則逕由帝王發佈命令，命令即是法律。故凱西爾（Ernst Cassirer）在《國家的神話》第八章說：「從羅馬法中可以引出：君王超越一切立法的約束。」君王最多只受「正義」的約束。

⑬張金鑑曾指出：「中古思想，關於教權與政權的關係問題雖有爭論，但他們都認為歐洲應屬於一個國家、一個教會。無論國家或教會組織，都應該採統一集權的府級節制體系，最高權力屬於一人。而教會與國家且應融合為一體，最後權力淵源則來自神意。」（《西方政治思想史》，台北：三民書局，一九七六年，第四章第二節）至於現代極權政府與教權國家觀念的關係，詳A. R. M. Murray《政治哲學引論》第五章第三節。

⑭馬基維利的政治哲學，比較複雜。現代政治學中對於他某些合乎民主制度的思想因素，固然頗有抉發，但他所談的某些原則，確已在現代極權制度中被普遍應用了。而且，對馬基維利那個時代來說，

他提供給當時政治與歷史的，畢竟是他替君王專制張目的一面。另外，我們覺得：現今主張民主者之重新詮釋馬基維利，基本上也是一種策略，是想從思想的根上，轉化西方近代極權主義。是否切合馬氏哲學之「真相」，反而是另外的問題。

⑮ 霍布斯並沒有主張國家主權必須委付一人，但他認為君王政治乃最優良之政治制度，厭惡立憲政體。堅持縱使在暴君的殘虐統治下，人民亦不能有反抗或革命的權力，只有上帝才能懲罰暴君。人民所擁有的自由，只是主政者不加禁止的自由。所以他是以社會契約說來支持專制君主論。

⑯ 王兆荃譯，台北：幼獅公司出版，一九八八年，第九章。

⑰ 美國建國之初，雖實行總統制，但聯邦派（Federalists）卻是主張集權的，欲使一般平民居較低之地位，由富有者及具較高教育品質者掌握政治權力。其目的是要使總統具有類似君主的權力，政府成為貴族化體制。他們是憲法的有力制定者和支持者。後來是憲法實施後，聯邦政府的集權措施引起個人主義者及州權派的反感，才起而反對的。傑弗遜任總統後，雖力倡民主自由與分權，但其實只是從英國式商人的貴族政治，轉變為美國型的地主貴族政治而已。

⑱ 詳黃俊傑：《古代希臘邦與民主政治》，台北：學生書局，一九七八年，第三、四章。

⑲ 張灝：《儒家的超越意識與批判意識》，一九八七年新加坡儒學會議論文。

⑳ 莫瑞（A. R. Murray）：《政治哲學引論》，王兆荃譯，台北：幼獅公司出版，一九八八年，第十四章第四節。

㉑ 見楊祖漢：《關於林毓生氏對唐君毅先生的評論》，《鵝湖月刊》九三期。

㉒ 錢新祖即曾以「措詞」問題，批評牟宗三援引康德之不當。見《台灣社會文化研究季刊》第二、三期合刊本。

㉓ 卡萊爾與國家社會主義之關係，詳凱西爾（Ernst Casirer）《國家的神話》，第十五章。

㉔ Isaiah Berlin之說，見《自由四論》（陳曉林譯，台北：聯經出版公司，一九八六年）第四章第八節。在《俄國思想家》（彭淮棟譯，台北：聯經，一九八七年）一書中，愛琳・凱利（Aileen Kelly）所寫的導論《複雜的智慧》，對此亦有申明。

十三　存在的感受：新儒家的學術性格

一九八八年，唐君毅先生哲學國際研討會在香港召開時，我曾撰《我看當前新儒家所面臨的處境與批評》附驥。該文主要是傷悼新儒家在當代面臨不被重視及誤解的處境。後來陳忠信先生在《台灣社會研究季刊》第一卷第四期發表了一篇駁詰新儒家「科學民主開出論」的長文，提到了我那篇文章，說該文「極為情緒化、流氣，學術性極低」。妙哉斯評！因此我準備再情緒化、再流氣一次，略說我個人對新儒家的理解與批評。我與新儒家中人，多為師友，相習相濡甚久。我的理解與批評，當然仍談不上什麼學術性，僅可見一點存在的感受而已。然亦幸好如此，故論新儒家尚能不太「隔」。希望我的理解，能被新儒家們視為較恰當的理解；我的批評，也能被新儒家們所理解。

（一）存在的感受

當代新儒家，是在近代思想文化脈絡中形成的一股思潮。此一思潮，無論在這幾十年之間，是屬於時代之主要潮流，還是暗潮澎湃，它都已成功地構成了一些論題，形成了明確的學派特徵；對學術研究、對解釋中國文化，均有其特殊之方法、關切點與堅持。而這些，當然也都是在近代中國思想文化之發展脈絡中形成的。

說一個學派是在時代思想文化脈絡中形成，跡近廢話。因為我們可以說沒有一個學派或思潮不是在歷史中形成。但熟悉近代思想史的人，必將對此特具感觸。

固然，每一思想流派均不可能脫離其歷史條件，均生自歷史情境。但是某些學派的問題意識，不見得是從它對它所身歷的時代處境之思考來；它的學說，亦未必以切應於時代為宗趣。例如某些做學術研究的人，可能純粹基於理論上的興趣，或基於為知識而知識的熱情，鑽研甚苦，用力甚勤。此雖亦可斐然成一家言，然與時代並無太大關係。

同時，學術社群內部，也自有一種社群運作的規格與儀式，帶動著大家去做研究。如搞語言學的一群人，誰發表了新學說，誰修正了誰，大家順著這個運作邏輯，便不斷發展，亦可能漸漸形成幾個主要的派別，對語言現象各有不同的看法及處理方式。

再者，學術社群內部，也存在著權力階級結構，為了升等以及在該學門中保持領導權，研究者也可能就著某一領域某一學門之知識問題，一路研究下來。積日時久，遂亦成一大宗派，成一傳統。

除此之外，更有許多學說或學派，宣稱它們的方法及觀點是超乎時代的，具有客觀性與普遍性，與時代脈絡無關。

相對於以上這些學術路向，新儒家顯然有著全然不同的性格。他們認為學術研究不能是客觀外化的為知識而知識，為學必然直接關聯著主體生命。故他們所欲成就者，為一「生命的學問」。他們又認為學術研究不能超離於時代，特別是身當今日，講中國學問，更應有「時代與感受」。這兩句話，都是牟宗三先生寫的兩本書的書名，但也同樣適用於唐君毅、徐復觀乃至錢穆先生。當代新儒家的主要精神，即在於此。而這也是新儒家在近代學界顯得比較特殊的緣故。時代的感受、醞釀、激發並導引著生命走向學問之途，學問又回過來充實生命，回應其對時代的感受。新儒家之為學，大致可以如此描述。此一進路中，顯然洋溢著人的存在感。而且也正因為他們對人的存在確實有所感受，所以才能發現歷史中每一部分的存在也都是真實而非空洞的，才能對歷史文化抱持著較為尊重的態度，並通過歷史來說明自己的存在感。在此，存在感是與歷史感交融為一體的。

這也就是新儒家普遍重視歷史，或顯示出史學傾向的原因。如錢穆，許多人皆目之為史學家。徐復觀的主要學術工作，也集於中國藝術史、文學史、兩漢思想史。唐君毅、牟宗三，以哲學名，但某些人，如傅偉勳即曾「惋惜」他們只是西方意義的哲學史家而非哲學家。他們大部分的著作，都是述古，而且往往採取一種疏釋古典的論述方式，旨在把古人的意思講清楚。用牟宗三《圓善論．序》的話來說，就是：「我之這樣講起，是取疏解經典之方式講，不取依概念之分解純邏輯地憑空架起一義理系統之方式講。」

然而，他們講述歷史的方法，在當代史學界，實在又屬異端。史學界大多不承認他們是史學，認為他們只是用歷史材料在「講他們那一套」。

換言之，言哲學者嫌其為史，言史者又病其為哲學。這一現象，說明了他們的存在感與歷史意識是混融為一的。意在釋古，而釋古即為其一家之言，歷史文化生命跟他們自己的生命根本結合在一起；「人生之體驗」與其歷史文化理解也是不可分的。新儒家的著作，在當代文史哲各學科之學人著述中，獨能感動讀者，特顯其生命精神，原因當在於此。①

而他們的存在感，不僅聯融於歷史意識，又常透顯為文化意識，如唐君毅之著《文化意識與道德理性》、錢穆一再申論「文化學」，皆可見此文化意識之發顯。但這種文化意識，因為是從存在感與歷史意識生發的，所以不可能是文化人類學型態的文化討論，亦不是客觀地談一普遍意義的文化問題，企圖建立一文化學的模型，如黃文山等人之所為。乃是緊扣住他們生存的時空處境，談當代中國的文化生命。其欲安頓此一生命，正如其欲安頓自己的生命一般。且亦唯有安頓了民族文化生命，他們的存在感才能得到安頓。因此，他們的學問，不論所言為何，基本上都強調主體的我、發言的我，其中有人，鬚眉畢見，躍然紙上，形成鮮明的論述風格。同時，他們大力抨擊近代講科學方法、講客觀性、重視學術規格的學風，也痛憤近代反傳統的新文化西化運動。他們覺得這些都是使中國人、中國文化以及他們自己之存在無法安頓，使主體性淪喪的主要原因。

這種強調主體性的論述特色，對近代形式化、外化的學術研究離異文化本根的文化走向，自亦為一有力之針砭，其易於感發讀者，實非偶然。②

（二）生命的學問

此為新儒家為學之路向與精神意趣之所在。在近代中國思想史上，其特殊貢獻即在於此。因為它顯示了一種觀看歷史、人生與時代的方法。這種方法，與強調科學方法一派固然甚為不同，和著眼於社會之科學解析者亦復異趣。

每個人做學問，探索時代的問題及解決之道，當然都可能有其存在感之觸動。但放在方法學的層次中看，是否豁顯此一狀況，實有極大的差異。某些人並無存在之實感，為學只是隨順潮流，依時代的氣候發言。另外，依某些人看來，存在感則又是必須盡力刮除的，治學只當不哭不笑，純為瞭解而瞭解，方能不為主觀態度所擾，而成就一客觀知識。後面這個路向，在近代，應該是由胡適先生所開啟的。

胡適曾將五四新文化運動定性為「評判的態度」，見其《新思潮的意義》長文。與此態度相配合者，則為其評判之方法。胡先生稱之為科學的治學方法。他說：

在我那篇長文《清代學者的治學方法》（案：原名《清代學者治學的科學方法》，見《胡適文存》第一集卷二）裡面，我便指出在傳統的「考據學」、「校勘學」、「音韻學」裡面，都有科學的法則存乎其間。他們之間所用的治學法則，都有其相通之處。「考據」或「考證」的意義便是「有證據的探討」。我說有證據的探討一直就是中國傳統的治學方法；這也是一切歷史科學所共用的治學方法。例如研究歷史學、考古學、地質學、古生物學、天文物理學等等，所用的方法都是一樣的。（歷史科學Historical Sciences和實驗科學由Experimental Sciences的不同之點，只是歷史科學裡的「證據」無法複製。歷史科學家只有去尋找證據；他們不能用實驗方法來創製或重造證據。在實驗科學裡科學家們可以用實驗方法來製因以求果。這種程式便叫做實驗。簡單的說來，實驗就是製造適當的「因」，去追求想像中的「果」。二者之間的基本法則是相通的——那就是去做有證據的探討。）③

這種方法，旨在「尋找證據」、「尊重事實」，研究者非常清楚他是站在研究對象之外來看「問題」的。如醫者之探病源、審病況，然後找出解決的辦法，開出藥方來治病。故書齋裡的方法革新，便直接導向治國的社會革新。

五四運動及新文化運動、科學方法、評判態度等等，內容十分複雜，但如果簡單勾勒，則不妨如此看。而順著這樣的描述，我們似乎也可以發現這種方法蘊涵了三個問題。

一是研究者只管「多研究問題」，然後宣說病情、提示處方。處方開出來以後，其所謂社會與文化革新，便已完成。其實這是誤以「言說」為「實踐」。學術遂因此而成為智識化的清談活動，喪失了實踐力。所謂科學方法，也只成為學院或知識份子問修飾其言談的裝備。④

二是客觀科學地研究問題，研究者永遠是外在的。他未曾認真考慮到：研究者本人其實也就在這個時代、社會與文化之中，與醫者視病人之病不同，根本不可能脫離於時代，而採取評判的態度。因此，凡在方法上採取評判之態度與科學方法者，對時代實無切實之感受。三是評判他人，說東道西，指瑕捫垢，其學問亦不具內指性，學問內容並不涉及言說者自己，非古所謂「儒者之學為己」，不處理個人生命之安頓問題。

據此，新儒家認為，從五四新文化運動以來，學術發展充滿了危機。相對於他們所理解的儒家思想及學問路向，他們批評這種學風是：喪失了儒家的踐履性格、對時代無所理解、對生命缺乏存在的感受。相對於這種學風，新儒家自己走了另一條路，即重新開啟所謂「生命的學問」之路。

牟宗三《才性與玄理》序，對此「生命的學問」，曾作了一番解釋：

> 吾年內對於「生命」一領域實有一種「存在之感受」。生命雖可欣賞，亦可憂慮。若對此不能正視，則無由理解佛教之「無明」、耶教之「原罪」乃至宋儒之「氣質之性」，而對於「理性」、「神性」以及「佛性」之義蘊亦不能深切著明也。文化之發展即是生命之清澈與理性之表現。然則生命學問之消極面與積極面之深入展示固是人類之大事，焉可以淺躁輕浮之心動輒視之為無謂之玄談而忽之乎？「玄」非惡詞也，深遠之謂也。生命之學問，總賴一生命與真性情以契接。無真生命與性情，不獨生命之學問無意義，即任何學問亦開發不出也。而生命之乖戾與失度，以自陷陷人於劫難者，亦唯賴生命之學問，調暢而順適之，庶可使其步入健康之坦途焉。

相對於講客觀主義科學方法者，新儒家強調從個人自然生命的陰暗面來體驗思慮，逐漸通過道德的實踐活動，達到澄清。這種生命學問的建立，必須真正在自己身心上做工夫，通過對自然生命陰暗面的體察，逐漸克服其習累私欲墮落的部分，發顯人純明善淨的一面。這種工夫，即是道德的實踐；這種學問，則是收之於己、證之於心的為己成己之學，非對外尋找證據、討論事實。牟氏云其發自「存在的感受」，唐君毅更曾用《人生之體驗》正續編來描述他如何進行生命的體察與淨化。這些感受與體驗，在新文化運動影響下的學院學術評價中，是完全不能被理解的，只覺得它們毫無學術性。但就新儒家而言，這才是他們整個學術活動的基本點與方向所指。必須站在這兒，才能瞭解新儒家的「學相」為什麼是那樣。

蓋新儒家陣營中，各人之成長背景、學術資源、為學途徑各不相同；其進行生命體察之方式及淺深，亦復各異。這些不同，使得他們論學時，各自結構了不同的理論體系和言說方式。如牟宗三利用康德之學，通過知識批判，再轉接到自由無限心，構造了一個「執與無執的兩層存有論」；唐君毅思索心與境相互為用的狀況，建立「心靈九境」，來說明主體性的動力與結構。其理論構造，各有特色，未必能同。然觀者倘能由其言說進而窺其所以立說之故，則知其理論架構雖殊，路數實同。換言之，乃是同一種思考進路所顯現的不同相貌。

例如徐復觀。他並無《人生之體驗》一類書，也很少拈出「生命的學問」、「道德主體性」等話頭，且一生糾纏於學術與政治之間，廣泛討論歷史文化問題，亦並未如唐、牟那樣，建構一套理論去說明心的墮落與升進。對於牟氏所常汲引的康德哲學、唐氏所精熟的黑格爾，他也幾乎從未談及。當代新儒家與陸、王心學的關係，在他身上更是非常淡薄，亦不如熊十力之喜談船山、張載。因此，從表象上看，他似乎與唐、牟並無合轍之處。然而，他推崇熊十力、馬一浮、張君勱、梁漱溟為中國近代四個「活的精神」。一九六二年，牟宗三在香港為《才性與玄理》寫序時，他也在台中東海大學寫《中國人性論史．先秦篇》的序文。這部書，在論述型態上，是欲以更精縝詳密的考證，來對治五四新文化運動所提倡的考據學風；欲以更深入地「研究問題」，來說明五四新文化運動者皆不認真研究歷史文化問題。所以它重在史料與考證，與牟氏之寫作風格極為不同。但透過這種研究，他想說的，卻與牟宗三有一奇妙之呼應關係，不只在於二人皆論心性問題而已。徐復觀認為：

中國文化的基礎，乃是由憂患意識所引起的人自身的發現、人自身的把握、以及人自身的升進；這是由孔、孟、老、莊以至宋明理學乃至中國化了以後佛學的一條大綱維之所在。此一大綱維的性格，可以說是實存主義的性格。它不同於現代風行一時的實存主義，是在西方的實存主義，反省到了人的「下意識」，亦即是反省到了儒家之所謂私欲，佛家之所謂無明；而沒有反省到人的生命的深處，更有良心、天理、玄德、佛性，可將私欲、無明，加以轉化。所以他們便以私欲、無明，認定是人的主體之所在，而感到不安、絕望。這用中國文化的境界來說，他們還在「認賊作父」的階段。他們要真正貫徹「實存」地自由解放，只有更沉潛下去，於不知不覺中和中國文化的大綱維接上頭，才可打開一條出路。⑤

他所說的「憂患意識」固然溯之於周朝，⑥但證立憂患意識的意義，實與牟宗三所云「生命雖可欣賞，亦可憂慮」相同。意謂人必須正視生命，憂其為無明所汩沒，而時思提振之。徐先生說這叫做人自身的發現、把握和升進，故能逐漸「轉化」無明私欲而為天理文德。其言甚簡，然論者若不以其簡而輕忽之，便不難發現，此與牟宗三繁複的論證，在結構上及思考路線上是一致的。

對人自身生命的反省，他們都是從陰暗面的把握開始，而思有以轉化之；但轉化私欲無明的力量，卻不在這個自然才性生命之外，而就是這個生命本身。人這個生命，既有無明私欲，也同時有良知佛性。正因為有這樣的基本看法，牟宗三後來才會借用《大乘起信論》「一心開二門」的理論，費力建構一套兩層的存有論，試圖說明心既可為識執心，也可以是無執的自由無限心。⑦而且，唯有確立人之主體為一自由無限心，人的存在才能獲得真正自由的保證。在此，牟宗三證成此理的手段是借用康德之學；但謂「圓善」之問題非康德之依基督教傳統而答者所真能答，必須依中國孔、孟、老、莊及中國化的佛學的義理模式，方能真正解答。⑧斯與徐復觀云存在主義必須接上中國孔、孟、老、莊宋明理學乃至中國化之佛學的大綱維，才能打開一條出路，想法何其相似！

再看唐君毅的情況。唐先生對宋明理學，用力較徐復觀多，但他在《中國哲學原論・原教篇》自序中說：

> 宋明儒之學，重在為世立教，正與諸儒本懷相應。復次，宋明儒之學，雖重明天道人道之大本大原所在，然尤重學者之如何本其身心，以自體道、自修道之工夫，以見諸行事，非但於此道之本原作思辨觀解也。此體道修道工夫，恒須由面對這種種非道之事物而用，如對身心中之種種邪暗之塞、氣質之偏、私欲、意見、習氣、意氣之蔽等，以及博聞強記、情識、想像、擬議、安排、格套、氣魄、光景等似道非道者，而用。若非對此種種非道之物，則道自恒為道，亦不待修也。如世

> 間之道路，無破爛阻塞，亦不須更修也。反之，則人愈能認識此種種非道之物之存在，亦愈須修道。依吾之意，則對此種種非道之物，如邪暗之塞、氣質之偏，意見私欲等之存在，其認識之深切，其對治工夫之鞭辟入裡，正為宋明儒者之進於先秦儒學之最大之一端，而亦正有類於佛家之求化除人之生命中之雜染無明，以歸純淨之旨者。

仍然是強調對生命邪僻陰暗面的超越與克治，以歸於純淨。因此，他的工作便與徐復觀形成一巧妙之互補關係。徐先生論先秦人性論，試圖勾勒中國心性論傳統的基本性格與方向；唐先生則謂宋明儒對治氣質之性更切，有進於先秦儒學。順此對於人心之體察，唐君毅亦分一心為二：自然生命的心靈與普遍究極義之心。而且更進一步指出這個心非生物學經驗心理學意義的心，乃一虛靈不昧、寂而能感之心。且正因其為能感，故人之千思萬想，皆始於「皆出於生命心靈之感知」，「此一感知，即一生之躍起，亦天地之躍起，荀子言：『天地始者，今日是也。』進而言之，則當下之一感知是也。在此感知中，此生命心靈自是面對天地萬物，而亦自有其理想，更本之以變化此天地」。⑨此說強調感知，要由感知來「知其自己」，可以與牟宗三之論「存在的感受」並觀。依唐君毅之說，心是「寂」而能「感」，恒「寂」恒「感」。其結構亦與牟宗三合「真如」與「生滅」為一心之設想同。

由此概括，我們才比較能明白當代新儒家為什麼不能同意同樣是講心性論的勞思光。勞思光先生對中國哲學史的描述，偏向於以「心性論中心之哲學」（Psychocentric Philosophy）為主線及判準，其肯定主體性尤甚於新儒家。然而新儒家覺得不能只講道德而不講存在，不能只講孔、孟而不講《中庸》、《易傳》。孔子的仁和孟子的性，一定要和「天」相通為一才行。這個講法其實比較複雜。天生萬物，就生之為性、人稟元氣於天這一面說，生命中自有許多限制，所謂「死生有命，富貴在天」。新儒家正是要正視這個存在，要體察其限制、感知其無明。能如此感知，即唯於情性之流動中覺悟而成德化質，轉化氣質之性。因此這個天是不能去的。非唯作為存在原則的天不能丟，人之能覺悟而成德，亦必須有一超越的依據，這個依據亦並不在人的生命之外，而就在於這個天生之性。這時，天就是「性天」，性則是性理了。在這個理路下，新儒家所採取的形上學，當然是宇宙秩序與道德秩序合一的。且此非二物之合，乃「宇宙秩序即道德秩序」（Cosmic order is moral order）的型態，乃道德的形上學。⑩

（三）致曲以有誠

這樣論述新儒家，誠然十分粗略，但躡跡取神，或能得其大體，非同世間描頭畫腳者。蓋新儒家之所謂繼承先儒重實踐的精神，便是強調反求諸己，要人對生命的存在與魔妄切實有所感知，然後轉化妄情，證入真如。這生命中的種種魔妄無明，有些是來自生命本身，有些則是人所身處之時代，令人狂悖迷亂。憂慮前者，是為「憂生」；憂慮後者，是為「憂世」。新儒家必須自覺地處於此種生命的憂慮中，感受到生命存在的痛苦，然後想辦法安頓它。生之憂，必須證得生命本體之真實不妄，始可以化解之。由此，故不能不申言心體與性體，立道德主體性。世之憂，必須於歷史文化之發展中指出人類向上一途，始可以安頓之。故又不能不具歷史感與文化意識。

憂世與憂生，並不是兩截的或分立的關係。依存在的感受，感此生命之具體存在時，「我」的生命就具體地與這個時代相關聯起來了，一切對自己生命的反省，也都同時就是對時代的反省；對時代的反省，也無不回到自己的身心性命上來落實。此所以新儒家之學，是由存在感開啟歷史文化意識，並上通為一宇宙意識。這個宇宙意識，則又是收攝於一心的。

這樣的理路，常被懷疑是唯心主義本質論。但這不是本質地將宇宙收攝一心，而只是在工夫上，逐步肯定人心可以同流共感、既超越又內在。

依這種普遍人性的觀點，新儒家雖由具體生命的存在而關聯於本族的歷史文化，但絕不能是一個民族文化中心論者，他們必然要相信一普遍性的文化，相信生命之升進與純化，非中國人獨有之問題，而是未來全人類共同的文化走向。唐君毅《人生之體驗・續篇・序》說得很清楚：

> 人之生於宇宙，實為一切虛妄與真實交戰之區，亦上帝與魔鬼互爭之場，而人生之沉淪與超升，乃皆為偶然而不定。吾年來於此之所感切，未嘗不與西方之存在主義所感切，不期而遇合。蓋皆同為此分裂之世界之反映，亦人類精神生活之行程，歷千年至今日，遭遇同一問題之所致。至其不同之處，則在彼存在主義者之言此，皆期在暴露人類之危機，亦更求窮哲學之理致以為言，其精采之論，遂足驚心而動魄。吾此書所說，於此實自愧不如，亦無意相效。蓋對此一切世界之分裂與人類之危機，亦可只求知其大體上如是如是；如若必窮形極相而論之，亦如圖繪鬼魅以求快意，及至其栩栩如生，且將為鬼魅所食。不如略陳其貌，餘皆默而存之。而人生向上之道，仍要在轉妄歸

真，去魔存道，由沉淪以至超升，使分裂之世界，復保合而致太和。

當代人，處此世界，其共同之命運，皆在人生的沉淪與超升。而中國文化之能貢獻於世界（或新儒家之能貢獻於人生）者，則在於中國文化比西方哲思更能提供轉妄歸真之道。這是新儒家的基本看法。當他們說「中國文化比西方哲思更能提供轉妄歸真之道」時，許多批評者都認為他們是中國文化沙文主義或是民族本位文化論者，其實均未弄清楚他們的理路。

目前，許多人將新儒家定位為「文化保守主義」，認為在近代中國遭到西方衝擊之際，有一部分人逐漸質疑、拋棄傳統，邁向現代化；另一批知識份子則因挫折與屈辱形成了自卑的心理，以致美化傳統，以重新建立「文化認同」。因此列文森（Joseph Levenson）指出：文化保守主義者聲稱他們珍視過去的價值和理念，並非深感此類價值與理念之仍有效用，而是因為它們能加強民族尊嚴。史華慈亦根據這個觀念，說近代中國出現的乃是「一種受民族感情所影響的文化保守主義」。在這一大批文化保守主義者之中，張灝又將之分成三支，一是國粹派，二是康有為的儒教運動，三就是新儒家。國粹派從一般文化的或種族的特性來界定中國國粹。康有為等人試圖建立儒家的組織性基礎，來提倡儒學。新儒家則通過宋明理學來重建儒家的宗教觀，自視為宋明理學倫理精神象徵（ethicospiritual Symbolism）的現代保護者。⑪

這種解釋是膚淺無力的。正如牟宗三說：「講挑戰與回應是落於下乘。光注意外在環境這個external condition的挑戰是不夠的，你最重要的要看你自己生命本身的限制。」（《中國哲學十九講》第一講）新儒家之興起，只被看成是民族感情的申張，是遭遇到「現代化」問題時，對傳統文化的一種衛護。根本未考慮到新儒家之所謂存在感受，不僅是感此一時之存在，更是對生命本身有所感。不只是對中國文化價值與現實處境的憂慮、對處此分裂世界之人類命運憂慮，也是對人生命中的無明私欲感到憂慮。

除了上文所引唐君毅語之外，徐復觀在《復性與復古》一文中，也說：凡對自己的文化沒有親切感的人，對其他任何文化也不會有親切感。所以中國人不能不承認中國歷史文化的價值。「但是我們之尊重自己的文化，不僅是上述的意義。現代世界文化的危機、人類的危機，是因為一往向外追求，得到了知識、得到了自然、得到了權力，卻失掉了自己，失掉了自己的性，即所謂『人失其性』的結果。所以現在文化的反省，首先要表現在『復性』上面，使『愛』能在人的本身生根。」這話便可顯見他不是從一族文化立場上考慮問題的。生命的存在與歸趨，才是新儒家的核心關切。他們談中國文化，只是因為：「中國文化是一種以仁為中心的『復性』的文化。提撕中國文化的真精神，是一種『復住』『歸仁』的運動。這不僅是中國文化自己的再生，也是中國人在苦難的世界中對於整個人類文化的反省所作的貢獻。」⑫

徐復觀曾在台重刊馬一浮的《復性書院講錄》等書。復性之嶄向，允為馬、唐、徐、牟諸氏用心之所在。

一般論者，在觀察新儒家時，總把握不住這些大綱維。他們常把徐復觀看成是政治社會批判者，與唐君毅、牟宗三之高談玄理、侈言道德修養不同，而不曉得他們的基本關懷及理路思致都不能視為兩類。另外許多人則把新儒家看成是傳統文化的捍衛戰士，擁抱傳統而不加批判，⑬殊不知新儒家的學問，是從陰暗面之反省開始的。就人的存在說，人必須正視生命的虛妄、偏邪與障蔽，切實進行生命的反省。就民族文化說，我們也必須進行文化的批判。他們對文化對道體仁德的肯定，正是通過生命的反省與文化的批判而來。熊十力、徐復觀對中國帝制及法術之學的批判，牟宗三對中國政治傳統的批判，都是彰彰明著的。就是儒家傳統，他們也要在其中作一番檢別，批判某些人與其理論，而肯定另一些人與其理論。他們的批判，固然未必能為人所首肯，但說他們不加批判地擁護傳統，卻是不公平的。⑭

還有一種批評，認為新儒家的思路不符原始儒家的精神。因為新儒家一再談自由無限心，「無限心既是道德的實體，由此開道德界；又是形而上的實體，由此開存有界」，如此，天道性命相通貫，一切世間法的依據皆收歸於心體。這雖可再通過良知的自我坎陷，使有限心獲得的保障，但與儒家創始者論「仁」時，從情境心角度出發者不同。因為人實踐的起點與實踐的常態，有限性均先於無限性而彰顯。原始儒家所說的道德，並非主體性自證自成的道德，而是在一生活世界中，學者感通、參與而成就之道德。在這種情境的道德實踐中，心是在情境中交感而形成的，而非致吾良知於世界萬物之中。情境心在當下的展現並非先驗無限的，乃是在一種具有經驗內容導引的方向下感通的。相形之下，宋明儒及民國新儒家所理解的情境心，其情境是鑲嵌在無限心的前提上展開的。這種情境心如果也可以有存有論的意義的話，其依據乃是無限心因精神發展所需，自我轉化而成。就有限心視為有限心自體（assuch），並沒有存有論之功能；就有限心與世界的關係而言，世界是衍生的、被置定的；就其存在之感受而言，有限心之活動乃是通向無限心靈之神感神機，而不是時間性中之感懷攝受。改善之道，楊儒賓在《人性、歷史契機與社會實踐：從有限人性論看牟宗三的社會哲學》一文中建議：「唯有返身內求，正視人性當下的展現，讓人在具體的感通中開物成務。」⑮

這種呼籲當然是對的。但這與新儒家的立場有何不同呢？他對新儒家的批評，實係誤解。他不知道新儒家正是從「此世的」、「區域化的」、「流動的」有限心靈出發，在情境中交感歷煉。生命存在於這個情境－歷史之中，情境－歷史的因素也使得新儒家的道德實踐必須與其社會性、歷史性合一。故唐君毅《生命存在與心靈境界》說：「存在之『存』，係指包涵昔所已有者於內；『在』指已有者之更有其今之所在。」內有所存，外有所在，所存所在皆有其「位」；心靈二字，則指其虛靈而善感。怎麼感呢？與境相感。「心之知境，自是心之感通於境。知境而即依境生情、起志。」這不就是情境心嗎？固然唐君毅所說更進於此：存在不只是此在，更涵昔所已有者；境亦不是歷史社會環境，更包括「意義」等虛境。但這個境，絕不是心所變現之境，更不是唯識無境之說。其道德實踐也不是主體的自證自成，而是在心對境之感通活動上，逐漸歷煉而升進。但「有何境，必有何心與之俱起」，心與境的感通，亦包括境妄染妄的妄感通在內。唐君毅自謂他對真理之有普遍永恆性的理解，乃由一極大之狂妄之反省所轉成，即是由妄感通轉而成智之一例。

他又說他對哲學的問題發端，是起於憂慮地球將毀、人類將滅，故思：「吾人所同處之人類之當前時代，即為生於此當前時代中之一切之一共同之境。此共同之境，即吾人之共同命運所在，吾人於此亦當求見此時代對吾人之所呼喚命令者何在，或共同的天命或使命，或共當立之命何在，以謀皆盡其性。」可見他的哲學，正是由當前時代之環境中起情生悲，感而遂通。用他自己的話來說，這是「興於詩」，一生思想學問之本原所在；然欲確定建立其義理，能

「立於禮」，則須有純哲學之論述以說明。可是這種說明，反而是倒過來的，「吾首可說此人類所處之當前時代，可稱之為一由吾人前所論之觀照凌虛境，而向其下之感覺互攝境，以高速度的外轉、下轉，而至於自覺到人類世界之毀滅之有一真實可能之時代」。⑯於是彷彿人與當前之境的感攝反是第二序的、是由心靈最高境界下轉而導生的。楊儒賓從理論上去看，看到的就是這麼個論述，因此他大加詰難。此恐怕是對新儒家的理路尚未摸熟之故。

他們都注意到牟宗三所提出的「一心開二門」架構，但似乎均未發現一心開二門並非究竟之義。牟宗三在《佛性與般若》第二部第五章言：「依心生滅門，言執的存有論；依心真如門，言無執的存有論。是則由實相般若進而言心真如之真常心。此乃由問題之轉進所必至者。」這就是他所常講的大乘佛學由唯識到真常的發展。可是，他立刻接著道：「此種分解地說的唯真心之存有論地具足一切法，尚不是真正的圓教。」真正的圓教，依他看，應是天台宗。

按理說，《起信論》及華嚴宗主張一切法皆以真心為依止，可說明成佛的超越根據及頓悟的超越依據，應該最接近新儒家強調主體性的理論。可是牟宗三不以此為圓教，而獨謂天台為圓教。天台言性惡，似亦非新儒家所能首肯。既然如此，為何牟宗三盛推天台呢？純從佛學理論上說，自然可以另作討論，但我覺得這是天台性具說的「型態」吸引了他。所謂型態，是說：天台之觀法，重點在於一念心，這一念心，指「一念無明法性心」，即剎那心、煩惱心，是陰境而非真如。其觀法之特色，與一般唯心論典之以法性為所觀境者不同，乃以最卑近之處妄界為所觀之境體。這與新儒家由存在、由生命之陰暗面展開觀解體察之路，在型態上是吻合的。因此它除了在理論上吸引牟宗三之外，對他生命之感可能也會起一特殊的親切感，所以牟宗三說：「當我著力浸潤（佛學）時，我即覺得天台不錯，遂漸漸特別欣賞天台宗。這雖非偏見，然亦可說是一種主觀的感受。主觀的感受不能不與個人的生命氣質有關。」因生命氣質而起感，與感此生命氣質，均屬存在的感受。忽略了這種感受，或不知主觀感受在新儒家思想中的決定性地位，都不可能瞭解新儒家。無視於生命具體存在－情境－歷史的關聯，也不可能掌握新儒家的學術性格。

正是對存在感受的強調，才使得新儒家不同於傳統儒學。傳統儒學之言心性通體，固然令他們敬佩，也努力去證成其義理、辯護其價值，但新儒家真正精采處，似不在此，而在於：雖證知此理，卻更要處在存在的生滅流轉中。唐君毅《人生之體驗・續編・序》說得好：

人生之道以立志為先。蓋人生之本在心，而志則為心之所，亦心之存主之所在。先儒固重立志，而佛教之發心，與耶教之歸主，皆同為立志之事中一種。然人主立志，並非全為一直上之歷程，而實有一大曲存焉，而唯待致曲方能有誠。然此致曲以有誠之義，則昔賢所未伸，而有待於吾人深知其所以曲。而此中由致曲以有誠，而成感直上之道者，則在之既拔乎流俗以待超世之意於內，而又須兼本於：置我於世界內及置世界於我內之二義，以觀我與世界之關係，而更在對此二者之分裂之痛苦之成受，而求去此分裂時，立一嚮往志業之根基。以此觀先儒之我與天地萬物為一體之言，則謂之為聖賢之大化聖神之域之心境及道體之本然皆可，而以吾人之嚮往於此，即足以立志，則大不可。……感受分裂之痛苦，實反身而誠，樂莫大焉之初基。……若吾人生於當今之世，於一切分裂之痛苦，漠然無感，而徒學二程兄弟初學於周茂叔之「吟風弄月以歸」及朱子之「傍花隨柳過前川」之樂，以此見天地與人之同此生意周流，道體斯在，遂止於是，則亦似是而非儒學也。

只有在存在的痛苦中真有所感，才能切實反身而誠。在人之既能拔乎流俗以存超世之意時，必須再曲折下來，曲折到人與這個世界的關係裡，去感受一切存在的痛楚。此一曲，乃新儒家與宋明理學不同之大關鍵。新儒家認為唯有靠著這一曲，才能安立他們與世界的具體關聯，成就經世成物之業：「此所以曲，在人之志欲成物者。人必於世間之物有所得。而此有所得，即阻其志之向上，而使人忘喪其初之成之志。至人之轉而求無所得，則只能歸於超世以成己，而非復為儒者之志，遂使所謂成己成物之言，徒成一虛脫之大話。」

此致曲之道，便是牟宗三「良知之自我坎陷」的思路。他批評古代儒者「推理太直接」，未知「致曲之道」，故以為僅談德化為已足。⑰然僅談天理性命內聖純誠，實未足以開外王，所謂開物成務，不免徒成一虛脫之大話。因此他提出「良知之自我坎陷」，欲有所貢獻於致曲之道，疏導出民主與科學。此豈非唐君毅所說「此致曲以有誠之義，則昔賢所未伸。而有待於吾人深知其所以曲」乎？新儒家義理之核心，不在自由無限心無執存有論，而在於存在的感受，實在是非常明顯的。

請注意這一曲。新儒家之學，工夫全在這一曲。牟宗三《五十自述》嘗謂其為學：

讀書從學使我混沌的自然生命之直接的自然的發展，受了一曲，成為間接的發展。孔子說吾十有五而志於學。依我的生活發展說，學就是自然生命之一曲。這一曲使生命不在其自己，而要使用其自己於「非存在」的領域中，即普通所謂追求真理。追求真理，或用之於非存在的領域中，投射其自己於抽離的、掛空的概念關係中。……生命之不斷的吊掛與投注即是不斷的遠離其自己而成為「非存在的」，而其所投注的事物之理之不斷的抽離凸顯，亦即是不斷的遠離「具體的真實」，而成為形式的、非存在的真理。

為學是自然生命的曲折，使人離其自己，不再順著自然氣質滾動下去，離開具體的真實。但只此一曲是不夠的，只此一曲會使所謂學問完全成為掛空的概念、外在化的投注。在生命曲折進入非存在時，必須由自然氣質生命牽引其根，曲而非真曲，或是曲而再曲，由非存在再歸於存在。因為為學固然是生命的曲折，為學之路向與型態卻是受人生命氣質所決定，猶如我們在上文所敘述牟宗三之喜歡天台宗是由於生命氣質使然那樣。他說：

從混沌的自然生命中所放射出來的一道一道的清光，每道都在曲折的間接發展中。而那些清光之曲折的發展也決定我的學問的領域與境界，以及其路數途徑與形態。這些都要經過那些清光之一曲來暸解。通過這一曲，即成為非存在的，轉到普通所謂學問與真理。那些清光在自然的直接發展中，只是生命之「在其自己」之強度的膨脹，直接地不離其根而向外膨脹，亦直接地為其根所牽引而隨時歸其根。此其所以始終為存在的。

為學，依他看，乃是在不斷地曲與「曲之曲」中，使人的生命遠離其自己而復回歸於其自己，從非存在的，消融而為存在的，以完成其自己。

（四）異化的可能

新儒家此種曲而又曲的思路，並不容易理解，無怪乎世間訾議者只能用些「文化保守主義」之類標籤來把捉了。作為新儒家的敵論，如深受五四新文化運動所影響的邏輯實證論、現代化理論、行為科學者，當然就更不知其所云了。但目之為玄學、為泛道德主義、為傳統主義，謂其無社會實踐性而已。

不過，新儒家也不能老怪旁人誤解它。新儒家這樣的思路，未必無自我異化之可能。例如牟宗三特別提到的傷春之感、對生命的怖栗之情。此等感受，是新儒家學問的真正動力所在。自然生命的氣質，也被視為學術路數與型態的決定者。可是，唐牟徐之後的新儒家，實質上多不是如此「興於詩」。他們多半不是從個人生命氣質中確定其學術路數與型態，也未因對個人之存在切實體會感受之，而發展出學術與人生的問題意識。他們大概比較像牟宗三所說的，是「生命離其自己的發展」，「非存在的」去學習一套對歷史文化的解釋，把自己投射於抽離的、掛空的概念之中。原先唐、牟諸先生，是為了證立其興於詩者，故建構理論以確定之，使能「立於禮」。現在大家卻盡在禮度儀節上推敲，概念之辨析、術語之使用、寫作規格之講求，越講越精密，也越來越接近唐、牟諸氏所批評的客觀外化的研究進路。他們雖然仍在談道德主體性、存在的感受、生命的學問，但那都已成為套語。

把唐君毅、牟宗三的存在感受和因其存在感受而開的理論，拿來填充為自己生命的問題，因順其義理再講一次，或講得更精細些，便自稱為生命的學問。此豈真為生命的學問乎？且生命陷落於各哲學套子中太久，生命之自然氣質往往不顯，缺乏風姿與力量，為學者固皆有餘，然非早期諸先生之氣象矣。新儒家存在感的感性生命部分，至此亦已漸漸不予注意，僅偏重於哲學論辯，大談心性問題，而置文學藝術於不講，殊不知文學藝術的感性，是新儒家提撕其存在感受最重要的部分。捨棄了這一部分，必將使新儒家愈趨偏枯。

這也就是說，當代新儒家由存在感出發，強調主體，卻在發展的過程中，曲而不成，往而不復，走到了它的反面。原先是因情起悟，現在卻全力去描述悟後風光，談先驗無上命令、無執道體、聖人境界、存在之超越依據。大家都站在與天道天命通而為一處發言，忘了重新將自己曲入天人分裂的痛苦中，去感受之。「生於當今之世，於一切分裂之痛苦，漠然無感，而徒見道體斯在，天地與人之同此生意周流，遂止於是。則亦似是而非之儒學也。」這幾句話，或許也適用於某部分唐、牟之後的新儒家。他們的生命似乎太健康了，太快就曉得道德本心的地位、作用與相關之理論，故不容易再陷入存在的憂慮、情感的激擾中，不再傷春，也不再為死亡的問題所困惑。無明妄念及一切生命中的偏雜，太快就以討論心體性體的言說，化解掉了。因此，他們也不認為現在所講的這些唐、牟之理論，只是他們個人生命氣質所表現出來的一種人生態度的合理化解釋而已。他們似乎把那些原本出於個人生命氣質所偏好、所特別有感會、存在遭際上特殊觸動所形成的問題以及對此問題的解答，視為客觀的真理。護持這個真理，即被認為是一種對中國歷史文化的道德擔負與使命。因此，他們不是由存在感出發的新儒學，乃是由知識學習而擔負道德文化意識的新儒家；不是「感受生命之存在」的新儒家，而是「探究本心與究竟真實」的新儒家。

對這樣的新儒家，是否應重返其前輩之為學型態處，解消其真理性格及道德意味呢？本來新儒家之所以要談道德心，只是為了提供其生命進行道德實踐的依據。由實踐的意義上說，實踐工夫及歷程才比較重要、才是具體的。而且，心性固然超越而普遍，然道德非孤懸地便在心性上成，乃是因其才性而成德。才性不同，便成就為不同之聖人氣象。這是特殊性的普遍。故只談道德，不對也不夠。

同理，唐、牟諸氏之理論，乃處理其個人生命問題及存在感的解答，其為何如此，多本於個人才性及偏嗜。因此徐復觀每每徵引克羅齊「一切歷史都是現代史」之說，牟宗三在論學時也屢屢談到「某某學說，余所不喜」、「為余性所不近」。因其所喜所近，自可再進一步，證立其所喜所近者亦有客觀之理由；但對此客觀理由之感興趣、有體會且如此說這個客觀之理，卻是極情緒化極個人化的，或根於生命氣質之不知其然。所以同是論道德心性、中國文化，唐的講法不同於徐、徐也不會同於牟。

由這些地方看，似乎後期新儒家並不是善於紹述者，似乎重返其前輩之為學型態，便能匡正其「偏頗」。但問題可能並不如此容易。我們覺得，這或許正是新儒學合乎邏輯的發展，非其後學者偏離了軌道。

為什麼呢？

生命中的偏雜妄染，須予以消除轉化，是新儒家的主要課題。即所謂「復性」。但如何才能復性歸仁？古代儒家多從節制情欲及熏習正聞、變化氣質這方面立論。新儒家則覺得這條路子太消極，且未能立超越依據之大本，道德只成為外鑠他律的。所以集中力量正面說明德性實踐之動源：心性。欲以此踐仁知天。然而，這只是說明了轉之必要以及能轉的根據，並不即是轉。新儒家是強調道德實踐的，但這其實仍是以言說為實踐，非真是在實踐地進行修養的工夫。以新儒家人物來看，唐君毅的踐履性格還強些，徐復觀與牟宗三才性之偏，似並不如其所言那樣圓融。特別是牟先生，修養與其言談可以說是兩回事的，所言固在孟子、王陽明之間，人格呈顯則為魏晉風度。此所謂「智及」，非「仁守」也。故儒學智識化的傾向，不待其後學而然，他們本身的學問就顯示了儒學智識化的危機。後期新儒家越來越偏向集中到牟宗三的義理體系上，除了牟先生巍然老宿之外，難道不是因為牟先生理論建構之意特重，有知識論性格，較成格套嗎？

其次，人的存在感是真實的，由存在感形成的學問，是生命的學問，固然不錯。但生命存在於具體的歷史情境中，歷史情境是會變動的，每一時期之社會結構與文化問題，都不可能一樣。存在感亦必與情境相浹互變。新儒家之興起，本來就生於對生命與時代的感受，他們之所以討論心性問題，不僅是要安頓個人的生命，也欲以此解決時代的痛苦。然而，單言復性，古亦要復性，今亦要復性，未來人類仍要復性。復性歸仁其實是人類永恆的需要與活動。在我們這個時代，我們應如何復性呢？在這個時代，現在這個特殊的、具體的時代，人類復性的工作，遭遇到的主要困難是什麼呢？現代人失其性的狀況，與古人有何不同呢？

新儒家對這些問題，甚少回答，他們往往只是反覆申說一個普遍的問題：性不可失。然後再倒過來說：現代人之病，即在於失性，故須復性。並評述古今論心性之義理，一一予以衡定其是非高下。因此，通讀新儒家之說，似乎只能給予我們一些「人必能復性，必須復性」的信念，時代性的復性之道，則尚未能了然也。

當然，說新儒家全未觸及時代性的復性之道，是不準確的。新儒家一再指出，當前的時代問題是民主建國、是吸收民主與科學等等。但一方面，他們談這些問題多半只是虛地談，亦即重在說明民主科學與中國文化不相斥，中國亦應該民主化科學化。另一方面，一九一〇年代的民主需求、在民主化過程上遭到的時代難題，跟一九五〇年代、一九九〇年代是不可能相同的。新儒家在歷史的具體存在處境上，並未與時俱進地切應於時代提出問題解答。在他們少年中年時期，所遭遇的時代使得他們有所感受，並形成問題意識。但四十年後，現實存在之處境與人生所面對的問題，頗有變化，他們仍在複述舊時所感，似未切應於當前境況，繼續發展，反而只去深化他們道德實踐之超越根據的討論。如此，勢必越來越抽提於歷史性、情境性之上，成為普遍性超越性的儒學，形成另一種可能的危機。

此外，講心性可以是超越而又普遍的，但凡個體的存在，卻無不陷落於孤立、有限、斷隔的時空場域中。因此，由存在生發的一切感受與理解，皆必受其特殊因緣遭際之影響、獨特氣質才性之左右。新儒家在近代社會政治場中所經歷之人事與時局，固然無不刺激著他們的思考。但個人之遭際，頗有偶然性；所歷之時局人事，在整個時代中看，又極局限。依此所生之存在感，往之上通，透顯為文化意識、聯貫於歷史，並形成判斷，雖不能不有其為一理論一看法之客觀性普遍性，然實亦不能不為一孔之見。莊子曾說過：「天下多得一察焉以自好，譬如耳目鼻口，皆有所明，不能相通。不幸不見天地之純。」由個人存在感論時代，正是如此。僅能由個人能感之一端一孔中知此時代，未必便真能掌握這個時代的大精神大方向。因此我們所描述的時代、所理解的社會，囿於見聞遭際，往往未必切要。同時代人論其時代，身在局中者，經常反而會看不清楚時局，原因即在於此。像梁啟超論晚清學術之發展，親切則親切矣，讀來總覺得他未必真能看清他那個時代的學術動向與意義。這便是存在的有限性。

存在的有限性，不僅使我們不易知察我們所身處的時代，有限生命亦不能無所雜染，不能無血氣才性之流蕩牽扯。我們對當代人事，輒有利害親疏種種關係之糾纏，情愛好憎，錯綜複雜，往往影響了我們對這個時代的瞭解，左右著我們對人物及其行為之判斷。

據此可知，由人對時代的存在感受來論述時代，本身含有許多限制，必須切知此種限制，自覺地在其限制底下發言，才能言不逾量。新儒家諸先生於此似未留意，不能自覺到自己在時代中的褊狹、局限及雜染，而往往以自己所見所感為真，不太承認別人所見所感亦可能同樣為真，且常感憤那些對時代之理解與他們不同的人，是無器識、無肺肝、鑿斷慧命、「臭屎一堆，癡呆的狂夫」等等。他們評論人物，也不免於好憎意氣，如牟宗三論胡適、吳稚暉、張君勱、梁漱溟，皆過甚其惡；論熊十力，則常溢美。[18]徐復觀考據琉公圳命案，亦是如此。這或許是由於他們只注意到要把生命「落在存在的現實上」，而未同時注意只落在存在之現實面言時代所可能觸及的方法論問題；只是由時代觸感生命的悲情，然後「便向內轉以正視生命」並思向上提振之，故對論述時代之方法未予真正關注。

同樣地，他們對「治學」的問題，可能也並沒有真正處理。依前面引文，牟宗三曾提到：讀書從學是一曲，是使生命離其自己，進入非存在領域的過程；但因如此會使生命投射於抽離掛空的概念關係中，所以應該再一曲，曲回存在的在其自己。這曲之曲，究竟如何而然？他有時說是要從掛空的「吊在半空裡」，「落到」存在的現實上，有時又說是自然生命的清光會牽引人復歸其根，使學問終究「消融」為存在的。依前者，人如何而能從概念世界重新落入存在的現實？牟先生並未說明。依後者，自然生命中固可能有其清光，但亦當有其雜染與無知無明。學，本來即是要轉此無知無明，如果把學問的歸向力量，反而推給自然生命，則事實上便具有反學的傾向。牟氏《五十自述》第一章就表達了那種不喜歡讀書，也不喜歡讀書人的生命情調。

依這種情調，即使終究去治學了，其實也仍是隨氣質之流蕩，以直覺，作一美感地欣賞與把捉。即使這些把捉需要理論與概念予以確立，仍然繫之於主觀氣質的決定；客觀的學理問題，仍是第二義的。牟宗三自謂他治學是從美之欣趣、想像的直覺解悟，再作進一步的「凝斂」，轉入邏輯的架構思辨。但他為何要轉至這一步呢？他自問自答道：「這不完全是客觀問題的逼迫。生命的自然衝動亦有關係。我所著重的，就是要說這一點；這是一個主觀的氣質傾向。」（《五十自述》第五章）同樣地，唐君毅亦云：「吾初感哲學問題，亦初非由讀書而得。」又屢說他的哲學都成於三十歲以前。他讀書有知識，只是知見別人與他是否「契合」而已。治學之途，說到此等境地，真是令人惶惑。因為才性氣質幾乎決定了一切，邏輯概念及客觀問題的討論，乃是由主觀氣質所匯出的。此文反智及反學的態度，不僅將使得新儒家智識化所建構之各種理論與言說，變成一種奇妙的自我模糊，具有戲論性格，對於學術、歷史文化問題的客觀意義與價值，也無法安立。

牟宗三《佛性與般若》序說他欣賞天台宗，「可說是一種主觀的感受。主觀的感受不能不與個人的生命氣質有關。然其機是主觀的感受，而浸潤久之，亦見其有客觀義理之必然」。這時，主觀感受不是牽引學力以歸其根，而是發展其學術路向之機，由主觀通向客觀。這在方法論上看，是符合學術研究活動之實的，遠勝於胡適式的客觀科學評判說。但是，我們固然可以說發自主觀感受的美感欣趣，亦能有其客觀義理之必然，卻無由保證主觀之機必然能發而中節。我們主觀的感受，在浸潤久久之後，也常有逐漸發現其不合客觀義理之必然者。這合不合客觀義理的判斷，應該自有其為客觀的依據，不盡能以個人氣質及時代感存在感為斷。

新儒家於此，通常並無討論，似乎他們只是因其主觀感受之機，順其所欣賞者，說其義理之必然而已。這種態度，在純講哲學時，問題不太大。但新儒家是要綜論歷史文化的，在碰到歷史客觀材料、社會文化狀況的掌握時，便常讓人覺得它未必符合客觀實相。不但牟宗三如此，連歷史考證工作做得極多的錢穆、徐復觀，論史事亦輒可商。此非其學力有所不逮，蓋未及注意此也。然而，後期新儒家歷史性的模糊與喪失，不能說不是由此匯出。

經由以上的討論，我們可以察覺到，新儒家內部存在著一些困難及自我異化的性質。對於這些問題，我相信新儒家們也應該都已有所感知。可是，人間事不可能沒有局限，正如牟先生所說，人是有限的，但人的成就也就是在此限制中成就，人生的悲壯，即在於此。新儒家在近代思想史上，已成就了其悲壯。後繼者，宜如何成就，則仍待我輩努力。

注釋

①但新儒家並不能視為民族文化本位主義者。他們與《十教授文化本位宣言》的態度並不一樣，詳後文。

②這裡兩度形容新儒家之著作頗能「感動讀者」。當然有人要不高興，認為這種描述「極為情緒化、流氣，學術性極低」。但這不是就筆者個人閱讀之感覺說，是依新儒家之發展過程說。新儒家強調感受與感通，重視師友講習、珍惜人與人的交談感會，配合他們的寫作論述風格，才能使新儒家在較不利的文化環境中存活下來，並得到發展。

③見唐德剛整理《胡適口述自傳》第九章《五四運動：一場不幸的政治干擾》，（台北：傳記文學出版社，一九八一年）。

④這是原因之一。五四運動之後，知識份子捨棄了胡適式回到書齋裡整理國故的路向，轉而從事政治社會實踐行動，因素甚多。但胡適所提倡的方法，事實上並無實踐力，也是個原因。於此遂導致近代中國知識份子面臨「觀念人」與「行動人」的角色分裂，知識份子多半無行動力。

⑤見徐復觀《中國文化復興的若干觀念問題》，收入《徐復觀文錄》，）台北：環宇出版社，一九七一年），第一五四至一六四頁。

⑥有關憂患意識的研究，見徐復觀《中國人性論史》。

⑦在寫《歷史哲學》及《認識心之批判》時，牟宗三雖曾指出「知性主義」與「道德主體」是一心的兩形。但早期牟宗三並未提出這種兩層存有論的架構。在寫《才性與玄理》、《心體與性體》的階段，他似乎是企圖用心性論的兩型來解說這個問題的。亦即把中國人性論分成「順氣言性」和「逆氣顯理」這兩種路向。說前者是順天生才氣言性，為材質主義的自然之性，認為這種講法不能開出成德之教。欲提供成德之學的心性論依據，只能由逆氣顯理這一路來。後來他才利用《大乘起信論》「一心開二門」進一步處理了這個問題。見其《現象與物自身》。

⑧詳見牟宗三的《圓善論》。該書認為圓教之顯出，始可正式解答圓善之可能。

⑨皆見《中國哲學原論・原教編・序》。

⑩見牟宗三《中國哲學十九講：中國哲學之簡述及其所涵蘊之問題》，第四章。

⑪這類觀點，可見諸傅樂詩（Charlotte Furth）、史華慈（Schwartz）、張灝等人對新儒家的論述中。他們的文章均收入《近代中國思想人物論——保守主義》一書，（台北：時報文化出版公司，一九八〇年）。該書也將梁漱溟、張君勱置於反現代思潮中進行剖析。前文提及的陳忠信《新儒家民主開出論的檢討：認識論層次的批判》一文，即據此進路思考新儒家的理論。

⑫為什麼只有中國文化才能解決人類的危機呢？徐復觀認為：「西方把愛的根子，生在上帝身上。生在上帝身上的愛，是超越絕對的愛。但也可以說是淩空的、外在的、難以捉摸的愛。這種愛，在人倫實踐中，缺乏經常而普遍的性格。」收入《徐復觀文錄》。

⑬說這種話的人，主要是林毓生。另外，韋政通則長期批評新儒家高談盡性知天、天人合德，而對生命的陰暗面缺乏討論。

⑭新儒家的問題，可能不在於不批判傳統。剛好相反，他們太刻意去批判檢別傳統，要在傳統中進行分類，例如判荀子為儒學之「歧出」、說朱熹為「別子」之類，以致製造了許多爭論。

⑮楊儒賓文，收入《台灣社會研究季刊》第一卷第四期。

⑯唐君毅：《生命存在與心靈境界》，（台北：學生書局，一九七八年）。

⑰見《歷史哲學》，（台北：學生書局，一九八〇年），第二七七頁。

⑱徐復觀與牟宗三對熊十力的瞭解，都有問題，詳本書《論熊十力論張江陵》。

十四　當代儒家與基督教的會通

（一）新的親和關係

我們的眼光若回溯一百年，必將會發現最近這段期間是基督教、天主教與儒家相處最平和的時期。據陳銀昆《清季民教衝突的量化分析》（台灣師大史研所碩士論文，一九八〇年）統計，在光緒二十四年（一八九八）曾發生了七十七次教案，當時民眾與外籍傳教士、眷屬、華籍教民激烈衝突的情況，是今日難以想像的。

這固然是一般民眾的行為，但知識份子仍是反教的主導者。這些反教人士，常被近代史家謚以「保守分子」之名，刻畫了他們頑固的形象。然而卻有不少以開明進步著稱的人士，也是積極反教的。例如鄭觀應即批評基督教「剿襲佛、老之膚言，旁參番、回之雜教，敷陳天堂地獄之詭辭，俚鄙固無足論，而又創設無鬼神之說」（《道器》，見《盛世危言增訂新編》卷一）。當時社會菁英如薛福成、郭嵩燾等之見解大都如此。薛福成還上書李鴻章，說教士用錢財引誘民眾，又用藥迷惑他們的天性，使他們背棄人倫。他甚至慶幸中國的教案迭起，「雖然多事，猶中國之幸也。何也？以民之未盡變於夷也」（《上李伯相論西人傳教書》，見《庸盦文編》卷二，台北：廣文書局）。又如王韜雖曾助譯中文聖經，在英國牛津大學演講時，亦以「孔子與基督」為題（見羅香林《王韜在港與中西文化交流之關係》，《清華學報》新卷二第二期，一九六一年六月），但他仍以中國的儒者自居，並希望基督教向儒家文化低頭。其後五四運動興起，熱烈迎接西方文化的健將們，也不斷反對著基督教。朱執信、劉復、曾慕韓、胡適、陳獨秀、吳稚暉、蔡元培、李石曾等一長串的名字，都顯示了基督教在近代中國飽受批評的處境。

待一九二二年全國大規模的「非基督運動」之後，基督教、天主教除了調整其傳教策略、改善它與統治階層的關係、加強與知識份子的溝通之外，「本土化」的工作也迄未間斷。不只接受或融合了中國一般禮俗（如敬天祭祖）與價值倫理態度（如孝順），也努力地在探索基督教義和以儒家為主的中華文化之對話與融通。因此，近幾十年來，天主教、基督教界反而成為對中華文化的重要探索者與解釋者。

天主教所辦的輔仁大學，除了羅光主教長期講授、撰寫中國哲學史外，更有方東美、王邦雄等人之講學，有沈清松、傅佩榮、陳福濱等研究中國哲學的學者，有中國哲學會。基督教所辦的東海大學，早期以牟宗三、徐復觀等人之發揚中華文化著稱，現今其哲學系亦有蔡仁厚等不少講儒學的人，並發行《中國文化月刊》。相較於政府所辦的台大、政大等校，這些教會大學在弘揚中華文化方面的貢獻，實在非常明顯。儒家與基督宗教的溝通與對話，在這些學校中也形成了悠久的傳統。這些，都是光緒末年或民國初年正激昂於反教護教情緒中的人士所不能想見的。

基督宗教界人士對中華文化的理解與認同狀況，似乎也因此而顯得較高。以吳經熊、羅光等人和殷海光對「中國文化的展望」這個題目的不同態度來看，自由主義、邏輯實證論、分析哲學、社會及行為科學陣營，顯然就較容易把儒家或傳統文化看成是「前現代」且較具負面價值的東西。

吳經熊在《中國文化的發展方向》中曾從兩方面破斥西化論，一是說：「在我國一般主張全盤西化的人，對於西方文化沒有徹頭徹尾的瞭解，而是把東西文化原屬同一心源的事實，完全抹煞。」強調東西文化之同，且同源於良知。二是說西方人原始反終，當然應以基督之教義為依歸，「我們的原始反終，則要以孔子與孔子所表彰的人性天道為目標」。未來固然應綜合東西兩方，本基督救世之苦心，行孔子自達達人之美意，但目前還不到綜合的時候，應各自復興自己的文化。①

這是立場的說明。但站在這立場上，他對於儒家的解釋，卻是綜合的。例如他解釋「為天地立心」，就說天是神、是造物主，既是主宰又無時無刻不在人心中，故兼有「超越性」、「內在性」。人則因它無時不在其心中，所以人性便是天性，人心便是天心，人因此才能為天地立心。

這個模式，在基督宗教人士之論述中非常常見。對於「天」是否即是造物主、人的超越性與內在性是否需要通過由信仰來保障，儒家當然會有些不同的見解，也會因此而與基督宗教人士產生爭論。近幾十年來，講儒學的人，與新士林學派在人事及權力關係各方面也不免有些齟齬。但整體說來、基督宗教人士和儒家，在這個時代的思想光譜上仍是最為親和的兩個部分。

（二）儒耶親和狀態

基督宗教人士與儒家的親和關係，建立在下述幾個基點上：

（1）它們都是被「現代性」否棄的傳統文化及勢力，是自由、民主、科學所要革命的對象。故站在相同的歷史情境及時代位置上，同病相憐，也同仇敵愾。

現今是一個迥異於明末或清末的處境。那時，基督宗教代表對中華文化的衝擊者、挑戰者或替代者，因此，兩者是敵對的關係。中國人基於文化意識或國族意識，不得不起而應戰，所以一切理論上的論爭都帶有更深刻龐大的意涵，兩者的衝突當然就十分激烈了。曾國藩《討粵匪檄》云：

> 所謂耶穌之說、新約之書，舉中國數千年禮義人倫詩書典則，一旦掃地蕩盡，此豈我大清之變，乃開闢以來名教之奇變。我孔子、孟子之所痛哭於九原。凡讀書識字，又烏可袖手安座，不思一為之所耶？

此雖針對洪秀全太平天國而說，實亦可以代表當時儒家看待洋教來華傳播之態度。②可是，在五四新文化運動之後，情形丕變，「文化主義的反教訴求，諸如基督教如何敗壞風俗、人心、倫常、禮教與社稷等，幾乎完全沒落了。取而代之的，是用西方的科學、美學、自由主義、資本主義、國家主義及社會主義等來批判基督教」。③五四運動不僅以儒家或整個傳統文化為其革命對象，也批判基督教乃至一切宗教。提倡新文化或向西方學習的人，眼光所看到的，乃是經過啟蒙運動之後的西方近代理性主義思潮，因此他們直斥中古時期為「黑暗時代」，慶幸理性之光終於解除了世界的魔咒。

這時，儒家的主要衝擊者與敵對者便轉換了。基督宗教也與儒家一樣，處在被現代文明質疑、批判的地位。他們兩家同病相憐，彼此的爭抗關係當然也就緩和得多了。而且，面對現代文明的衝擊與批評，他們也要反擊，其反擊之思路也是頗為類似的。

通常基督徒會說基督宗教乃西方文化之源，近代思潮其實亦由此發展而來，故人不可忘本，應反本溯源。如吳經熊便很推崇懷特海一類人，「能把近世的科學文明溯源於希臘哲學、羅馬法理、和基督教義三大淵源」，其後傅佩榮也譯出了懷特海的《科學與現代社會》，以此見基督教在西方文化中有不可遺忘的地位。其次，他們或許會說近代文明存在著許多困境與危機，而造成這些困境與危機的原因，正是人心背離了宗教或耶穌使然；未來若要為文明覓一出路，仍須仰賴宗教。④第三種常見之辦法，則是將基督教傳統與現代科學理性作一番綜合，宣稱基督宗教中即具有科學精神甚或科學方法，例如羅光就曾說過：「西方哲學家研究對象的方法，是用科學家的方法。重在分析，重在指定名詞的意義，重在有系統的證明。……使用這種方法最精密的一位哲學大師，則是聖多瑪斯。……這種研究方法，即是科學方法。」

如果我們對當代儒學的發展，再作省視，則必將發現這幾種策略，也正是儒家所常用的。面對相同的處境、相同的戰略，基督教便逐漸自覺到它與儒家在面對現代文明時其實是同盟軍的關係。羅光說得好：「西方的基督信仰，現在正和物欲趨勢搏鬥。若基督信仰和中國傳統精神結合一起，則可以領導全世界人類和物欲趨勢搏鬥，使人類愛好精神生活，免除為物欲而起的各種戰爭。」⑤

也因為如此，才能說明為何當代基督宗教界所進行的（對儒家思想與基督教義）綜合工作，是不同於明末的。明末利瑪竇等人，也曾做過不少溝通、融合、比附兩家義理的工作。在個別論題上，如以中國古書裡的「天」、「帝」為基督教的上帝天主、以靈魂不滅來證成中國人祭祖的正當性等等，與當代基督宗教論者也頗為相似。但那是為了溝通的需要，是為了傳教的方便。⑥現在，卻是為著聯手對抗新的「邪惡時代」，具有全球戰略的意義。

（2）當代儒家也比以往更有宗教意識，更能體認宗教的價值。

自唐代古文運動興起後，儒家主流思想便一直以「攘斥佛、老」為其重要職責，把佛教道教視為異端。因此，在明末基督宗教重新傳入我國時，許多儒者也以闢異端為己任，如崇禎年間徐昌治所輯的《破邪集》、清初楊光先的《不得已》，都代表了這種態度。這種態度有時並不只反對某些特定的宗教，更會形成整體反宗教的思想傾向，在地方上破除淫祠雜祀，在面對宗教問題時諷嗤「不問蒼生問鬼神」、「未知生焉知死」等等，都是這種傾向的表現。對於宗教在人類精神發展及社會生活中的價值，缺乏體認。

但自晚清以來，情況甚為不同。晚清佛學大興，許多知識份子投入其中，融會孔、釋，成了章太炎、熊十力、馬一浮、梁漱溟等許多人的志業，下迄當代新儒家。對於佛道兩家義理的研究與融攝，可說已達到前所未有的高度。⑦且更由其對佛道教的掌握及宗教精神的體驗，進而深入體驗儒家的宗教性，形成與以往迥然不同的儒家解釋系統。

在這種情形下，儒家不唯不反宗教，反而會如王邦雄所說，認為「知識份子的宗教精神亟待重振」。對於基督教，則亦能寬和相待，云：「吾人可大要對世界各教的教義教理，作一相對顯的二分：一是上帝啟示的宗教，一是生命體現或證入的宗教。前者……耶教、回教屬之。後者……佛、儒學屬之。……真理由上帝開，故講祈禱救贖；真理由生命開，故成聖成佛。就由於我國文化傳統承認『道並行而不相悖』的殊途同歸，故從不排斥任何外來教派。」⑧

這裡，不但主張以寬容與開放來面對各宗教，也把儒家視為一種宗教。如此處理，與清末民初的孔教運動並不相同。當時的孔教運動，仍是與耶教相對而說的，且立基在強國目的上，是「意理式國家主義」（ideological nationalism）之體現：由於感到歐美之強盛是因為有其宗教，所以我們也應以儒學為國教、奉孔子為教主。現在講儒教，則從生命說，而且也不是要建一個教團來與耶教相對抗、相競爭。

儒家不再堅持「闢異端」，反而以重振宗教精神為己任、自居於宗教之列時，儒家與基督宗教的關係自然就大為親和了。

（3）基督宗教的人文主義傾向，在這個時候也加強了。

人文主義（Humanism）主張發展人性及一切潛能，在基督宗教的傳統中往往是遭到批判的，因為它太張揚人而忘了神。依基督教的觀點，人只是有限的存有，這個存有既來自無限，也必須與無限結合，才能真正成就其生命。故「人的天性之特質，是超越自己，投向無限。以任何人已達到的境界為止境，無異扼殺了人的生機」。⑨

但是，現在天主教卻自認是人文主義，而且說：「儒家、道家、佛教、天主教都可稱為人文主義，各有不同的理想境界。」

羅光在一九七六年十一月廿九日返國的飛機上寫道：人文主義以人為主，尊重每一個人的人格與權利，也認為人有其共通的人性，亦即良知，超越於禽獸之上。人與人之間，則通過仁與愛相貫通，構成人的社會的倫理關係。每個人的自我，又存在著追求無限的意志，所以生命可以不斷成長，以逐漸實現真善美的整體發展，不能只偏於身體感官的享受而忽略了靈性的生活。正因為如此，故儒家所云盡人之性以上達於天，或參贊化育，通過人心之仁，與天地萬物一體，道家所說以人之氣和天地元氣相通以合於道，或佛家所說佛性即人之真性，人如空寂自我而顯佛性即能證悟等，均與基督宗教所說「人唯有與無限融合，在造物主之內，方能真正完成」相通，均屬於人文主義。⑩

這是新的人文主義解釋。道家的道、佛家的佛性真如、儒家的天，雖然未必即是「造物主」或「第一實體」，但他不從內容說，只是從「人必須以自我通合於無限」這種理論的型態說，判定它們屬於共同的陣營，並以此對反於共產主義，以及柏格森、易卜生、尼采、杜威等「現代唯我的人文主義」。⑪

當代儒學的主流觀點，也恰好是人文主義的。唐君毅即著有《人文精神之發展》等書，徐復觀《中國人性論史》通過「周初人文精神之躍動」的觀點，也逐步把儒家定位為一種人文主義。孔子講仁、孟子講萬物皆備於我，就成了由殷商神性思維轉入人文禮樂的關鍵時刻。至於方東美，慣於從「生命」講中國哲學的精神與發展，喜言「生生之德」。牟宗三揭櫫「生命的學問」，以之為中國學問的特性……無不具有鮮明的人文主義色彩。這種人文主義的講法，在某些時候，並不能接受天主教式的「以人合天」觀念，有些時候甚至也會刻意淡化儒家禮樂的宗教性。但在基本路向上，卻與羅光所說的那種人文主義是合拍的。因此，它們在解釋中國哲學的基本性質時，大抵十分相似。

（4）基督教與當代儒學對中國哲學的理解極為近似。

放在中西哲學的對比架構上講中國哲學的特質，是當代儒學與基督宗教共同的傾向。方東美《哲學三慧》、牟宗三《中國哲學之特質》、唐君毅《中國文化之精神價值》、徐復觀《中國藝術精神》等著作，表現了儒家在這種架構下對中國傳統的掌握。而他們所掌握到的，與同樣從中西對比架構中看到中國哲學之特質的基督宗教人士所見，當然是大抵相似的。

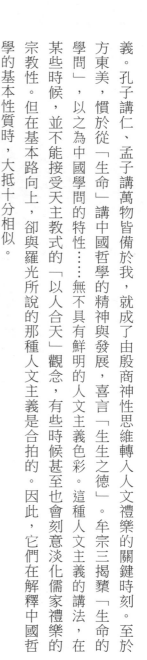

例如羅光說西方哲學重在探索物理、討論存有，以此而成其形上學；中國則在探究生命之理，講明人生，以此而成人生哲學。其次，西方哲學重認識論，中國則認識論殊不發達。再次，西方哲學為抽象之思辯、客觀之知識，中國則重視實際人生，哲學是為解決實際人生問題而設的。這樣的說法，和牟宗三說中國哲學是生命的學問、重視實踐，而邏輯思維認識心一路未及開展云云，又有什麼不同呢？

某些新儒家學者可能會說：不，他們的差異太大了。羅光認為「儒家和道家必定不是唯心論，就是佛教也不可以列在西方所稱的唯心論裡」，「中國儒道佛三家的哲學思想，最重實在的物體」，「道本體為實有體」，「中國哲學都可以稱為實在論」等，牟宗三先生大概都不會同意，怎能說他們對中國哲學的基本掌握是一致的呢？

誠然，自其異者而觀之，肝膽胡越也。然羅、牟之異，畢竟仍為肝膽之殊，而非人與草木金石之異。他們在具體解釋某一哲學觀念、某一哲學思想時，當然會有極大的不同，一如唐君毅、牟宗三、方東美、徐復觀在解釋老子所說的「道」究竟是什麼性質時，也會有很大的差異。⑫但通過相同的參考座標與類似的對比方法，他們所看到的中國哲學形貌，畢竟是非常類似的。

他們都不重視宇宙論，都試圖把中國傳統的宇宙論朝生命方面去解釋，說它並非研究物，而或是講生命的由來、或是由價值講存有、或是道德的形上學。他們都論心、論性、論仁，而不論氣，都討厭中國人陰陽五行的觀念，以及與陰陽五行相關的民俗、迷信、道教等等。他們都擁有近代的科學觀，一方面批評中國傳統上缺乏科學方法，沒有理則學與認識論，一方面又希望能「藉由良知之自我坎陷以開出」，或「引進聖多瑪斯哲學予以補充」。他們都偏於論仁，而罕於言禮。他們都說中國哲學不像西方那樣僅表現為抽象思辯，卻又都習慣以西方哲學之概念、術語、論述方式來討論中國哲學，而鮮少從人倫日用之文化生活上說明中國人之精神文化特質……

這些「都」或許並不完全「都」，但從其大體論之，當代儒家與基督教在對中國傳統文化的理解上，可說是已漸趨一致了。

（三）必然緊張關係

但是儒家與基督教終究仍是有不少齟齬的。這其中有歷史的原因：基督教對中國人來說尚不熟悉；過去儒耶衝突的傷痕也不易清除；文化民族主義的情緒更使得以儒家自居者不喜歡或不願意進行儒耶會通之工作。因此，對於天主教、基督教的本土化運動，一般人既不關心也缺乏理解；對於教界研究中國文化的成果，也未予正視。甚且，其相同者易相輕忽，其相異之處則格外覺得刺眼，難以接受。

更由於人是群眾性動物，群眾便會形成陣營、聚落、壁壘、集團。一群一團之間，必然會凸顯其異質性，以說明本身存在的意義；人與人之相交相處，則因其集團也必然出現若干情感與權力關係。儒家、基督教，已經是兩個社群了，再加上許多學校、學會、師友關係、刊物等等所形成的壁壘、陣營、集團縱橫交織切割，弄得越來越複雜，重重阻隔，難以溝通。

此外，基本觀念的衝突，畢竟仍是真實存在的。以當代基督教和明末相較，兩者在理論的解釋重點上頗有神似之處。明末利瑪竇所依據的大抵也是士林哲學，尤其是聖托馬斯・阿奎那的理論。其主要論點偏重在：（1）證明上帝存在及創造世界，（2）對於靈魂不滅的解說，（3）對人性論的說明。針對第一點，利瑪竇除了採用士林哲學中證明上帝存在的方法，讓人在理性認知上相信確有上帝之外，更重要的則是援引中國古代經典，謂《詩經》、《尚書》中的上帝、帝、天即是天主教所說的天主，舉出「執競武王，無競維烈。丕顯成、康，上帝是皇」（《周頌》）、「聖敬日躋，昭假遲遲，上帝是祗」（《商頌》）、「夏氏有罪，余畏上帝，不敢不正」（《湯誓》）等文獻來說明上帝信仰其實在中國也是古已有之的。針對第二點，他同樣運用儒家對於魂魄的解釋，而謂「死則魄化散為土，而魂則常生不滅」（見《天主實義》第三篇），並以中國祭祖的習俗來證明靈魂不朽，因祖先靈魂不死，所以才能聽得見子孫的祭告。針對第三點，他在《天主實義》第七篇《論人性本善，而述天主門士正學》說天主教是主張性善論的，與儒家基本上並無不同。

當代天主教對於上帝是否存在的論證甚少發揮，關於靈魂滅不滅，也很少討論，但延續了利瑪竇在中國古代經籍中尋找上帝的做法。對於儒家的性善論，也傾向於調和會通。過去，利瑪竇的講法，是不大談「原罪」的問題，而說人之本性在於「能推論理」，亦即人與禽獸之不同在於具有辨知推理能力。這種能力是「天主所化生」的，所以本善無惡。雖在始祖時期曾因墮落而獲罪有惡，但並未因此而喪失了這種能力，故人運用這種能力，選擇善事，累積善功，即能接近上帝並獲得救贖，「雖然，性體自善，不能因惡而滅，所以凡有發奮遷善，天主亦必佑之」。現在，如羅光也明確理解到中國對於罪的觀念與態度均與西方不同，「在中國文化裡，政治、宗教、修身都沒有悔罪的儀式和詩文」，「在中國文學中找不到一篇像《舊約》聖詠的悔罪詩和文章」。因此，他們也不太講原罪的救贖，而說人性向善；或從上帝與耶穌對人類的愛、人類彼此相愛來講儒家的仁。⑬

天主教這些調和折衷之說，可視為基督教對中國哲學會通的嘗試與努力，但從儒家或中國文化的立場上看，卻可能反而獲得「曲解」之批評。儒家因「惡紫之奪朱也」，遂不免也會提出許多反駁。

尤其是在天人關係上，儒家與基督教有根本性的分歧。儒家一貫主張天人合一，人皆可以為堯、舜，人心即天心。基督教無論如何講調和融通，但信仰上帝，人不能成為上帝，卻是它絕對無法退讓的觀點。⑭

既然在這一點上無法退讓，則其他地方之調和折衷往往便成了虛耗氣力。因此近年來也另有一種思路興起，不採調和會通之說，而以繼續反傳統、批判中國天人觀的方式，申明基督教文化的優越性，劉小楓及他所帶動的相關運動可為代表。這與儒家觀點再次形成了敵對關係。

（四）調和會通之路

回顧思想史，我們會覺得儒耶關係發展到今天這樣的親和狀態並不容易，衝突與敵對最好不要再重演。但調和之說終究也不免在許多地方是「和稀泥式」的，視為歷史發展之需則可，以之為未來所擬達成的目標，便令人不能心安，將來也勢必無法繼續做下去。處此矛盾之局，吾人到底應如何是好？

我所能設想的道路，約有三條：

一、繼續調和融會。在基督教義中，選擇較能跟中國哲學、中國文化相融相攝相近者，予以發揮。如前文所述，多談基督之愛與儒家之仁的關係，在發揚仁愛精神以光耀上主的立場上，拉近儒耶距離，達成觀念的會通與社會實踐行動上的合作，這種做法即應再予擴大。對於中國人較為陌生、難以接受或不易與傳統哲學觀念會通者，例如「耶穌復活」、「三位一體」、「神造世人」、「悔改贖罪」等等，則可以少強調些。如此，其相似者日增，相異者不顯，不唯便於與儒家溝通，對於傳教佈道，當亦有積極的作用。

但基督教要真正達成本土化，變成中國人能普遍接受的宗教，恐怕仍然要在「人皆可以為上帝」這一點上略加鬆動才行。

以佛教為例。佛教是由外界傳入中國的宗教。從漢代傳入以後，遭遇到的排斥也不下於基督教。但至今佛教已被視為一種固有的宗教，中國人在感情與宗教實踐活動上都較為親近佛教。這不是同樣也傳進中國千餘年的基督教、伊斯蘭教所能比擬的，為什麼？

考察佛教史，便可瞭解：佛教在中國的傳佈，早期也是困難重重的。禮儀服飾之爭、生活方式之爭、沙門應不應敬王者的政教關係之爭，層出不窮。但自從竺道生提出「眾生皆有佛性」的講法後，整個佛教的發展態勢便極其順暢了。後來之發展，大抵皆順此而波衍旁沛。事實上，佛教原本是說「一闡提不能成佛」的，竺道生之說，在當時可謂異端。這個異端，後雖尋得經典支持，但從篤守佛教矩矱的觀點來看，畢竟不能苟同。因此先後才會有唐玄奘與清末支那內學院的「回歸印度運動」，認為大乘非佛說、影響中國最大的《楞嚴經》、《大乘起信論》等為偽經偽論。但是，玄奘所開創的成唯識宗，在中國只傳了兩代；支那內學院所推動的回歸印度運動，至今也可說是失敗的。目前學界普遍認為如來藏清淨心一系的講法，固然不能說是非佛說，但在印度佛教中確屬非主流；而在中國，則不說如來藏清淨心、人皆有佛性、立地可以成佛，簡直就只能自居於異端或非主流了。

這種傳教的現實與歷史，我覺得是極可參考的。事實上佛教所說的「一切眾生皆有佛性」，並不簡單等於儒家的性善論。竺道生當時即有此佛性究竟是「本有」抑或「始有」之爭，後來天台宗講「性具」，更與性善說不同。也就是說，在中國化、趨同於中國人之思維與習慣之後，其本身的思想特性並未消失；而要達到這個目的，方法則在於擴大或豐富對於「佛性」的解釋。

同理，基督教的人性論也可以複雜化。利瑪竇即曾談過一個觀點，謂人性可分為三種，一是原初之性（**Original nature**），乃上帝依自己形象創造人類時賦予的人性；二是墮落之性（**fallen nature**）；三是得到救贖之性（**redeemed nature**），人因上帝聖寵而獲得新生的人性，此與佛教所說人皆有佛性，實可展開一種理論上的對觀，與中國的人性論、天人關係也未必不能會通。唐君毅《宗教信仰與現代中國文化》一文即曾言道：「我們認為只有將有原罪之人性，視為第二義之人性，而承認一切人之人性自身具有神性，能與神協調。此即基督教中之神秘主義者之信念。否則此問題不能有究極之解決。」其所設想之解決方式，不是與利瑪竇類似嗎？又，中國思想中本來即有「造物者」這個語詞與觀念，但是使用這個詞卻未必同時就相信有一位格的第一因上帝。基督教對上帝存在的論證以及神之性質的說明，也不妨考慮這一點。換言之，鬆開一點、複雜一點地講神的本性、神人關係，仍然是能與中國人的思想相銜接的。

二、若覺得調和會通可能扭曲原貌，則亦可各是其是，道並行而不相害，在尊重彼此差異的情況下，彼此欣賞。

例如羅光《太極、道、第一實有體》一文，從本體、特性、與宇宙之關係、形上學、宗教等各方面比較，認為中國的道、太極，與西方哲學神學中講的第一實體、天主均不相同，並因此而說明為何中西雙方在文化、科學、藝術、人生觀、利用物質之態度各方面都不一樣。結論是兩不相同，而各有所偏。這就是一種有趣的比較，求同，卻能存異，不苟為同，亦不故為異。彼此殊異，則也不因此而強調優劣高下。如果基督宗教與儒家真的不能會通調和，那麼保持這態度，也不失為一健康之格局。是非兩行，而和之以天倪也。

三、另一種可以考慮的辦法，則是採取工夫論的進路。亦即不再爭論道與上帝、天與天主、神性與人性之異同，而把心力放在信仰者修行者身上。不論其所信持之道理內涵如何，一個真誠的基督徒或儒家信徒都是必須進行修持工夫、實踐其道德條目的。唐君毅云：「謂只要名為基督教徒，不由自己之真工夫，即可由聖靈感召以得救，則以為此乃絕無之事。」此說，基督徒殆亦應首肯。若然，則信仰基督教、奉行基督之精神、謙卑忘我以愛人，這種工夫及倫理生活態度，與儒者本於仁心、作用於視聽言動之際，又有何不同呢？在這個層面上說，教義上的天與天主之同異，是可以存而不論的。

不僅如此，從工夫論的角度說，人的自覺，讓人重新體認到自己的良知與仁心，這種「人的呼喚」，其實也就是「上帝的呼喚」。牟宗三嘗云：

> 人的呼喚就是人對上帝的呼喚，也就是對人自己的呼喚。這是一種悲情的呼聲。這種悲情是一種對於時代的悲情：眼看到人的「無家性」，一般生活之庸俗、陷落、趨於「非人格性」；眼看到一般的概念思想之停於「事法界」而不進的風氣；眼看到馬派的毀滅人類的「物勢觀」之可懼，這

都不能不令人怵惕興悲。……這「悲情的呼聲」（Voice of tragicsense）有悲天憫人的高貴的仁者之情。

海德格以為在我們這個「上帝退位」的時代，有四步工作需做：

一、重新發見「實之意義」（Themeaning of Being）。這是哲學家的事。

二、引起「神聖之感」（The sense of holy）。這是詩人的事。

三、尋求神性行為（Godhead or divinity）。

四、弄清「上帝」一詞之意義。

這幾步工作，海德格並未確定誰去作或如何作。我以為哲學亦不必只限於講「實有」，如海氏個人所作的與所限定的。道德宗教生活的全幅歷程中所顯示的真理，由聖哲人格宗教家所體所證會的境界，如佛家經論所說、宋明儒者之所說，皆當是哲學家入「理法界」時所當從事的領域。不必限於「明智悟有」一路。因這還只是一「智」一面的事。但「誠意啟化」亦是需要的。這是仁智雙彰的路。不能接觸到「仁」一面，哲學家的工作總不能算完全，對上帝呼喚亦總是隔一層。「神聖之感」固須詩之喚起，而「神聖之名」亦須聖賢人格之證實。神性之尋求，以及上帝一詞之意義之澄清與確定，俱須聖賢人格之證實，由其所證實而尋求而確定。這就是耶穌所說的：「你天天與我同在一起，你還沒見到上帝嗎？」也是程伊川所說的：「觀乎聖人，則見天地。」而不是揚子雲所說的：「觀乎天地，則見聖人。」契爾克伽德（Kierkegaard）說：「我不敢自居為基督徒，我只想如何成為基督徒。」此言說出，直是不凡。……宋明儒者講學，唯是如何成為聖賢。此「如何成為」的全幅過程之說明，即是哲學家的終極工作。⑮

觀乎聖人，則見天地。一切宗教、道德以及靈性提升的事，均需要在「實踐之仁」的活動中，在朝向神與聖不斷追尋的歷程中，才能見到真的意義。若仍只限在「明智悟有」的一面去爭辯上帝一詞的意義、辨明實有的性質，卻無「神聖之感」與「時世之悲」，恐不能真正令儒家仁善惻怛之教、基督愛人如己之懷重新朗現於世。儒耶會通，若能在此著力，庶幾乎東聖西聖可以相視歡然，莫逆於心了。

舉此三途，佇待當世賢達擇而取焉。

注釋

① 見羅光《中國哲學的展望》，(台北：學生書局，一九七七年)附錄。

② 詳見呂實強《中國官紳反教的原因》(「中國學術著作獎助委員會」，一九六六年)，第一章《儒家傳統與反教》的分析。

③ 葉仁昌：《五四以後的反對基督教運動：中國政教關係的解析》（台北：久大文化公司，一九九二年）第三章第一節。

④ 另詳拙文《現代文明的反省與倫理重建》，第一屆兩岸倫理學研討會論文，收入《一九九七龔鵬程學思報告》，（嘉義：南華管理學院，一九九八年）。

⑤ 見羅光《中西哲學的比較研究》，收入《中國哲學的展望》。

⑥ 見孫尚揚《明末天主教與儒學的交流和衝突》（台北：文津出版社，一九九二年）第二章。

⑦ 例如徐復觀以莊子思想來通貫中國藝術精神，唐君毅對老子與佛家義理的分析，牟宗三講明六朝隋唐一段佛學，且依《大乘起信論》一心開二門之架構談儒道釋三教之無執存有論，都是古來儒者所難以

企及的成就。

⑧見王邦雄《中國哲學論集》，（台北：學生書局，一九八三年），第二五三至二六八頁《宗教與人生》。

⑨布魯格《西方哲學辭典》，項退結譯，台北：先知出版社，一九七六年，二〇三條。

⑩見羅光《我的人文主義》，收入《中國哲學的展望》。

⑪見羅光《孔子的人文主義》，收入《中國哲學的展望》。

⑫可參考袁保新對老子詮釋類型之分析。

⑬羅光對中國文化中罪與惡之觀念的討論，見《中國哲學的展望》。儒家對這個問題的回應，可見唐君毅《中國人文精神之發展》中《宗教信仰與現代中國文化》上篇第五節：基督教與罪惡意識。人性向善論，則以傅佩榮為代表，新儒家非常不贊成。

⑭唐君毅《人文精神之重建》一書中《西方古典文化精神之省察》曾云：「基督教精神與中國儒家之精神不同處，在其雖求通貫天心與我心，而終有天心高高在上，與在下之有罪的我心之待。其所重之懺悔、信仰、祈望，都是一方聯繫天心與我心，一方又可推遠天心與我心之距離的。……基督教思想之發展，只偏重說明上帝世界為必需，而不知世界對上帝亦必需。所以基督教精神，在對社會文化之影響上，仍可有使人只視上帝超越而與現實世界隔離之趨勢。此皆其與儒家不同者。此不同，正是基督教精神之所以為基督教精神。」

⑮見牟宗三《道德的理想主義》中《論上帝隱退》一篇。

十五　生活儒學與人間佛教

（一）現代化情境中的儒家與佛家

當代東亞國家，整個儒家文化與佛教文化重迭的文化圈，在二十世紀，都經歷過現代化的衝擊，形成了整體社會結構的變遷。

在社會「現代化」之後，或者更準確地說，在社會中人都認為應該讓社會進行現代化轉型之後，時間已被切割成兩段：傳統與現代。經過揚棄「傳統」的過程，使得社會步入現代，則稱為現代化。

在這種認識中，傳統是負面的屬性，代表應被揚棄或超越之物。傳統若要予以保留，則須證明或顯現它具有現代性，能與現代社會之體質、結構、價值標準相適應相結合，或能對現代社會產生積極的作用。

這種觀點或心態，本來就是現代社會的現代性特徵之一。現代的歷史觀，是斷裂的。人類站在新的轉變起點，與古代傳統既無感情上的依戀或聯繫，古代傳統對於已面對世界整體改變後的人們來說，亦無實質之作用。

而歷史不但是斷裂的，更是「發展」的。發展這個詞，出自生物學之類比，現已被廣泛採用於社會演化進程的描述與期待中。人類的歷史，被想像成不斷向前進步發展的歷程。因此，站在歷史新變之後，新階段起點上的現代人，其實也就是站在歷史進步發展的最高峰上。站在這裡，回頭去看傳統，自然就會覺得那些都是過時、陳舊且較粗糙的東西。揚棄傳統之心，油然而生。

儒家、佛教、道教等，就是這類要揚棄打倒之物，大家認為此類「封建學說」與「迷信」阻礙了發展。

這就是新歷史觀給予現代人的驕妄。相對於此，傳統若要存活下去，不遭揚棄，就必須努力說明它具有現代性。例如現代人說佛教是迷信、不科學，應該拋棄。佛教界便出版了一大堆書，說佛教如何如何地科學，用些似通非通、一知半解之科學知識以及科學主義之態度，來維護佛教的尊嚴。同樣地，論證儒家合乎科學或無礙於科學者，亦復大有人在。

強調科學，只是現代社會的特徵之一。現代社會的另一個重要性質，就是資本主義的發展。

由傳統到現代的轉換，一般都認為即是由農業封建社會到工業資本主義社會的演變。工業生產、資本積累、企業營運，以及資本家的操作，組織了社會的基本結構。在這個新的社會結構中，人際關係、社會分化原理、倫理態度、生活規律，無不隨之改變。原本躬耕於隴畝的農民，逐漸離開其家園，流入都市，參與勞動生產體系，依附在企業體之中。

與佛教必須論證其科學性，才能獲得它存活於現代社會的身分證一樣，許多傳統事物，也都得思考自身與資本主義的結合情況。如不能證明自身有助於或無害於現代工商業社會之發展，其存活於現代社會的正當性以及其價值，便常會遭到鄙夷。

早期儒學的命運就是如此。韋伯討論資本主義的興起，認為得力於基督新教倫理，而儒家或道教的倫理態度則無法達致此種效果。此說立刻被理解為：儒家文化是現代化的障礙，講儒家也無法開展出資本主義工業革命。後來，則轉過來，講儒家並不是現代化的絆腳石。由「東亞四小龍」的經濟發展經驗來看，儒家思想縱使不能說是有助於資本主義的經濟發展，也可以說是無害於此。

在此類「儒學與現代化」的討論之中，企圖為儒學仍存續於現代社會辯護的，大體上可分成三種論式。第一種論式是說儒學的基本精神並不違反現代社會的性質（**如民主、科學、自由、工業化等等**）與發展；儒學所強調的倫理道德實踐，則仍是現代社會中所需要的。但這種辯護太弱勢了，儒學精神所被認為仍能作用於現代社會者，其實只是現代社會現代性的輔助或補充，最多只能成為現代化發展過程中的調節因素。

第二種論式則企圖說明儒學對現代社會之現代性，具有增進及強化的積極功能。但因整個歷史觀已轉向傳統與現代的斷裂關係，故若說傳統儒學可以直接增進或增強現代民主科學工業資本化，很難令人接受，乃轉而說儒學可以曲折地開出現代。也就是說，儒學不僅可作為社會現代化的調節原則，更可通過「良知的自我坎陷」之類辦法，曲折地開出現代。而此種開出，因為儒學提供了實踐理性的另一面，所以其現代性會比只講現代而忽略了超越的心性本源者更為健全。

第三種論式態度最積極，認為儒學可以直接作用於現代社會，可有效增進強化其現代性。「儒家思想有助於經濟成長」的討論，即屬於這類。

第一種論式，著重面在於儒學的倫理道德價值；第二種論式，著重者在於討論儒學與民主科學之關係；第三種論式，則側重於經濟發展。此都是有選擇性地進行儒學現代性的辯護。

佛教的情況，大抵亦是如此。或如第一論式，云佛教的人生修養論有助於現代社會中人際關係或個人心理之調節。或如第二論式，云佛教不違背科學，而且「是科學」、「最科學」、「比現在之科學知識體系更科學」。更有人企圖說明：在現代企業中，可以如何運用佛教的論點和精神，來提高員工的士氣、激發他們對工作的熱愛、對團體的認同、對社會的關懷與責任感等等。企業團體所辦的禪修靜坐班，則致力於減低員工之工作壓力，欲以佛法來協助企業內部之統整，達成管理的功能。這就接近第三種論式了。

但佛教的現代性討論，亦僅止於此。跟儒家現代化之研究相比，佛學界對整個現代性之理解與體會頗為不足，也不知如何關聯現代社會的政治經濟問題來展開探索。因此很少針對民主、資本經濟和佛教的關係進行什麼研究，也沒有形成儒學「曲成」、「良知的自我坎陷」之類理論，來解決佛學與現代性在本質上有所衝突而又必須溝通結合的問題。

佛教在說明它具有現代性的論述上，之所以缺乏太多成績，原因是它本身正在配合整個社會的現代化進程，進行著佛教體制的改革。所以不但正面承認了現代社會的現代性價值，更有著「不改革，不能現代化，佛教就要被時代淘汰」的危機感。因此，佛教在此一時期，最好的研究與表現，並不在替佛教傳統依然有存活於當代的價值作辯護，而在於「佛教應如何改革其傳統，以適應於現代」的方面。這是佛儒兩家在面對現代社會變遷時，大體相同的回應方式中略見差異的地方。

（二）當代新儒家與佛教的淵源

在儒家方面，有關儒學內涵之探討及儒學的現代性辯護，近數十年來，可謂汗牛充棟，成果斐然。尤其以「當代新儒家」之表現最為可觀。

所謂當代新儒家，主要是指由熊十力、馬一浮、梁漱溟所開啟，而後由錢穆、唐君毅、徐復觀、牟宗三在香港、台灣發皇的一個新的當代儒學運動。近十五年來，對大陸儒學之復甦，也有極大的影響。

其主要努力方向，在於闡明中國哲學之特質。特別是從心性論、形上學方面，說明中國哲學之價值。認為中國哲學不僅足以與西方傳統並立，且其倫理精神更有勝於西方哲學之處；而面對當代社會，它又具有調節現代人「失性」危機以及可以開出民主與科學之作用。也就是說，它大抵表現為上述第一、二種論式。

新儒家學者著述宏富，對中國哲學之闡釋，功力深厚，且能與西方哲學傳統作細緻的對比研究，故其成績，殊非泛泛，影響深遠，殆非偶然。某些現代化學者雖對之頗有批評，但一般現代化學者因厭鄙傳統，以致對傳統之理解甚為膚淺隔膜，在討論傳統文化部分，遠不能與之相比，所以批評新儒家，僅能在儒學究竟能不能開出民主科學等問題上質疑論難。而此等批評，事實上亦不能抹煞新儒家的業績。故我們若說近半世紀來，台港大陸最主要的儒學發展，是以當代新儒家為主而展開的，諒符實際。

而當代新儒家與佛學的關係也極為深厚。早期的馬一浮、熊十力、梁漱溟都以佛學功力見稱學林。梁漱溟入北大、任教席，本來就是講佛學的。直到一九九〇年王煜《梁漱溟是新佛家而非新儒家》一文，仍然認為梁氏應是佛家（台北當代新儒學國際會議論文，一九九〇年）。熊十力於一九二二年入北大任教，也是教佛學，該年即出版《唯識學概論一》，①凡八章九萬言。其後相繼出版《唯識學概論二》（一九二六年）、《唯識論稿》（一九三〇年）。直到一九三二年撰《新唯識論文言本》才以分判儒佛為說。但其整體論述架構、術語、觀念，仍與唯識學有極緊密的關係。他同時也編撰有《佛家名相通釋》等書。《新唯識論文言本》的序文是由馬一浮撰寫的，對其分判儒佛自造新論之舉，固多揄揚，然馬氏本人則其實並不走這個路子，而是以融攝儒佛為其特色的。這個特點，只要看過他的《復性書院講錄》，就能立刻發現。

一九四九年後，唐君毅在港，與錢穆創辦新亞書院，被視為當代新儒家第二期的代表人物。他關於佛學雖無專著，但其巨著《中國哲學原論》中對佛學亦有大量闡釋。其門下弟子中亦不乏如吳汝鈞、霍韜晦這樣的佛學研究名家。其師方東美早歲以治西方哲學見稱，晚則歸宗佛教，不僅在台大輔大講華嚴宗，培養了不少佛學研究人才，且正式皈依於佛教。牟宗三則不唯著有《佛性與般若》，為現今研究佛學者必讀之書，其整體哲思，尤其得力於《大乘起信論》的「一心開二門」。

凡此等等，均表明了當代新儒家與佛教佛學的淵源。一般討論新儒家者，均會注意到他們採用西方哲學之觀念、術語、架構以及解析方法來講中國哲學這個特點（**例如唐先生有取於黑格爾、牟先生非常仰賴康德哲學之類**）。但大家可能忽略了他們與佛教更具有這種關聯。而且新儒家陣營中，有些人並不熟習西方哲學，如熊十力、梁漱溟；有些則如馬一浮，雖精諳西學，卻完全不用。②故當代新儒家與西方哲學的關係，其實還遠不如他們跟佛學的關係緊密。但，當代新儒家運用佛學或西方哲學對中國儒學傳統進行再闡釋時，雖仍與宋明儒學有著學脈上的關聯，唯與宋明儒也有一顯著之不同，那就是對佛教的態度。

宋明儒學基本上是以排斥佛、老為主的，當代新儒家則以融會佛儒為多。熊十力固然強調儒佛之異，然其後繼者，如唐君毅、牟宗三，卻都講「儒道釋三教的智慧」，認為它們都肯定自由無限心、都屬無執存有論、均為生命的學問，在與西方哲學相對比時，共同顯示了最高的智慧。因此他們號稱新儒家，但也同樣花氣力來闡述佛家道家之哲思。這種與佛老親和的態度、確立三教具有共同義理型態的努力，使得他們跟宋明理學家迴然異趣。

這可能與他們處身在現代化社會變遷大時局中的存在處境有關。因為這個時代中，威脅儒家的，已經不是佛、老，而是西方文明。佛、老既與儒家同為天涯淪落人，也是同盟軍。故當代新儒家採取結合「我們東方聖哲之智慧」以對抗西學的態度，為中國哲學進行辯護。

（三）當代儒學發展的困境

這些闡釋與辯護，前文說過，成績是頗為可觀的。

可是，新儒家對中國哲學文化的闡釋不管多麼深入，他們所介紹的中國藝術精神、道德的形上學、天人合一境界、既內在又超越的型態、無執自由的心靈，都好像很難與我們現在每天過著的具體社會生活關聯起來。我們的一切食、衣、住、行，都強烈地顯現著現代性，都市建設、生活環境、職業工作，也都與古代迥然不同。在這種情況下，我們只能是分裂的，具體生活是現代，意識內涵則遙思古人。那些傳統哲學所含之精神價值，確實只是精神性的存在。余英時先生乃因此而說當代社會中儒家思想只是一種「遊魂」，無軀體可以附麗，在具體生活中無法落實踐履之。

所以當代新儒學，事實上大抵僅以一種學術思想的方式，存活於大學等學術研究機構中，跟社會上大多數人之作息、生活方式、倫理行為不甚相干。

造成這種結果，當然是因社會結構整體變遷使然。但我以為當代新儒學本身也助長了這個形勢。怎麼說呢？

一是新儒學面臨現代化強大的壓力，採取了附從現代化的策略。無論上述第一或第二論式，都是說儒學不違反現代社會的性質，且有助於現代化。對於現代社會及現代性缺乏強力之批判反省，間接增益了現代化的正當性。這個弱點，在後現代思潮逐步展開之後，越來越明顯。二是新儒學面對現代社會存在的問題，以「存仁」、「復性」的方式救之，強調儒學是

「生命的學問」，希望現代人仍能重視歸根復命的重要性。這當然十分重要，但這是弱勢的保存，並不敢企望讓儒學重新回到具體生活中去。儒學遂因此僅能是「遊魂」了。

正因為如此，整個儒學的詮釋也顯得偏宕。通過他們的研究，使我們對於中國哲學，有了許多關於道、氣、性、理、仁、心的抽象概念，明白了中國人思考這些「普遍者」時，其觀念與觀念的連結，而對中國哲學卻欠缺具體的瞭解，不曉得這些觀念是在什麼樣的具體生活場域中浮顯出來的，也不明白這種觀念與具體的人文活動有何關聯，以致哲學研究只是抹去時空的概念編織，用沒有時空性的知識框架去討論活生生的歷史人文思想活動。研讀中國哲學的學者與學生，也往往成了擅長運用邏輯與概念配擬西方哲學術語及理論，以「重建」中國哲理論體系的人。

這樣的「哲學的研究」，經常是概念甚多而常識甚少。固然研究哲學史與思想史不同，重在理論本身，而不甚關切理論發生的緣由及歷史境遇。但身處現代，講中國哲學其實與西方人講西方哲學甚為不同：西方人本身活在其文化存處的社會中，對其中許多觀念和理論已有具體的、生活性的理解，故不妨超跡存神，尋探事物之上的絕對、普遍與本質。中國歷史與文化，對活在現代社會中的我們來說，則為未知。驟然捨棄思想史層面的研究，哲學探討恐不免陷入喪失歷史性、遺忘具體生活場域的危險之中。若哲學研究又排棄了一切文學藝術、宗教、政治、社會等人文活動之聯結，忽略了在中國「哲」人的生命與思維之中，這些東西本來應是有機的整體，而孤立、抽象地討論理、氣、性、命等觀念，則這種危險便將更為顯著。

再者，由於受宋明理學乃至陸、王式孟子學之影響，新儒家偏重於從個體生命說，講盡心知命以上達于成己成德之學，講究的是心體活潑的鳶飛魚躍，直契天地之大化流行。為學者，欲尋孔顏之樂處，以「心齋」達致美善合一之境界，卻甚少考慮化民成俗之問題。儒家的實踐性，落在個體甚或主體道德實踐上者多，著在社會實踐者較少。故論到生命德行之美，皆堪欣賞；想談談風俗文化之美、開務成物之道，輒遂默焉罕言。

以牟宗三先生論朱子為例。當代論朱子學，牟先生自為巨擘，《心體與性體》三巨冊，朱子獨佔其一，用力之勤，吾人唯有嘆服而已。然而牟先生論朱子就極偏，所論只涉及朱子參究中和的問題及有關《仁說》之討論。欲以此確定朱子上承伊川，所開之義理系統屬於橫攝系統，而與孔、孟、明道、五峰、陸、王之縱貫系統不同。故依牟先生說，朱子學雖亦為內聖成德之學，然置諸中國儒家心性學的傳統中，實非集大成者，僅是「別子為宗」。

不管這個論斷對不對，我都覺得：如此論朱，實僅論及朱子內聖學之一偏。朱子學絕對不僅是要人內聖成德而已。朱子對井田、經界、封建、社倉、稅賦、禮制方面，多所究心，以禮為本體，更深具哲學意蘊，重在開務成物。朱子與湖湘派學者間的論辯，亦不只是參究中和的問題和《仁說》而已，更關聯到彼此論禮的歧異。牟先生為其學力及視域所限，論儒學僅能就形上學與倫理學方面立說，豐於仁而嗇於禮，故於儒者開務成物、行道經世之學，較罕抉發。論朱子，亦復如此。用心，在於立人極，教人逆覺體證仁心覺情，而存養於道德踐履中，這是我們明白且能深有領會的。但識仁之功多，而究禮之意少，偶或論之，亦皆攝禮歸仁，於禮俱為虛說。對於宋代儒者如何藉其性理之學開物成務，實均不甚了了。而不知朱子之所以能兼漢宋之學，元明清諸朝且視其為孔子之後唯一的集大成者，絕不僅因他在性理學方面的表現；僅由性理學上爭辯其是否為正宗，其實也不甚相干。③

這就可以看出新儒家的詮釋有其局限，並未充分開發可以作用於現代社會具體生活的資源。而且，新儒家固然沿續了宋明以來儒者的社會講學之風，但其義理及表述方式，卻充滿了學究氣，其語言非一般民眾所能理解。如牟先生說「智的直覺」、「良知的自我坎陷」、「道德的形上學」、「道德主體性」、「縱貫系統、橫攝系統」等，一般碩士生也聽不懂，遑論庶民！儒家義理遂於漸昌隆於上庠講壇、學報專刊之際，愈來愈晦隔於匹夫匹婦，非尋常人士所得聞；偶或聞之，亦不懂。

（四）生活儒學的新路向

古代即有人主張應將儒學視為一種客觀、純粹知識性的學術，不必管「經世」的問題。這是學政分途的思路。如明朝末年錢牧齋就主張把儒學與聖王修齊治平之學分開，儒者只管學術傳承，聖王才負責治世理國（見牧齋《初學集》卷二十三《向言上》）。其言曰：「帝王之學，學為聖王而已矣。儒者之學，非所當務也。修身齊家治國平天下，聖王之學也。荀子曰：『略法先王，而足亂世，術謬學雜，舉不知法後王而壹制度，不知隆禮義而殺詩書。』太史公曰：『以六藝為法，博而寡要，勞而無功。此儒者之學也。』……嗚呼！人主不可以不知學。然而人主學聖王之學則可，學儒者之學則不可。夫儒者之學，函雅故、通文章，逢衣博帶，攝齊升堂，以為博士官文學掌故，便矣。使之任三公九卿，然且不可，而況可以獻於人主乎？」

這個想法，到了清代乾嘉學派崛起後，得到進一步的強化。乾嘉樸學以語文考證為主，雖未必「通文章」，卻不折不扣地是「函雅故」，優遊於經典之中，考索於一字一句之微，不復討論治國平天下之道。這個路向，在五四運動之後，更進一步發展。胡適、傅斯年等人都強調要發揚漢學樸學傳統，以科學方法整理國故，要將史學建設得和地質學一樣。

當代新儒家反對這個路向，故提出儒學是「生命的學問」之說，不認為它只是概念的遊戲、只是學者資料考辨的工作、只是客觀認知的對象，而應落實在身心踐履上。這個立場，雖強調儒學的踐履性格，但踐履只談到修身而止，齊家的問題已多不談（**後來只有曾昭旭先生較關注這個領域**），治國平天下之道，則更罕齒及。故所謂踐履，其實只是原則上的點明，對於修齊治平的經世之學，仍乏探究。④

相反地，新儒家致力於建立所謂的「學統」，事實上走的反而是與乾嘉樸學、五四科學方法整理國故者合轍的道路，越來越知識化、學術化。正如曾任新儒家主要刊物《鵝湖月刊》首任社長的袁保新所說：「新一輩的學者，有越來越安於目前大學知識分工的角色定位的趨勢。我們發現，學者們的學術論文愈來愈多，創造發明的新術語也愈來愈多，而我們民眾也愈來愈不知道我們在說什麼。」

針對這個現象，我曾主張應恢復儒家的經世性格，才能使儒學介入實際的政經社會體制；亦曾實際參與政事，從事「法後王而壹制度」之工作。但這個嘗試失敗了，儒學之政治實踐，目前仍然機緣不成熟，困難重重。因此我另外構思了儒學的社會實踐、生活實踐之道。先後撰有《飲食男女生活美學》（**立緒，一九九八年**）、《人文與管理》（**佛光人文社會學院，一九**

九六年）、《生活儒學的重建》（台灣儒學與現代生活國際學術研討會，二〇〇〇年）、《東亞儒學發展的新途徑》（韓國成均館大學東亞國際學術會議，二〇〇〇年）等書及論文，主張現今應將生命的儒學轉向生活的儒學，擴大儒學的實踐性，由道德實踐而及於生活實踐、社會實踐。除了講德行美之外，還要講生活美、社會人文風俗美。修六禮、齊八政、養耆老而恤孤獨、恢復古儒家治平之學，讓儒學在社會生活中全面復活起來，而非僅一二人慎獨於荒齋老屋之間，自盡其心自知其性而自謂能上達於天也。

話雖如此，但到底應怎麼做呢？

我認為：面對現代社會，若想重建禮樂文化，讓儒學具體作用於生活世界，就需要在反現代性的世俗化及形式化方面著力。反世俗化，有兩個方式，一是重新注意到非世俗的神聖世界，由其中再度尋回生命歸依的價值性感受，重新體驗宗教、道德等的實質力量，並以之通達於美感世界。二是針對世俗化本身再作一番釐清。現代社會的世俗化，其實並未能真正符應於社會生活的原理。要讓社會世俗生活恢復生機，即必須恢復禮樂揖讓之風，使人各得其所，各安其位，顯現出人文之美來。

現代社會的特徵之一，就是世俗化。從工業革命以降，新開展的世界與文明，往往被理解為是因擺脫神權迷信而得。Toennies 形容這就是從「社區」到「社會」，Durkheim 形容這是由「機械」到「有機」，Maine 形容這是自「地位」到「契約」，Redfield 稱此為由「鄉土」到「城市」，Becker 則謂此乃「神聖的」與「世俗的」之分別。

世俗的現代社會中，人所關心的，主要是世俗社會的活動與價值，例如高度參與、社會成就取向之類。對於神聖性的價值與生活，則較不感興趣，也較少參與，甚至會經常覺得陌生，難以理解。

當然，在許多場合中，神聖性並未完全消失。例如醫院，人在醫院中，態度自然會敬謹起來。面對醫師，立刻表現出敬畏與期待的情緒。可是社會上大部分機構都不具有神聖性了，學校即是其中最明顯的一種。

學校，無論在東方或西方，自古即被視為神聖空間。西方的大學，係由宗教的修道院發展而來。除非是現代新建的學校，否則一定瞧得見這些校園中高聳的鐘樓、矗立的教堂，也一定可以發現神學及神學院乃是彼等整體架構中的核心。在中國，則古代的大學「辟雍」，向來與宗廟「明堂」合在一塊兒；州府所辦學校，亦必連接著孔廟；私人書院，建築中則一定包含著先師殿、先賢祠、奎星閣之類。因此其為教育場所，同時也即是一處祭祀中心。春秋兩季舉行「釋奠」、「釋祭」禮，或供奉先賢，兼祀土地，均充分體現了其神聖性。故其教育本身，也是具有神聖性的。一九三九年曾創辦近代著名書院——復性書院的馬一浮先生即曾說道：

> 古者射饗之禮於辟雍行之，因有燕樂歌辭燕饗之禮，所以仁賓客也。故歌《鹿鳴》以相宴樂，歌《四牡》、《皇皇者華》以相勞苦，厚之至也。食三老五更於大學，必先釋奠於先師。今皆無之。（《泰和宜山會語合刻》附錄）

他最後所感慨的「今皆無之」，指的就是光緒末年以來成立的新學堂已久不行此等禮儀了。現代的學校，在建築上放棄了文廟、先賢祠之類祭祀系統，改以行政體系為建築中心，有一度還以政治人物代替了先師先賢的地位，塑了一堆銅像。建築本身也與一般世俗功能之辦公大樓商社工廠無大差異。其行政方式，則亦與一般行政機構無大不同。在禮儀上亦放棄了燕歌燕饗釋菜這一套，而改之以唱國歌、升國旗、向領袖致敬。服制方面，則無青衿，亦非皮弁，盡是一般街市中所著日常服裝，如T恤、牛仔褲、拖鞋球鞋等。世俗化如此徹底，學校教育工作所蘊含的神聖莊嚴之感，遂蕩然不復存在。教師以教書為一般職業，學生也不以為來校上課是什麼應該莊遜誠敬的事，以輕率為瀟灑、以懶散為自由，對學校、教師及知識均乏敬意。

這種情況，比許多現代社會中的專業領域還糟。例如法院裡的法官、律師，在執行其業務時，必然披上法袍，甚至戴上象徵司法傳統的假髮。醫師、牧師、法師乃至廚師亦然。

那是因為要在世俗的現實社會中創造出神聖性來，就不得不從幾個方面去做，一是從時間上，區隔出某些時段，予以特殊化，認為那幾個日子具有特別的意義，可以成為具神聖性的節日。二是從空間上區隔或建構出神聖性的場域，如紀念碑、某某公園。三則是利用反世俗、違異世俗生活一般樣態的服飾、飲食、動作、語言、儀式來表現神聖性。醫師律師等披上法袍醫袍，即屬於這種型態。唯獨同被稱為「師」的教師，上課授業仍只著一般世俗日用之服裝，上下課也常沒什麼儀式，其世俗化遠甚於其他專業領域。

由此神聖性淪喪及世俗化傾向講下去，我們就會發現當今教育發展的許多問題均與此有關。因為神聖性所蘊涵的是一種價值的觀念。對某項職務、某種工作，覺得非常特殊，具有與眾不同的意義與價值，值得或應該敬謹從事之，才能形成神聖感。所以許多時候我們要借助儀式，來表示這是件不尋常的事務，由現在開始，得專心誠謹、以敬事神明般的心情來行事了。電影開拍前、工地動工時，為什麼需要拈香祝禱？不就是這個道理嗎？一旦神聖性喪失，對工作便也喪失了專誠敬慎之心，不能體會出正在進行的事具有什麼價值。以教育來說，教者與學者就會相率嬉惰、苟且散漫下去。

不但如此，倘若我們對於教育本身缺乏神聖性的體會，則亦將常以其他的世俗化目的替代了教育的意義。許多人去擠大學、去讀書，哪裡是由於感到知識有價值、教育很重要？只不過是為了混張文憑，以便謀取金錢與地位等世俗目的罷了。教育變成了工具，其本身便不再被視為神聖之事。

這就像現代社會中仍有許多人有宗教性的神聖信仰。具此信仰者，有些是因對宗教的教義已有理解及認同，接受了這些神聖性的價值。但大部分人則是因為親身參與宗教儀典，在其中感應或體會到那些精神，乃因此而生起信心，形成信仰。對於古代文化精神，我們也當如此，方能使現代人重新獲得認識。

仍以學校為例。單是在講堂上教學生讀背默寫《學記》、《樂記》有什麼用呢？為什麼不能設計一套新的儀典，讓學生參與其中，而體會感受之？

我們佛光大學南華管理學院，在開學時，就注意到現今大學世俗化以後均不再舉行開學典禮，學期結束時也沒有個儀式。學生來了，上課；學生走了，放假。毫無節度，完全不能顯示來此讀書成德、師友講習的意義。因此我們便設計了一個「開校啟教」典禮。典禮開始時，先以北管音樂前奏，再擊鼓靜場。然後請創辦人星雲大師及貴賓入席。待大家入座已定，即奏佛號，請創辦人致詞，闡述建校緣起與經過，並致送長聘書。聘定校長時奏《殿前吹樂》，然後由校長說明辦校理念。再介紹貴賓，請貴賓致詞，勉勵來學者。這是「開校禮」，表建校之因緣、示未來之軌轍。其後則舉行「啟教禮」。

啟教禮由校長上香、上果、祭獻先師，學生代表奉戒尺，尺上寫「戒若繩尺」。校長則授簡，把竹簡刻成的一卷經書交給學生，奏《合鳴樂》，禮成。根據《禮記・學記》：「大學始教，皮弁祭菜，示敬道也。《小雅》肆三，官其始也。入學鼓篋，遜其業也。夏楚二物，收其威也。」並說這些都是「教倫」。可見開學時應行「釋菜」禮，學生穿著禮服，以蘋藻之菜，祭祀先師，表示尊敬道術。嗣後練習演唱《詩經・小雅》中《鹿鳴》、《四牡》、《皇皇者華》三首詩歌，代表學習開始了。上課前，則要擊鼓，召集學生，然後才打開書篋，表示對學問很遜敬。與西方大學，因為是由教會修院發展而來，故上課以鐘聲為號令者相類似。夏是苦茶的枝子，楚是荊條。都是用來鞭策學生，以整肅威儀的。以上這些禮度儀節，均極重要，蘊涵深意，所以說是教之大倫。

在我們的儀式中，典禮開始擊鼓靜場，衍「入學鼓篋」之意。啟教禮，獻果上香，存「皮弁祭菜」之儀。學生奉戒尺，以示受教；教者授簡付經，以表傳承，亦為古代「開篋」、「施楚夏」之遺風。至於典禮前佛教「灑淨」儀式，則因本校係由佛光山教團及十方佛教善信所創辦，為本校建立之本源，《學記》曰：「之祭川也，皆先河而後海。或源也，或委也。此之謂務本。」

這樣的儀制，後來經媒體報導，甚獲好評，但都以為我們是恢復古禮。其實不是，這是我們根據古體之儀節與精神而重新創造的新的神聖空間。讓所有參加的學生、家長、教師及一萬多名來賓重新體驗並含咀教育的意義。

這次嘗試，證明了許多文化意義及價值體認仍是可以在現代社會中獲得的，但不能只讓學生去死背硬記《學記》、《樂記》。所以學期結束時我們又設計了一套結業式，結合成年禮來辦，把古代冠禮的精神，以新的方式來體現。學生們上山下鄉，唱歌仔戲、泡茶、靜坐、打拳，也禁語禁食，享受與自然、與他人以及與自己的內在對話。同時，古冠禮「棄爾幼志、順爾成德」、「敬爾威儀，淑慎爾德」的精神，也因此而得到體會。⑤

批評者可能會說，這只不過是在現代社會生活中穿插一些禮儀設置罷了，在行禮之際，可能可以獲得某些體會，但畢竟是與世俗日常生活區隔開來了的。

批評得很對，可是這正是我所說「讓人重新注意到非世俗的神聖力量，由其中再度尋回生命歸依的價值性感受，重新體驗宗教、道德等之實質力量，並以之通達於美感世界」之舉。它不是世俗日常生活，但是它對世俗日常生活有所點明、有所啟發，作用正如宗教儀式對一位教徒之日常行為不會沒有影響那樣。推拓此義，恢復儒學的宗教性及其相關祭祀儀典，我認為也是可以考量的做法。

僅僅如此，當然不夠，因此我們還要從世俗生活本身的改善去下手，重新在婚、喪、祭、生活起居、應對進退、飲食男女各方面，恢復禮之精神。

所謂「形而上者謂之道，形而下者謂之器」，儒者之學，本來是上下一貫的，故孔子論仁，輒在視聽言動合不合禮之處說。荀子常說禮本於「太一」，而行於飲食衣冠應對進退之間，也是這個意思。但後世儒家越來越強調形而上謂之道的部分，盡在道、仁、心、性上考詮辨析，忽略了視聽言動衣食住行等形而下謂之器的部分。又誤讀孟子「大體」、「小體」、「從其小體為小人」之說，以耳目形色為小體、以心性為大體，不斷強調人應立其大體，批評注意形色小體者為小人。於是儒學遂越來越成為一種高談心性道理，而在生活上無從表現的學問。

現在，我們若要改變以往的錯誤，重新建立人文世界的生活美感，當然就要重新去體會仲尼閒居、鼓瑟舞雩之類的禮樂態度，恢復早期儒家重視禮樂、重視人文習俗之美的做法。

那麼，如何追求習俗生活美呢？生活美的追求，是通於兩端的，一端繫在世俗生活的層面，即飲食男女、衣食住行、生老病死這些現實生活的具體內容上；另一端則繫在超越層，要追求到美與價值。若只沉湎於世俗生活欲望的馳逐與享樂，將逐物而流，享受了生活，卻丟失了生命。若僅強調美與價值，生命亦將無所掛搭，無法體現於視聽言動之間。故禮樂文明，是即飲食男女以通大道的。道在飲食男女、屎尿稗稊之間，成「不離世而超脫」的型態。而此即為儒家之特色，故它不是超塵避俗的出世之學，也非欲至彼岸天國之教，它對具體世俗生活，如飲食、衣飾、視聽言動、進退揖讓，定了許多禮，正是為了將世俗生活調理之以成善的。

儒家注重飲食這類日常生活，並由此發展出禮及各種典章制度，顯示了儒家所謂的禮，與「法」的性質甚為不同。禮與法同樣是要對人生社會提供一套秩序、規範，讓人遵守。但禮不是法，法不論來自習慣或契約，都是對人與人之間權利義務的規定，而禮的核心不是權利與義務問題，而是情。禮乃因人情而為之節文：人有飲食之情，故有飲食之禮；有男女之欲，故有婚嫁之禮。法律能規範人該怎麼吃嗎？能叫我們席不正不坐、割不正不食嗎？法不能，只有禮能。

因此，法是政治性的概念，禮卻是生活性的概念。對於像家居生活之類，不與他人或公眾發生權利義務關聯者，後世編了許多《文公家禮》、《司馬溫公家儀》等書刊，來發揮《禮記‧內則》的說法。由《禮記‧月令》逐漸擴大，而影響民眾整體生活的農民曆，更幾乎是家家有之。法律是不能如此的。

我們要知道：工業革命後的現代社會，與古代的禮樂文明之間，有一個截然異趣的轉變。「禮文化」變成了「法文化」，凡事講禮的社會，逐漸以法律來規範並認知人的行為。生活中的具體性，變成了法律形式的抽象性存在。一個人行為是否正當，非依其是否合乎道德、倫理、禮俗，而是依其是否合乎法律條文及行事程式而定。即使劣跡昭著，若法律未予規定，仍然只能判其「無罪」。同時，人與人相處，不再以其位置來發展人我對應關係，乃是依一套獨立自主且自具內在邏輯的法律體系來運作。老師與學生、父執與晚輩及漠不相干的人之間，用的是同一套普遍性的法律標準，權利義務關係並無不同。因此，「義者，宜也」，在禮文化中，凡事講究適當合宜的態度，亦已改為法律規範下的權益觀念。諸如此類，「禮／法」、「義／權利」、「實質理性／形式理性」，都顯示了現代社會不同於古代的徵象。現代社會中，師儒禮生日少，律師司法人員日夥，即以此故。

而伴隨著這些的，則是契約、財產、職業，在我們生活中分量日益增加；情義、價值、生活，越來越不重要。生活的品質、生活裡的閒情逸趣、生活本身的價值，漸漸依附於契約、財產和職業之上，權力意識及價格觀念掩蓋了價值的意義，或者替代了它。因此，財貨的爭取，遂取代了美感的追求。

故而，唯有重建禮樂文明，才能真正讓生活具有具體性；唯有重新正視儒家在禮樂文教上的表現，才能讓我們在世俗生活中體現義與美。要達成這個目標，則我們一方面要對儒學傳統進行再詮釋，不再僅限於性、道、天、命、心、理、氣、仁，而須對禮樂、文教、政刑、井地、制產、社倉、燕居生活各部分再作闡發；另一方面需本儒者之說，積極地進行制禮作樂、整齊風俗的工作。倘能如此，或將可為儒學再闢一天地，令已在社會中如遊魂般飄蕩多時的儒家學說重新歸竅，活生生地具現於東亞社會。

（五）儒學發展策略的反省

以上所說，建議新儒家要再進一步發展，而且應面對生活世界，其實並非我一人之私見。故以上之介紹，萬勿誤會為僅屬個人意見之陳述。我只是藉這個機會，說明儒學在二十世紀末、廿一世紀初，台灣有這樣一種思路罷了。

有類似的想法者，實際上也很多。除了上文曾引述的袁保新教授之說以外，曾任台灣新儒家主要團體《鵝湖月刊》社社長及主編的林安梧教授也曾發表《儒學革命論》（學生書局，一九九八年），以「後新儒學家哲學的問題向度」為副題，提出了與我類似的呼籲。

林教授所謂「後新儒家」，是指在當代新儒家之後，儒學應加強其實踐性。這種實踐性，不同於以往新儒家所說的心性論式的道德實踐。他批評以往儒家的實踐，只是境界的、宗法的、親情的，將對象、實在與感性作一境界性的把握。這樣的實踐，他認為並不充分，因此他建議走向生活世界，進入整個歷史社會總體之中：不僅止於內在主體的實踐，而要將此內在主體的實踐動力展現於生活世界；面對物質世界，理解生產力、生產關係、生產工具間的互動關聯，找尋實踐的切入點。

這樣的工作，主要在兩個方面：首先，是對於儒學傳統進行哲學人類學的解釋，說明「傳統儒學所強調的『人格性的道德連結』是在如何的『血緣性的自然連結』、『宰制性的政治連結』下所形成的」，「不再以『良知的呈現』作為最後的斷語，來闡明道德實踐的可能。而是回到寬廣的生活世界與豐富的歷史社會總體之下，來評述『性善論』的『論』何以出現。這『論』的出現必須回溯到人的生產力、生產關係、生產工具、生產者之間的互動關係來理解。這一方面是將心性論導向語言哲學來處理，另一方面則要導到更為徹底的帶物質性的、主體對象化的把握方式來重新處理」（第三章第七節）。

其次，他也並不完全僅以釋古為滿足，而是希望能「參與全球現代化之後所造成人的異化之問題的處理。這也就是說它不能停留在原先儒學傳統的實踐方式，它亦不能只是空泛的要如何的去開出現代的民主、科學，它更要如實的面對當代種種異化狀況，作深刻的物質性理解，才能免除泛民主的多數暴力，免除科學主義式的專制」。面對後現代社會、儒學必須處理後現代的社會問題，所以他說：「現在應轉化調適，開啟一以『契約性的社會連結』、『委託性的政治連結』為背景的『人格性的道德連結』。」（見第三章第九節）

由於林教授把這種革命理論宣稱是牟宗三之後的「批判的新儒學」，故在新儒家陣營中引起不少爭議。或以為他是要欺師滅祖、批判牟宗三、革新儒學的命；而「後新儒家」之說，亦未令人明其所以，故至今尚在討論階段。林先生本人之著作，亦僅止於對此方向之呼籲或說明，究竟如何就生活世界與歷史社會總體去解釋儒學之內涵、如何如實地面對後現代社會，即使林先生本人也還少有具體之操作，是以成績尚待觀察。

林先生所理解的歷史社會總體，到底是不是中國歷史及社會，也很有疑義。亦即：若其理解已非如實地理解，則所謂血緣性自然連結、宰制性政治連結云云，便根本只是林先生自己紮的稻草人。由此理解儒學之內涵，說明儒家心性論如何在那個情境中出現，當然也就成了不可能的事。⑥

復次，林先生套著新儒家的義理規模說，仍以心性論來掌握儒學，未及注意儒家面對其歷史社會總體時，自有其社會、政治、經濟、制度方面的思維，且其心性論亦與其仁政王道禮樂政刑具體措施有關。因此也就沒有開發這一方面的資源，以致批判現代乃至後現代社會，尋找實踐的切入點時，顯得空泛無所著力。

再者，面對生活世界，到底仍要繼續採取這種言談論辯（用林先生自己的術語來說，就是「言說的論定」）的方式去實踐呢，還是有與行動結合的實踐方式，能具體改造社會、體制，對生活世界產生作用？

相較於林先生，袁保新先生認為應從教育入手，參與教育改革。他質問：「『全人格』的教養、『有教無類』的精神，不正是孔門儒學的特色！為什麼『儒學』卻有愈來愈『知識』化的傾向，成為少數菁英分子精神上的奢侈品？作者無意非議大學教授知識研究的責任，但是台灣新儒學運動的展開，必須思考儒家教育理想究竟應該如何落實？當前的教育制度、知識傳遞的模式，又有什麼問題？換言之，台灣新儒學應該成為教育改革運動的一員，因為惟有通過教育改革，社會、國家、人類文化才有前景、希望，儒家人文化成的理想才能實現。」

故而他主張：「參考社區大學『社團課程』的精神，旨在通過民主程序的學習，打開公共領域，培養現代公民。」同時，他也呼籲：「新儒學運動將來作為教育改革的成員，有必要調整人際互動的模式，讓『主體性』稍稍低一點，讓『群而不黨』的『群』性高一點。」（**《台灣新儒學運動的回顧與展望：從台北廣設社區大學談起》，台灣儒學與現代生活國際學術研討會論文，二〇〇〇年**）也就是說，一方面要從面向社會的社區型教育活動，讓新儒家回到民間去；一方面要打開自我，把自我放進群眾中去。

袁先生、林先生、當代新儒家許多朋友和我本人，都參與了佛光山教團在南華管理學院、佛光大學的辦學活動，故我深知新儒家此刻正面臨轉型的契機與壓力。袁教授、林教授的思考，代表了一種轉向生活儒學的方向，我自己也表現為此一方向中另一模式。這個方向，在大陸和香港，其實也有著類似的呼聲。

在港台執教多年且亦為新儒家陣營健將的劉述先先生，針對儒家發展的策略問題，曾經說過：「當代新儒家的哲學，最有成就的無疑是在形上境界的重新解釋與體證；在政治、經濟、社會哲學的範圍中，卻只有一些極粗疏的綱領。」因此這樣的新儒學「出現了一個十分吊詭的現象：傳統儒學最強的地方，適為今日的新儒學最弱的地方」（**《中國哲學與現代化》，台北：時報文化公司，一九八〇年，第七五頁**）。北京大學教授許抗生呼應其說，在二〇〇〇年十一月廿三日韓國成均館大學舉辦的東亞國際學術研討會上發表《關於中國儒學未來發展的幾點思考》，強調：

未來儒學除了首先要有強烈的時代性外，同時還必須具有實踐性、操作性。如果不能付諸實踐，就是最好的理論也只能束之高閣，不能對現實的社會產生影響。未來的新儒學必須能實際指導我們的社會生活，能對市場經濟和整個社會發生廣泛影響的。因此，未來新儒學應不同於二十世紀形成的新儒學。二十世紀的新儒學偏重於「心性」問題的抽象哲學問題的討論，而脫離了民眾，不能在社會上發生廣泛的影響。

為了讓儒學能具有實踐性，許先生倡議兩點：一、「研究傳統儒學的最強地方，即傳統儒學的核心思想，倫理道德價值學說，建立起經過重新詮釋的倫理道德規範和價值思想體系。這是我國當今社會所迫切的要求，也是未來新儒學思想重心之所在。」二、「必須做好廣泛的普及工作，能使廣大的民眾所瞭解和接受而產生廣泛的社會影響，因此，未來的新儒學必須用通俗易懂的教材（如過去的《三字經》之類的教材），做好普及道德教育的工作。」⑦

許先生的呼籲，表示大陸學者也有了類似的感受與想法。

（六）生活儒學與人間佛教

在現代社會變遷的挑戰之下，儒學回應的策略，從現代性辯護到逐漸發展出生活儒學的路向，可說是曲折而漫長的。佛教的發展也同樣曲折，而且兩者之間頗多足資比論之處。

若說在儒家遭遇現代化挑戰時，最具代表性的回應，是當代新儒家所表現的新儒學運動，則佛教回應於現代化者，最主要的就是人間佛教的運動。

人間佛教之所以可稱為一種運動，是因為它代表一個思想及行動的動向，亦有不少提倡推動者。從太虛大師的人生佛教、廟產改革，到佛光山星雲法師的人間佛教，乃至現今法鼓山、慈濟功德會……到處都在講人間佛教。可以說，回應時代變遷的新佛教運動，業已開花結果。

這個運動，早期是與「佛學返正」運動相競爭的。所謂佛學返正運動，指清末民初對佛教改革的另一種思路，認為中國佛教之所以衰弱不振，乃是因為印度佛教傳入中國後，中國發展錯了，誤入了歧途。故改善之道，在於重返印度佛教之本旨，尋找佛陀的原義本懷。這個以「支那內學院」為代表的佛學返正運動，其實迄今仍有其流裔。在台灣，不乏宋澤萊之類立足《阿含》批判中國佛教者，也不乏尊南傳、藏傳，而鄙視漢傳大乘者。但總體來說，無論就義理或實質社會影響看，立基於中國佛教大乘菩薩道精神的人間佛教運動，仍居主流地位。也就是說，人間佛教運動，已從早期與佛教返正運動相競爭的態勢，發展到漸成主流的局面。

也由於人間佛教的發展，佛教已從早先受人鄙夷、被視為現代化障礙物的狀況，變成華人社會現代化的重要成就。佛教辦的寺院固然越來越多，它辦的學校、報紙、雜誌、電台、有線電視、美術館、社福機構也同樣越來越多；參與救災、扶貧、紓困、社教、文藝活動，層次之廣、影響之大，即使是政府行政部門也常自愧弗如，更不用說儒家道家了。

假如說早期新儒家也是從「漢宋之爭」式的與漢學研究陣營競爭中逐漸取得儒學的主要詮釋者地位，它在社會上的聲譽及影響則遠不能與佛教相比。為什麼同樣在「現代化情境」中存活，且採取類似對應策略的儒佛兩家，如今卻有甚不相同的境遇呢？

讓我們回到前文所談當代儒學發展的經歷中去看。

當代新儒家針對把儒學客觀化、知識化、學術化的方向，提出批評，強調儒學之踐履性格，謂儒學應對人生命起具體作用。這種爭辯，當然甚具意義，但爭來爭去的結果，就是自己也採取了知識化學術化的方式，以文獻資料、概念解析去說明儒學的內涵，確立儒學的價值，反駁對儒學的誤解。在理論上確定儒學具有踐履性格、也應踐履，而實際上除了提振人心、呼籲社會之外，對實務殊少著力。此所以邇來才有儒學應轉向生活世界的一些建議與做法，如前文所述。

佛教界早期談人間佛教，其實也偏於義理上的爭論、方向上的辨明。印順導師在這方面貢獻卓著。其地位與型態，大似牟宗三，也是用知識化學術化的方式，以文獻資料、概念解析去說明佛學的內涵，確立佛學的價值，反駁對佛學的誤解，並在方向上確定佛教應該走人間佛教的路子，說明人間佛教之說符合佛陀之本懷。

可是，印順法師的成就，事實上是將人間佛教學術化學院化的。影響所及，一方面使佛學研究進入大學及研究機構的哲學研究網路中，與哲學系所之教研工作接軌；一方面使佛學院也哲學研究所化。情況就跟當代新儒家在學院中的情況類似。

但假如佛教界發展人間佛教也僅是如此，則其現況恐怕就會和儒家相同。佛教之所以如今旺盛於儒家，而儒門依然淡泊，乃是因為佛教發展不只此一路。

儒家現在才開始談面向生活世界，才開始反省到其語言太學術化、非民眾所能瞭解，才注意到應有具體可操作之社會實踐方法，才呼籲要辦社區教育。而這些，不止是過去佛教界各山頭大倡人間佛教之作為嗎？目前儒學生活化的方向，事實上正與人間佛教的發展有若合符契之處；生活儒學的推動，在許多地方，也必須仰賴人間佛教的社會力量和教團支持。

要從這個儒佛關係及對比脈絡去看，才能看清楚儒佛兩家未來發展的路向，並對過去兩家因應現代化時的歷程作較準確的評價。近來一些學界的佛學研究者，常不期然而然地推揚印順導師，而批評其他人間佛教路向太偏重事功，義理上未多著力。這是不達事理之見。從思想史看，人間佛教不唯在義理上必須由聖入凡，其發展亦須下及人間、深入生活，才有生機。佛教與儒家，情況都是一樣的。

注釋

①熊十力先生《唯識學概論1》、《唯識學概論2》，台灣並無人見過，我在北京訪得，影印攜回，送與林安梧。安梧在《存有．意識與實踐》（台北：東大出版公司，一九九三年）中對之有所討論。

②詳見黃華瑜《馬一浮詩論研究》第一章，台大中文研究所碩士論文，二〇〇〇年。

③另詳本書《生活儒學的重建：以朱子禮學為例》一文。

④詳細的分析，另見本書《存在的感受：論新儒家的學術性格》、《我看新儒家面對的處境與批評》。

⑤這個活動，後來頗獲社會迴響，嘉義縣政府等機關也委託我們為縣民辦過。其他涉及生命禮儀者，如喪禮，迴響更為熱烈，不僅應全省殯葬業之請，開設了許多期殯葬管理研習班，成立了殯葬管理學會，我也為台北市政府編了《喪葬禮俗通用手冊》。

⑥我認為林先生對中國歷史與社會的理解即已錯了，詳拙著《年報：一九九六龔鵬程年度學思報告》（嘉義：南華管理學院，一九九七年）中《鄉土中國？》一文以及兩個附錄。

⑦許先生近年正從事人間佛教的研究，這個想法，或許也得諸其人間佛教之研究。

十六　生活儒學的重建：對朱子的新解讀

（一）未受重視的朱子禮學

當代論朱子學，自以牟宗三先生為巨擘，《心體與性體》（台北：正中書局，一九六九年）三巨冊，朱子獨佔其一，用力之勤，吾人唯有嘆服而已。然而牟先生論朱子其實卻又是極偏宕的，所論只涉及朱子參究中和的問題及有關《仁說》之討論，欲以此確定朱子上承伊川，所開之義理系統屬於橫攝系統，而與孔、孟、明道、五峰、陸、王之縱貫系統不同。故依牟先生說，朱子學雖亦為內聖成德之學，然置諸中國儒家心性學的傳統中，實非集大成者，僅是「別子為宗」。

不管這個論斷對不對，我都覺得：如此論朱，實僅論及朱子內聖學之一偏。朱子學絕對不僅是要人內聖成德而已。朱子與湖湘派學者間的論辯，亦不只是參究中和的問題和《仁說》而已，更關聯到彼此論禮的歧異。牟先生為其學力及視域所限，論儒學僅能就形上學與倫理學方面立說，豈於仁而嗇於禮，故於儒者開物成務、行道經世之學，較罕抉發。論朱子，亦復如此。而不知朱子之所以能兼漢宋之學，元明清諸朝且視其為孔子之後唯一的集大成者，絕不僅因他在性理學方面的表現；僅由性理學上爭辯其是否為正宗，其實也不太相干。

儒家本以擅長禮學見稱，觀司馬談《論六家要旨》可見。漢代儒學即以禮為主，此與孔、孟當然有些距離，因為論仁的部分不免淺而不足。宋代發揚仁學，謂能上繼孔、孟道統，誠然如其所自詡，但禮學亦非遂棄而弗講。此為近代發揚宋明理學者所不及知者也。朱子論禮尤多。清人李光地曾編《朱子禮纂》，將朱子《儀禮經傳通解》、《家禮》①二書之外，散見於《文集》、《語類》諸書的說禮言論搜在一起，分為總論、冠、昏、喪、祭、雜儀五卷，頗可見其論禮之規模。

但李光地本非大儒，其書對禮的理解與掌握，亦僅在婚、喪、冠、祭、衣服、家居等生命禮俗及生活禮俗方面。他忽略了儒家把「周官」稱為「周禮」，就是因儒家所說的禮，並不只是指生活儀節和生命禮俗，更綜指王制典章而言。因為禮者條理之也，對世界予以條理化，令其條理秩如，靠的就是禮。周公施政，同時也即稱為制禮作樂，就是這個緣故。李光地輯朱子論禮之語，而完全不包含其施政治世之經制言論，殊覺憒憒。

李光地的做法，其實也反映了宋明理學家的一般態度。黎靖德編《朱子語類》，就是從綱領、禮書、儀禮、周禮、禮記、冠、昏、喪、祭、雜儀這個秩序編下來的。這樣編，許多朱子論禮的言論，在禮的部分其實是找不到的，例如：

> 問：「先生所謂『古禮繁文，不可考究，欲取今見行禮儀增損用之，庶其合于人情，方為

有益』。如何？」曰：「固是。」曰：「若是，則《禮》中所載冠、婚、喪、祭等儀，有可行者否？」曰：「如冠、昏禮，豈不可行？但喪、祭有煩雜耳。」問：「若是，則非理明、義精者，不足以與此。」曰：「固是。」曰：「井田封建如何？」曰：「亦有可行者。如有功之臣，封之一鄉，如漢之鄉亭侯。田稅亦須要均，則經界不可以不行，大綱在先正溝洫。又如孝悌忠信，人倫日用間事，播為樂章，使人歌之，仿《周禮》讀法，廣示鄉村里落，亦可代今粉壁所書條禁。」

問：「歐公《本論》謂今冠、昏、喪、祭之禮，只行於朝廷，宜令禮官講明頒行於郡縣。此說如何？」曰：「向來亦曾頒行，後來起告訐之訟，遂罷。然亦難得人教他。」問：「三代規模未能遽複，且講究一個粗法管領天下，如社倉舉子之類。」先生曰：「譬如補鍋，謂之小補可也。若要做，須是一切重鑄。今上自朝廷，下至百司、庶府，外而州縣，其法無一不弊，學校科舉尤甚。」又云：「今之禮，尚有見於威儀辭遜之際；若樂，則全是失了！」問：「朝廷合須降禮樂之制，令人講習。」曰：「以前日浙東之事觀之，州縣直是視民如禽獸，豐年猶多饑死者！雖百後夔，亦呼召他和氣不來！」

這兩段，都沒有收在論禮的部分。且前者從冠昏喪祭講起，接著就講到井田、封建、田稅、經界；後者則從冠昏喪祭，講到社倉、科舉、禮樂。可見井田封建諸制度，依朱子說，皆屬於禮的事務。②但黎靖德把它編在哪裡呢？編在卷一百八《論治道》中。

依黎氏編輯的角度看，此書是由論理氣、性理、鬼神開始的，其後是論為學、論四書、論五經、論宋代周程楊尹羅諸儒，最後才是述朱子生平及訓門人。談治道的部分，就放在朱子生平內任外任的經歷後面敘述。等於說論治、論取士、論兵、論刑、論民、論財，均是因朱子參與實際政治工作、擔任職務時所帶出來的議論，非朱子學問之主體，與其性理學更無直接之關聯。故置於卷末，不予重視。黎靖德這個本子，是在朱子卒後七十年編的，其見解即已如此，又怎麼能怪李光地乃至牟宗三不能正視或重視朱子之論禮呢？

（二）仁禮雙彰——論仁心仁政

儒者之學，本來就不能只講仁、講本心、講性體。論朱子尤應注意這一點，因為這就是朱子的見解。③而這個見解，他主要是根據孟子之說來發揮的。

《孟子・梁惠王上》說：「無恆產而有恆心者，惟士為能。若民則無恆產因無恆心。」朱注云：「恆心，人所常有之善心也。士嘗學問，知禮義，故雖無常產而有常心，民則不能然矣。」從人的普遍性上說，固然人性本善，有其恆心。但夜氣能養，卻有待於操持；一般人無此操持修養，生存條件也不容許他做這些修養功夫，贍生救死尚且不暇，何能責其以禮義？這時，孟子就不會再高談仁心、恆心、性理，而會先從讓民眾獲有常產這方面去考慮。這時，他對士的要求和對一般人民的要求是並不一樣的。對士，要求他能養，養氣、有修養，這是自養。對一般人，也說要養，但卻是他養，是人養之，是要求主政者能養民。主政者若能體恤到老百姓的這種處境，則他那個存心就是仁了。

此已是第一層轉折。對老百姓，是不應高談養心盡性窮理知天等等的。主政者的責任，乃是制民之產，使其衣食足而後再教之以禮義。孔子說庶之富之而後教之，亦是此義。所謂衣食足而後知榮辱，倉廩實而後知禮義也。④

再進一層，則應再考量到：王者僅有對民眾的仁心，關懷體恤其處境，仍是不夠的，必須有實際的政策施為。故《梁惠王上》注說：「為天下者，舉斯心加諸彼而已。然雖有仁心仁聞，而民不被其澤者，不行先王之道故也，故以制民之產告之。」

前者謂之仁心，後者謂之仁政，兩者合起來才可稱為王道。《離婁上》：「不以仁政，不能平天下。今有仁心仁聞，而民不被其澤，不可法於後世者，不行先王之道也。故曰：徒善不足以為政，徒法不足以自行。」朱注：「有其心、無其政，是謂徒善。有其政、無其心，是謂徒法。程子嘗言：『為政須要有綱紀文章，謹權、審量、讀法、平價，皆不可缺。』而又曰：『必有《關雎》、《麟趾》之意，然後可以行《周官》之法度。』正謂此也。」都是這個意思。又《語類》卷五三解《孟子．公孫丑上》以力假仁章，朱子說：

問「以德性仁者王」。曰：「且如成湯『不邇聲色，不殖貨利；德懋懋官，功懋懋賞；用人惟己，改過不吝；克寬克仁，彰信兆民』。是先有前面底，方能『彰信兆民』，『救民於水火之中』。若無前面底，雖欲『救民於水火之中』，不可得也。武王『亶聰明，作元后』，是亶聰明，方能作元后，『救民於水火之中』。若無這亶聰明，雖欲救民，其道何由？」

「以德行仁者王」。所謂德者，非止謂有救民於水火之誠心。

又曰：「成湯東征西怨，南征北怨，皆是拯民於水火之中，此是行仁也。齊桓公時，周室微弱，夷狄強大，桓公攘夷狄，尊王室，『九合諸侯，不以兵車』。這只是仁之功，終無拯民塗炭之心，謂之『行仁』則不可。」

後來講理學的人，只知士德，不審民德；專講主敬存誠、克己復性、逆覺體證、本心明覺那一套，不知此僅能行於士君子之間，或僅能要求自己於慎獨之際，非可以教民理政也。對主政者，則又不知談仁政，只知強調仁心，只會講「君正孰與不正」、「格其非心」、「天下之治亂，繫乎人君之仁與不仁耳，心之非，即害於政」等等。如此論學，究極盡至，亦僅能為內聖成德之學，而實不免於迂闊之譏，於聖賢王道，則距之遼遠，與朱子之說，亦復大相徑庭。

依朱子說，心與法應合起來，內聖外王不能歧為二途，故《語類》卷一〇八《論治道》引朱子告升卿曰：「古者修身與取才、恤民與養兵，皆是一事，今遂分為四。」修身、齊家、治國、平天下皆是一事。不如此，徒能修身而已，焉能治國平天下哉？

《語類》卷五十一又解孟子《梁惠王上》齊宣王問齊桓、晉文之事云：

或問：「『仁術』字當何訓？」曰：「此是齊王見牛觳觫，而不忍之心萌，故以羊易之。孟子所謂『無傷』，蓋能獲得齊王仁心發見處。『術』，猶方便也。」

「仁術」，謂已將牛去殺，是其仁心無可為處了；卻令以羊易之，又卻存得那仁心，此是為其仁之術也。

陳晰周問「仁術」。曰：「術未必便是全不好。且如仁術，見牛之觳觫，是仁心到這裡；處置不得，無術以處之，是自家這仁心抑遏不得流行。故以羊易之，這是用術處。有此術，方得自家仁心流行。」

陳晞周問「仁術」。曰：「『術』字，本非不好底事。只緣後來把做變詐看了，便道是不好。卻不知天下事有難處，須著有個巧底道理始得。當齊王見牛之時，惻隱心已發乎中。又見釁鐘事大似住不得，只得以所不見者而易之，乃是他既用旋得那事，又不抑遏了這不忍之心，此心乃得流行。若當時無個錯置，便抑遏了這不忍之心，遂不得而流行矣。此乃所謂術也。」

這幾則都強調仁術。光有仁心，若無仁術，依朱子看，也是不行的。所以他要大家重視術，不要把術看成是壞事。⑤這種解釋，恰好符合古義。因為「道」字古即與「術」同義，「道術」古亦常連為一詞，如莊子所稱「古道術有在於是者」是也。先王之道，在孟子的用法中，其實也就是指術，故云：「今有仁心仁聞，而民不被其澤，不可法於後世者，不行先王之道也。」先王之道，不是就其仁心而言，乃是指其可以平治天下的仁政。這些行政措施、實踐仁心的方術，事實上也就是禮，故《語類》卷五二解《孟子．公孫丑上》有云：

古人之政不可得而見，只是當時所制之禮，便知得當時所施之政。

伯豐問：「『見其禮而知其政，聞其樂而知其德』，是謂夫子，是謂他人？」曰：「只是大概如此說。子貢之意，蓋言見人之禮便可知其政，聞人之樂便可知其德。所以『由百世之後，等百世之王』，莫有能違我之見者，所以斷然謂『自生民以來，未有孔子』，此子貢以其所見而知夫子之聖如此也。」

以德行仁，德謂仁心，行仁則待其政術，亦即其禮。以上這些文獻，可見朱子主要都是透過對孟子的注解來顯示其仁禮雙彰的思路。⑥

（三）據孟子以言王者之道

牟先生曾說：「大抵伊川與朱子之心態中完全無孟子之氣息，故亦不適宜於講孟子，此可斷言也。」（《心體與性體（三）》，第六章第一節，第四二五頁）若就心性情才方面說，或許如此，也或許不是，我不擬與牟先生爭辯；但若論到王道仁政，則如前文所述，朱子恐怕就很有孟子氣息，非常適合講孟子了。

《孟子・梁惠王上》：「使民養生喪死無憾也，養生喪死無憾，王道之始也。」朱注：「民衣食不足則不暇治禮義。……此言盡法制品節之詳，極財成輔相之道，以左右民，是王道之成也。……惠王不能制民之產，又使狗彘得以食人之食，則與先王制度品節之意異矣。……程子曰：『孟子之論王道，不過如此，可謂實矣。』」又說：「省刑罰，薄稅斂，此二者，仁政之大目也。」

《梁惠王下》：「君行仁政，斯民親其上，死其長矣。」朱注亦云：「君不仁而求富，是以有司知重斂而不知恤民。」呼應孟子說，均極明顯，謂其無孟子氣息，不適合講孟子，可乎？

我們要知道：談制民之產、強調老百姓無恆產則無恆心，並非孟子偶然談到的議論，而是他非常重要的主張，所以講了許多次。《梁惠王上》、《滕文公上》、《盡心上》都記載了幾乎相同的幾段話。可惜歷來論理學者對此均少注意，置諸若存若亡之間，只在知言養氣、盡心知性、與告子辯性善等少數幾處章節中打轉。故以下仿牟先生論宋代理學之體例，將基本文獻鋪展出來，以見義理之綱維，並提醒大家注意孟子有這麼多相關之議論，足以徵見孟子論仁政之宗旨；附載朱注，藉供對照。

無恆產而有恆心者，惟士為能。若民，則無恆產，因無恆心。苟無恆心，放辟邪侈，無不為已。及陷於罪，然後從而刑之，是罔民也。焉有仁人在位，罔民而可為也？是故明君制民之產，必使仰足以事父母、俯足以畜妻子，樂歲終身飽，凶年免於死亡。然後驅而之善。故民之從之也輕。今也制民之產，仰不足以事父母，俯不足以畜妻子，樂歲終身苦，凶年不免於死亡。此惟救死而恐不贍，奚暇治禮義哉？王欲行之，則盍反其本矣。五畝之宅，樹之以桑，五十者可以衣帛矣。雞豚狗彘之畜，無失其時，七十者可以食肉矣。百畝之田，勿奪其時，八口之家，可以無饑矣；謹庠序之教，申之以孝悌之義，頒白者不負戴於道路矣。老者衣帛食肉，黎民不饑不寒，然而不王者，未之有也。〔注：恆心，人所常有之善心也。士嘗學問，知義理，故雖無常產而有常心，民則不能然矣。使民有常產者，又發政施仁之本也。楊氏曰：「為天下者，舉斯心加諸彼而已，然雖有仁心仁聞，而民不被其澤者，不行先王之道故也。故以制民之產告之。」〕（《梁惠王上》）

養生喪死無憾，王道之始也。五畝之宅，樹之以桑，五十者可以衣帛矣；雞豚狗彘之畜，無失其時，七十者可以食肉矣；百畝之田，勿奪其時，數口之家，可以無饑矣；謹庠序之教，申之以孝悌之義。頒白者不負戴於道路矣。七十者，衣帛食肉，黎民不饑不寒，然而不王者，未之有也。〔注：此言盡法制品節之詳，極裁成輔相之道，以左右民，是王道之成也。〕（《梁惠王上》）⑦

滕文公問為國，孟子曰：「民事不可緩也，《詩》云：『晝爾于茅，宵爾索綯，亟其乘屋，其始播百穀。』民之為道也，有恆產者有恆心，無恆產者無恆心。苟無恆心，放辟邪侈，無不為已。及陷乎罪，然後從而刑之，是罔民也。焉有仁人在位，罔民而可為也？是故賢君必恭儉禮下，取於民有制。陽虎曰：『為富不仁矣，為仁不富矣。』夏后氏五十而貢，殷人七十而助，周人百畝而徹，其實皆什一也。徹者，徹也；助者，藉也。龍子曰：『治地莫善於助，莫不善於貢。貢者，校數歲之中以為常。樂歲，粒米狼戾，多取之而不為虐，則寡取之；凶年，糞其田而不足，則必取盈焉。為民父母，使民盻盻然，將終歲勤動，不得以養其父母，又稱貸而益之。使老稚轉乎溝壑，惡在其為民父母也？』夫世祿，滕固行之矣。《詩》云：『雨我公田，遂及我私。』惟助為有公田，由此觀之，雖周亦助也。」〔注：此以下乃言制民常產，與其取之之制也。夏時一夫受田五十畝，而每夫計其五畝之入，以為貢。商人始為井田之制，以六百三十畝之地，畫為九區，區七十畝。中為公田，其外八家各授一區，但借其力以助耕公田，而不復稅其私田。周時一夫授田百畝，鄉遂用貢法，十夫有溝；都鄙用助法，八家同井。耕則通力而作，收則計畝而分，故謂之徹。其實皆什一者，貢法固以十分之一為常數，為助法乃是九一，而商制不可考。周制則公田百畝，中以二十畝為盧舍。一夫所耕公田實計十畝，通私田百畝為十一分，而取其一。蓋又輕於什一矣。竊料商制亦當似此，而以十四畝為盧舍。一夫實耕公田七畝，是亦不過什一也。」（《滕文公上》）

使畢戰問井地，孟子曰：「子之君，將行仁政，選擇而使子，子必勉之。夫仁政必自經界始。經界不正，井地不均，穀祿不平，是故暴君汙吏必慢其經界。經界既正，分田制祿，可坐而定也。夫滕，壤地褊小，將為君子焉，將為野人焉？無君子莫治野人，無野人莫養君子。請野九一而助。國中什一使自賦。卿以下，必有圭田。圭田五十畝，餘夫二十五畝，死徙無出鄉。鄉田同井，出入相友，守望相助，疾病相扶持，則百姓親睦。方里而井，井九百畝，其中為公田。八家皆私百畝，同養公田。公事畢，然後敢治私事，所以別野人也。此其大略也。若夫潤澤之，則在君與子矣！」〔注：井地即井田也。經界謂治地分田，經畫其溝塗，封植之界也。此法不修，則田無定分，而豪強得以兼併。故井地有不均，賦無定法，而貪暴得以多取。故穀祿有不平，此欲行仁政者之所以必從此始，而暴君汙吏則必欲慢而廢之也。有以正之，則分田制祿可不勞而定矣。……此分田制祿之常法，所以治野人使養君子也。野，郊外都鄙之地也。九一而助，為公田而行助法也。國中郊門之內，鄉遂之地也。田不井授，但為溝洫，使什而自賦其一，蓋用貢法也。周所謂徹法者蓋如此，以此推之，當時非為助法不行，其貢亦不止什一矣。此世祿常制之外，又有圭田，所以厚君子也。圭，潔也，所以奉祭祀也。不言世祿者，滕已行之，但此未備耳。程子曰：「一夫上父母下妻子以五口八口為率，受田百畝。如有弟，是餘夫也。年十六，別受田二十五畝。俟其壯而有室，然後更受百畝之田。」愚按：此百畝常制之外，又有餘夫之田，以厚野人也。……此詳言之井田形體之制，乃周之助法也。公田以為君子之祿，而私田野人之所受。先公後私，所以別君子野人之分也。不言君子據野人而言，省文耳。及國中二法，此獨詳於治野者，國中貢法，當時已行，但取之過於什一爾。……井地之法，諸侯皆去其籍，此特其大略而已。潤澤，謂因時制宜，使合於人情，宜於土俗，而不失乎先王之意也。呂氏曰：「子張子慨然有意三代之治，論治人先務，未始不以經界為急。講求法制，粲然備具，要之可以行於今，如有用我者，舉而措之耳。嘗曰：『仁政必自經界始，貧富不均，教養無法，雖欲言治，皆苟而已。世之病難行者，未始不以亟奪富人之田為辭，然茲法之行，悅之者眾，苟處之有術，期以數年，不刑一人而可復，所病者，特上之未行耳。』乃言曰：『縱不能行之天下，猶可驗之一鄉。』方與學者議古之法，買田一方，畫為數井，上不失公家之賦役，退以其私正經界、分宅里、立斂法、廣儲蓄、興學校、成禮俗、救災恤患、厚本抑末，足以推先王之遺法，明當今之可行。有志未就而卒。」愚按：喪禮、經界兩章，見孟子之學識其大者。是以雖當禮法廢壞之後，制度節文不可復考，而能因略以致詳，推舊而為新，不屑屑於既往之跡，而能合乎先王之意，真可謂命世亞聖之才矣！」（《滕文公上》）

齊宣王曰：「王政可得聞歟？」對曰：「昔者文王之治岐也，耕者九一，仕者世祿，關市譏而不征，澤梁無禁。罪人不孥，老而無妻曰鰥，老而無夫曰寡，老而無子曰獨，幼而無父曰孤，此四者，天下之窮民而無告者。文王發政施仁，必先斯四者。」（注：岐，周之舊國也。九一者，井田之制也。方一里為一井，其田九百畝，中畫井字，界為九區。一區之中，為田百畝，中百畝為公田，外八百畝為私田。八家各受私田百畝，而同養公田，是九分而稅其一也。世祿者，先王之世，仕者之子孫皆教之，教之而成材則官之。如不足用，亦使之不失其祿。蓋其先世嘗有功德於民，故報之如此，忠厚之至也。關謂道路之關，市謂都邑之市。譏，察也；征，稅也。關市之吏，察異服異言之人而不征商賈之稅也。」（《梁惠王下》）⑧

孟子曰：「仁則榮，不仁則辱。今惡辱而居不仁，是猶惡濕而居下也。如惡之，莫如貴德而尊士，賢者在位，能者在職，國家閒暇，及是時，明其政刑，雖大國，必畏之矣！」（《公孫丑上》）

孟子曰：「尊賢使能，俊傑在位，則天下之士皆悅而願立於其朝矣。市廛而不征，法而不廛，則天下之商皆悅而願藏於其市矣。關譏而不征，則天下之旅皆悅而願出於其路矣。耕者助而不稅，則天下之農皆悅而願耕於其野矣。廛無夫里之布，則天下之民皆悅而願為之氓矣。信能行此五者，則鄰國之民仰之若父母矣。」〔注：但使出力以助耕公田，而不稅其私田也。《周禮》宅不毛者有里布，民無職事者出夫家之征。鄭氏謂宅不種桑麻者，罰之，使出一里二十五家之布。民無常業者，罰之，使出一夫百畝之稅，一家力役之征也。今戰國時一切取之市宅之民，已賦其廛，又令出此夫里之布，非先王之法也。〕（《公孫丑上》）

孟子曰：「古之為關也，將以禦暴。今之為關也，將以為暴。」〔注：古之耕者什一，後世或收大半之稅。此以賦斂為暴也。文王之囿與民同之，齊宣王之囿，為阱國中。此以園及囿為暴也。後世為暴，不止於關。若使孟子用於諸侯，必行文王之政。凡此之類，皆不終日而改也。〕（《盡心下》）

對於王政王道仁政的闡發，確如朱子所說，孟子是反覆言之的。依朱子的理解，孟子「道性善、法先王」，這些論仁政王道的部分，即其法先王之處，不唯應予重視，亦須由此乃可見孟子確實是亞聖命世之才。

由以上引文，可見孟子的王道仁術大抵重點在：一、設官分職，任賢舉能，建立一個較好的行政系統，所謂「尊賢使能，俊傑在位」，「貴德而尊士，賢者在位能者在職」。二、為民制產，這包括使人民有田宅桑梓畜養等財產，建立能均貧富的土地制度、不苛刻之稅賦制度等。

對於這些主張，朱子幾乎完全接受，尤其是井地經界之法，最為朱子重視。故《滕文公上》注解說孟子論三年之喪和經界兩章，「見孟子之學，識其大者」，「雖當禮法廢壞之後，制度節文不可復考，而能因略以致詳，推舊而為新，不屑屑於既往之跡而能合乎先王之意」，極致推崇。這段話講的是孟子，其實也就是朱子自己的作為和期許。

（四）王道以制民之產為先

孟子說「仁政必自經界始」，朱子論政，最重視的也就是這一點。《文集》卷二十五《答張敬夫》有云：

孟子論王道以制民產為先。今井地之制，未能遽講，而財利之柄制於聚斂掊克之臣。朝廷不恤諸道之虛實、監司不恤州縣之有無，而為州縣者，又不復知民間之苦樂。蓋不惟學道不明，仕者無愛民之心，亦緣上下相逼，只求事辦。雖或有此心而亦不能施也。此由不量入以為出，而反計費以取民，是以末流之弊，不可勝救。愚意莫若因制國用之名，而遂修其實，明降詔旨，哀憫民力之凋悴，而思所以膏澤之者。令逐州逐縣，各具民田一畝，歲入幾何、輸稅幾何、非泛科率又幾何（一縣內逐鄉里不同者亦依實開）、州縣一幾所收金總計幾何、諸色支費總計幾何（逐項開），有餘者歸之何許、不足者何所取之。俟其畢集，然後選忠厚通練之士數人，類會考究而大均節之。有餘者取，不足者與，務使州縣貧富不甚相懸，則民力之慘舒亦不至大相絕矣（陸宣公論兩稅利害數條，事理極於詳備，似可採用也）。是則雖未能遽復古人井地之法，而於制民之產之意，亦彷彿其萬一。如此，然後先王不忍人之政庶乎其可施也。……此卻須就今日邊郡官田略以古法，畫為丘井溝洫之制，亦不必盡如《周禮》古制，但以孟子所言為准，畫為一法，使通行之。邊郡之地，已有民田在其間者，以內地見耕官田易之，使彼此無疆場之爭，軍民無雜耕之擾。此則非惟利於一時，又可漸為復古之緒。高明試一思之，今日養民之政，恐無出於兩者。

這完全是發揮孟子之說，且想將屯田和井地之法結合起來。這類文章，文義明白，不用我再來闡述。而朱子這類文字又非常多，一談起來就有一肚皮話要講，所以文章都極長。且此類想法，不唯見於他跟張敬夫等朋友的書信，又可見於他正式向皇帝上的奏議，如卷十九《條奏經界狀》云：

臣自早年即為縣吏，實在漳、泉兩郡之間。中歲為農，又得備諳田畝之事。竊見經界一事，最為民間莫大之利。……然而此法之行，其利在於官府細民，而豪家大姓、猾吏奸民，皆所不便。故向來議臣屢請施行，輒為浮言所沮，甚者至以汀州盜賊藉口恐脅朝廷。殊不知往歲汀州累次賊盜，正以不曾經界，貧民失業，更被追擾，無所告訴，是以輕於從亂。其時初未嘗有經界之役也。……一、推行經界，最急之務，在於推擇官吏。……或只以措置經界為名，使之審思熟慮於其始，而委任責成於其終。事畢之後，量加旌賞。果得其人，則事克濟而民無擾。……一、經界之法，打量一事最費功力，而紐折算計之法，又人所難曉者。……一、圖帳之法，始於一保。大則山川道路，小則人戶田宅，必要東西相連，南北相照，以至頃畝之闊狹，水土之高低，亦須當眾共定，各得其實。其十保合為一都，則其圖帳但取山水之連接與逐保之大界總數而已，不必更開人戶田宅之闊狹高下也。

這是他在漳州、泉州、汀州推行經界的實務經驗之談。孟子論經界，只是講一個原則，但實際施行，便得有若干相應之措施。讀孟子書的人千千萬，但能秉孟子之意落實推動，而且從實務層面詳言其法者，朱子之外，實所罕見。因此，這些文字，其實比他注孟子的話更為親切，一種仁心藹然發見於政事上的態度，躍然紙上，此即孟子所說以德行仁者也。卷廿一又有《經界申諸司狀》賡續發揮此義者曰：

……熹竊自念又處田間，嘗試縣吏，其於此事，尤所習知。正以本州向來不曾推行經界，田稅不均，貧弱受弊，方欲少俟數月之間，條上五事，首以為請。今睹上項指揮，適與鄙意所欲言者不約而合，以此更加詢訪，見得經界行否之利害一、經界詳略之利害一、又得其所必可行之術三、又得其將不得行之慮一，不敢隱默，謹具如後：

一、版籍不正，田稅不均，雖若小事，然其實最為公私莫大之害。蓋貧者無業而有稅，則私家有輸納欠負追呼監繫之苦；富者有業而無稅，則公家有隱瞞失陷歲計不足之患。及其久也，訴理紛紜，追對留滯，官吏困於稽考，人戶疲於應對，而奸欺百出，率不可均。則公私貧富，俱受其弊。歲引月長，有增無減。且以熹身之所歷者言之：熹紹興二十三、四年間，備員泉州同安主簿，是時已見本州不曾經界，縣道催理，稅物不登，鄉司例以逃絕為詞。官司便謂不可推究。徐考其實，則人戶雖已逃亡，而其田土只在本處，但或為富家巨室先已併吞，或為鄰至宗親後來佔據，陰結鄉吏，隱而不言耳。固嘗畫策以請於縣，一時均割，雖亦頗多，然本原未正，弊隨日生，終不能有以為久遠之利。況自彼時至今，又已三、四十年。茲者，南來每見縣道官員諳曉民事者，無不以此為病，至於田里之民，則其苦此而欲得經界，又不待言而可見，此經界行否之利害然也。……

一、經界利害如前所陳，則其不可不行審矣。然行之詳略，又有利害者，蓋版籍之所以不正，田稅之所以不均，正緣教化未明，風俗薄惡，人懷私意，不能自克。是以因循積弊，以至於此。雖有教化，亦未可以卒然變化也！況今吏治何暇及此，而遽欲版圖之正、田稅之均，是豈不差官、不置局、不打量步畝、不攢造圖帳之所能辦乎？……

一、經界之行否詳略，其利害已悉具於前矣。今欲行之，則紹興已行之法，誠不可易。但當時所行，亦有一二未盡善者。如不擇諸道，監司以委之，而至於專遣使命，不擇州縣官吏而泛委令佐，至其中半，又差官覆實，以紛更之，此則今日之所不可不革者也。……

朱熹於廿四歲即任泉州同安主簿，這是他平生第一次任官，當時即對經界不立之弊有深切的體會。其後多經政事，晚年猶於此反覆申明，自可見此乃彼政見之大端，故不厭反覆言之。其所謂「圖帳之法，始於一保」，則亦變化引申於孟子井田之說。

另以《語類》考之，幾十年來，朱子對於與經界有關的著作與意見，也都一直在留心，故卷一百一十一載朱子云：「三十年一番經界方好。」又曰：「元稹《均田圖》惜乎不見！今將他傳來考，只有兩疏，卻無那圖。然周世宗一見而喜之，便欲行，想見那圖大段好。嘗見《陸宣公奏議》後面說那口分世業，其纖悉畢盡，古人直是恁地用心！今人若見《均田圖》時，他只把作鄉司職事看了，定是不把作書讀。今如何得有陸宣公樣秀才！」又曰：「林勳《本政書》每鄉開具若干字型大小田，田下注人姓名，是田為母，人為子，說得甚好。」⑨

正因朱熹對於經界井田之法，有觀念上的認同，也有實際的經驗與體會，對古來均田之制，又多所關切，有比較研究，所以他論井田，實較同時代人通達得多。請看底下幾段文獻：

1. 先生言論間猶有不滿於五峰論封建井田數事，嘗疏其說以質疑。先生云：「封建井田，乃聖王之制，公天下之法，豈敢以為不然！但在今日恐難下手。設使強做得成，亦恐意外別生弊病，反不如前，則難收拾耳。此等事，未須深論。他日讀書多、歷事久，當自見之也。」（《語類》卷一〇八）

2. （陳）君舉說井田，道是《周禮》、《王制》、《孟子》三處說皆通。他說千里不平直量四邊，又突出圓算，則是有千二百五十里。說出亦自好看，今考來乃不然。《周禮》鄭氏自于《匠人》注內說得極仔細。前面正說處卻未見，卻於後面僻處說。先儒這般極仔細。君舉於《周禮》甚熟，不是不知，只是做個新樣子好話謾人。本文自說「百里之國」、「五十里之國」。

3.《周禮》有井田之制，有溝洫之制。井田是四數，溝洫是十數。今永嘉諸儒論田制，乃欲混井田、溝洫為一，則不可行。鄭氏注解分作兩項，卻是。

4.溝洫以十為數，井田以九為數，決不可合，永嘉必欲合之。《王制》、《孟子》、《武成》分土皆言三等，《周禮》乃有五等，決不合，永嘉必欲合之。

5.「諸公之地，封疆方五百里。」又云：「凡千里，以方五百里封四公。」則是每個方五百里，甚是分明。陳乃云，方一百二十五里，又以為合加地、賞田、附庸而言之，何欺誑之甚！

6.先生與曹兄論井田，曰：「當時須別有個道理。天下安得有個王畿千里之地，將鄭康成圖來安頓於上！今看古人地制，如豐、鎬皆在山谷之間，洛邑、伊闕之地，亦多小溪澗，不知如何措置。」

7.豐、鎬去洛邑三百里，長安所管六百里。王畿千里，亦有橫長處，非若今世之為圖畫方也。恐井田之制亦是類此，不可執畫方之圖以定之。

8.問：「遂，何以上地特加萊五十畝？」曰：「古制不明，亦不可曉。鄉之田制亦如此，但此見於遂耳。大抵鄉吏專主教，遂吏專主耕。」

9.問：「鄉遂為溝洫，用貢法；都鄙為井田，行助法。何以如此分別？」曰：「古制不明，亦不曉古人是如何。遂人溝洫之法，田不井授，而以夫數制之，『歲時登其夫家之眾寡』，以令貢賦，便是用貢法。」

10.子約疑井田之法，一鄉一遂為一萬有餘夫，多溝洫川澮，而匠人一同為九萬夫，川澮溝洫反少者；此以地有遠近，故治有詳略也。鄉遂近王都，人眾稠密，家家勝兵，不如此則不足以盡地利而養民；且又縱橫為溝洫川澮，所以寓設險之意，而限車馬之衝突也，故治近為甚詳。若鄉遂之外，則民少而地多，欲盡開治，則民力不足，故其治甚略。晉郤克帥諸國伐齊，齊來盟，晉人曰：「必以蕭同叔子為質，而盡東其畝。」齊人曰「唯吾子戎車是利，無顧土宜」云云，晉謀遂塞。蓋鄉遂之畝，如中間是田，兩邊是溝，向東直去，而前復有橫畝向南，溝復南流。一東一南，十字相交在此，所以險阻多，而非車馬之利也。晉欲使齊盡東其畝，欲為侵伐之利耳，而齊覺之。若盡東其畝，則無縱橫相衡，但一直向東，戎馬可以長驅而來矣。次日又曰：「昨夜說匠人九夫之制，無許多溝洫，其實不然。適間檢看許多溝洫川澮，與鄉遂之地一般，乃是子約看不仔細耳。」（均見《語類》卷八十六）

井田之說，《周禮》、《孟子》、《禮記．王制》所記頗不相同。朱熹基本上採孟子說，對《周禮》的講法很有些懷疑和保留，如上引第六條、第七條、第八條、第九條。此外還有不少，不具引。

但朱熹並不主張立刻便判定《周禮》是偽書，他只採取一種較鬆泛的態度，認為這是古制不易明瞭之狀況，讀禮者重在得其原則、精神即可，不必在這難以明白的古制上鑽牛角尖。所以他反對當時一些禮學專家穿鑿求解的學究式做法。《語類》卷八六載：「問『《司馬法》車乘士徒之數，與《周禮》不同，如何？』曰：『古制不明，皆不可考，此只見鄭氏注。《七書》中《司馬法》又不是，此林勳《本政書》錯說，以為文王治岐之政。』曰：『或以《周禮》乃常數，《司馬法》乃調發時數，是否？』曰：『不通處，如何硬要通？不須恁思量，枉費心力。』」很可以看出來朱子不執著考文的態度。

同時，他又反對硬要把《周禮》、《孟子》、《王制》混為一談，不願正視其矛盾的做法。上引第二、三、四、五條，都是針對永嘉學派強不可合者以求合的言論提出批評。今人論朱子，只知朱子與陳同甫辯王霸，不知朱子與永嘉學派在論禮方面頗為不同，可謂但知其一不知其二。⑩

至於第一條，是反對胡五峰的。近世論朱子與五峰湖湘之學的關係，也還沒有人注意到朱子與五峰在這方面的差異。五峰重視井田，不下於朱子。但他執著於恢復封建井田，朱熹卻說其法「在今日恐難下手」，不能勉強而為。這是考量實際的政治社會情況而說，猶如卷八六載：「恰如某病後要思量白日上升，如何得！今且醫得無事時，已是好了。如浙間除了和買丁錢，重處減些，使一家但納百十錢，只依而今稅賦放教寬，無大故害民處。如此時，便是小太平了。前輩云本朝稅輕於什一，也只是向時可恁地說，今何啻數倍！緣上面自要許多用，而今縣中若省解些月樁，看州府不來打罵麼？某在漳州解發銀子，折了星兩；運司來取，被某不能管得，判一個『可付一笑』字，聽他們自去理會。似恁時節，卻要行井田，如何行得？伊川常言，要必復井田封建，及晚年又卻言不必封建井田。便也是看破了。」看破，是看清楚時局形勢，所謂「歷事久，當自見之」。但朱熹此說，並非消極性的，說現在根本不可恢復井田。因為在此本段文字之上，尚有一段說：「大概是如此，今只看個大意。若要行時，須別立法制，使簡易明白。取於民者足以供上之用，上不至於乏，而下不至於苦，則可矣。今世取封建井田，大段遠。」

從朱子反對永嘉學派的論點來看，他是不泥古的。從他在這裡所講的話來說，則他又是不復古的。其與湖湘學者之分歧，亦在於此。朱熹熱衷於經界等事，但所提的建議、所擘畫的制度，均是「雖未能遽復古人井地之法，而於制民之產之意，亦彷彿其萬一」、「略以古法，畫為丘井溝洫制，亦不必盡如《周禮》古制，但以孟子所言為准」、「此則非惟利於一時，又可漸為復古之緒」，是以孟子所說為基礎，審酌實際情勢，斟酌損益，以達到為民制產的目的。故此不但可見朱子論政實以孟子為准，且其禮制之學更涵有「時中」的精神。

（五）論禮制務酌古今之宜

《語類》卷八四載朱子曰：

「聖人有作，古禮未必盡用。須別有個措置，視許多瑣細制度，皆若具文，且是要理會大本大原。……到孟子已是不說到細碎上，只說『諸侯之禮，吾未之學也。吾嘗聞之矣，三年之喪，齊疏之服，飦粥之食，自天子達于庶人』。這三項便是大原大本。又如說井田，也不曾見《周禮》，只據《詩》裡說『雨我公田，遂及我私』；『由此觀之，雖周亦助也』。只用《詩》意帶將去。後面卻說『鄉田同井，出入相友，守望相助，疾病相扶持』；『八家皆私百畝，同養公田』。只說這幾句，是多少好！這也是大原大本處。看孟子不去理會許多細碎，只理會許多大原大本。」……問：

「封建，《周禮》說公五百里，《孟子》說百里，如何不同？」曰：「看漢儒注書，於不通處，即說道這是夏、商之制，大抵且要賴將去。若將這說來看二項，卻怕孟子說是。夏、商之制，孟子不詳考，亦只說『嘗聞其略也』。若夏、商時諸處廣闊，人各自聚為一國，其大者止百里，故禹合諸侯，執玉帛者萬國。到周時，漸漸吞併，地理只管添，國數只管少。到周時只千八百國，較之萬國，五分已滅了四分已上，此時諸國已自大了。到得封諸公，非五百里不得。如周公封魯七百里，蓋欲優於其他諸公。如《左氏》說云，大國多兼數圻，也是如此。後來只管併來併去，到周衰，便制他不得，也是尾大了。到孟子時，只有七國，這是事勢必到這裡，雖有大聖大智，亦不能遏其沖。」……若不先去理會得這本領，只要去就事上理會，雖是理會得許多骨董，只是添得許多雜亂，只是添得許多驕吝。

這一大段，可分為三節，第一節說古禮典制只須得其大本大原，不必深究其細節，細節甚至僅能視為具文；第三節呼應此義。這是本文的主旨。第二節舉例而言，則以封建與井田為說。兩者，朱熹都從時變上去理解。井田，《周禮》與《孟子》所述不同，朱子認為也許孟子講的是夏、商古制，故與《周禮》不同，孟子也不曾看過《周禮》。同樣地，封建，《孟子》與《周禮》所講也不同，那也是時代變遷之故。上古國多，所以孟子說封國百里，後來併吞來併吞去，國數漸少，土地面積則漸大，此亦時為之。懂得這個時變的因素，便可知學究們在那些制度細節上考來考去、爭來辯去，殊為無聊；亦可知胡五峰等人堅持復古封建之法，也屬無謂。五峰論儒學，跟朱子一樣，也蘄於有體有用、有仁心有仁術，而且也是從孟子處獲悟此理。他《與明應仲書》說道：「昔孟軻氏，聖人之徒，命世之英也，當天下分裂用兵爭戰之際，嘗卑管仲合諸侯匡天下之功，而必伊、周自處矣。考其規誨時君之言，則未嘗有奇謀偉略也。齊王曰『吾好色，好貨，好勇』，而不非之，又有公劉、太王、文、武之事導之；不忍一牛之死，則以為仁術而可以王。又曰：『我非堯、舜之道不敢陳于王前。』而天下後世皆以為真得堯、舜、文、武、仲尼之傳者，豈非定天下之術，無以易此乎？」斯與朱熹之有得於孟子者實甚近似，故論治亦講經界井田，並進而主張復古改制。他說：

> 學聖人之道，得其體，必得其用。有體而無用，與異端何辨？井田、封建、學校、軍制，皆聖人竭心思致用之大者也。秦、漢而下興者，雖是英雄，亦豈能勝於聖人哉？改制立法，出其私意，一世不如一世。至於近世，壞亂極矣。（《與張敬夫》）
>
> 經界，真良法也。其初，依大禹九等之法，乃為近善。主議者堅執三等，以為簡易。事既行矣，今再有旨令去害民者，若於今所定三等中分為九等，雖有一時之煩勞，既定，則為久遠之利，惠及一路，其德豈小哉！又不知令逐縣均稅乎？逐鄉均稅乎？欲逐縣均，須是深思博訪，曉然見逐鄉民戶納稅，遠近難易，然後一縣之稅可均也。若逐鄉均，則一縣之稅，諸鄉不同等，須於基簿總田上中下處各書其稅數可也。上田一畝，稅若干升合，中下亦如之。若不如此書，則民戶不知分合承稅數，稅數出於鄉司輕重之手，而民受其弊矣。（《與向伯元書》）
>
> 井田封建，施仁恩之大綱也。商鞅、王莽事甚明白，在所不論。董子限田之策，欲漸近古。而唐時府兵之制，亦師古者也。更能將歷代田稅制度精考，幸甚！（《與彪德美》）

分天下有德有功者以地，而不敢以天下自私，於是有百里、七十里、五十里，不能五十里邦國之制焉。於是有君朝、卿大聘、大夫小聘、王巡狩述職之禮樂法度焉。於是有千稚、百稚、三之一、五之一、九之一高城深池焉。於是有井邑、丘甸、縣都之夫數焉。於是有十乘、百乘、千乘、萬乘之車數焉。於是有伍兩、卒旅、師軍之制焉。於是有鄉大夫、司徒、樂正取士之法焉。邦國之制廢，而郡縣之制作矣。

郡縣之制作，而世襲之制亡矣。世襲之制亡，而數易之弊生矣。數易之弊生，而民無定。巡狩述職之禮廢，而上下之情不通，考文案而不究事實，信文案而不任仁賢，其弊有不可勝言者矣。

黃帝、堯、舜安天下，非封建一事也，然封建其大法也。夏禹、成湯安天下，亦非封建一事也，然封建其大法也。齊桓、晉文之不王，亦非一事也，然不能封建，其大失也。秦二世而亡，非一事也，然埽滅封建，其大繆也。故封建也者，帝王所以順天理、承天心、公天下之大端大本也；不封建也者，霸世暴主所以縱人欲、悖大道、私一身之大孽大賊也。人今聞黃帝、堯、舜、文王、武王，則尊之貴之，以為聖人；聞齊桓、晉文，則呰之笑之，以為霸者；聞始皇、胡亥，則鄙之賤之，以為小人之雄爾。及聖人所行則不從，而霸者暴人之所行則從之，歷代不能改。是何也？弗思之甚也。

天地根於和，日月星辰根於天，山川草木根於地，而人根於天地之間者也。有其根，則常而靜，安而久。常靜安久，則理得其終，物遂其性。故封建者，政之有根者也，故上下辨、民志定、教化行、風俗美，理之易治，亂之難亡，扶之易興，亡之難滅。郡縣反是。（以上均見《知言·中原篇》）

制井田，所以制侯國也。制侯國，所以制王畿也。王畿安強，萬國親附，所以保衛中夏、禁御四夷也。先王建萬國，親諸侯，高城深池遍天下，四夷雖虎猛狼貪，安得肆其欲而逞其志乎？此先王為萬世慮，御四夷之上策也。王公設險以守其國，孔子所以書於《習》、《坎》之象也。城郭溝池以為固，孔子之所以答言偃之問也。自秦而降，郡縣天下，中原世有夷狄之禍矣。悲夫！（《知言・漢文篇》）

郡縣天下，可以持承平而不可支變故；封建諸侯，可以持承平，可以支變故。（《知言・好惡篇》）

畝數一定，不可詭移，一也；邑里阻固，雖有戎車，不可超越，二也；道路有制，雖有奸宄，不可群逞，三也。此三利者，絕兼併之端，止獄訟之原，沮寇盜，禁奸宄於未兆，所以均平天下，行政教，美風俗，保世永年之大法也。秦一廢之，及今千六百歲，而弊日益深，而戎馬不可禁矣，可勝歎哉！（《皇王大紀・商鞅變法篇》）

五峰之倡言復古者，大率若是。認為井田、封建、學校、軍制均應復古，而井田與封建尤要，故《皇王大紀・建國井田》云：「嗚呼！井田封國，仁民之要法也！噫，有國家者，欲如三代保守中國以天年終，必井田封建而後可。」這種復古論與朱子不同之處，即在於時變之義。朱子明白時代社會變遷了，封建不能不變為郡縣。井田之法，現在若要施行，也須有所變通，「當禮法廢壞之後，制度節文不可復考，而能因略以致詳，推舊而為新」，絕不能如五峰般一心一意只想恢復古道。所以說：

先生以《禮鑰》授直卿，令誦一遍畢。先生曰：「他論封國，將《孟子》說在前，而後又引《周禮》『諸公之地封疆方五百里』說，非是。」直卿問：「孟子所論五等之地，是如何與《周禮》不合？」曰：「先儒說孟子所論乃夏商以前之制，《周禮》是成王之制，此說是了。但又說是周斥大封域而封之，其說又不是。若是恁地，每一國添了許多地，便著移了許多人家社稷，恐無此理。這只是夏商以來，漸漸相吞併，至周自恁地大了。周公也是不奈他何，就見在封他。且如當初許多國，也不是先王要恁地封。便如柳子厚說樣，他是各人占得這些子地，先王從而命之以爵，不意到後來相吞併得恁大了。」（《語類》卷八十六）

「井田之法要行，須是封建，令逐國各自去理會。如王畿之內，亦各有都鄙、家鄙。漢人嘗言，郡邑在諸國之外，而遠役於中都，非便。」問：「漢以王國雜見於郡縣間，如何？」曰：「漢本無法度。」（此處及以下均見《語類》，卷一〇八）

封建實是不可行。若論三代之世，則封建好處，便是君民之情相親，可以久安而無患；不似後世郡縣，一二年輒易，雖有賢者，善政亦做不成。

因言：「封建只是歷代循襲，勢不容已，柳子厚亦說得是。賈生謂『樹國必相疑之勢』，甚然。封建後來自然有尾大不掉之勢。成周盛時，能得幾時！到春秋列國強盛，周之勢亦寖微矣。後來到戰國，東、西周分治，赧王但寄於西周公耳。雖是聖人法，豈有無弊者！」大率先生之意，以為封建井田皆易得致弊。

問：「後世封建郡縣，何者為得？」曰：「論治亂畢竟不在此。以道理觀之，封建之意，是聖人不以天下為己私，分與親賢共理，但其制則不過大，此所以為得。賈誼於漢言『眾建諸侯而少其力』。其後主父偃竊其說，用之於武帝。」

諸生論郡縣封建之弊。曰：「大抵立法必有弊，未有無弊之法，其要只在得人。若是個人，則法雖不善，亦占分數多了；若非其人，則有善法，亦何益於事！且如說郡縣不如封建，若封建非其人，且是世世相繼，不能得他去；如郡縣非其人，卻只兩三年任滿便去，忽然換得好底來，亦無定。范太史《唐鑑》議論大率皆歸於得人。某初嫌他恁地說，後來思之，只得如此說。」又云：「革弊須從源頭理會。」

「柳子厚《封建論》則全以封建為非；胡明仲輩破其說，則專以封建為是。要之，天下制度，無全利而無害底道理，但看利害分數如何。封建則根本較固，國家可恃；郡縣則截然易制，然來來去去，無長久之意，不可恃以為固也。如役法亦然。荊公只見差役之害，而免役之利。」先生云：「差役時皆土著家戶人，州縣亦較可靠；免役則皆浮浪之人。靖康間州縣有守令要守，而吏民皆散去，無復可恃。然其弊亦不勝其多。」

立一個簡易之法，與民由之，甚好。夏、商井田法所以難廢者，固是有聖賢之君繼作，亦是法簡，不似周法弊碎。然周公是其時不得不恁地，為繁故易廢。使孔子繼周，必能通變使簡易，不至如是繁碎。今法極繁，人不能變通，只管築塞在這裡。

居今之世，若欲盡除今法，行古之政，則未見其利，而徒有煩擾之弊。又事體重大，阻格處多，決然難行。要之，因祖宗之法而精擇其人，亦足以治，只是要擇人。范淳夫《唐鑑》，其論亦如此，以為因今郡縣，足以為治。某少時常鄙之，以為苟簡因循之論。以今觀之，信然。

朱子認為封建之形成，本來也是形勢使然。在古代行封建，他也承認確有好處。但一來無純善之法，每種體制都會有它的長處和短處，封建郡縣各有優劣，不能說封建必定優於郡縣。二則孟子說過「徒法不足以自行」（《離婁上》），就算封建是個好制度，也需要人與它配合。而封建在這個問題上，恰好是一大弱點，因為賢人的子孫未必都賢能，故朱子據此，不盡同意世祿封建之法（詳下文）。三、時移世異，古法不宜墨守，所以說：「封建實是不可行。」「居今之世，若欲盡除今法，行古之政，則未見其利，而徒有煩擾之弊。又事體重大，阻格處多，決然難行。」由這三方面看，他論封建等法不是比五峰通達得多嗎？

這樣的態度，於今視之，以為當然之理，在當時則實在是少數派。宋代理學家，自橫渠、伊川以來，都以復古封建井田為職志，論禮，也動輒以行古禮為事。朱子處此時會，立說實極困難，動不動就要跟人鬥口，反覆說：「聖人有作，古禮未必盡用。」可不是嗎？請看：

> 禮學多不可考，蓋其為書不全，考來考去，考得更沒下梢，故學禮者多迂闊。一緣讀書不廣，兼亦無書可讀。如《周禮》「仲春教振旅，如戰之陳」，只此一句，其間有多少事？其陳是如何安排，皆無處可考究。其他禮制皆然。大抵存於今者，只是個題目在爾。
>
> 古禮繁縟，後人於禮日益疏略。然居今而欲行古禮，亦恐情文不相稱，不若只就今人所行禮中刪修，令有修文、制數、等威足矣。
>
> 古禮於今實難行。嘗謂後世有大聖人者作，與他整理一番，令人甦醒，必不一一盡如古人之繁，但仿古之大意。

古禮難行。後世苟有作者，必須酌古今之宜。若是古人如此繁縟，如何教今人要行得！古人上下習熟，不待家知戶曉，皆如饑食而渴飲，略不見其為難。本朝陸農師之徒，大抵說禮都要先求其義。豈知古人所以講明其義者，蓋緣其儀皆在，其具並存，耳聞目見，無非是禮，所謂「三千三百」者，較然可知，故於此論說其義，皆有據依。若是如今古禮散失，百無一二存者，如何懸空於上面說義！是說得甚麼義？

胡兄問禮。曰：「『禮，時為大。』有聖人者作，必將因今之禮而裁酌其中，取其簡易曉而可行，必不至復取古人繁縟之禮而施於今也。古禮如此零碎繁冗，今豈可行！亦且得隨時裁損爾。孔子從先進，恐已有此意。」

叔器問四先生禮。曰：「二程與橫渠多是古禮，溫公則大概本《儀禮》，而參以今之可行者。要之，溫公較穩，其中與古不甚遠，是七八分好。若伊川禮，則祭祀可用。婚禮，惟溫公者好。大抵古禮不可全用，如古服古器，今皆難用。」

賀孫因問：「……今在下有志之士，欲依古禮行之既不可；若一向徇俗之鄙陋，又覺大不經，於心極不安，如何？」曰：「『非天子不議禮，不制度，不考文。』這事要整頓，便著從頭整頓，吉凶皆相稱。今吉服既不如古，獨於喪服欲如古，也不可。古禮也須一一考究著所在在這裡，卻始酌今之宜而損益之。若今便要理會一二項小小去處，不濟事，須大看世間都得其宜方好。」（以上均見《語類》卷八十四）

明州行鄉飲酒禮，其儀乃是高抑崇撰。如何不曾看《儀禮》，只將《禮記・鄉飲酒義》做這文字。似乎編入《國史實錄》，果然是貽笑千古者也！

紹興初，為鄉飲酒禮，朝廷行下一儀制極乖陋。此時乃高抑崇為禮官。看他為慎終喪禮，是煞看許多文字，如《儀禮》一齊都考得仔細。如何定鄉飲酒禮乃如此疏繆？更不識著《儀禮》，只把《禮記・鄉飲酒義》鋪排教人行。

又曰：「《開元禮》煞可看。唯是《五禮新儀》全然不是！當時做這文字時，不曾用得識禮底人，只是胡亂變易古文白撰，全不考究。……」又云：「《五禮新儀》固未是，至如今又皆不理會。……神宗嘗欲正此禮數，王安石答以先理會得學問了，這般事自有人出理會，遂止。如荊公門人陸農師自是煞能考禮，渠後來卻自不曾用他。」（以上均見《語類》卷八十七）

劉原父好古，在長安，偶得一周敦。其中刻云「弡中」，原父遂以為周張仲之器。後又得一枚，刻云「弡伯」，遂以為張伯。曰：「《詩》言『張仲孝友』，則仲必有兄矣，遂作銘述其事。後來趙明誠《金石錄》辨之云，『弡』非『張』，乃某字也。今之說禮無所據而杜撰者，此類也。」（《語類》卷八十四）

先生言：「前輩諸賢多只是略綽見得個道理便休，少有苦心理會者。須是專心致意，一切從原頭理會過。且如讀《堯、舜典》『歷象日月星辰』，『律、度、量、衡』，『五禮、五玉』之類，《禹貢》山川，《洪範》九疇，需一一理會令透。又如《禮書》冠、婚、喪、祭，王朝邦國許多制度，逐一講究。」因言：「趙丞相論廟制，不取荊公之說，編《奏議》時，已編作細注。不知荊公所論，深得三代之制。又不曾講究毀廟之禮，當是時除拆，已甚不應《儀禮》，可笑！子直一生工夫只是編《奏議》。今則諸人之學，又只是做《奏議》以下功夫。」（《語類》卷一一三）

當時學者的毛病有三：一、時人好古而不知古，故往往杜撰以為古，如他說劉貢父、高抑崇之類。二、一個時代若至於杜撰以為禮，必然是因此一時代禮學久衰，知禮者少。這一點他頗感慨神宗以來禮學不為世所重。三、少數講究禮學、重視禮制的人，苦抱遺經，矜為獨得，又不免於拘泥，以致迂闊。面對這些毛病，他主張執兩用中，既不能不考古，不能杜撰妄作，又不能佞古泥古，要懂得依古禮來斟酌損益。斟酌之原則有二，一是酌古今之宜，二是要簡以易行。如司馬光之《家禮》，他已覺得繁了，故《語類》卷八四載：

「問：『溫公所集禮如何？』曰：『早是詳了。又，喪服一節也太詳。為人子者方遭喪禍，使其一一欲纖悉盡如古人制度，有甚麼心情去理會！古人此等衣服冠履，每日接熟於耳目，所以一旦喪禍，不待講究，便可以如禮。今卻閒時不曾理會，一旦荒迷之際，欲旋講究，勢必難行。』」

（六）與胡五峰辯仁禮體用

由上可知，朱子論禮，與永嘉學派、湖湘學派、二程、橫渠、溫公俱皆不同。但與二程、橫渠、溫公之異，主要是在儀節上商榷；與永嘉，則主要爭執在關於《周禮》的看法；可是對胡五峰，則不僅論《周禮》不合，在關於禮的基本見解上即不相契。因此我認為朱子禮學之主要敵論，應該是五峰。

朱子對五峰之學，曾有《知言疑義》、《仁說》質疑之，並與張南軒論難。其中環繞「克己復禮為仁」而說，與作於同一時期之《克齋記》，論旨從同。牟宗三先生仔細分析過這兩篇文獻，並詳釋其與五峰論仁不同之故，對學界影響極大。然牟先生只就雙方論仁之處立說，完全沒有關聯到禮的問題上。對於《仁說》中涉及禮者，只說：「心之德有四，曰仁義禮智，此亦只是順著孟子之文如此說而已，其所隱伏之義理間架與其心中所意謂實不同於孟子也。」一筆撇開，完全不管它與《克齋記》強調仁禮關係的意義；也未發現朱子與五峰之異，不僅在於論仁，亦復在於論禮。故其所釋，於今我以為實仍大有可以補苴之處。

依牟先生說，朱子之言仁，是將仁專限於愛，而為愛之理。明道、五峰則是「覺潤而不已之仁心真體一旦呈現，則當寬裕溫柔自寬裕溫柔，當發強剛毅自發強剛毅，並不專限，此其所以為全德、為真幾，並不如朱子所說之統貫與關聯也。朱子所說之統貫與關聯，是落在義與情之引發相生相成上說，此即非仁體之為全德義」。故明道、五峰之說，仁體有創生義，可承體起用，生物之心是實，並非虛說。

牟先生此說，自有其見解。但若從兩人論禮的情形看，則恰好相反。

五峰曾說：「學聖人之道，得其體，必得其用。有體而無用，與異端何辨？井田、封建、學校、軍制，皆聖人竭心思致用之大者。」得其體，當然是指識仁；發用則在井田封建諸禮制。但是五峰論封建井田卻極拘執，謂此為「仁恩之大綱」，發乎仁本，其用亦能順天理，承天心，公天下，故非要行此禮樂制度不可。朱子則不然，他論制度才是「當寬裕溫柔自寬裕溫柔，當發強剛毅自發強剛毅，並不專限」。

其所以如此，原因之一，可能即在於牟先生所說，五峰所重在於仁心真體之呈現，但如此即以為可發而中節；朱子則較能從氣與情之引發相生相成上說，所以不只講仁心，還要斟酌人情世局之相牽相引相生相成處。

另一個原因，在於朱子論仁禮體用本不同於五峰。《文集》卷七十七《克齋記》云：「仁也者，天地所以生物之心，而人物之所得以為心者也。惟其得夫天地生物之心以為心，是以未發之前，四德具焉，曰仁義禮智，而仁無不統。已發之際，四端著焉。曰惻隱、羞惡、辭讓、是非，而惻隱之心無所不通。此仁之體用所以涵育渾全，周流貫徹，專一心之妙，而為眾善之長也。」仁既是體又是用，禮則既統於仁又是未發之前已具，則禮義亦不只是用。這個想法，又見於以下文獻：

問：「先生昔曰：『禮是體。』今乃曰：『禮者，天理之節文，人事之儀則。』似非體而是用。」曰：「公江西有般鄉談，才見分段子，便說到是用，不是體。如說尺時，無寸底是體，有寸底不是體，便是用；如秤，無星底是體，有星底不是體，便是用。且如扇子有柄，有骨子，用紙糊，此便是體；人搖之，便是用。」楊至之問禮。曰：「合當底是體。」

嘗言仁義禮智，而以手指畫扇中心，曰：「只是一個道理，分為兩個。」又橫畫一畫，曰：「兩個分為四個。」又以手指逐一指所分為四個處，曰：「一個是仁，一個是義，一個是禮，一個是智，這四個便是個種子。惻隱、羞惡、恭敬、是非便是種子所生底苗。」

人只是此仁義禮智四種心。如春夏秋冬，千頭萬緒，只是此四種心發出來。《六經》中專言仁者，包四端也；言仁義而不言禮智者，仁包禮，禮包智。百行皆仁義禮智中出。仁義禮智，性之大目，皆是形而上者，豈可分也？……仁，渾淪言，則渾淪都是依個生意，義禮智都是仁；對言，則仁與義禮智一般。「仁」字須兼義禮智看，方看得出。仁者，仁之本體；禮者，仁之節文；義者，仁之斷制；知者，仁之分別。猶春夏秋冬雖不同，而同出於春：春則生意之生也，夏則生意之長也，秋則生意之成，冬則生意之藏也。自四而兩，兩而一，則統之有宗，會之有元。……元者，乃眾善之長也；亨者，乃嘉之會也。（嘉會，猶言一齊好也。）會，猶齊也，言萬物至此通暢茂盛，一齊皆好也。利者，義之和處也；貞者，乃事之楨幹也。『體仁足以長人』，以仁為體，而溫厚慈愛之理由此發出也。體，猶所謂『公而以人體之』之體。嘉會者，嘉其所會也。一一以禮文節之，使之無不中節，乃嘉其所會也。

《集注》說：「愛之理，心之德。」愛是惻隱，惻隱是情，其理則謂之仁。心之德，德又只是愛。謂之心之德，卻是愛之本柄。人之所以為人，其理則天地之理，其氣則天地之氣。理無跡，不可見，故於氣觀之。要識仁之意思，是一個渾然溫和之氣，其氣則天地陽春之氣，其理則天地生物之心。今只就人身已上看有這意思是如何。纔有這意思，便自恁地好，便不恁地乾燥。將此意看聖賢許多說仁處，都只是這意。告顏子以「克己復禮」，克去己私以復於禮，自然都是這意思。

直卿曰：「五常中說知有兩般：就知識處看，用著知識者是知；就理上看，所以為是為非者，亦知也。一屬理，一屬情。」曰：「固是。道德皆有體有用。」

要識仁，須是兼義、禮、智看。有個宜底意思是義，有個讓底意思是禮，有個別白底意思是智，有個愛底意思是仁。仁是天理。（以上均見《語類》卷六）

禮是體，仁義禮智都是體，故云：「以其體言，則有仁義禮智之實。以其用言，則有惻隱、羞惡、恭敬、是非之實。」這四者又可分為兩類：仁禮一組，屬陽；義智一組，屬陰。所以說：「一個道理，分為兩個」，兩組之間，互為體用，「就陽言，則陽是體，陰是用。就陰言，則陰是體，陽是用」，「自陰陽上看下來，仁禮屬陽，義智屬陰，仁禮是用，義智是體」。（均見《語類》卷六）但如此言體用，乃是四者相對而說時才顯體用，其實四者本是一理，「生底意思是仁，殺底意思是義，發見會通是禮，收藏不測是智」，都是體，也都是性。

性之發用，謂之情。惻隱、羞惡、辭讓、是非就是情。本於仁心，發於親親、仁民、愛物，就是用。「道德皆有體有用」，仁義禮智都是如此，有體故有用。仁與禮的關係，也因此而非仁體而禮用，仁禮只是一理一事，就其兩個方面說，故或稱為仁或稱為禮而已。正因為如此，是以復禮即是歸仁，求仁之道就在克己⑪。

依此說，朱子以禮為本體，對禮的重視，顯然要在五峰之上。且仁心須有禮予以條理，才能通暢茂盛，一齊皆好，所謂：「一一以禮文心即之，使之無不中節，乃嘉其所會也。」是以儒者之學，重點便不僅在於識仁，而更應強調製禮。

（七）斟酌禮制與鄉里自治

《語類》卷八四載朱子曰：「『天敘有典，自我五典五敦哉！天秩有禮，自我五禮五庸哉！』這個典禮，自是天理之當然，欠他一毫不得，添他一毫不得。惟是聖人之心與天地合一，故行出這禮，無一不與天合。其間曲折厚薄淺深，莫不恰好。這都不是聖人自撰出，都是天理決定合著如此。後之人此心未得似聖人之心，只得將聖人已行底、聖人所傳於後世底，依這樣子做。做得合時，便是合天理之自然。」

此自述其制禮之法也。禮既是理，便不能以私意行之，所以制禮者本來就須有克己功夫，方能顯其仁德。其次，古聖人以人合天，禮即是理，故後代人可以依聖人所已制之禮，照著樣子去做，以逐漸合於天理之自然。朱子制禮的態度，基本上就是如此。但古禮亦不可完全模擬，所以此中尚有許多斟酌損益以求合理的功夫。

具體禮制方面，朱子的作為，詳於底下這段問答。「問：『先生所謂「古禮繁文，不可考究，欲取今見行禮儀增損用之，庶其合於人情，方為有益」，如何？』曰：『固是。』曰：『若是，則《禮》中所載冠、婚、喪、祭等儀，有可行者否？』曰：『如冠、昏禮，豈不可行？但喪、祭有煩雜耳。』問：『若是，則非理明義精者，不足以與此。』曰：『固是。』曰：『井田封建如何？』曰：『亦有可行者。如有功之臣，封之一鄉，如漢之鄉亭侯。田稅亦須要均，則經界不可以不行，大綱在先正溝洫。又如孝弟忠信，人倫日用間事，播為樂章，使人歌之，仿《周禮》讀法，遍鄉村里落，亦可代今粉壁所書條禁。』」（《語類》卷一〇八）

朱子編《家禮》，即處理冠、婚、喪、祭之事。經界的主張，前文已有介紹。孝弟忠信，教示鄉里，則與其提倡鄉約、辦書院有關。朱子之所謂禮，大端即指這幾項。

此外，《語類》同卷又載：「問：『歐公《本論》謂今冠、昏、喪、祭之禮，只行於朝廷，宜令禮官講明頒行於郡縣。此說如何？』曰：『向來亦曾頒行，後來起告訐之訟，遂罷。

然亦難得人教他。』問：『三代規模未能遽復，且講究一個粗法管領天下，如社倉舉子之類。』先生曰：『譬如補鍋，謂之小補可也。』」若再補上這類論社倉與科舉的文獻，大概就概括了朱子論禮的各方面。這裡面，井田封建所論雖多，但均有所保留，井田僅是規模其意，而重點在於正經界。對封建則大體是反對的：

因論封建，曰：「此亦難行。使膏粱之子弟不學而居士民上，其為害豈有涯哉！且以漢諸王觀之，其荒縱淫虐如此，豈可以治民！故主父偃勸五帝分王子弟，而使吏治其國，故禍不及民。」（《語類》卷一〇八）

且如封建，自柳子厚之屬，論得來也是太過，但也是行不得。……柳子厚說得世變也是。但他只見得後來不好處，不見得古人封建底好意……如漢當初要封建，後來便恁地狼狽。若主父偃之說：「天子使吏治其國而納其貢稅。」如此，便不必封建也得。（淳錄云：「若論主父偃後底封建，則皆是王族貴驕之子，不足以君國子民，天子使吏治其國而已。」）今且做把一百里地封一個親戚或功臣，教他去做，其初一個未必便不好，但子孫決不能皆賢。若有一個在那裡無稽時，不成教百姓論罷了一個國君！若只坐視他害民，又不得，卻如何區處？（淳錄云：「封建以大體言之，卻是聖人公共為民底意思，是為正理。以利害計之：第一世所封之功臣，由做得好在。第二世繼而立者，個個定是不曉事，則害民之事靡所不為。百姓被苦來訴國君，因而罷了，也不是；不予他理會，亦不是。未論別處如何，只這一處利少而害多，便自行不得。」）

孟子慨然以天下自任，曰：「當今之世，舍我其誰！」到說制度之處，只說「諸侯之禮，吾未之學，嘗聞其略也」。要之，後世若有聖賢出來，如《儀禮》等書也不應便行得。如封建諸侯，柳子厚之說自是。當時卻是他各自推戴為主，聖人從而定之耳。如今若要將一州一縣封某人為諸侯，人亦未必安之。兼數世之後，其弊非一。（《語類》卷八十六）

朱子在注《孟子》時，對《滕文公上》所談到的「世祿」問題，不說那其實就是指世卿，而僅從田制上去解釋，說：「世祿者，授之土地，使之食其公田之入，實與助法為相表裡。」又在解釋《公孫丑上》時說：「世祿者，先王之世，仕者之子孫皆教之，教之而成材則官之。如不足用，亦使不失其祿。」都顯示他不贊成仍採政治上的封建體制，因世卿之子孫未必皆賢，故「天子使吏治其國而納其貢稅」即可。封建之意，在此便僅剩下賦稅的意義了。

賦與稅部分，朱子依孔、孟之說，均以十一為原則，批判橫徵暴斂者。而其批判有幾個特點：一、稅法單純化。使民出力以助耕公田即不再稅其私田，實仍以賦代稅，本於孟子「耕者，助而不稅」之說。此外亦不收關稅、土地稅，房屋稅與貨物稅則選擇其一徵收，此亦孟子云：「市廛而不征，法而不廛，關，譏而不征。」二、稅制應與土地制度結合。對孟子《滕文公上》論為民制產一段，朱子就說：「此以乃制民常產與其取之之制。」這個精神，在他論經界時發揮尤多。跟現在的稅法原理並不相同。三、將賦稅制度之良窳直接關聯於主政者的仁心與否來評論。橫徵暴斂者為私不仁，為民制產不巧取豪奪者，則是有公天下為民為仁之心。這種評論方式，也是當今論賦稅時較少見到的民本觀點。

民本觀點另一個表現，乃是社倉之設置。

孟子《梁惠王下》：「凶年饑歲，君之民，老弱轉乎溝壑，壯者散而之四方者，幾千人矣。而君之倉廩實、府庫充，有司莫以告，是以上慢而殘下矣。」朱子注這一段，說：「《書》曰：『民為邦本，本固邦寧。』有倉廩府庫，所以為民也。豐年則斂之，凶年則散之，恤其饑寒，救其疾苦，是以民親愛其上。」

朱子這種觀點，當然非一般秉政者所能施行。但朱子並不氣餒，他在各處推廣一種「社倉法」，即本於《周禮》及《孟子》之說而設：

招賢裡大闈羅漢院之社倉，新侯官大夫周某之所為。……淳熙甲辰，周君始以常平使者宋公之檄，司其發斂之政，而以歲貸收息之令從事，既為之更定，要束搜剔蠹弊而以時頒焉。民已悅於受賜矣，周君因益問以因革之宜，而有以道里不均之說告者，且曰：自今以往，一歲而往來者再，則其勞佚之相絕又非前日比矣。周君於是白之宋公，而更為此。……昔予讀《周禮》旅師遺人之官，觀其頒斂之疏數、委積之遠邇，所以為之制數者甚詳且密，未嘗不歎古之聖人既竭心思，而繼之以不忍人之政，其不可及乃如此。及今而以是倉之役觀之，則彼其詳且密者，亦安知其不有待於歷時之久、得之人多，而後乃至於此耶？（《文集》卷七十九《建甯府建陽縣大闈社倉記》）

光澤縣社倉者，縣大夫毗陵張侯訢之所為也。……市米千二百斛以充入之，夏則損價而糶以平市估，冬則增價而糴以備來歲。又買民田若干畝，藉僧田、民田當沒入者若干畝，歲收米合三百斛，併入於倉，以助民之舉子者，如帥司法。既又附倉列屋四楹，以待道塗之疾病者，使皆有以棲托食飲而無暴露迫逐之苦。……予讀古人之書，觀古人之政，其所以施於鰥寡孤獨困窮無告之人者，制詳悉矣。去古既遠，法令徒設，而莫與行之。則為吏者賦斂誅求之外，亦飽食而嬉耳，何暇此之問哉？（《文集》卷八十《邵武軍光澤縣社倉記》）

夫先王之世，使民三年耕者必有一年之蓄，故積之三十年則有十年之蓄，而民不病於凶饑。此可謂萬世之良法矣。其次，則漢之所謂常平者。今固行之，其法亦未嘗不善也。然考之於古，則三登泰平之世，蓋不常有。而驗之於今，則常平者，獨其法令簿書管鑰之僅存耳。是何也？蓋無人以守之，則法為徒法，而不能以自行也。（《文集》卷八十《常州宜興縣社倉記》）

乾道四年，建人大饑，熹請於官，始作社倉於崇安縣之開耀鄉。使貧民歲以中夏受粟於倉，冬則加息什二以償，歲小不收，則弛其息之半，大侵則盡弛之。期以數年，子什其母，則惠足以廣，而息可遂捐以予民矣。行之累年，人以為便。淳熙辛丑，熹以使事入奏，因得條上其說，而孝宗皇帝幸不以為不可。即頒此法於四方，且詔民有慕從者聽，而官府毋或與焉。德意甚厚，而吏惰不恭，不能奉承以布於下。是以至今歲二十年，而江浙近郡田野之民，猶有不與知者，其能慕而從者，僅可以一二數也。（《文集》卷八十《建昌軍南城縣吳氏社倉記》）

淳熙二年，東萊呂伯恭父自婺州來訪余於屏山之下，觀於社倉發斂之政，喟然歎曰：「此《周官》委積之法，隋、唐義廩之制也。然子之穀取之有司，而諸公之賢不易遭也；吾將歸而屬諸鄉人，士友相與糾合而經營之。使閭里有賑恤之儲，而公家無龠合之費，不又愈乎？」……既而尚書下予所奏社倉事於諸道，募民有欲為者聽之。民蓋多慕從者，而未幾予亦罷歸，又不果有所為也。……以予觀於前賢之論，而以今日之事驗之，則青苗者，其立法之本意固未為不善也。但其給之也以金而不以穀、其處之也以縣而不以鄉、其職之也以官吏而不以鄉人，士君子其行之也以聚斂亟疾之意，而不以慘怛忠利之心。是以王氏能以行於一邑，而不能以行於天下。（《文集》卷七十九《婺州金華縣社倉記》）

臣所居建甯府崇安縣開耀鄉，有社倉一所。係昨乾道四年鄉民艱食，本府給到常平米六百石委臣與本鄉土居朝奉郎劉如愚同共賑貸。至冬收到元米。次年夏間，本府復令依舊貸與人戶，冬間納還臣等。申府措置，每石量收息米二鬥，自後逐年依此斂散。或遇小歉，即蠲其息之半，大饑即盡蠲之。至今十有四年，其支息米，造成倉敖三間收貯，已將元米陸百石納還本府。其見管三千一百石，並是累年人戶納到息米。已申本府照會，將來依前斂散，更不收息，每石只收耗米三升。係臣與本鄉土居官及士人數人同共掌管，遇斂散時即申府差縣官一員監視出納。以此之故，一鄉四、五十里之間，雖遇凶年，人不闕食。竊謂其法可以推廣行之他處，而法令無文，人情難強。妄意欲乞聖慈，特依義役體例行下諸路州軍，曉諭人戶，有願依此置立社倉者，州縣量支常平米斛，責與本鄉出等人戶主執斂散，每石收息二斗。仍差本鄉土居或寄居官員士人有行義者，與本縣官同共出納，收到息米十倍本米之數，即送原米還官。卻將息米斂散，每石只收耗米三升。其有富家情願出

> 米作本者，亦從其便。息米及數，亦當撥還。如有鄉土風俗不同者，更許隨宜立約，申官遵守。實為久遠之利。其不願置立去處，官司不得抑勒，則亦不至騷擾。（《文集》卷十三《延和奏札四》）

朱子論治，甚重救荒濟苦。社倉之法，既本於《周禮》、《孟子》，又依歷代所施社會救濟制度（如漢之常平倉、唐之義倉、王安石之青苗法），並斟酌他實際的治事經驗，允為良法。不過由上引文獻可見他推廣雖力，成效未甚大彰。關鍵何在？蓋仁政也者，其本質乃是不忍人之政。故若無不忍人之心，一切皆成具文。或「為吏者，賦斂誅求之外，亦飽食而嬉耳，何暇此之問哉」，根本懶得推行；或「法令簿書管鑰之僅存耳，無人以守之」，亦不能推廣。朱子對此，一是從斟酌法度，使其詳密適用，又同時期望得人以推行方面，進行呼籲；一方面則與呂祖謙共同發展一種社會自治自救自養的路向。

呂祖謙講得不錯，社倉不能仰賴官方，因為「諸公之賢不易遭也」，能有不忍人之心的好官太少了。所以乾脆「屬諸鄉人，士友相與糾合而經營之」。這個鄉里自治白養的觀念，其實亦非偶發事件，並不僅因社倉這個問題才被提出，朱子與呂祖謙所倡辦的「鄉約」運動，本來就屬於這類工作。《文集》卷七四《增損呂氏鄉約》云：

> 凡鄉之約四：一曰德業相勸、二曰過失相規、三曰禮俗相交、四曰患難相恤。眾推有齒德者一人為都約正，有學行者二人副之，約中月輪一人為直月（都副正不與）。置三籍，凡願入約者書於一籍、德業可勸者書於一籍、過失可規者書於一籍，直月掌之，月終則以告於約正而授於其

次。……右件德業同約之人，各自進修，互相勸勉。會集之日，相與推舉其能者書於籍，以警勵其不能者。……過失，謂犯義之過六、犯約之過四、不修之過五。……右件過失，同約之人，各自省察，互相規戒。小則密規之，大則眾戒之。不聽，則會集之日，直月以告於約正。約正以義理誨諭之，謝過請改，則書於籍以俟。其爭辯不服，與終不能改者，皆聽其出約。……禮俗之交，一曰尊幼輩行、二曰造請拜揖、三曰請召送迎、四曰慶弔贈遺。……右禮俗相交之事，直月主之，有期日者為之。期日當糾集者督其違慢。凡不如約者，以告於約正而詰之，且書於籍。……患難之事七。……如犯約之過，書於籍，鄰里或有緩急，雖非同約，而先聞知者，亦當救助。或不能救助，則為之告於同約而謀之。有能如此者，則亦書其善於籍以告鄉人。

患難之事七，是指：「一曰水火（小則遣人救之，甚則親往，多率人救且弔之），二曰盜賊（近者同力追捕，有力者為告之官司，其家貧則為之助出募賞），三曰疾病（小則遣人問之，甚則為訪醫藥。貧則助其養疾之費），四曰死喪（闕人則助其幹辦，乏財則轉贈借貸），五曰孤弱（孤遺無依者，若能自贍，則為之區處，稽其出納。或聞於官司，或擇人教之，及為求婚姻。貧者協力濟之，無令失所。若有侵欺之者，眾人力為之辦理。若稍長而放逸不檢，亦防察約束之，無令陷於不義），六曰誣枉（有為人誣枉過惡，不能自申者，勢可以聞於官府，則為言之。有方略可以救解，則為解之。或其家因而失所者，眾共以財濟之），七曰貧乏（有安貧守分而生計大不足者，眾以財濟之，或為之假貸置產，以歲月償之）。」

這樣的鄉約，實為古代社約的發展。我國地域性結社、救助性結社、宗教性結社，在漢、魏、南北朝時期便已極為發達。職業性結社，則至唐代漸盛，發展為行會。遊藝興趣技能性社團則在宋代大昌。鄉約之約，即本於歷來社集之盟約，但將互助救濟（患難相恤）和道德禮俗互勵結合起來，把鄉里互助團體轉換成為禮義互勉的團體，形成一個如孟子所說「鄉田同井，出入相友，守望相助，疾病相扶持，則百姓親睦」（《滕文公上》）的世界。

社倉之社，放在這個框架中看，才更有意義，因為它不只是一種賑濟措施，而是包含在這個鄉社自治的整體構想中的。朱子增補呂祖謙之《鄉約》，必是有感於它對社倉的看法；社倉之法，亦可與《鄉約》中患難相恤之說互補。此亦井田也，亦即禮也。故朱子曰：「以上鄉約四條，本出藍田呂氏。今取其他書及附己意，稍增損之以通於今，而又為月旦集會讀約之禮。」（《文集》卷七十四《增損呂氏鄉約》）又，其《井田類說》云：井田之法「雖古今異制，損益隨時，然綱紀大略，其致一也」，通過井地限田之法：

> 五家為比，五比為閭，四閭為族，五族為黨，五黨為州，五州為鄉，鄉萬二千五百戶。比長位下士，自此以上，稍登一級，至鄉為大夫矣。於是閭有序而鄉有庠，序以明教，庠以行禮而視化焉。……八歲入小學，學六甲四方五行書計之事，始知室家長幼之節，十五入大學，學先王禮樂，而知朝廷君臣之禮。其有秀異者，移於鄉學；鄉學之秀，移於國學，學於小學。諸侯歲貢，小學之秀者於天子，學於大學。其有秀者命曰造士。……三年耕，則餘一年之畜，故三年有成，成此功也。故王者三載考績，九年耕餘三年之食，進業曰登故，三考黜陟在登曰平。餘六年食。三登曰泰

平。二十七歲，餘九年食，然後至德流洽，禮樂成焉。故曰如有王者，必世而後仁，由此道也。（《文集》卷六十八《井田類說》）

王者世而後仁，謂仁政能大行於天下，天下歸仁焉。依朱熹的想法，修身是以克己復禮為仁；治國平天下，亦是發於仁心，施於仁政。故不能只說仁，只說惻隱，而應注意「仁，便是個溫和底意思；禮，便是宣著發揮底意思」（《語類》卷六）。本乎仁心，宣著發揮，制禮作樂，興於仁而立於禮，才能真正使天下歸仁。然而王者井地之法，既遲遲未能實現，儒者亦不能空說井田王道，所以因鄉里「序以明教，庠以行禮而視化焉」。鄉約，可說是儒者對王道仁政最後的實踐之法。

（八）生活儒學的重建之路

朱子解《中庸》第廿七章時說：「『禮儀三百，威儀三千，優優大哉！』皆是天道流行，發見為用處。」又說：「『優優大哉！禮儀三百，威儀三千。』一事不可欠闕。才闕一事，便是於全體處有虧也。」「聖人將那廣大底收拾向實處來，教人從實處做將去。老佛之學則說向高遠處去，故都無工夫了。聖人雖說本體如此，及做時，須事事著實。如禮樂刑政，文為制度，觸處都是。體用動靜，互換無端，都無少許空闕處。若於此有一毫之差，則便於本體有虧欠處也。『洋洋乎，禮儀三百，威儀三千。』洋洋是流動充滿之意。」朱子在解釋《中庸》

時，因要把「致廣大、極高明、溫故敦厚」納入「尊德性」、「存心」之列，把「盡精微、道中庸、知新崇禮」列入「道問學」、「致知」部分來說，而使其仁禮關係變成了一種類似本體與工夫之關係，不免引人誤解；但事實上，正如此處所引資料，朱子應是認為：從本體說，仁禮均為本體，「『大哉聖人之道！洋洋乎發育萬物，峻極於天！』是言道體之大處。『禮儀三百，威儀三千』，是言道之細處」。（以上均見《語類》卷六十四）再從工夫說，則仁不能做工夫，工夫只能由實處做起，亦即從禮這方面去做。故仁禮雙彰而實欲以禮行仁也。

此為朱子學之格局。以上鋪陳基本文獻，略示其禮學之綱維，細部有待討論申發之處當然所在多有。但談這些，而且刻意從與牟宗三先生不同的角度來談，用意為何？

台灣儒學之傳統，早期主要靠書院及科舉制度維繫。乾隆、嘉慶諸朝，士林雖以漢學為主，官學卻以朱子學為宗。台灣儒學，殊乏漢學氣味，固因功令所繫，故奉朱學以供呫嗶，亦由閩學淵源，濡染較切使然。本地並無其他學術傳統可與對抗，或發展出另一系的思想，所以在科舉及書院教育制度的配合下，儒學即循朱子學而展開，理勢俱順。

但此時之所謂朱學或儒學，只能說是「不識不知，順帝之則」，或率由舊章、依樣葫蘆式的，無甚發明。要論思想、談學術，幾乎找不到有什麼重要儒者與著作來談。令人注意者，反而應在儒學如何在台灣社會形成為一種社會性禮俗道德規範的部分。

台灣從一個移民社會，到逐漸內地化，建設成為一處與移民者家鄉社會體制、價值標準、道德規範、生活禮俗基本一致的社會，受過儒學教養的士紳階層，起了極大的作用。這批人，也是穩定社會、維持社會養衛救濟秩序的基本骨幹。

儒學士紳這種作用，就是日據時期也依然存在。包括儒學善堂和儒學宗教化的鸞堂儒宗神教。台灣人民從祭祀、喪儀、就學、急難救助、日常生活禮俗等方面具體踐履，過著儒家式的生活。從儒家思想來看，此固不免世俗化且混雜於佛、道、薩滿宗教，大有可改進提升之處；但大體上仍可說是一種生活式儒學，在人倫日用中體現著儒家（特別是朱子）所重視的一些價值與人倫規範。《文公家禮》亦經增補改寫成為民間通行之《家禮大成》一類東西。⑫

國民黨遷台後，這個傳統有了新的變貌。蔣中正喜談陽明學，形成新的官學。學術界對儒學之詮釋與態度，則由此歧為三途。一是「中研院」、台大等處，沿續五四運動以來的精神，以儒學為現代化的障礙，僅摭拾乾嘉漢學以彰明其科學方法而已，厭聞宋明理學，痛詆禮教吃人。二為保衛國故者，以復興中華文化為己任，上溯樸學，以明統緒，故對宋明理學甚少闡究。三為新儒家，欲明心復性，以矯時弊，是以多本於宋明理學來發言。

但在新儒家中，對宋明理學的取捨也不一致。錢穆較重視朱子，甚且隱然以當代朱子自居自期。唐君毅、徐復觀則並未在程、朱、陸、王兩系中表現太斬截的立場。牟宗三較為特殊，他將二程分開，認為明道所繼承者為孔、孟《中庸》、《易傳》之本義，稱為縱貫系統；伊川及朱子所開，則為一個新的傳統，稱為橫攝系統。因此說伊川、朱熹乃「別子為宗」，明道、五峰乃至以後象山、陽明、蕺山所傳，才是正宗。受此新說之影響，陸、王之勢漸張，朱子之學遂日蹙矣。

官學則在蔣氏政權轉移至李登輝時，也有另一些變化。李為示與蔣之提倡陽明學不同，欲以別的學術來建構其統治之思想基礎。他最嫻熟的當然是基督教，但此不足以為台灣之新號召，於是乃想到了朱子學。遂於就任之後，籌辦了朱子學會議，親自召見與會學人，又自兼文化復興總會會長，出版機關刊物即名《活水》，取朱熹「為有源頭活水來」詩意，且可與基督教義相涵。然而，畢竟貌襲者不能神似，官式工具化儒學也難再成氣候，李久而亦厭，乃又轉習《易經》等等矣。

現在再談朱子學，當然不可能也不必要建構官式工具化的儒學，我只是覺得牟先生式的解釋，可能會令我們放棄儒學在社會性實踐上一些有用的資源，與台灣早期儒學傳統也無法接合。牟先生的用心，在於立人極，教人逆覺體證仁心覺情，而存養於道德踐履中，這是我們明白且能深有領會的。但識仁之功多，而究禮之意少，偶或論之，亦皆攝禮歸仁，於禮俱為虛說。對於宋代儒者如何藉其性理之學開務成物，實均不甚了了。此殊不能謂其為善繼人之事、善說儒學之義者。

與牟先生路數相近而論朱子學更離譜的，是勞思光先生。其《中國哲學史》第三卷第四章《朱熹之綜合系統》中謂：

> 朱氏在講「大學」時，即以為道德心一經建立，便可直接向外展開，以實現文化制度之理。換言之，以「治國、平天下」為「誠意、正心、修身」等工夫之直接效果。故朱氏論政治問題，實看作道德問題之延長。對於政治領域之特性，從未注意。此點卻是朱氏上承孔、孟之處。蓋孔子首倡「德治」觀念，又以「正名」或各盡其分為政治社會行為之原則；孟子則提出「仁政」及「王道」觀念，

以規定人君或政治領袖所應盡之分，原是一脈相承。……將政治生活與個人生活看作一類。……朱氏既持此態度，故其對政治問題之總觀點，即落在道德教育上。對人君言，要使人君成為有德之君；對人民言，亦要使人人能行仁義。……蓋以為天下之治亂，純繫乎人主能否「正」其「心」。

這是完全錯誤的。不但對朱子完全不瞭解，也誤會了孔、孟。孟子明明說「徒善不足以為政」，為政須從制民之產等處做起。⑬朱子也明明說只有不忍人之心是不夠的，還須有不忍人之政，而這些禮樂政刑，是「須事事著實」地去做的。言論如此明確，而勞先生完全看不到，只看到「朱子在上宋孝宗書中及其他文件中，皆屢見不鮮」存在著他以為的「德治主義觀點」。這就可見僅憑心性論的進路或視域，並不能瞭解朱熹，也不能瞭解孔、孟。

本文提供另一個視域，也許可以幫大家看到一點新東西。台灣現在要講社區營造、社群主義，讓儒學可以重新介入禮樂政刑民情禮俗，恐怕這個新角度才可提供更多的資糧。

注釋

①《家禮》可能非朱子手訂，詳《朱子年譜考異》卷一。

②朱子所著《儀禮經傳通解》即包含家禮五卷、鄉禮三卷、學禮十一卷、邦國禮四卷、王朝禮十四卷。豈僅冠昏喪祭而已乎？又《語類》卷八十七載朱子言：「學禮，先看《儀禮》。《儀禮》是全書，其他皆是講說。如《周禮》、《王制》是制度之書，《大學》、《中庸》是說理之書，《儒行》、《樂記》非聖人之書，乃戰國賢士為之。……」可見朱子所認為禮的部分，涵括《禮記》、《王制》、《儒行》、《樂記》、《大學》、《中庸》而言。

③朱子二十六歲在同安時便定釋奠禮，申請嚴婚禮。四十五歲編《古今家祭禮》，五十一歲申乞頒降禮書，六十一歲列上釋奠禮儀，六十五歲請討論嫡孫承重之服，六十七歲修禮書，七十一歲卒。可見他對禮學是從少年到老卒，一直關心且從事研究制議的。

④河間獻王曰：「管子稱倉廩實知禮節，衣食足知榮辱。夫穀者，國家所以昌熾，士女所以姣好，禮義所以行，而人心所以安也。《尚書》五福，以富為始；子貢問為政，孔子曰富之。既富乃教之也。此治國之本也。」（《說苑．建本篇》引。清馬國翰《玉函山房輯佚書》輯為儒家類，稱為《河間獻王書》）對於儒家先富後教之義，說得很清楚。不過，這也不是沒有爭論的，王船山《讀通鑑論》卷二第十二條說：「魯兩生責叔孫通興禮樂於死者未葬，傷者未起之時，非也。將以為休養生息而後興禮樂焉，則抑管子『衣食足而後禮義興』之邪說也。子曰：『自古皆有死，民無信不立。』信者，禮之幹也，禮者，信之資也。有一日之生，立一日之國，唯此大禮之序，大樂之和，不容息而已。」船山這個講法也不能說不對，但絕非先秦儒家古義，故宜分別觀之。

⑤王船山《讀四書大全說》卷八對朱子此說有較詳細的闡發，且藉此說明朱子與其他人的不同，云：「朱子於此，有幾處說得精切，卻被輔、饒、胡、陳諸子胡亂只將『察識』二字，作《楞嚴》七處徵心例，只叫齊王認取初心。但此一念之不忍，若無術而孤行，聖賢道中元用他不著。術者，道也，是四通八達之道。《月令》『審端經術』『術』字，原不但做變通說，乃仁中所自有之周行，千條萬緒處處逢原者也。」（卷十）「朱子所謂『察識』者，意味察識此愛牛之心，必有全牛之術；則有不忍人之心，必有不忍人之政也。全牛之術，不廢釁鐘；不忍人之政，正以王天下。唯此最不易自喻，故須顛倒使自察識。蓋初心易見，仁術難知，仁中自有之術固難知也。」（卷十）「孟子於此看得天理通透，內外一致，經權一揆，故重與心以有用之權，而非有所為則必有所廢，亦非有所欲而無以為，全在天理上顯他本色風光，以明萬物皆備之全體。諸儒不審，乃謂但不忍一觳觫之心，便足保民而王，而齊王自忘其心，須令自認。此釋氏之所謂『纔發菩提，既成正覺』更不容生後念，而孤守其忽然一悟之得，保任終身者。」（卷十）「夫老吾老、幼吾幼者，豈徒有心哉？必有以老之、幼之矣。則及人之老、及人之幼，亦豈徒心恤之哉？必實有以及之矣。此所謂『舉此心而加諸彼』也。若徒此心之憐其老而恤其幼，而無以加諸彼，則是不推恩不足以保妻子。非其心之不相及，無術，則欲保而不足也。」（卷十二）「恩，心也；推之者政也。恩，仁也；推之者術也。善推者，盡其術而常變一

致、難易一揆者也。推而不善，則有所窮而遂阻；推而善，則無所求而不得。」（卷十二）「古人之大過人者，只是極心之量，盡心之才，凡所欲為，皆善推以成其所為（推為，非推心）。則有其心，必加諸物。」（卷十二）「『舉斯心加諸彼』，一『加』字便有事在，故上云『可運於掌』。因民之力，不勞而運，非制產而何？龜山分兩截說，將舉心加彼，只作『仁心仁聞』，誤矣。前面是規模，後面是事實。制產而仰足事、俯足畜，非即老老幼幼之恩耶？若但有仁心仁聞，而不行先王之政，何以『刑于寡妻，至於兄弟，以御家邦』哉？」（卷十五）「『有仁心仁聞而民不被其澤』，正是不推恩而功不至於百姓。」（卷十五）若但以吾心起處便謂之舉，靜念所及便謂之加，而此詩之旨，一釋氏『蒙熏』『加被』之說而已。」（卷十五）述朱子義，甚明晰。此外卷一又說：「國之於家，人地既殊，理勢自別，則情不相侔，道須別建。」對於只知講存心、講修身，便以為足以治國者，大不以為然。

⑥《論語‧堯曰》：「謹權量、審法度、修廢官，四方之政行焉。」朱注：「法度，禮樂制度皆是也。」可見「政」是從禮樂制度等處說的。又《學而》篇：「道千乘之國，敬事而信，節用而愛人，使民以時。」朱子注特別指出：「此特論其所存而已，未及其政也。」僅有存心而無制度不行，僅有制度而無存心也不行。可見朱子論事除仁心外尚重其政的部分，而政就表現在禮樂制度上。注《論語》同樣表達了仁禮雙彰之意，唯不如注《孟子》之詳耳。

⑦《論語‧子路》朱注：「庶而不富則民生不遂，故制田里、薄賦斂以富之。」

⑧《論語‧顏淵》朱注：「周制，一夫受田百畝，而與同溝共井之人通力合作，計畝均收，大率民得其九，公取其一，故謂之徹。……仁政必自經界始，經界正而後井地均，穀祿平，而軍國之需皆量是以為出焉，故一徹而百度舉矣。」

⑨朱子所編《古今家祭禮》即具有此類風格，該書集次《江都集禮》、《開元禮》、《開寶禮》、胡氏《吉凶書儀》、唐鄭正則《祠享禮》、唐范氏傳《寢堂時享禮》、劉嶽《書儀》、陳致雍《新定寢祀禮》、韓氏《古今家祭式》、張載《祭禮》、程頤《祭禮》、呂氏《家祭禮》、司馬光《書儀》凡十三篇，共二十卷，亦是博考古今以斟酌求是。推測他對井田經界之法，也做過類似的工夫，可惜未有成書。

⑩朱子與永嘉學派爭論得最烈的，其實是陳君舉，其次為葉水心，再來才是陳同甫。《朱子年譜考異》卷四：「黃子洪《語類》以陳、葉為一卷，陳為君舉、同父，葉謂正則也。今《語類》則書陳君舉

而以同父、正則附焉。《年譜》載與陳君舉論學而正則則不及。同父於壬子書其來訪，略載論辯之語。」可見昔人對朱子與陳同甫之辯王霸並不太重視。牟宗三先生才開始強調這次辯論，視為我國十大爭論之一。這是牟先生特殊的見解。對朱子與永嘉學派之歧異，由這個辯論去看，其實未必能予掌握。何況，牟先生對朱子與陳同甫之辯有根本之誤解，其說甚不確，不可從。另詳拙文《北朝最後的儒家：王通》，收入《唐代思潮》（北京：商務印書館，二〇〇七年）第一章第一節。

⑪案：與朱子此意相近者，反而是陽明。陽明本重禮學，且論禮推本於朱子，非世所能知也。吳光等編校《王陽明全集》（上海古籍出版社，一九九二年）卷六《寄鄒謙之第二書》稱讚鄒氏《諭俗禮要》「大抵一宗文公家禮而簡約之，切近人情，甚善甚善！……冠婚喪祭之外，附以鄉約，其於民俗亦甚有補」，其重家禮、重鄉約，推本朱子之意，甚為明顯。論「禮時為大」，且宜以簡易可行為主，均同於朱子。

卷七《禮記纂言序》又對吳幼清考辨禮制，頗為稱許：「昔朱子慨禮經之蕪亂，嘗欲考正而刪定之，以《儀禮》為之經，《禮記》為之傳，而其志竟亦弗就。」且說：「禮也者，理也。理也者，性也。……其在於人也謂之性，其粲然而條理也謂之禮，其純然而粹善也謂之仁。……故克己復禮則謂之仁，窮理則盡性以至於命，盡性則動容周旋中禮矣。後之言禮者，吾惑焉。紛紜器數之爭，而牽制刑名之末……而忘其所謂經綸天下之大經，立天下之大本者。」以禮為本、為性、為理，又說禮乃經綸天下之大經，強調克己復禮，都與朱子之說極為相似，可見其立論之淵源。他自己也想如朱子般輯考禮制，可惜未成（文中說：「僭不自度，嘗欲取《禮記》之所載，揭其大經大本而疏其條理節目，庶幾器道本末之一致。右懼其德之弗任，而時亦有所未及也。」）

禮為天理，不能視為用為末，這個見解，又詳卷七《博約說》，云：「夫禮也者，天理也，天命之性具於吾心，其渾然全體之中，而條理節目森然畢具，是故謂之天理。天理之條理謂之禮。……文也者，禮之見於外者也，禮也者，文之存於中者也。……是所謂體用一源，顯微無問者也。」此與仁體禮用之說，顯然異趣。

推此意以言修身工夫，實亦近於朱子。卷二十二《山東鄉試錄》中《齋明盛服，非禮不動，所以修身也》一文便說：「九經莫重於修身，修身惟在於主敬……中心明潔，而不以人欲自蔽，則內極其精一矣。冠冕佩玉，而穆然容止之端嚴，垂紳正笏，而儼然威儀之整肅，別外極其檢束矣。又必克己私以複禮，而所行皆中夫節，不但存之於靜也。遏人欲於方萌，而所由不睽於禮，尤必察之於動也。」這是朱子主敬、存天理去人欲的辦法，與《克齋記》甚為相似。陽明講良知，良知一旦豁然呈現，似不用此工夫，可是陽明學實有此工夫，卷四《答黃宗賢應原忠》就曾說「無儕一段的實工夫」乃是「常人之心，如斑垢駁雜之鏡，須痛加刮磨一番，盡去其駁蝕，然後纖塵即見才拂便去，亦自不消費力，到此已是識得仁體矣」。這不是神秀式的「時時勤拂拭，勿使惹塵埃」嗎？陽明自許其學之非禪，正亦在此處。故謂禪僅有「敬以直內」的一面，而少了「義以方外」的一面。講陽明學，若只知他說識仁，說良知之一旦呈現，而不知他同時主張以主敬去私識仁、以克己復禮為仁，是亦躋陽明於禪學也。

正因為陽明論仁禮關係、論修身工夫、論禮制禮意都這麼接近朱子，是以其論鄉約、論鄉里自治亦極似朱子。卷十七《南贛鄉約》之外，他還推行一種十家牌法，是保甲法和鄉約結合之制，自稱：「有司果能著實舉行，不但盜賊可息，詞訟可以簡，因是而修之，補其偏而救其弊，則賦役可均。因是而修之，連其伍而制其什，則外侮可禦。因是而修之，警其薄而勸其厚，則風俗可淳。因是而修之，導以德而訓以學，則禮樂可興。」這不就是朱子鄉約的發展嗎？他在朱子所立書院規模之外，推動社學，寫《頒行社學教條》也是同樣的情況。

陽明學與朱子學，向來被視為兩路，可是陽明本人卻常認為他是在發展朱子學的，兩人論禮的部分尤其近似。因此事非世俗所知，故特拈出以供參考。

⑫ 呂子振《家禮大全》、張汝誠《家禮會通》等均依朱子之書而作，而對閩台影響深遠，詳李豐楙《福建的家禮實踐與朱子家禮》，收入《朱子學與東亞文明研討會論文集》，（台北：「中央研究院」中國文學與哲學研究所籌備處，二〇〇〇年）。

⑬《中庸》也說得很清楚：「凡為天下國家有九經：曰修身也，尊賢也，親親也，敬大臣也，體群臣也，子庶民也，來百工也，柔遠人也，懷諸侯也。」修身只是一個基本，但非僅恃修身即足以治國。故朱注說：「修身為九經之本，然必親師取友，然後修身之道進，故尊賢次之，道之所進，莫先其家，故親親次之。由家以及朝廷，故敬大臣、體群臣次之。由朝廷以及其國，故子庶民、來百工次之。……來百工，則通功易事、農末相資，故財用足。」此處，來百工也非修身之直接效果，而是要靠制度、靠政治措施的。故凡批評儒家為「德治主義」者，其實對《論》、《孟》、《學》、《庸》等基本文獻都沒大仔細看，所以才會有這類指鹿為馬之說。可怕的是此類誤解又極多，從范壽康《朱子哲學》（開明書店）到勞思光，都是如此，怎不教人慨歎：讀書人何其少耶？

十七　儒學與儒教，文廟與武廟

台灣宜蘭縣的孔廟，在台灣非常特殊。一般一縣僅一孔廟或未予設立，宜蘭則有兩座。孔廟祭典又與兩座武廟有密切的關係，也是罕見的。這兩座武廟，一是宜蘭市的碧霞宮，祀岳武穆王；一是礁溪鄉的協天廟，祀關聖帝君。

全台灣祀岳王的，共七座廟宇，但每年岳王誕辰及春秋二祭，行三獻釋奠大禮、跳佾舞的，也只有碧霞宮一處。該宮對此非常自豪，因其祭儀係由仰山書院山長傳授，故與孔廟祭典關係密切。在該宮總共九十九頁的《簡介》中，介紹其祭典祭儀就多達七十二頁。而且說台灣光復後宜蘭縣祭孔或其他廟宇要舉行三獻祭，也都會請該宮派員指導或赴其地演禮。

協天廟就是受碧霞宮輔助而形成佾舞祭典的廟宇。該廟早期僅請道士法師公祭，以廟會方式辦理。一九五九年舉行釋奠禮，邀碧霞宮派員指導，發展迄今。有春秋二祭，由縣長主祭，儀式模仿文廟。

本文即以這兩座廟宇為例，一方面介紹其與儒家、孔廟、儒教的關係；一方面藉此討論儒家的宗教性組織、社會性組織在推動儒家思想教化上的作用；另一方面則也據以檢討明清以降，儒學朝儒教形式發展的趨向，希望能為儒學與孔廟研究打開一個新面向。

（一）宜蘭碧霞宮的例子

我要談的第一個例子是宜蘭縣的縣定古跡碧霞宮。

據二〇〇三年一月廿六日該宮管理委員會印製的《簡介》說該宮：

（1）又名岳武穆王廟，清光緒廿一年（一八九五）日人據台之初，蘭民因不滿異族統治，矢志還我河山。（2）在進士楊士芳及陳祖疇鄉紳倡議下，籌建三年，於西元一八九九年仲秋落成。祈奉民族英雄岳武穆王。為掩蔽日人耳目，取「碧血丹心望曉霞」之意，定名為碧霞宮，盼望早日復見光明。（3）本宮採取志願的門生制度，敬拜岳武穆王為恩主，學習祂忠孝節義的情操，講求的是奉獻精神以報答社會國家。（4）每位門生入堂之前，都需經過嚴格的品德審核，俟朔望日扶鸞稟告，依神諭分派予「鸞」：扶鸞問乩。（5）「講」：宣講善書；「經」以宗教科儀課予誦經禮懺法會。（6）或由全體門生與社會善士捐款，或舉辦賑濟等不同方面的修為，祈求風調雨順、庇佑國泰民安。

本則簡介，我把它分成六段，分別作些解釋，以幫助大家瞭解這所非常特別的寺廟。第一段說該宮興建是為了拜岳飛，以謀光復。這是傳統的見解，廟方尤其如此主張。但因林確堂在

《台灣日日新報》，明治卅一年（一八九八）九月廿一日的《還轅在即》一文中曾提到：

> ……吾人去年五月赴任當地時，曾參拜過全島獨一無二的廟宇，即位於宜蘭西門街的岳武穆王廟，廟的左右有連棟叫做兩廊，左邊是勸善局，而右邊是先賢的靈堂，本廟俗稱碧霞宮。……
>
> 這個神廟是日據台灣不久，於明治廿八年十二月，由當時的西鄉廳長（南洲翁之遺子菊次郎）和守備隊長江村中佐提案而獎勵促成的……
>
> 歲次丁酉，明治卅年五、六月間本地連日豪雨。當時上季的稻作正在弄花結實，卻面臨泡水的危機，萬民頓時陷入苦境。西鄉廳長眼見此狀，親身齋戒，拜神乞天放晴。是神民顯靈呢？還是乞求者的誠心打動天。連日來的豪雨果然停而放晴，五穀終於有了豐饒的收穫。為了答謝神恩，十一月正式建廟完成。第二年，明治卅一年，兒玉總督也動用預備金撥下四千圓，而官位從五位的判官木村篤氏新迎捐獻的紅色大香爐，更被視為寶物而被珍藏。其它如廟內匾額之一也寫上明治某年月日等，具有別的廟宇所看不到的日式風格。

因此王見川在《宜蘭文獻》第廿三期中提出翻案，認為此宮並非基於民族大義而建，乃是在日本官方協助支持下興建的。後來林靜怡根據碧霞宮所提供的資料，寫出辯正文章《再探宜蘭道教寺廟碧霞宮建廟源起》，以再確認該廟創建時的民族氣節形象。王見川又作《關於碧霞宮──兼答林靜怡之質疑》回應。二文同刊於一九九七年五月《宜蘭文獻》廿七期。

考碧霞宮《簡介》說該宮建於光緒廿一年（一八九五），另外該宮於明治廿九年（一八九六）所作鸞書《治世金針》卷一已載：「本年春（一八九六），堂兄祖疇邀請同志，重興此舉，屢蒙神聖示事，括及幽隱，於是咸請設堂。蒙馬天將奏准，旨下令恩主武穆王下塵濟世，自四月望後開堂，而問症求事者踵若相接。……天運丙申菊月吉旦，鸞下沐恩校正陳惟馨盥水敬拜。」可見該宮至少已於一八九六年創建，倡建者有陳祖疇、陳惟馨等人。林確堂文中說該宮是在前一年（一八九五）由日人提案興建，時間固然較早，但岳飛信仰非常特別，以驅逐異邦為特色，日人初據有台灣，有什麼理由提議並獎勵台灣人建立岳王廟呢？何況無論是《台灣日日新報》所載，或林確堂的《本島人の信仰心善用る美績》（《台法月報》一〇卷四號）都是同一個人的陳述，未必足以據為典要。反倒是說碧霞宮源於割台之際的民族意識，有較多不同來源的資料可印證，因此我認為仍以廟方說法較為可信。

《簡介》第二段說該宮為進士楊士芳及陳祖疇鄉紳倡議籌建。這兩人都是台灣鸞堂的重要人物。陳祖疇家中設有坎興鸞堂。同是宜蘭的士紳楊士芳，則為清同治年間的進士，欽點浙江省即用知縣，光緒間任仰山書院山長，熱衷於宣講勸善及鸞堂活動。光緒廿一年，他與貢生黃友璋、李紹宗等人共組「勸善局」，專門宣講聖諭，教化百姓，後擔任碧霞宮「總理堂講事」一職，並曾捐錢助印喚醒堂著作的鸞書《渡世慈帆》。其詩中有「親友邀吾行善事，前愆可補免生愁」之句。另在北港（石碇）福善堂的鸞書《醒世新編》中談到：「台疆各鸞堂，皆呂翁大發婆心，啟人覺路。乙酉秋下凡，設玉清。偶逢姑蘇施濟堂、彭達新臨艋，登玉清請示飛鸞。呂翁諭該蟻上蘭邦，喚醒迷途，得遇楊士芳為堂主，先設集鸞堂。」可見於光緒十一年左右，就有了以楊士芳為堂主的鸞堂：集鸞堂。

為什麼這幾位鸞堂的主事者會倡議興建碧霞宮呢？道理非常簡單，碧霞宮就是一種鸞堂。《簡介》第四段說碧霞宮「朔望日扶鸞稟告，依神諭分派予鸞，扶鸞問乩」，就是這個道理。

扶乩扶鸞是古老的方術，魏晉即已非常盛行。但鸞堂的出現及流行，是很晚的事。清中葉時，大陸各地均有鸞堂出現，至道光庚子年（一八四〇），由於「救劫論」的宗教思想出現，使得鸞堂蓬勃發展，鸞書大量問世，形成一個全國性的宗教熱潮。這股熱潮持續不斷，以至梁啟超已有「乩壇盈城」稱之。在這些鸞堂聖神所降的鸞文中，大概都是說：為瞭解消清末的大劫，唯一的辦法只有透過行善來挽回天心。此一論述，隨鸞堂運動的開展而深入人心，也使得傳統上以慈善救濟為主要工作的善堂紛紛與鸞堂相結合，鸞堂的宗教勢力遂越來越大。許多民間教派也接受了這種方術，用來作為人神溝通的宗教儀式。諸如道院、世界紅十字會、一貫道，以及台灣的慈惠堂以及各廟宇神壇等都是。

台灣鸞堂也就在這一波熱潮中興盛起來。依宋光宇的研究，鸞堂可分為幾個系統：陽明機所服務的鸞堂自成一個系統，可稱為「北派」，包括頭圍喚醒堂、淡水行忠堂、三芝智成堂、台北覺修宮等。而「中派」以草屯惠德宮為起源，先分出《鸞友》雜誌社（後來成立武廟明正堂）和聖賢堂等等。台南、高雄地區鸞堂系統不甚清楚，而澎湖的鸞堂則自成一個系統。王見川認為台灣的鸞堂至少可分成三個系統：一是由宜蘭喚醒堂分香而出的新竹宣化堂、淡水行忠堂系統，二是新竹復善堂系統，三是澎湖一新社系統。王志宇則發現台中地區的鸞堂也自成系統，包括有清末至今的彰化三興堂系統和台中聖賢堂系統。總之是數量繁多，系統複雜的。宜蘭地區除了楊士芳的集鸞堂和陳祖疇的坎興鸞堂之外，著名的還有新民堂、鑒民堂、未信齋等。

這些鸞堂，又跟書院書房關係密切。例如：「新民堂」是李望洋、蔣國榮等人於光緒十六年（一八九〇）創立。李望洋於同治十年中舉人，分發至甘肅省任知縣職，光緒十七年帶官回職，兼任宜蘭廳仰山書院山長。「醒世堂」創建時間不詳，但最晚自光緒十六年（一八九〇）四月即在扶鸞濟世。該堂創始者有柯錫疇、胡鴻洲、藍瞻淇等。楊士芳、李望洋等人皆曾到堂請訓。「鑒民堂」創立於光緒十四、十五年。該堂是陳氏家族所創，原先附設於家族的書房「登瀛館」中（又稱登瀛書院、登瀛堂書院）。登瀛書院原是陳掄元及其兄陳添壽於光緒三、四年間所籌設。該書院曾經延聘張鏡光等知名學者為師，分科文武，教授諸生。這個由家族書房所發展出的鸞堂總共扶鸞著作出三本鸞書，分別是光緒十六年（一八九〇）的《化蘭全書》（又稱《蘭書善錄》）、光緒十七年（一八九一）的《奇夢新篇》、明治卅八年（一九〇五）的《龍鳳圖全集》。其中《化蘭全書》是現今所見台灣最早的鸞書，楊士芳曾參與校正。

楊士芳與李望洋顯然是關鍵人物。兩人先後中舉，聯名共同倡修文廟，捐修仰山書院、五天子祠，晚年主講於仰山書院，可說是典型的儒士，但又都熱衷鸞堂。李望洋倡建「新民堂」，還充任該堂鸞生，其職務是「校正兼總理」。按當時《大清律例》，扶鸞活動仍屬非法活動，李望洋雖無官職在籍，但到底曾任官，卻公然從事非法活動。甚而當時的知宜蘭縣事蕭贊廷還無所避諱地為新民堂著作的鸞書《警世盤銘》寫序，可見當時扶鸞之盛了。

為什麼這些儒生那麼熱衷於扶鸞事業呢？道理仍然很簡單，因為鸞堂本來就是儒教。

早在明治四十四年（一九一一），由日本「臨時台灣舊慣調查會」所編寫的《台灣私法》一書中，就將「儒教」列為各宗教之首，並定義云：「儒教是孔子及孟子所祖述的古代聖王教義，內容包括宗教、道德、政治，三者渾然融合成為一大體系。」儒教所遵奉的經典包括《詩經》、《書經》、《易經》、《春秋》、《禮記》、《周禮》、《儀禮》；儒教最重要的人物是天子，他不僅是政治的中心，也是道德與宗教的中心。天子一方面以治國安民為奉事神明的要道，一方面以祭祀神祇及教導道德為統率國民的要義。其後不少人均用過這個定義去觀察台灣，如昭和初年（一九二五）增田福太郎在訪問過宜蘭勉民堂、木柵指南宮後，在其著作《台灣本島人の宗教》一書中，即反對丸井圭治郎對鸞堂的分類，而認為鸞堂乃盛行於儒流好學之士的結社，並徑稱之為「儒教」。確實，清末及日據時期台灣鸞堂的主事者與鸞書所呈現的價值觀、宗教性格，均與民間教派不同。他們非但不是小傳統，反而是地方的精英分子、士紳文人藉「神道設教」以教化俗民的方式。因此大部分學者都傾向將鸞堂視為「儒教」，亦即儒家思想藉宗教方式表達的一種型態。

要如此看，才能瞭解彼時孔廟、書院、漢文書房、鸞堂往往彼此相關，而紳士文人儒生也往往與鸞生身分互通的現象。像宜蘭進士楊士芳就與喚醒堂關係密切，曾替該堂所著鸞書《渡世慈航》寫序，自稱「鸞下」，又捐錢助印該書；且在明治三十五年（一九〇二）三月擔任宜蘭孔聖廟主祭。當時參與祭孔活動者還有莊贊勳、李吉西、陳祖疇、莊及鋒等，他們均頻繁出入鸞堂。

以上是解釋《簡介》的第四段：鸞。可是，除了鸞之外，還有「講」與「經」，這就是第五段。

講是指宣講。清代的宣講制度始於順治九年（一六五二）欽頒的《六諭臥碑文》（孝順父母、恭敬長上、和睦鄉里、教訓子弟、各安生理、勿作非為），分行八旗及直隸各省。十六年議准設立鄉約，通令各省地方官員及父老子弟實行宣講。康熙九年又頒佈《聖諭》十六條，廿五年議准上諭十六條，令直省督府轉行提、鎮等官，曉諭各該營武將兵丁，並頒發土司各方，通行講讀。雍正二年再欽定《聖諭廣訓》十六章，刊刻頒行府州縣鄉村，使生童誦讀，每月朔望時刻，由地方官聚集公所，逐條宣講大意。台灣的宣講則始於康熙六十年朱一貴事件之後。但這種官式宣講，到清末已徒具形式，日漸沒落。儒生乃轉用此一制度形式，變成講自己要講的東西。

他們所講，大體仍是勸善，但把勸善與行善結合起來，於是講堂同時也就成了善社，也稱為善堂。其宣講的內容除了聖諭之外，更加上大量具有因果報應故事的善書，期以故事性、趣味性、通俗性的內容來吸引群眾聽講。陳志豪曾說道：

今我諸同人鼓舞，「同善社」開堂宣講，論說前因，勸迷途之返首；陳明果報，使孽惡之回頭。說盡前朝聖訓，不外五常八則之修。演說歷代善書，何異五風十行之戒。欲止人心，以息邪說，端弊俗而挽頹風。弊俗不能自端，賴宣講以端之；頹風不易於挽，惟宣講可挽之。潛移默化，百昧無非，一明同向善心，十聽豈無一得？設使聽者能於百言之中，採擇其一言；百人之內，實行者一人，互相勸戒，家喻戶曉，則風俗之進步，雖僻隴鄉隅，亦可成鄒魯之風。（《宣講要旨》，《台灣日日新報》一九二六年十一月八日）

講善的宗旨，大抵如此。碧霞宮本身也設有一個勸善局。該局創立於明治廿八年（一八九五）農曆四月廿四日，由宜蘭進士楊士芳等人主持，在每月朔望之日，選擇適當地點，如城隍廟、天后宮等地定期宣講，董事有莊贊勳、呂子香、遊登三、蔡振芳，講生有李克聯、游棟樑、江大川、張耿光、黃如金、呂桂芬等人。講生除了每月十六、廿九二日休講外，無論有無聽眾，皆須風雨無阻到場宣講；宣講完畢，講生還要在日誌上記明自己的姓名及講題，以供神明鑒賞。該處宣講台正面置岳武穆王的神位，講堂兩側則掛上「宣明賢傳聖經聲聲入耳」與「講勸善男信女個個歡心」的對聯，後面則張貼有清聖祖的聖諭十六條。

當時宜蘭頭圍莊另有一個宣講壇，為盧廷翰所倡設，由他聘請名望縉紳，各處開台，宣講善書。明治卅八年，盧氏過世後，宣講為之中挫，後經盧氏族人盧陳定整頓，重興宣講。並邀請碧霞宮勸善局宣講生呂桂芳、張鏡光、黃如金、陳登第、游聯甲、江大川等人助講，於一九二二年四月十五日奉行。盧氏特請鼓樂六十陣、詩意裝忠孝節義十二閣，並恭請太上感應牌位置楊旺店內開講，聽眾有一千二百餘人，成為當時一大盛事。可見勸善社之間，彼此也是聲氣相通，互相支援的。

勸善社所講的內容，除了傳統倫理道德外，也會針對時弊。例如水災、惡疫、鼠疫流行，便教人重視公共衛生、宣講衛生綱領、衛生學要目；人民嗜食鴉片，便勸善禁煙；經濟不景氣、物價騰貴，便勸人節約消費等等。據說功效宏大，故南樵《說宣講壇設置》一文云：

> 將各處所設善壇，依處而請當局者，每夜派該廳衛生課職員，以及防疫衛生中最老手者，有高木友之；亦或將醫學校，有心得於衛生上之卒業生等，分配各壇，說明衛生宗旨。外則將衛生上之書，雖有百種，先就衛生綱領、衛生學要目、衛生學講本、衛生新書等，一一細詳講明。在上果有婆心，而在下諒能振動也，聞之若得瞭解。後則深知百斯篤之害無窮，總能自行清潔，嚴防其菌之發生。倘個個如是，比之警官監督，一一周到。（《台灣日日新報》，一九〇七年五月十三日）

以上是「講」。「經」則是指儒道佛經典，以及各種善書，其中最特別的便是扶鸞所得的鸞書。鸞書均是在扶乩時人神合作中形成的，其形式往往包括聖訓以及功過格。目前所知台灣最早出現的鸞書是光緒十六年（一八九〇）由宜蘭鑒民堂所著作的《蘭書善錄》（又名《化蘭全書》）。碧霞宮也有不少鸞書，一八九六年所出的《治世金針》中，功過格所涵蓋的對象包括有四民類（士、農、工、商），官吏類（官宰、訓導、募客、書役），道士、僧人、卜士、堪輿師、星相家、醫家、媒人、產婆，以及婢奴類等，大抵已涵括了社會各階層。其功過的論斷是以能否恪盡職務、謹守身分本位為考量。諸如農夫寶惜五穀種子、愛養耕牛，一日二十功；但若耕種失時、輕棄五穀，則一日三過。又商賈正直公平，斗秤尺寸一樣，不欺童叟，一日三功；若尺寸不公，欺童騙叟，則一日二過。其他懲惡勸善事項也有具體的功過可資計算。

碧霞宮即據這些善書鸞經教化民眾，並舉行誦經禮懺法會、扶鸞問乩請神活動。

好了，現在要回頭來解釋第三段「本官採取志願門生制度，拜岳武穆王為恩主」。

恩主宮信仰是隨清末鸞堂運動而形成的，奉關聖帝君、孚佑真君、司命真君為三恩主。以關聖帝君為奉旨飛鸞宣化匯造善錄校正事，司命真君為奉旨開堂濟世匯造善錄校正事，孚佑真君為奉旨純理鸞務兼造善錄校正事。後來又出現五恩主，即加上豁落靈官王天君及岳武穆王，職司導化兼辦。在台灣，一九〇一年三芝智成堂、一九三六年斗六南感化堂都已在其鸞書中列明瞭他們是五恩主信仰，但碧霞宮顯然更早，而且以岳飛為主神，情形非常特殊。過去曾有不少鸞書（**尤其是信仰五恩主的陽明機系統**）認為碧霞宮源於新民堂。其實新民堂的主神是雷部李恩主，與碧霞宮並不相同。

我在二〇〇三年四月十五日去碧霞宮作田野調查時，廟方表示，該廟第一代董事長陳祖疇是親自去杭州岳王廟分香迎回神像，奉為開基主神，且為全台獨一專祀岳王的廟宇。之前曾於一八九七年在坎興街建碧霞宮鸞堂，祀奉岳王，並扶鸞造出《治世金針正一妙法敦倫經》。其信徒不像一般寺廟稱為信徒，而是叫做「門生」，亦即自認為是學習岳王忠義精神的門人云云。我則認為奉祀岳王係宗教感應，門生制度則仍與其為孔、孟之學的學生有關。碧霞宮的創建者本來就都是儒生，他們與主神的關係也像老師與弟子門生。該宮長期由廩生呂桂芬、秀才張鏡光及張黃曾、方坤邕、林向榮等在廟隅開班講授四書五經。迄今學子參加聯考也仍習慣去碧霞宮參拜，以求金榜題名。在在顯示碧霞宮雖祀奉岳王，但與杭州等地岳廟仍不相同，其儒家之背景與性格，與台灣其他地方的恩主公信仰也不一樣。

因此，該宮固然也強調它們有捐款賑濟等傳統寺廟功能，但更突出者，卻在日據時代所具有的漢文化保存意義。

日本在台，一方面普及日語，一方面進行同化教育。原有的府、縣儒學等官學全遭廢絕，書院亦多荒廢，或轉以其他形式存在；唯許多培養學生基礎漢學知識的書房仍然遍存於鄉鎮各地。起初其數量與學生人數比日本公學校還多，形成日本同化教育的最大障礙。總督府遂採漸進的方式，逐步以法令約束，進而改變書房教授的學科與教材，最終則禁絕之。一八九八年《公學校規則》規定，漢文只在讀書、習字、作文等課程中教授，教材有《三字經》、《孝經》、「四書」等，並延聘一些書房教師及學者擔任教席。一九〇三年修改《公學校規則》，漢文獨立為一科，上課時數五小時，教學時必須用日語解釋。一九二一年總督府公佈《書房義塾教科書管理法》，規定各書房教科書的採用需經各廳長的批准。一九二二年公佈《新台灣教育令》，漢文被改為選修科，此時許多公學校趁機廢除漢文科，許多書房皆遭取締或禁止。一九三七年中日戰爭爆發，公學校正式廢除漢文科，書房教育全遭廢絕。在這個大時代背景下，碧霞宮的宣講活動和漢文教習、四書研讀，意義自可想見。

碧霞宮還有一個特別之處，那就是它的祭祀。它像孔廟祭典一般，採用佾舞。唯武佾依唐代武佾舞制，配合整套三獻禮。由楊士芳傳授，再經徐桂台、方坤邕、張茂坤、林登蓮等相繼修訂整理，形成現在的儀制。遺留下來的三獻禮規範及專用神器、紀錄等尚有一百多項，台灣光復後，各地祭祀或其他寺廟要舉行三獻禮，也常至碧霞宮洽請指導。每年岳王誕辰時舉行祭典，亦為宜蘭一盛會。

綜合以上說明，我們可以發現，碧霞宮的社會功能非常明顯，團結民族感情、申張忠孝精神、宣講善德、鼓勵善行、提倡儒學、發揚傳統道德、教化民眾、救賑濟災以及傳承中華文化等等都是。其「門生」現今喜以「岳家軍」自稱，亦令人印象深刻。

（二）礁溪協天廟的例子

其次，我要談談佛光大學所在地宜蘭礁溪鄉的協天廟。

這座廟宇號稱「敕建」，據說建於民國前一百零八年，即清嘉慶九年（一八〇四）。漳州平和縣附鳳社後居民林應獅率族人奉關帝神像入墾淇武蘭及桂竹林，並集資建廟奉祀關聖帝君。初僅為茅草小屋三間，至咸豐七年（一八五七）改建為土堝瓦頂，並增建東西兩側護廊。同治六年（一八六九）台灣總兵劉明燈巡視噶瑪蘭，奉禱有驗，乃表請敕建。

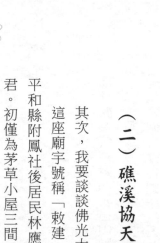

既稱敕建，性質即為國家宗教。滿清素信關公，因此拜關公是國家祀典之一部分；而清末鸞堂運動，又使關公的地位提高了。目前協天廟也奉其他諸恩主，可見它曾在清代國家祀典，即武廟的基礎上吸收了恩主信仰。我於本年四月廿一日去廟裡作田野調查時，廟方告訴我台北行天宮即是由該廟分香去的，並出示相關淵源資料。此即顯見協天廟已吸收了恩主公信仰。

一九一五年，台南齋教徒余清芳等扶乩，編出《關聖帝君桃園明聖真經》，鼓吹忠義思想。時因中國革命甫獲成功，余清芳等人受到鼓舞，遂想運用宗教結合台人驅逐日人。不幸事機外泄，日警通緝余清芳等人。余等逃至台南縣玉井，搶奪當地員警派出所武器，並將日人全部殺死。事發後，日人派兵將當地村莊住民燒殺一空，並追捕余清芳等千餘人到案，史稱「西來庵事件」。事件後，日人對台灣原有宗教即加意防範，且計畫以佛教來取代民間信仰。全面調查各地主要廟宇奉祀之神祇、創建由來、信徒、廟產等資料，併發行政命令，規定廟宇的創立、廢止、合併須經政府許可。據當時統計，全台灣共有寺廟宗祠等約一一三九一座，內含廟宇三三一二座、齋堂一七二座、宗祠一二〇座、小祠（無人住持者）一一三九一座；其中有關帝一三二座，在廟宇中排名第六。其中被毀者有：新竹州十座，台中州兩座，台南州三五座，高雄州十座，總共五七座，占全省關帝廟總數的百分之四十一強。

可是這波浩劫對協天廟似乎並無影響，據該廟所編《礁溪協天廟沿革》載：

至民國三年，甲寅夏季，重修廟宇，添購各項祭壇設備，並置石獅於廟前。同年有日據時代之宜蘭廳員警課金子課長，因感關聖帝君佑助安撫山胞之神恩，乃破例請森林機關奉獻樟木，雕塑關平大太子、周倉大將軍金身神像陪祀。民國十四年乙丑，又建戲台一座。

則協天廟在日人整頓傳統寺廟的行動中未受影響，是與日人特別施惠有關的。施惠之故，即是認為該廟對「安撫山胞」頗具作用。協天廟亦因這種特殊的社會功能方能倖存。

因協天廟是由林氏家族迎銅陵關聖帝君來宜蘭開基，故最初並無僧侶住持香火，至一九一七年才聘宜蘭性圓法師為首位住持。據該廟《廟志》說：「性圓師本名游阿水，俗稱阿水師，幼年喪父，侍母極為孝敬，孝行早為鄰里稱頌，長大後即於台北觀音山凌雲禪寺出家，受正式佛學教育，並前往福建鼓山進修，學成後返回宜蘭，在頭城九股山吉祥寺擔任弘法工作，為人信服。協天廟管理人林祖陳禮聘他出任住持，即希望以性圓師的孝行感召信眾，造化民心，兼任鼓勵信徒擁護神廟，進而振興協天廟。」這也是著眼於其社會功能的。

性圓法師住持四十八年，一九六五年圓寂。他本身是受過正式佛教教育的禪師，但主持關帝廟，看來似乎很奇怪，這其中有個因緣，使一名禪師可順理成章地主持關帝廟。那就是關羽顯聖故事本來就是佛教徒傳播出來的。

最早記載這件事的，是唐德宗貞元十八年董侹《重修玉泉關廟記》，曰：「陳光大中，智顗禪師者至自天台，宴坐喬木之下，夜分忽與神遇，云：『願舍此地為僧房。請師出山，以觀其用。』」（《全唐文》卷六六四）其後南宋天台宗沙門志盤據南宋景遷《宗源錄》、宗鑒《釋門正統》等也都說，天台宗智法師在當陽玉泉山建精舍，見二人威儀如王，長者美髯而豐厚，少者冠帽而秀髮，自通姓名，乃關羽、關平父子，請於近山建寺。智從之。寺成，並為關羽授五戒。因此我們可以說關羽顯聖的故事是由佛教徒傳播出來的，關羽也成了佛教徒。後來佛教以關公為伽藍護法神，其因緣即起於此。

不過，以當時的政治環境看，我疑心廟方聘一位禪師來主持廟宇，既是看重性圓法師的孝行，也可能有意利用佛教與關公的這層淵源。因為上文已說過，日本人正在整頓寺廟，而整頓寺廟的原則，是廢棄神仙聖王帝君等信仰，改為佛教。不但祀神須改為純正佛教的，皇民化運動時，台灣土產的道士、法師、乩童，更被禁止從事原有宗教活動，如欲為人辦理法事，亦須改宗佛教，接受訓練，並被袈裟。協天廟請一位禪師來做住持，或許與此情勢有關，自附於佛教，以避避風頭。

光復以後，形勢丕變，該廟不但扶鸞活動繼續，而且關聖帝君還降壇命鸞生林阿保赴外地宣揚關帝盛德。性圓禪師也很支援，提供了經費、新雕二神像予林阿保帶去台北、基隆宣化。當時台灣民間敬事關帝的人很多，但廟宇已少，林阿保先到台北市建昌街一三八號，創立志心堂，後又渡柯金生至台北青潭創建明聖宮。如此，關帝所到之處，處處開壇，處處「濟世」，解決信徒各種困難，因而獲得百姓的敬重。這些壇堂，後來逐漸發展，建立廟宇，並與協天廟維持著良好的關係，協天廟歷年祭典，都迎神回來參拜、進香。其最著名者，有台北縣青潭明聖宮、台北志心堂、台北德顯堂、台北明聖堂、台北聖天堂、九份明華堂等。這奠定了協天廟在本省關公信仰中的特殊地位。

一九九七年協天廟舉行護國祈安五朝福醮大典，全省三百多家關帝廟會聚於礁溪，即可以看出協天廟的氣勢。該廟管理委員會主任委員吳朝煌，目前還擔任中華道教關聖帝君弘道會會長（**此為全國關廟組織**）。協天廟之所以能以一區區小地方礁溪的廟宇而建立龍頭般的地位，我認為是它抓住了光復後恢復傳統信仰的契機，且善於利用鸞堂恩主公信仰的老基礎，有效擴展所致。

可是您注意到吳主任委員自稱為「道教」了嗎？一九九七年協天廟所辦的五朝福醮不但邀請了江西省嗣漢天師府張天師第六十五代孫張繼禹率團數十人來台，還舉辦了道教正宗「消災解厄延壽植福大法會」。據協天廟表示：「預定成為全台道廟建醮儀式和規模最完善的一次，以作為示範觀摩之用。」（**一九九六年十二月十五日《中國時報》**）似乎該廟又為了因應兩岸開放交流的新形勢，而巧妙地把廟的性質挪向道教方面。

由國家祀典，而鸞堂恩主公信仰，而安撫山胞，而為佛教，而又為鸞堂恩主公信仰，而漸成「正宗道教」，協天廟的廟性幾經改變。而其所以如此轉變之故，則是為了適應不同的時代與社會需求，事實上也就是發揮其不同之社會功能。協天廟正是由於善於「因機」，所以才能越來越興旺。

但是，對此我們也須有另一些認識。第一，像協天廟這樣的廟宇，其實不能只從它屬於什麼教來觀察，因為不論屬什麼教，它存在的基礎並不在那些教，而是在它所擁有的信仰圈。所謂信仰圈，就是某個區域範圍內的信徒，以一尊神為信仰的中心所成的自願性宗教組織。在台灣有許多與協天廟同樣以村莊為單位的宗教組合。因為在同樣的地方，有相同的自然條件，以及相似的時空環境之制約，故村民較有命運共同體的心態，也較有相同祭拜的組織與活動。

協天廟的信仰圈，是以八大莊為基礎。此八莊在目前行政區劃上皆屬宜蘭縣礁溪鄉，分別為：大忠村、大義村、二龍村、白鵝村、德陽村、三民村、林美村、六結村。協天廟即以此八大莊為核心向外發展，宜蘭縣之外，基隆、台北縣市，部分信徒已成該廟定期信徒，每當該廟重大慶典時皆會來廟進香。協天廟的管理委員會，委員則由最基層的信徒大會選出。協天廟的信徒大會，起初是採用「招會份」的方式，也就是由八大村莊的頭人出面邀請村民參加。每一鄰再由信徒推選信徒代表一人，信徒的資格可以世襲。這種招會分的宗教組織，因平時即有親戚、朋友等社群網路連繫，所以結構十分穩固。信徒代表大會再選出廿五位管理委員，委員再互選出主任委員、副主任委員。委員會三個月開一次會。廟轄境內各鄉民代表、村長、著名公益人士，若未選上委員，也會成為該廟的顧問、監察人等，因此整個廟跟礁溪鄉的人際網路可說是非常綿密地交織在一起。

這才是協天廟發展的基礎。從這個地方看，協天廟也幾乎可說是礁溪鄉的一個縮影。除了宗教活動之外，協天廟尚須推動礁溪的整體發展及擔任礁溪的文化中心。以一九八五年所辦的慶成護國祈安建醮大典為例，宗教活動外還有基層文化建設，文物展覽、特產展示、藝文展示、花燈展示、關聖帝君杯球賽（籃球、手球、桌球、排球）、故事演講、婦女土風舞聯誼、拋繡球活動、春聯義賣、金婚伉儷、幼兒韻律、攝影比賽等，洋洋灑灑。而一九九七年名義上是「全省農地利用綜合規劃成果示範觀摩嘉年華暨礁溪鄉金棗節文化系列活動」，包括農產品展售、花車遊行、五峰旗茗茶品茗、溫泉米食文化、金棗觀光採果、金棗加工研習、溫泉花藝走廊、溫泉農業造景、溫泉農業館展，乃至農特產經營班、展售班等，其實也就是協天廟的建醮活動之一部分。另一部分叫做「文化礁溪」。內容有跑馬路古道行、礁溪四大名家邀請展、芭蕾饗宴、林清介的電影世界、鑼鼓喧天戲歌仔、絲竹歌樂傳礁溪、打出少年一片天、創意大會畫廟會、民俗踩街樂連連、千手競豔土風舞、親子同樂百家歡、金婚金喜好姻緣、民俗之夜、礁溪之夜等等。整個建醮活動花費六千萬，吸引卅萬人到礁溪。它在發展礁溪文化、活絡該地經濟方面的作用，不言可喻。

這還不稀奇，在協天廟舉行的五朝建醮期間，醮事須「封山禁水」。包括溫泉區旅社、飯店以及八大莊信徒都必須茹素，特種行業更不得營業。因為所謂封山禁水，就是山上禁獵、水中禁捕魚，不得殺生。由於礁溪鄉轄內有溫泉區，區內有上百家飯店、旅社，屆時前來旅遊的旅客不一定接受素食，也影響了自助餐等餐廳生意，因此要全面實施齋素，並要求妓戶等特種行業暫歇營業，實在並不容易。可是各機關、團體、社團、餐廳、旅館、浴池、娼家、攤販業者均禁止殺生並吃齋素，娛樂場所暫停營業，共襄盛舉辦理協天廟建醮大典。軍公教單位更是全面配合。而為迎接建醮盛會，礁溪鄉更舉辦全鄉大掃除，全鄉大動員清掃；又展開全鄉各家戶、街道與醮壇綠美花化活動，計植栽一串紅等花木九千株。這些花木苗在移栽於花盆後，擺放於德陽、大忠、大義、六結、二龍、三民、林美、白鵝八村重要街道與住戶門前，及協天廟「五福建醮」活動所設置十大醮壇，其中之中山、中正兩要道，採花草吊籃式，將全鄉點綴得綠意盎然。這樣的情況，充分地顯示了廟與鄉早已是命運的共同體關係。寺廟的社會功能發揮至此，亦足讚歎矣！

另一個值得注意之處，則是協天廟的恩主公信仰性質及鸞堂色彩，並不因為它改稱佛教寺廟或道教寺廟而有所改變。直至目前，協天宮仍與碧霞宮相同，每年舉行佾舞，釋奠祭禮，隆重盛大。

佾舞，顯然是仿擬孔廟的祭儀，鸞堂又是與儒家關係密切的勸善組織。因此，若說協天廟亦屬於儒教之一支，似乎也沒什麼不可以。

如此說，不嫌有些比附嗎？不然。須知關帝信仰起於山西。山西人拜關公，不但將關公與孔子並列，說「山東一夫子，山西一夫子」，一文一武，足堪方駕，且更由關公夜讀《春秋》之故事，將他拉入儒家譜系，尊為亞聖，謂其為真能繼志於孔丘者。故說關聖信仰屬於儒教之一支，非比附擣扯，乃溯其本也。

況且，關帝信仰的核心精神是什麼呢？是佛教的無生宗旨，抑或道教的長生不死？都不是，是忠義人倫之教。這是儒家之教，還是佛教道教？協天廟與礁溪各村莊之間的關係，一方面是神道設教，另一方面不又顯示了人文化成的意義嗎？提供給村民的，其實不是來生的期諾、超越的信仰、彼岸的追求，而是現在的福報，希望每位信眾均能因奉行忠義的倫理而令生活福佑安吉。這也仍是儒家教化式的，我們不可被它的教相所蒙。

（三）廟宇與教派的儒教功能

碧霞宮教忠、協天廟教義，它們只是千千萬萬散佈在台灣各地的寺廟中之一二例證。此證明了：明清以來，中國普遍流行的三教混和、神佛不分宗教型式，其中可能存在著一個真正的內核、一個深藏於其中的脈絡，那就是儒家的人倫教化：教忠教孝、教仁教義、勸人守禮行善。這些民間宗教或寺廟，教相紛雜，各擁仙佛以設神道，但骨子裡其實講的多只是儒家那一套。

除了碧霞宮、協天廟這類拜岳飛、拜關公的廟宇及其信仰圈之外，有些教團，例如天德教、德教、天帝教、同善社、紅卍字會、軒轅教、中華聖道等等，大概也都可以如此看。這些教團，以宗教組織方式組合，各有其仙佛之說，但究其義理之所歸，靡不以勸善為宗。其倫理精神，著重忠、恕、廉、明、德、孝、義、信、忍、恭、博、愛、仁、慈、覺等，亦均是儒家所講求的。道家的虛、柔、清、靜、無為、長生，佛家的無生、無常、苦、集、因緣、業力、涅槃等，多置不講。縱或涉及，也往往是邊緣性的觀念，並不是他們對信徒的倫理規定。

此外，我以為這些都可以視為儒家宗教化的事例。這些鸞堂、善堂，有些也確實自稱為「儒宗神教」。但不論是否如此自認為是儒教，它們都是儒家學說的宗教式推廣團體。其教派可納入廣義的儒教之中；其寺廟，可視為孔廟之一分支。像碧霞宮、協天廟的佾舞，其實也就揭露了它們這層關係，令人恍然大悟其教忠教孝教仁教義，適符孔聖之旨。碧霞宮、協天廟，事實上也就是另一型態的孔廟。這些寺廟與書院和文廟的關係，也十分密切。

以往研究儒學的人，對此可說甚少瞭解；即使做民間宗教的研究，大抵亦未注意及此。論明清之民間宗教者，往往由白蓮教說其源流，或溯諸羅教。白蓮乃佛教淨土信仰之演變，以彌勒下生為說；羅教則以禪合淨，謂諸佛法身，在人方寸，並以此參會道教內丹說。兩者其實不同，故自向達《明清之際寶卷文學與白蓮教》以降，把羅教以及其後各種民間教派都視為白蓮之支脈流裔，顯然是錯誤的。反之，將羅教視為明清各色民間宗教的總源，也不正確。且羅教雖合佛道，實非以佛以道為本，考其宗趣，亦是以儒為主的。

羅教，係羅夢鴻（一四四二至一五二七）所創，始稱無為教，後亦名羅教、羅祖教。倡心佛無二，謂「一僧一道一儒緣，同入心空及第禪」（《破邪顯證鑰匙卷・第一品》）；教人返歸本源，即「真空家鄉」去。在真空家鄉中，創立者無極聖祖，或稱無生父母（後又轉為無生老母），化生萬有。但森羅萬有之本源，只是真空，虛空無為，乃其本來面目。如是云云，佛道色彩非常明顯。但我要強調它其實是批判佛道的。

羅祖弟子大寧和尚所寫的寶卷，名為《明宗孝義達本寶卷》，凡二卷十八品、孝九品、義九品。顯見它重視儒家的倫理教化，所以與佛教不同：不念經、不供佛、不燒香、不供花、不做佛事，沒有經堂（見《三祖行腳因由寶卷》）；說佛法僧三寶只是人心；批評僧伽制度，反對出家（見《破邪顯證鑰匙經・第一品》）。其流浪兒重返家鄉、回歸無生父母懷抱云云，也都是家庭倫理生活的形上學擬喻。無極聖祖等創世說法，則是《太極圖說》的宗教性說辭，用以兜合佛教明心見性說和道家的虛靜無為說罷了。

與此相似者，為林兆恩的三一教。三一教也是明清影響廣遠的一支，後衍為夏教。與羅教一樣，廣泛流傳，遠至東南亞。

三一教，顧名思義，即是三教一家。其說，謝肇淛《五雜俎》斥為「黃巾白蓮之屬」（卷八），黃宗羲則說它「挽二氏以歸儒而婚娶之，率吾儒以宗孔而性命之」、「儒為立本，道為入門，釋為極則。然觀其所得，結丹出神，則於道家之旁門為庶幾焉」（《文集・林三教傳》）。但實際上，林氏於嘉靖三十七年（一五五八）立三教堂，制定了祭禮、射禮、三加禮，「時時課諸生肆習其間」，「以禮自重」，「求無愧於孔、孟家風」。到嘉靖四五年，又自號三綱先生，「製巾名三綱巾，履名五常履，衣則前三幅後五幅，名三綱五常衣」。萬曆六年，又「作三綱五常堂，中為合一堂。合一者，合道釋者流而三綱之，五常之，士之，農之，工之，商之，以與儒者為一也」，這個講堂又叫宗孔堂，見張洪都《林子行實》。可見林兆恩的三一，乃是把佛道合到儒家門庭中來的辦法。所以它的入教誓詞，不但要儒家信徒「知吾性之善即孔子敢不戰兢惕厲，夙夜奉行，誓發一念之誠，學不至於孔子不已也。又敢不遵守明訓，以三綱五常為日用，入孝出悌為實履，修之於家，行之於天下」，也要道教佛教信徒「忠孝為主」、「倘得聞道，以了此心，尚冀歸儒，以遵嗣續名教」（《林子全集・利集》第八冊《疏天文稿》）。

佛道二教固然也甚好，但其道實已都包括在儒家之中。因此他說：「孔子之所以教人者，堯、舜、禹、湯、文、武之所以治天下也，最切於民之日用之常，而又不可一日無焉。……此孔氏之教之大，無一而不在孔氏所容蓄之中。」「釋、老精微之致，孔氏兼之矣。」（《林子全集・利集》第七冊《續稿答論三教》）而若有與儒家不同之處，那就是異端了，故云：「學黃帝、老子、釋迦者，始不知倫屬之常，而入於邪，而偏於異端也。」（《林子三教正宗統論・元函》第一冊《倡教大旨》）

也就是說，林兆恩是主張「三教歸儒」的。他所說的心性，不是虛靜心，也不是空性，而是仁心。煉心之法，則是三綱五常。在講學之外，他也參與收屍、葬骨、放糧、救濟等工作，已肇清末善堂之先聲。

到了清代，三教歸儒的民間宗教型態也一樣很多。這裡以又名大學教、聖人教、大成教、泰州教、崆峒教的太谷教為例。

其教創自周太谷，「谷能煉氣辟穀，通陰陽奇賅，符圖罡咒，役息隱形。……傍通佛老而自闢門戶」（《安徽通志稿・周太谷傳》）。傳北宗張積中，遷山東肥城黃崖山，收徒傳道，勢力甚張，被官府以「邪教」名義剿滅，男女數百人殉教。南宗傳李光炘，著名小說家劉鶚即光炘弟子。

這一派，既是學派，又是教團，型態猶如林兆恩的三一教，也一樣很稱許佛道，謂「佛老

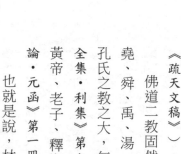

明聖人之心」，「儒佛之異，異其跡也」（張積中《松園講學圖序》）；也參用佛道術數，風角、鳥占之類，頗為通曉。故被視為邪教，遭到屠殺。但實質上，這個學派或教派是陽明學泰州一派的發展。

對於明清這些教派，正統儒者或討厭它們的混雜佛道，或懷疑它們會合三教的目的只是要拉儒入佛，或根本不喜其宗教氣味。故或摒棄弗道；或嗤之以鼻；或乾脆攻乎異端，跟佛教道教一起指責它們是邪教；或附和政府，主張剿滅之。而那些研究民間宗教的人，則又常忽略了它們的儒家性格，只從佛道或白蓮、摩尼等宗教中去找淵源、說影響。

實則明清民間宗教中，白蓮是白蓮，摩尼是摩尼，道教是道教，佛教是佛教，雖都混糅三教或萬教歸一，但各有本色、各有宗趣，是不難析分的。如一炷香教、八卦教、清水教、黃天道、長生教是道教系統，大乘教是佛教系統，均與三一教、太谷教不同，故不能只由佛道、摩尼、白蓮等宗教淵源去看。

而就是由佛由道發展來的教派，也仍在許多地方顯示了它們與儒家的深厚關係。像八卦教，八卦名義即取自《易經》。乾嘉間八卦教的中天教教首劉廷獻父子，就立「克己堂」、「儒林堂」代表八卦教的中央官，並刻印以掌教權。以八卦教的情況來說，它是講丹道劫變的，可是在為中央宮掌教的教堂命名時，卻仍以儒為主，豈不可以顯示這些教派基本上是尊儒的嗎？儒家崇功報德、克己歸仁、經世濟民、倫理禮教，也普遍為此類民間教派所崇奉。

至於三一教、太谷教或四川的劉門教這些，就更特別了。它們其實都是學派而兼宗教的性質，其學更以儒為主，故應可視為儒教的一種型態。

我在上文所舉的碧霞宮、協天廟，亦屬於此一類型。它們既是武廟系統，也是恩主公信仰。恩主公信仰，即是清代出現的一種民間宗教。這樣的宗教，雖未必以弘揚儒學為其職志，但在其宗教教化活動及倫理態度上，卻體現著儒教的作用。

介紹這樣的廟宇，我有許多用意：一、說明現代武廟的變遷發展，此為一般論岳廟關廟、論岳祀關祀者所不及知。

二、由武廟之發展，看出它與文廟與儒學的關係。歷來佾舞即分文武，但很少人注意文廟與武廟在儒學及祀孔意義上的關聯。研究儒學或孔廟的人，也不會注意到武廟。不知武廟在推展儒家教化上與文廟實有相輔相成的功能，武廟在中國社會上也可視為文廟的一個分支。

三、儒學在中國社會中發展，並不只靠學術性組織和國家政治教育體制。過去一直以為是如此的，故研究者眼光只集中在學者、學派、科舉官僚系統、國家政策、國家祭典、教育體系上。殊不知儒家思想之所以能普遍浸潤到民間具體的生活中，達到百姓日用而不自知的地步，並不只靠這些。國家政治教育體制，固然在實現儒家思想時效力宏大；但廣大平民，不參與政治又未入學受教的老百姓，其儒家教養由何而來？這些人及其生活世界，也是學者與學派觸及不到的領域。因此，儒學在中國社會中之所以可以推廣普及，成為人民生活的具體倫理與價值觀，仰賴的，還另有一套社會性組織和一套宗教性組織。

社會性組織，是宗族和鄉約。宋代以後，宗族的血緣性組織，經范仲淹、歐陽修、蘇洵、程伊川等人倡議改造後，已成功地轉化為儒學倫理的社會性組織，以宗祠、族譜、宗族規矩整飭族人，相約過著一種儒家式的生活。南宋呂大臨、朱熹發展鄉約，則由一族拓及一鄉，形成鄉社倫理共同體。這樣的宗族與鄉社，遍及中國社會，才能使儒家教化普遍且深入村社鄉里。

宗教性組織，就是明清繼而發展起來的儒教型態民間宗教。這些宗教，在宗教形式上都是模仿佛道教而來的，或者說，係有鑒於佛道教在社會上影響力深遠，故亦利用此一形式來推展儒家之教化。一如宋明理學是有見於佛家道家之談心性，故亦重新開發儒家內在資源，大談性、理、心、天那般。其宗教組織、儀式、術法部分，頗有取於佛教道教，甚或藉助某些地方祠拜或國家祀神，而遂與佛道教不同，也不特別嚴格說自己是什麼教，但雜取各式宗教成分之後，這些宗教組織所欲傳欲教示其信眾的，卻明顯地是一套儒家式的倫理觀人生觀。

民國以來，社會結構因現代化而遽變，儒學的社會性組織逐漸瓦解。廢科舉、立學堂之後，儒學與國家政治教育體系的關係也切斷了。學術性社群，奉行著新的思潮與教育養成制度，儒學事實上連學術性組織都少、小、貧弱無力，在整個學術社群中位居邊緣位置。在這個時候，社會上僅存且仍活力暢旺的，其實就是這些儒學的宗教性組織。

可惜知識份子看不起這類組織，也不瞭解它們。對於明清之儒教團體，詆為「邪教」；對新的儒教倡議，如康有為等人的主張，則以儒家非宗教為說，斥其不經。以致儒學部分，固然生機日蹙，在現代化社會政經體制中步履蹇困；儒教部分，亦毫無進展，僅存的一些儒家宗教化的討論，又只存在於孔廟的歷史與典制考證中。這不可哀嗎？本文略述台灣宜蘭儒教寺廟二例，以與世參，心中實在是大有感觸的。

十八　韓儒李退溪政治思想商兌

（一）

李滉，退溪先生，是韓國公認的大儒。對他發揚儒學於三韓，論者咸表推崇；其心性論，在宋明儒學中，亦自有其地位。

但討論李退溪，似乎不能只著眼於其心性論、修養論。退溪歷事中宗、仁宗、明宗、宣祖四君，嘗七進七退，備受朝廷尊崇，與參國之大政。以一儒者而具此地位者，殊不多見。故我們對他，不能只注意有關心性討論、修養論的部份，也應討論他的政治思想。

（二）

退溪的政治思想，似深受《春秋》的影響，特別是「尊王」與「夷夏」兩大觀念。

《春秋》一書，論者於其微言大義，頗有不同的解釋。但所謂「尊王」、「攘夷」基本上是相關聯的觀念，如齊桓公、晉文公抵禦楚國的北侵、保護諸國不受戎狄之害，其目的正是尊王。公羊家不講尊王，而講王正，但如劉逢祿《公羊何氏釋例》也說：「《春秋》欲攘蠻荊，先正諸夏。欲正諸夏，先正京師。欲正士庶，先正大夫。欲正大夫，先正諸侯。欲正諸侯，先正天子。」（《誅絕例》第九）夷夏之辨與王正之義仍是相聯結的。

退溪論夷夏，卻不如此，夷夏觀與尊王之義，乃是兩個分開的觀念，或者說，夷夏觀是尊王所衍生出來的一個論題，而並不是要通過攘夷來尊王。

例如他在《甲辰乞勿絕倭使疏》中，勸主政者勿與日本開戰。但不戰的理由，不是要與日本交好，而是強調不能跟日本交往。這種奇怪的說法，正是他運用夷夏之辨的結果。他說：

> 夷狄，禽獸。夫九狄，亦人耳，乃比於禽獸者，非固甚言之也。乃為其不知禮義、無君臣上下之分。而其為生也，蚩蚩蠢蠢，冥頑不靈，殆與禽獸無異……故王者不治夷狄。

依一般看法，中國本土之外諸民族均屬夷狄，故「孔子欲居九夷，或曰陋」。這九夷君子之國，據說就是退溪所在的朝鮮，這在古代正是被視為夷狄之地的。退溪在此，顯然不採此一認定，他自居為華夏禮義之邦，而鄙日本為夷狄。所以他的夷夏觀，絕不是種族意義的區分，而應該是一種文化上的考慮。所以他才會說所謂夷狄就是禽獸，不知禮義，僅為一動物性的存在物，並不知人之所以為人、文明之所以為文明的道理。

那麼，文明與野蠻的區分，究竟是什麼呢？所謂夷狄不知禮義，禮義之所指又為何？退溪的答案，端在：「君臣上下之分。」換句話說，君臣上下之分，是禮義的具體內容，也是夷夏之辨的主要依據。在退溪學中，這是個核心觀念，重要無比。

（三）

正因為退溪認為「君臣上下之分」是個恒常不可逆的關係，所以他常將之譬喻為理與氣的關係。如《答李達李天機書》云：

> 氣能順理時，理自顯。……氣若反理時，理反隱。非理之隱，乃勢也。比如王者本尊無對，及強臣跋扈，反與較之，或為勝負。乃臣之罪，王者無如之何。

氣應順理，臣應順君，這是常道。但有時臣或逆君，氣或反理，此時君權不張，王者之尊受了侵犯，正如理之隱而不彰。然既是理，便不可能被障蔽，只是在形勢上稍有隱晦而已，其為理者固然，永不可能被氣所替代。君臣之間，亦是如此，故臣子跋扈，君雖形勢上無可如何，道理上卻是臣子之罪過。

這種「王者至尊無對」的說法，即是他的尊王義。王者至尊，且為天下之大本。《擬上尊崇德興君議》云：

天無二日，物無二本，家無二尊，國不二統，是以先王制為禮法。

尊王即是禮法，此議言之最切。君臣上下之分，在退溪心目中的重要性如何，可想而知。同樣的口吻，又可見諸《戊辰六條疏》。疏曰：「天下之事，莫大於君位之一統。……天無二日、民無二主、家無二尊！」基於這個理由，他甚至主張：「聖人秉義以殺本生之隆。」因為天下之一本，就是君王；君臣之義，也大於父母之恩。所以為了大一統這樁天下第一大事，他建議父母之恩應稍減殺。

退溪這一看法，是否確當呢？從來沒有人討論過這個問題。然而，以「君臣上下之分」為分辨夷夏的主要甚至唯一根據，難道不會太狹窄了嗎？文化意義的華夷之辨、文明與野蠻的區分，只以此為斷，又是否適當？強調「天無二日，物無二本」，以君位一統為天下之大本，這種一本的禮義觀，是否一定得如此堅持？荀子就說過，禮有三本。禮既可以有三本，堅持一本說以論禮義，是否有特殊的好理由？諸如此類，不能不說是退溪學中的疑難或局限，值得我們關切。

以退溪論政最重要的文獻——《戊辰六條疏》來觀察。他在這篇文章裡提出了六條治國之道：一是「重繼統以全仁孝」，二是「杜讒言以親兩宮」，三是「敦聖學以立治本」，四是「明道術以正人心」，五是「推腹心以通耳目」，六是「修誠省以承天愛」。這六條，倘依現今政治學之考慮來衡量，可說完全沒有觸及政治運作諸問題，而僅著眼於君王個人的心性修養及家庭和睦方面。只要君王做個好人，修其誠敬、開通耳目、緝熙家庭，然後再推行教育、敦勵風俗，退溪認為這樣便能使國家安治了。

這近乎認定了：好人就是好政治家。但好人就是好政治家嗎？傳統儒家非常強調主政者的道德操守，退溪亦不例外。然而，孔子說「政者，正也。君正，孰與不正」時，基本上是一規勸語言，而非描述語言。儒家固然強調君之正心誠意、愛民親政，卻並不以為這樣便足夠了，這樣便足以倚仗之以治國。所以孟子仍要談省刑罰、薄稅斂、井田、社會福利，孔子也有許多政策性的思考。儒家論禮，必言「王制」；《周禮》一書，講的更是政治中權力分配、職掌區分、官僚系統等權力面、事務面的事。退溪論政，慮不及此，實在是他政治思想中的一大問題。

造成這個問題，是由於退溪從根本上把政治問題化約君王個人的問題。他認為：君王為天下之大本，故治國也者，只要能治好君王這一大本即可，本立則末舉，綱舉則目張，君能治心誠意，端拱而立，天下就太平了。天無二日、家無二尊、物無二本，尊王之義，遂如此貫串於其整套政治理論中，並藉此將政治與心性修養論結合為一。

（四）

對他這套講法，我們不能不有些疑慮。疑慮什麼呢？一、政治，為管理眾人之事。退溪卻將之化約為君王個人的問題，僅重此一本。

二、對於君王這一本，他關切的仍是「本」。在《答李平叔書》中，他就談到李氏曾經

「示疑治國平天下，不言禮樂政刑」，可見他這套說法，當時即曾引來了友人的質疑。但退溪並未深入思考這一疑問，他仍方便地以「本末」的思考範疇來答辯，說：禮樂政刑，都是治的工具，修身才是本，故必須端本清源；否則，假若本源不善，一切禮樂政刑都沒有用，都會成為私心利用的工具。這也就是說，在政治事務上，他只關心君王；關於君王的政治能力，他只注意君之修身正心。

此一思路，顯然是從《大學》「物有本末，事有終始。自天子以至庶人，壹皆以修身為本，其本亂而末治者，否矣」來。但退溪拘執於此，遂不可避免地構成了兩個疑難。

其一，依「本／末」的思考架構，固然我們說本亂則末不可能治，然本治則必能保證禮樂政刑一定恰當嗎？可見治本、君王的心性修養，只是一個治國的必要條件，而非充分條件，即：無此修養，禮樂政刑均將淪為帝王私欲的工具，國不能安治。《大學》所說，僅此而已。不能將這個必要條件視為充分條件。所以退溪友人李平叔批評他沒有談論禮樂政刑，正是一針見血之論，說明了退溪論政並不完備。退溪應就此再做補苴，申論心性大本既立之後，禮樂政刑宜如何安措，而不是再一次申訴心性修養的重要性。

其二，退溪也未正視天子與庶人位權不同、理事之範圍也不一樣的事實。天子與庶人，皆以修身為本，是不錯的。但只是天子處理個人問題時如此，天子處理政治事務時，他所涉及的就遠超過一個庶人在修身問題上的考慮。故退溪也不能不承認：「帝王之學，其規矩禁防之具，與凡學有不能盡同者。」但對這不能盡同之處，即政治之所以為政治之處，退溪卻並未由此深入思索：既有此不同，則為政者應如何處理。反而又由問題滑開，回到原有的思想窠臼中，說：帝王之學，雖與凡學不能盡同，「然本之彝倫，而窮理力行，以求得夫心法切要處，未嘗不同也」（《聖學十圖・洞規後序》）。這與其答李平叔一樣，均未切應問題，只是一再申訴其原有之信念而已。

縱使我們不質疑這兩點，願意相信退溪所說天子以至庶人皆以修身為本，恐怕也無法妥當解釋王者為什麼必須是天下之大本？

傳統儒家，都主張「民為邦本」，退溪卻說王者為天下之本。他所強調的禮義，更是嚴君臣上下之分的。這一點，深令我們不安。

而且，「自天子以至庶人，壹皆以修身為本」，與「天無二日，物無二本」的君臣觀，具有本質的矛盾性，亦為退溪所忽略。何以如此說呢？退溪論政，旨在正君王之心，但由於君王並不是一般人，在一般人說，本立，是指心性修養；可是退溪現在所要論的，卻是一位在政治體制中的君王，所以他所謂的本，又轉移到指政治體制問題。這就出現了兩個本，一是以修身為本，一是以君位一統為本。

一個強調「物無二本」的哲學，竟然出現了二本，這不挺奇怪嗎？更糟的是：這二本是不能並存的。例如：「孝悌也者，其為仁之本。」修身為本，不能不講孝悌，退溪也說「治國本於孝悌」。但是，由於「天下之事，莫大於君位之一統」，他又要講君位為本。所以帝王入繼大統，即必須依禮之大義，殺滅對本生父母的孝道。親恩與孝悌，此時就必須放在以君位為本之下。

在《戊辰六條疏》中，他一方面說：「吾人之性情，真可為堯、舜。不離乎卑近淺小，而實有高深遠大而無窮者存焉。古人所謂探淵源而出治道，貫本末而立大中者，初不外此」，強調性情修養，要由人倫日用中切實實踐。但另一方面又說六條疏中，「必先以首二條為切要」。這首二條，第一即是重繼統，「天下之事，莫大於君位之一統」，「天無二日，民無二主，家無二尊」。修身為本的學說，轉而成了鞏固領導中心的學說。

不只此也。第二條是要「親兩宮」，要皇帝「以殿下之孝誠，極一國之奉養」。這表面上談的是君王的孝道，但骨子裡仍然是將那修身之本，聯結到國之本上去了。天無二日，民無二主，孝不僅是對父母的倫理關係，也是臣民對君王的態度，所以他才會說帝王孝親，是極一國之奉養。如此論政，當然會把政治範疇跟倫理範疇弄混，既要臣民對君王盡孝，又說旁支入繼，即是得罪彝教。

（五）

總之，以君臣上下之分作為理論核心的李退溪政治思想，構成了難以解決的各種困難。以此尊王，並作為夷夏之辨的主要依據和禮義的主要內容，不僅格局狹隘，且為君權之無限膨脹提供了理論上的依據。整個政治思想，雖一再申言君王個人心性修持的重要，最後卻可能只成為鞏固君權、嚴飭政治倫理的學說：對君王的政治職責、行政規劃，毫無指明，而僅從本質上確定君王的本尊無對之絕對權威，不知政治權力是與其政治責任成正比的。這些都是退溪學中保守而最後可能會變成一種危險之處。何況，此一說法，亦直接與其心性論有矛盾之處，不能不予以正視。

退溪本人是位狷者。在仕途上，他一再謙退；在人生態度上，他自號退溪。這都說明了他不是一位激進的思想家。但在這種狷退保守的性格中，其實也有些權威性人格，例如他對婦女的態度，就比中國一般儒家更為嚴格。至今退溪祠仍不准婦女進入。男女之防、尊卑之分如此嚴苛，他在政治上會如此泥守君臣上下之分，是不難理解的。維護男性的尊嚴、維護君王的尊嚴，在他看來，就是「彝教」，就是不可逾越的「禮法」。在他身上，我們不難看出儒家學說可能會發展出來的流弊。

龔鵬程學・思・俠・遊特輯

三教論衡之 儒學新思

作者： 龔鵬程
發行人：陳曉林
出版所：風雲時代出版股份有限公司
地址：10576台北市民生東路五段178號7樓之3
電話：(02) 2756-0949
傳真：(02) 2765-3799
執行主編：劉宇青　校閱：蔣秋華
美術設計：吳宗潔
行銷企劃：林安莉
業務總監：張瑋鳳

初版日期：2023年3月
版權授權：龔鵬程
ISBN：978-626-7025-73-4

風雲書網：http://www.eastbooks.com.tw
官方部落格：http://eastbooks.pixnet.net/blog
Facebook：http://www.facebook.com/h7560949
E-mail：h7560949@ms15.hinet.net
劃撥帳號：12043291
戶名：風雲時代出版股份有限公司

風雲發行所：33373桃園市龜山區公西村2鄰復興街304巷96號
電話：(03) 318-1378
傳真：(03) 318-1378
法律顧問：永然法律事務所 李永然律師
　　　　　北辰著作權事務所 蕭雄淋律師

行政院新聞局局版台業字第3595號 營利事業統一編號22759935

定價：600元

國家圖書館出版品預行編目資料

龔鵬程學.思.俠.遊特輯. 1, 儒學新思 / 龔鵬程著. --
臺北市：風雲時代出版股份有限公司, 2022.02
面；　公分

ISBN 978-626-7025-73-4（平裝）

1.CST: 儒學 2.CST: 儒家

121.2　　111000790